이 책에서 로드니 스타크는 중세 이후부터 근대사회에 이르기까지 기독교가 서구 유럽 사회 형성에 미친 영향을 큰 흐름에서 조망한다. 그는 기독교의 특징을 "이성적인 신앙"(rational theology)으로 보고 이러한 "토대" 위에서 서구 사회가 개인 및 과학 기술의 중요성을 적극적으로 수용함으로써 근대사회 형성에 기여했다고 주장한다(특히 1부 "토대들"은 이 주제를 이해하는 데 큰 도움을 준다). 한편 저자가 유럽의 역사를 주로 서구 기독교의 관점에서 해석하면서, 상대적으로 세계 인류문명의 다양성을 단순화한다는 점은 아쉬운 지점이다. 그럼에도 소위 "기독교는 비이성적이다"라는 근대 지성의 비판을 정면으로 도전하며 정당한 재평가를 요구하는 저자의 주장과 근거들은 세심하게 읽어볼 충분한 가치가 있다. 특히 한국교회의 공적 역할에 대해 고민하는 독자들, 신학생과 목회자들을 위한 좋은 교재로서도 손색이 없다.

김상덕 한국기독교사회문제연구원 연구실장, 명지대학교 객원교수

중세를 암흑기라고 말하는 그리스도인들은 종교개혁과 프로테스탄트의 윤리를 서구 문명의 발전에 관해 이야기하면서 빼놓을 수 없는 것이라고 말한다. 아마도 그들은 막스 베버의 주장을 정석처럼 받아들였기 때문에 그렇게 생각했을 것이다. 그러나 정말 그럴까? 반면에 세속주의 사상가들은 중세암흑기의 반계몽주의에 이성의 빛이 비치기 시작하면서 이른바 계몽주의와 함께 자연과학과 자본주의가 발달하게 되었다고 주장한다. 정말 그럴까? 로드니 스타크는 위의 두 질문에 대해 "아니요!"라고 강하게 부정한다. 그는 이미 중세암흑기라 불리던 시절부터 기독교는 자본주의의 발흥과 자연과학의 혁명적 발달에 중요한 견인차 구실을 했다고 주장한다. 그렇다면 서구 자본주의와 민주주의, 자연과학의 혁명적 발전의 원인이 어디에 있을까? 『기독교와 이성의 승리』는 기독교의 이성적 공헌을 말한다. 달리 말해 기독교는 본래 반이성적인 종교가 아니라 사실은 매우 이성적 종교라는 것이다. 문명의 발전은 하나님이 주신 의무였고, 그분은 사

람들이 그것을 구현할 수 있도록 그들에게 이성이라는 선물을 주셨다는 것이다. 계몽주의에서 말하는 이성은 이미 중세 기독교 안에서 씨앗으로 있었다. 이 책의 저자는 이 사실을 다양한 자료와 역사적 사실을 통해 흥미롭고 박진감 넘치게 서술한다. 예를 들어 중세의 이탈리아의 은행 제도, 수도원에서의 자유시장 사업과 과학적 실험 등은 모두 기독교 이성이 발현한 예들이다. 한마디로 이성에 기반을 둔 기독교였기에 자본주의, 민주주의, 과학적 발전들이 가능했다는 것이다. 저자가 이 책의 제목을 "기독교와 이성의 승리"라고 붙이고, 부제로 "기독교가 어떻게 자유와 자본주의 그리고 서구의 승리를 견인했을까?"라고 정한 것에 책에 관한 모든 것이 함축되어 있다. 이 책은 서구 문명에 관한 큰 그림을 볼수 있게 해준다. 과학 문명 발달의 종교적 동인을 설득력 있게 제시한다. 중세교회 시대를 암흑기라 칭한 것은 반쪽만의 진실이다. 술술 읽힌다. 재미있다. 스릴이 있다. 흥미진진하다. 독서의 계절 가을에 신학도, 목회자, 일반 신자들에게 꼭 추천하고 싶다.

류호준 백석대학교 신학대학원 은퇴 교수

『기독교의 발흥』(*The Rise of Christianity*, 좋은씨앗 역간)을 통해 기독교와 관련된 기존의 역사적 통념에 도전장을 던졌던 종교사회학자가 자신의 시선을 확장하여 기독교 신학이 중세 이후 서유럽의 부상에 핵심적인 기여를 했음을 야심 차게 논증한다. 본 주제와 관련하여 로드니 스타크가 기독교의 주요 특징으로 꼽는 것은 첫째로 고대 지중해 세계의 다신교와는 구별되는 유일신에 대한 신앙과, 둘째로 동일한 기원에서 출발했음에도 유대교 및 이슬람과도 변별되는 (이성적 추구를 장려하는) 기독교 신학의 합리적 성격이다. 이러한 토대 위에 그는 두 가지의 "고착화된 역사 해석"에 대해 반론을 제기한다. 그 하나는 로마 제국의 해체 이후 서유럽의 중세기를 후퇴와 정체의 시기로 폄하하는 이른바 "암흑시대" 담론이며, 다른 하나는 검약의 미덕을 중심으로 한 프로테스탄트 윤리가 북유럽에서 자본주의의 발흥을 가능케 했다고 보는 막스 베버 테제(Max Weber's Thesis)다. 이를 위해 그는 중세 말 근대 초 시기에 지중해 무역의 주역으로 활약했던 이탈리아 주요 도시의 사례를 소개하고, 이를 통해 자유와 인권으로 대표되는 민주적 기풍(자본주의를 가능케 한 동력)이 해당 지역에서 이미 자리 잡았음을 논증한다. 이러한 정신적 기풍과 활력이 저지제국(Low Countries)에 확산되고 아메리카를 거쳐 오늘날 범세계적인 자본주의의 확대로 이어진 데는 이성적 합리성 및 자유로운 창의성을 지지하는 기독교의 공헌이 뚜렷이 자리 잡고 있다는 것이다. 나는 저자의 『기독교 승리의 발자취』(*The Triumph of Christianity*, 새물결플러스 역간)를 수차례에 걸쳐 정독할 기회가 있었다. 이를 통해 참신하게 다가왔던 저자의 새로운 관점이 어떠한 지층을 거쳐 형성되어온 것인지를 이 책을 통해 보다 입체적으로 확인할 수 있었다. 균형 잡히고 통전적인 역사관 내지 기독교 세계관의 필요성에 공감하는 독자들에게 일독을 권한다.

서종원 감리교신학대학교 교회사 교수

기독교가 고대와 중세와 계몽주의와 근세를 거쳐 오늘날에 이르기까지 역사 속에서 합리적이고 대중적인 종교로서의 이미지를 구축하기까지 쉽지만은 않은 역사의 과정이 있었다. 이러한 과정에서 교회는 "이성"(*ratio*)과 더불어 두 개의 전선에서 투쟁해야만 했는데, 하나는 이성을 앞세워 교회 안팎의 미신과 부조리에 대항하여 싸우는 것이었고, 또 다른 하나는 이러한 미신과 부조리에 대항하여 투쟁하는 과정에서 이성에 부합하지 않는 기독교의 근본 교리, 즉 삼위일체 교리, 동정녀 탄생 교리, 대속 교리, 부활 교리 등을 변증하는 것이었다. 이 책은 교회와 서구의 역사 속에서 이성의 기능과 역할이 무엇이었으며 그 기여와 한계가 무엇이었는지를 "자유"와 "진보" 그리고 이 개념들과 함께 연동했던 자본주의라는 경제 체제 형성의 역사적 과정을 치밀하고 입체적으로 분석하여 논증한 역작이다. 독자들은 이 책을 읽음으로써 교회가 이성을 통하여 세상의 진보에 어떻게 기여했으며, 이성의 기능과 한계가 무엇인지를 일목요연하게 파악할 수 있을 것이다. 개혁신학에 따르면 이성은 신학의 "객관적 원리"로서의 하나님의 말씀, 즉 성경과 "주관적 원리"로서의 종교 경험을 종합하는 신학구성의 종합적 "원리"(*principium*) 내지는 "기관"(organ)이다. 따라서 이 책을 통하여 이성의 좌절과 투쟁과 승리의 역사와 더불어 이성의 기능과 역할과 한계를 입체적으로 통찰해보는 것은 매우 중요한 일이 아닐 수 없다. 이에 기쁜 마음으로 이 책의 일독을 독자들에게 추천한다.

이동영 호도스신학원 조직신학 교수

어째서 다른 문명권을 제쳐두고 서구 사회에서만 물질적 번영과 자유가 가능했을까? 로드니 스타크의 『기독교와 이성의 승리』는 역사학자들의 이 해묵은 질문에 참신한 대답을 제시한다. 바로 기독교의 신관과 세계관이 과학적 진보와 도덕적 혁신을 가능케 한 정신적 뿌리라는 것이다. 그것도 계몽사상과 개신교인들이 암흑시대라고 (잘못) 이름을 붙인 중세가 그 정신이 꽃을 피운 시기였다고 한다. 그가 보기에 자본주의와 개인주의가 극도로 발달한 우리 시대는 정신적 뿌리가 잘렸기에 위태롭고, 반(反)지성주의와 사적(私的) 종교로 축소되는 복음주의 기독교는 공허하다. 나는 한국교회를 연구하는 역사신학자의 한 사람으로 스타크가 물었던 것과 꼭 같은 질문을 해왔다. 대한민국의 산업화와 민주주의의 경이로운 성취는 어디에 뿌리를 두고 있는 것일까? 그리고 그 대답으로 가는 길을 이 책을 통하여 발견할 수 있었다.

장동민 백석대학교 역사신학 교수

The Victory of Reason

How Christianity Led to Freedom, Capitalism and Western Success

Rodney Stark

이성의 승리

The Victory of Reason

기독교가 어떻게 자유와 자본주의
그리고 서구의 승리를 견인했을까?

로드니 스타크 지음

김광남 옮김

새물결플러스

목차

서론

이성과 진보

세계를 최초로 탐험하기 시작했을 때 유럽인들이 가장 놀라워한 것은 서반구가 존재한다는 것이 아니라 자신들의 기술이 상당한 정도로 우월하다는 것이었다. 그 자랑스러운 마야와 아즈텍 및 잉카의 여러 나라는 유럽의 침략자들 앞에서 무력했다. 그뿐만 아니라 동방의 전설적인 문명들 역시 그러했다. 중국과 인도 그리고 심지어 이슬람도 16세기의 유럽에 뒤처져 있었다. 그런 일은 어떻게 일어난 것일까? 많은 문명이 연금술을 추구했음에도 오직 유럽에서만 그것이 화학으로 발전한 이유는 무엇인가? 오랜 세월 동안 오직 유럽만이 안경과 굴뚝, 믿을 만한 시계, 중기병혹은 악보 체계를 가졌던 것은 무슨 까닭인가? 야만으로부터 그리고 무너진 로마의 파편으로부터 일어선 나라들이 어떻게 해서 세계의 나머지 나라들을 그토록 크게 앞설 수 있었던 것일까?

최근에 몇몇 저자들은 서구의 성공 비결을 지리에서 찾았다. 그러나 오랫동안 유럽의 문화를 아시아의 문화보다 훨씬 뒤처지게 했던 것도 다름아닌 바로 그 지리였다. 다른 이들은 서구의 발흥의 원인을 철강이나 총포 혹은 범선들에서 찾았고, 또 다른 이들은 보다 생산적인 농업을 원인으로 꼽았다. 문제는 이런 답들이 여전히 설명이 필요한 것의 일부일 뿐이라는 것이다. **어째서** 유럽인들이 야금술과 조선 혹은 농업에서 다른 이들을 능가했는가? 이런 질문들에 대한 가장 설득력 있는 답은 서구의 우세의 원인을 역시 유럽에서만 나타났던 자본주의의 발흥에 돌리는 것이다. 자본주의에 대해 가장 호전적인 적대자들조차 그것이 전에는 꿈도 꾸지 못했던 생산성과 진보를 이루고 있음을 인정한다. 카를 마르크스(Karl Marx)와 프리드리히 엥겔스(Friedrich Engels)는 『공산당 선언』(*The Communist Manifesto*)에서 인간은 자본주의의 발흥 이전에는 "가장 나태한 게으름"에 빠져 있었고, 또한 자본주의 시스템은 "인간의 활동이 무엇을 가져올 수 있는지를 보여준 최초의 [시스템이었으며]…[그것은] 앞선 모든 세대를 합친 것보다 훨씬 더 막대하고 훨씬 더 놀라운 생산력을 이뤄냈다"고 주장했다. 자본주의는 보다 큰 능력이나 개선된 기술력을 통해 생산성을 증가시키기 위한 정기적인 재투자를 통해서, 그리고 계속해서 상승하는 분배를 통해 경영과 노동에 모두 동기를 부여함으로써 이런 "기적"을 이룬다.

자본주의가 유럽의 위대한 도약을 낳았다고 가정할 경우, 우리에게는 어째서 그것이 오직 유럽에서만 발전되었는가를 설명해야 하는 문제가 남는다. 어떤 이들은 자본주의의 뿌리를 프로테스탄트 종교개혁에서 찾았다. 다른 이들은 그것의 뿌리를 다양한 정치적 환경으로까지 소급해서 찾았다. 그러나 상황을 깊게 파보면, 자본주의뿐만 아니라 서구의 발흥의 참으로 근본적인 기초가 **이성**에 대한 특별한 믿음이었다는 것이 분명해진다.

『이성의 승리』는 이성이 시대를 이기면서 서구의 문화와 제도들을 독특하게 형성했던 일련의 과정들을 살핀다. 이런 승리 중 가장 중요한 것은 기독교 안에서 발생했다. 다른 세계의 종교들이 신비와 직관을 강조했던 반면, 오직 기독교만 이성과 논리를 종교적 진리에 이르는 주된 안내자로 수용했다. 이성에 대한 기독교의 믿음은 고대 그리스 철학에서 영향을 받았다. 그러나 더 중요한 사실은 고대 그리스 철학이 고대 그리스 종교들에 거의 아무런 영향을 끼치지 못했다는 것이다. 고대 그리스 종교들은 전형적인 신비 종교들로 남아 있었고, 거기에서는 모호성과 논리적 모순들이 신성한 기원에 대한 표지들로 간주되었다. 신들에 대한 근본적인 설명 불가능성 및 내적 성찰의 지적 우월성에 관한 유사한 가정들이 다른 모든 중요한 세계 종교들을 지배했다. 그러나 교부들은 이른 시기부터 이성이 하나님으로부터 온 최고의 선물이며 성경과 계시에 대한 이해를 **점차적으로 증대시키는** 수단이라고 가르쳤다. 결과적으로, 기독교는 **미래 지향적**이 되었고, 반면에 다른 중요한 종교들은 과거의 우위를 주장했다. 기독교의 교리들은 적어도 원칙적으로는—비록 실제로 늘 그랬던 것은 아니지만—항상 이성에 의해 입증되는 진보라는 이름으로 수정될 수 있었다. 스콜라주의자들에 의해 고양되고 교회가 설립한 훌륭한 중세의 대학들에서 구현된 이성의 능력에 대한 믿음이 과학에 대한 추구와 민주적 이론 및 실천의 발전을 자극하면서 서구 문화를 채워나갔다. 또한 자본주의의 발흥은 교회를 통해 영감을 부여받은 이성의 승리였다. 거대한 수도원의 소유지들에서 최초로 나타났던 자본주의는 본질적으로 이성을 상업에 체계적이고 지속적인 방식으로 적용하는 것이었기 때문이다.

지난 세기에 서구의 지성인들은 유럽 제국주의의 기원을 기독교에서 찾는 일에서 적극적이었다. 하지만 그들은 기독교가 세상을 지배하는 서구의 능력에 (편협성 이외의) 무언가를 기여했음을 인정하려고 하지 않았다. 오히려 그들은 서구가 성장을 위한 종교적 장벽들, 특히 과학을 방해하는 장벽들을 **극복했을** 때 급성장했다고 말했다. 터무니없는 소리다. 과학의 발흥을 포함해 서구의 성공은 전적으로 종교적 토대에 의존했고, 그것을 초래한 이들은 독실한 그리스도인들이었다. 유감스럽게도 기독교가 서구의 성장을 이루는 일에 어떤 역할을 했음을 기꺼이 인정하는 역사학자 중 많은 이들도 스스로를 종교개혁의 유리한 종교적 효과를 추적하는 일에 국한시키는 경향을 보였다. 그들에 의하면 그 이전에 15세기에 걸친 기독교의 역사는 중요하지 않거나 해로운 것처럼 보인다. 그런 학문적 반가톨릭주의가 자본주의의 기원에 관해 지금껏 쓰인 가장 유명한 책에 영감을 불어넣었다.

20세기가 출발할 즈음에 독일의 사회학자 막스 베버(Max Weber)가 곧 굉장히 영향력 있는 연구서가 된 한 권의 책, 즉 『프로테스탄트 윤리와 자본주의 정신』(*The Protestant Ethic and the Spirit of Capitalism*)을 출간했다.[1] 그는 그 책에서 자본주의가 오직 유럽에서만 나타난 까닭은 세계의 종교 중 유일하게 프로테스탄티즘만이 사람들이 물질적 소비를 억제하면서 적극적으로 부를 추구하도록 이끄는 도덕적 비전을 제공했기 때문이라고 주장했다. 베버는 종교개혁 이전에 소비에 대한 억제는 언제나 금욕주의와 그에 따른 상업에 대한 정죄와 연관되었다고 주장했다. 반대로 부에 대한 추구는 방탕한 소비와 연관되었다. 그 어떤 문화적 패턴도 자본주의에 대해서는 적대적이었다. 베버에 의하면, 프로테스탄트 윤리는 이런 전통적 연관성을 깨뜨리면서 검약하는 사업가들이 더 큰 부를 얻기 위해 이익을 조직적으로 재투자하는 문화를 만들어냈고, 바로 그 안에

---

1   Weber [1904-5] 1958.

자본주의와 서구의 우세를 위한 열쇠가 놓여 있다.

그것은 꽤 그럴듯한 논문이었기에, 아주 명백하게 틀린 것이었음에도 널리 받아들여졌다. 오늘날에도 경제사가들이 유럽에서 자본주의의 발흥이 종교개혁보다 여러 세기 앞서 일어났다는 반박하기 어려운 근거에 의지하여 베버의 놀라울 정도로 증거가 없는[2] 독백을 즉각 기각했음에도, 『프로테스탄트 윤리와 자본주의 정신』은 사회학자들 사이에서 거의 성스러운 지위를 누리고 있다.[3] 휴 트레버-로퍼(Hugh Trevor-Roper)가 설명했듯이, "대규모의 산업적 자본주의가 종교개혁 이전에는 이념적으로 불가능했다는 생각은 그것이 존재했다는 단순한 사실에 의해 깨진다."[4] 베버의 책이 출간된 후 불과 10년이 지났을 때 저명한 학자 앙리 피렌 (Henri Pirenne)[5]은 "자본주의의 모든 본질적인 특징들—개인 기업, 신용의 상향, 상업적 이익, 투기—이 12세기에 베니스와 제노바 혹은 피

---

2 한 가지 사소한 예외를 제외하고 Weber는 유럽 전역에서 프로테스탄트가 교육과 직업적 성취라는 측면에서 로마 가톨릭교도들을 훨씬 앞질렀다는 것과 프로테스탄트 지역들이 산업 혁명에서 훨씬 앞섰고 전에도 그랬다는 것을 자명한 것으로 여겼다. 그 예외는 그의 학생 Martin Offenbacher가 바덴의 학업적 성취에 관해 수행한 연구에 대한 다소 부주의한 인용이었는데, 그 연구는 프로테스탄트 학생들이 고전을 전공하는 학교들보다는 수학과 과학을 제공하는 학교에 등록할 가능성이 훨씬 더 크다는 것을 보여준다고 주장했다. 이것은 굉장한 역사적 범위에 관한 논문으로서는 놀라울 정도로 빈약한 증거일 뿐 아니라 심지어 정확하지도 않다. Offenbacher의 "발견"의 약점은 그동안 충분히 밝혀졌다(Becker 2000, 1997; Hamilton 1996). 아무튼 Weber의 출발점은 학문적인 것이 아니라 단지 그가 속한 시대와 장소에 지배적이었던 반가톨릭주의를 반영할 뿐인 것으로 보인다. Daniel Chirot는 Weber가 프랑스 학계를 백안시하는 이유도 그의 깊은 반가톨릭주의 때문인 것처럼 보인다고 내게 제안했다.

3 Lenski, Nolan과 Lenski 1995를 보라; 또한 Hamilton 1996의 요약을 보라.

4 Trevor-Roper [1969] 2001:20-21.

5 Pirenne은 Weber를 논박하고 있지 않았다. 아마도 그는 아직 Weber의 책을 읽지 않았을 것이다. 오히려 그는 자본주의와 산업 혁명을 동일시했던 Sombart 1902와 다른 마르크스주의자들을 논박하고 있었다.

렌체 같은 이탈리아의 도시 공화국들에서 나타났다는 사실을 입증하는" 여러 문헌에 주목했다. 한 세대 후에 저명한 학자 페르낭 브로델(Fernand Braudel)은 동일하게 다음과 같이 불평했다. "역사가들은 이 보잘것없는 이론[프로테스탄트 윤리]에 반대했다. 비록 그들이 그것을 단박에 제거하지는 못했지만 말이다. 그러나 그것은 분명히 잘못된 것이다. 북부 지역의 나라들은 지중해의 유구한 자본주의의 중심지들이 일찍이 오랫동안 그리고 멋지게 점유해왔던 자리를 빼앗았다. 그들은 기술에서든 경영 관리에서든 아무것도 발명하지 않았다."[6] 더 나아가 경제가 발전하던 중요한 기간에 북부의 자본주의 중심지들은 프로테스탄트가 아니라 가톨릭 국가들이었다. 종교개혁은 여전히 미래의 일이었다.

중세 교회의 경제 활동을 연구하는 대표적 역사가인 존 길크리스트(John Gilchrist)는 자본주의의 최초의 예들이 대규모 기독교 수도원들에서 나타났다고 다른 각도에서 지적했다.[7] 19세기에조차도 대륙의 프로테스탄트 지역과 국가들이[8] 스페인의 후진성에도 불구하고 여러 가톨릭 지역들을 크게 앞서지 **못했다**는 것은 확실하다.[9]

비록 베버가 틀리기는 했으나, 그가 유럽의 자본주의의 발흥에서 종교적 개념들이 중요한 역할을 했다고 생각한 것은 옳았다. 자본주의에 필요한 물질적 조건들은 중국과 이슬람, 인도, 비잔티움 그리고 아마도 고대 로마와 그리스를 포함해 다양한 시기에 많은 문명 안에 존재했다. 그러나 이런 사회 중 어느 것도 상황을 돌파해 자본주의를 발전시키지

---

6   Braudel 1977:66-67.
7   Gilchrist 1969:1.
8   물론 영국은 산업 혁명을 이끌었다.
9   Delacroix와 Nielsen 2001; Samuelsson [1961] 1993.

못했는데, 그것은 어느 사회도 이런 역동적인 경제적 시스템에 적합한 윤리적 비전을 발전시키지 못했기 때문이다. 오히려 서구 밖에 있는 유력한 종교들은 금욕주의를 요구했고 이익을 비난했으며, 그러는 동안 농부와 상인들은 과시와 소비에 몰두하는 탐욕스러운 엘리트들에게 부를 빼앗겼다.[10] 유럽의 상황은 어째서 달리 전개되었는가? 합리적 신학에 대한 그리스도인들의 헌신 때문이었다. 그것은 종교개혁을 유발하는 데 중요한 역할을 했을 수 있지만 분명히 프로테스탄티즘을 1천 년 이상 앞선 그 무엇이었다.

그렇다고 할지라도 자본주의는 오직 **일부 장소들**에서만 발달했다. 어째서 모든 장소에서 발달하지 않았을까? 그 까닭은 유럽의 어떤 사회들에서는 세상의 나머지 대부분에서 그런 것처럼 자본주의의 발생이 탐욕스러운 독재자들로 인해 방해를 받았기 때문이다. **자유** 역시 자본주의의 발전을 위한 핵심적 요소였다. 이것은 다른 문제를 일으킨다. **어째서 자유는 세계의 대부분 지역에서 그토록 드물게 존재했을까? 그리고 그것은 일부 중세 유럽 국가들에서 어떻게 육성되었을까?** 이것 역시 이성의 승리였다. 일부 중세 유럽 국가들이 실제로 선출된 위원회에 의한 통치를 시도하기 이전에, 기독교 신학자들은 이미 오랫동안 평등과 개인권의 본질을 이론화하는 작업을 전개해왔다. 실제로 존 로크(John Locke) 같은 18세기의 "세속적" 정치 이론가들의 후기 작품은 교회의 학자들에게서 유래한 평등주의적 공리들에 명백하게 의존했다.[11]

요약하자면, 서구의 발흥은 네 가지 중요한 이성의 승리에 기초를

---

10 Charanis 1953; Chirot 1985; Ostrogorsky 1957; Schluchter 1981; Weber [1921] 1951, [1917-19] 1952, [1921] 1951.
11 Waldron 2002.

두고 있다. 첫 번째는 기독교 신학 안에서 이루어진 진보에 대한 믿음의 발전이었다. 두 번째 승리는 진보에 대한 믿음이 기술적이고 조직적인 혁신으로 전환된 방식이었는데, 그런 혁신 중 많은 것이 수도원 영지들에 의해 촉진되었다. 세 번째 승리는 기독교 신학 덕분에 중세 유럽에서 상당한 정도의 개인적 자유를 유지하는 대응적 국가들이 나타날 정도까지 이성이 정치 철학과 실천에 영향을 끼친 것이다. 마지막 승리는 이성을 상업에 적용하는 것과 연관되었는데, 그것은 상업에 호의적인 국가들이 제공하는 안전한 항구 안에서 자본주의가 발전하는 결과를 낳았다. 바로 이것들이 서구가 거둔 승리였다.

이 책의 계획

『이성의 승리』는 두 부분으로 나뉜다. 첫 번째 부분은 **토대들**에 초점을 맞춘다. 그것은 정치적 자유 및 과학과 자본주의의 출현을 위한 길을 준비하는 과정에서 이성이 기독교 안에서 수행한 역할을 살필 것이다. 두 번째 부분은 유럽인들이 이런 토대들을 **성취한** 놀라운 방식들에 관해 이야기한다.

　제1장은 합리적 신학에 대한 기독교적 헌신의 본질과 결과를 다룬다. 이런 일은 어떻게 일어났는가? 어째서 그것이 성경에 이성을 적용하는 것이 **신학적 진보**를 낳으리라는 참으로 혁명적인 개념을 낳았는가? 하나님에 대한 보다 큰 이해는 시간의 흐름과 더불어 얻어질 수 있으며, 확립된 교리조차 철저한 개정을 겪을 수 있다는 것이야말로 기독교 신학의 핵심적 공리였다. 나는 기독교 신학의 합리적이고 점진적인 측면들

을 설명한 후에 실례들과 함의들을 살펴볼 것이다. 첫째, 나는 과학의 발흥에 끼친 합리적 신학의 절대적으로 핵심적인 역할에 관해 설명하면서 과학이 유럽에서 발흥한 반면 중국과 고대 그리스 혹은 이슬람 지역에서는 그러지 못했던 종교적 이유를 밝힐 것이다. 이어서 나는 관심의 초점을 중세 교회가 성취한 중요한 도덕적 혁신들로 옮길 것이다. 예컨대 기독교는 자유 의지와 구원에 관한 교리들에 부합하는 **개인주의**라는 아주 강력한 개념을 만들어냈다. 또한 중세의 수도원주의는 거의 1천 년 후에 프로테스탄트 윤리를 충실하게 예견하는 **일과 평범한 삶**의 미덕들에 대한 존중을 낳았다. 또한 이 장은 **인권**에 관한 새로운 개념들을 육성하는 일에서 초기와 중세 기독교가 수행한 역할을 개략한다. 자본주의가 발전하기 위해 꼭 필요한 것은 유럽이 노예제 사회의 집합체가 되기를 그치는 것이었다. 로마와 동시대의 다른 모든 문명에서 그랬던 것처럼, 노예제는 초기 중세 유럽의 모든 곳에 존재했다. 그러나 모든 주요한 종교 중에서 기독교는 독특하게도 노예제에 대한 도덕적 반대를 제기했고 그로 인해 7세기경에는 그것에 대한 진지한 종교적 반대가 시작되었다. 10세기에 이르러 노예제는 서구 대부분의 나라에서 자취를 감췄고 오직 서구의 변경 지역들에서만 잔존했다.[12] 여러 세기 후에 유럽의 신세계 식민지들에서 노예제가 다시 시작된 것은 별개의 문제다. 그러나 여기서도 노예제 폐지 운동을 시작하고 지속시켰던 것은 기독교였다.[13]

제2장은 이른바 암흑기에 놓인 자본주의의 물질적·종교적 토대들을 살핀다. 이 장은 로마의 몰락 이후 중세기 전체에 이르는 기간이 무지

---

12   Stark 2003a.
13   Ibid.

와 후퇴의 시기가 아니라 로마의 압제에서 벗어나 혁신이 시작되었을 때 비로소 폭발했던 극적인 기술적·지적 진보의 시기였음을 입증하는 것에서 시작한다. 진보에 대한 기독교의 헌신은 새로운 기술에 관한 탐구를 촉진하는 것뿐만 아니라 그런 기술에 대한 급속하고 광범위한 채택을 부추기는 것을 통해 중요한 역할을 감당하기도 했다. 더 나아가 교회의 지도자들과 학자들이 그들 주변에서 진행되던 발전에 대해 보인 반응이 몇 가지 주목할 만한 신학적 수정을 낳았다. 세계의 다른 종교들이 그랬던 것처럼, 여러 세기 동안 기독교는 금욕주의의 도덕적·영적 우월성을 선언하고 상업과 재정에 대한 적의를 드러냈다. 그러나 이런 가르침들은 12세기와 13세기에 사유 재산과 이윤의 추구를 강력하게 옹호했던 로마 가톨릭 신학자들에 의해 확실하게 거부되었다. 이런 일은 어떻게 일어날 수 있었을까? 대규모 수도원 영지에서 새로운 상업 활동이 시작되었을 때 그런 활동들의 도덕적 위상이 그것들에 대한 이전의 금지가 부적절한 신학에 기반했었다고 결론을 내린 신학자들에 의해서 재평가되었기 때문이다.

제3장은 통제 경제에 대한 간략한 묘사로 시작한다. 독재 체제는 부를 축적하고, 소비하며, 몰수하고, 투자를 거의 하지 않음으로써 혁신과 상업을 억눌렀다. 자본주의의 발흥을 위해서는 전제 국가가 극복되어야 했기 때문에, 이 장의 나머지는 소규모이면서도 종종 놀라울 정도로 민주적인 정치 단위들로 이루어졌던 유럽에서 어떻게 자유가 출현했는지를 설명하는 것에 할애된다. 그것은 먼저 서구 민주주의 이론의 기독교적 토대들, 즉 개인의 도덕적 평등과 사유 재산권 그리고 교회와 국가의 분리라는 교리들의 진화에 대해 설명한다. 다음으로 이탈리아의 몇몇 도시 국가들과 북부 유럽에서 상대적으로 민주적이었던 통치가 출현하는

것에 관한 묘사와 설명이 이어질 것이다.

　제4장은 이탈리아의 도시 국가들에서 자본주의가 완성되는 과정, 즉 크고 합리적이며 산업적인 회사들을 유지하는 데 필요한 경영 및 재정적 기술들이 발전한 방식을 추적한다. 제5장은 이탈리아의 "식민지" 회사들이 대부분 오늘날의 벨기에와 네덜란드 지역에 위치한 북부 도시들로 퍼져나간 과정을 추적하고, 그 지역의 주민들이 어떻게 그들 나름의 자본주의적 회사들을 만드는 법을 배웠는지를 살펴볼 것이다. 이 장은 영국이 어떻게 유럽에서 가장 강력한 자본주의 경제를 발전시켰는지에 관한 긴 단락으로 마무리된다.

　제6장은 중요한 **부정적인** 사례들을 살핀다. 자본주의가 유럽의 일부 지역에서 발전한 이유를 적절하게 설명하기 위해서는 또한 그것이 어째서 다른 지역들에서는 나타나는 데 실패했는지(혹은 파괴되었는지) 설명해야 하기 때문이다. 어째서 16세기 유럽에서 가장 부유하고 가장 강력했던 국가인 스페인은 자본주의 이전 상태에 머물러 있었던 것일까? 어째서 스페인의 통치는 이탈리아의 도시 국가들과 스페인령 네덜란드의 자본주의적 활력을 파괴했을까? 그리고 어째서 스페인은 그토록 급속하게 제국을 빼앗기고 3류 국가로 전락했는가? 프랑스의 경우, 어째서 그곳에서도 자본주의와 자유가 약화되었는가? 이런 질문들에 답하기 위해 나는 다시 숨을 막히게 만드는 독재 정치의 경제적 효과에 대해 살필 것이다.

　이런 점을 배경으로 제7장의 초점은 신세계로 그리고 미국과 캐나다를 라틴 아메리카와 구별해준 극적인 경제적 차이들로 이동한다. 그 이야기를 하는 것은 그것과 관련 요소들이 본질적으로 유럽의 경제사를 재연한 것이기에 또한 이 책의 내용을 포괄적으로 요약하는 셈이 될 것이다. 여기서도 기독교와 자유 그리고 자본주의가 중요한 역할을 했다. 이 책의 결론은 과연 이것이 여전히 사실인지를 간략하게 살핀다. 세계화는 기독교적이지 않고 자본주의적이지 않으며 그리고 심지어 자유롭지도 않은 완전하게 현대적인 사회들을 만들어낼 수 있을 것인가?

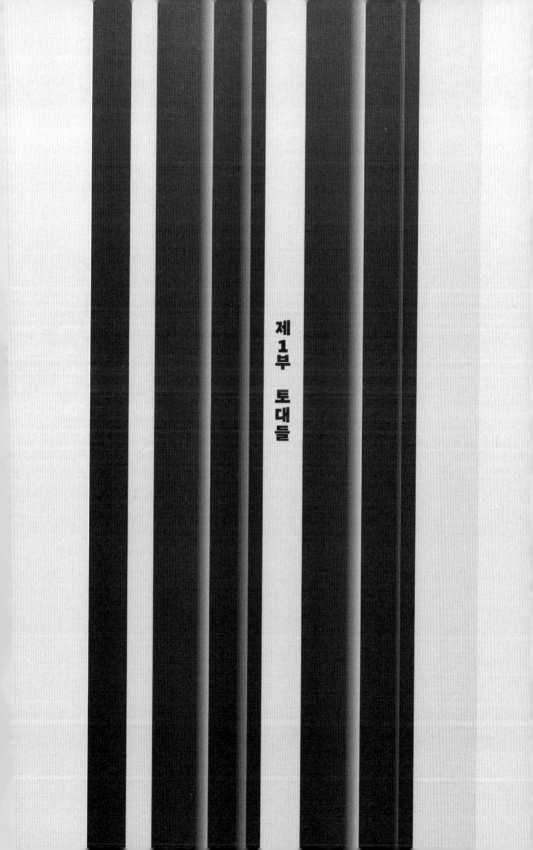

제 1 부   토대들

제1장

이성적인 신학의 축복

신학은 대부분의 서구 지성인들 사이에서 평판이 좋지 않다. 그 단어는 비합리성과 교조주의를 받아들이는 낡은 형태의 종교적 사고를 의미하는 것으로 간주된다. 스콜라 철학도 마찬가지다. 웹스터 사전의 모든 판본에서 "스콜라적인"(scholastic)이라는 단어는 "현학적이고 교조적인"을 의미하면서 중세 교회 학문의 불임성을 가리킨다. 18세기 영국의 철학자 존 로크는 스콜라 학자들을 "자신들의 무지를 가리기 위해" 쓸모없는 용어들을 지어내는 "위대한 조어가들"이라며 일축했다.[1] 그렇지 않다! 스콜라 학자들은 유럽의 위대한 대학들을 설립하고 서구 과학의 발흥을 추동한 훌륭한 학자들이었다. 신학에 관해 말하자면, 그것은 대부분의 종교적 사고와는 공통점이 거의 없으며, 오직 기독교 안에서만 완전하게 발전된 정교하고도 매우 **이성적인** 학문이다.

때때로 "신앙의 과학"[2]이라고 묘사되는 신학은 **하나님에 관한 형식적 추론**으로 이루어진다. 강조점은 하나님의 성품과 의도와 요구를 **발견하는 것**과 그런 것들이 인간과 하나님의 관계를 규정하는 방식을 이해하는 것에 맞춰진다. 다신론의 신들은 너무나 엉뚱하기 때문에 신학의 체계를 수립하기에 적절하지 못하다. 신학은 인간을 돌보고 그들에게 도덕법과 책임을 부과하는, 그래서 "하나님은 어째서 우리가 죄를 짓도록 허

---

1 *Essay Concerning Human Understanding* 3권 10장.
2 Rahner 1975: 1687.

락하시는가? 여섯 번째 계명은 전쟁을 금하는가? 유아들은 언제 영혼을 얻는가"와 같은 진지한 지적 질문을 제기하도록 하는 무제한의 힘과 영역을 지닌 의식적이고 합리적이며 초자연적인 존재로서의 하나님이라는 이미지를 필요로 한다.

신학의 본질을 충분히 이해하기 위해서는 어째서 동양에는 신학자들이 없는지를 살펴보는 것이 유용하다. 도교에 대해 생각해보자. 도(道)는 초자연적 본질, 근원적인 신비로운 힘, 혹은 삶을 지배하는 원리다. 하지만 그것은 비인격적이고, 멀리 있으며, 의식이 없고, 무엇보다도 결정적으로 존재가 아닌 그 무엇이다. 그것은 "영원한 길", 즉 조화와 균형을 낳는 우주적 힘이다. 노자에 의하면, 도는 "항상 존재하지 않으나" "항상 존재하고", "이름을 붙일 수 없으며" 그리고 "이름을 붙일 수 있는 이름"이다. "소리도 없고 형체도 없는" 그것은 "갈망이 언제나 없다." 우리는 그런 본질에 관해 계속해서 묵상할 수 있으나, 그것은 우리가 추론할 만한 아무것도 제공하지 않는다. 동일한 비판이 불교와 유교에도 해당된다. 비록 이런 신앙들의 대중적 형태가 다신론적이고 매우 다양한 작은 신들과 관련된 것이 사실일지라도(이것은 대중적인 도교의 경우도 마찬가지다), 지적 엘리트들이 추구하는 이런 신앙들의 "순전한" 형태들은 신을 믿지 않으며 단지 모호한 신적 본질을 상정할 뿐이다. 특히 부처는 의식을 지닌 신의 존재를 부정했다.[3] 동양에 신학자들이 없는 이유는, 다른 상황에서라면 그런 지적 추구를 수행할 수도 있는 이들이 그런 추구의 첫 번째 전제인 의식적이고 전능한 신의 존재를 거부하기 때문이다.

대조적으로, 기독교 신학자들은 오랜 세월 동안 하나님이 성경의 다

---

3   Clough 1997: 57.

양한 구절을 통해 실제로 무엇을 의미했는지를 추론하는 데 몰두했다. 그리고 시간의 흐름과 더불어 그들의 해석들은 종종 아주 극적으로 그리고 포괄적인 방식으로 진화했다. 예컨대 성경은 점성술을 비난하지 않을 뿐만 아니라 별을 따르는 현자들에 관한 이야기는 그것이 타당하다고 암시하는 것처럼 보일 수 있다. 하지만 5세기에 성 아우구스티누스(Augustine)는 인간의 운명이 별들 안에 결정되어 있다고 믿는 것은 자유의지라는 하나님의 선물에 맞서는 것이므로 점성술은 잘못이라고 **추론했다.**[4] 유사한 방식으로, 비록 사도 바울을 포함해 초기의 많은 그리스도인이 예수에게 마리아와 요셉이 낳은 형제들이 있었음을 받아들였으나,[5] 그런 견해는 차츰 발전하고 있던 마리아에 대한 견해와 점점 더 충돌하게 되었다. 그 문제는 13세기에 성 토마스 아퀴나스(Thomas Aquinas)가 그리스도의 동정녀 탄생 교리는 마리아가 다른 자녀를 낳지 않았다고 추론하게 만든다고 분석했을 때 최종적으로 해결되었다. "따라서 우리는 하나님의 어머니가 동정녀로서 아이를 낳았고 그 출산 이후에도 동정녀로 남아 있었다고 무조건 단언한다. 주님의 형제들은 같은 어머니에게서 난 친 형제들이 아니라 혈족들이다."[6]

이런 주장들은 성경에 대한 단순한 부연이 아니었다. 그런 주장들 각각은 **새로운 교리들**로 이어지는 신중한 연역적 추론의 예였다. 그 추론에 의하면, 교회는 점성술을 금하지 않았다. 마리아의 영원한 처녀성은 공식적인 가톨릭의 가르침으로 남아 있다. 이런 예들이 보여주듯이 위대한 정신들은 다름 아닌 설득력 있는 추론이라는 기초 위에서 교회의

---

4   *City of God*: 5권 1장.
5   Bauckham 1990.
6   내가 인용하는 Aquinas의 *Summa Theologica*의 번역은 Monroe 1975: 14권 28장의 것이다.

교리들을 크게 변경하거나 심지어 뒤집을 수 있었고 종종 그렇게 했다. 그런 일을 아우구스티누스나 아퀴나스보다 더 잘 혹은 더 큰 영향력을 지니고 수행한 이들은 달리 없다. 물론 다른 수많은 신학자들 역시 교리에 자신들의 자취를 남기려고 했다. 어떤 이들은 성공했고, 대부분은 무시되었으며, 또 그들 중 어떤 이들은 이단으로 거부되었다. 이때 중요한 것은 기독교 신학의 어느 측면에 대한 정확한 설명은 그 기초를 주요한 권위적 인물들에 두어야 한다는 것이었다. 지난 2천 년 동안 쓰인 수많은 군소 신학자들의 작품을 선별적으로 발췌한다면, 온갖 이상한 입장들을 예시하기 위해 일련의 인용문들을 모으는 것은 쉬운 일이 될 것이다. 그동안 이런 접근법은 너무나 일반적이었다. 하지만 그것은 나의 접근법이 아니다. 나는 여러 문제들에 대한 교회의 권위 있는 입장이 자주 진화했으며 때로는 앞선 가르침을 뒤집는 정도까지 그러했다는 것에 유념하면서 군소 신학자들이 주요한 신학자들에 의해 재가된 견해들을 표현할 **때만** 그들을 인용할 것이다.

아우구스티누스와 아퀴나스 같은 중요한 기독교 신학자들은 오늘날 엄격한 구성주의자(constructionists, 구성주의는 인간이 지식과 의미를 구성하는 일에서 경험을 중시한다—역주)라고 불릴 수 있는 이들이 아니었다. 오히려 그들은 하나님의 의도에 대한 보다 큰 통찰을 얻기 위한 수단으로서 이성을 찬양했다. 2세기에 퀸투스 테르툴리아누스(Quintus Tertullian)가 다음과 같이 가르쳤듯이 말이다. "이성은 하나님의 일이다. 만물의 창조자이신 하나님이 이성을 통해 제공하시고, 폐기하시며, 정하시지 않는 것은 아무것도 없기 때문이다. 그분이 의도하시지 않은 그 어떤 것도 이성에 의해 처리되고 이해되어서는 안 된다."[7] 같은 맥락에서 3세기에 알렉산드리아의 클레멘스(Clement of Alexandria)는 다음과 같이 경고했다. "우리가 이런 일들을 단지 믿음으로 받아들여야 한다고 말하는 것으로 여기지 말라. 오히려 그것들은 이성에 의해 확언되어야 한다. 실제로 이런 일들을 이성 없는 원초적인 믿음에 맡기는 것은 안전하지 않다. 분명히 진리는 이성이 없이는 진리가 될 수 없기 때문이다."[8]

따라서 아우구스티누스가 신앙에는 이성이 불가결하다고 주장했을 때 그는 당시에 이미 널리 퍼져 있던 지혜를 표현했을 뿐이다. "하늘은 하나님이 이성을 주셔서 우리를 동물보다 우월하게 만드셨기 때문에 우리 안에서 그것을 미워하시는 것을 금한다! 하늘은 우리가 이성을 받아들이지 않거나 추구하지 않는 방식으로 믿는 것을 금한다. 만약 우리가 합리적인 영혼을 소유하지 않는다면 우리는 믿을 수조차 없기 때문이다." 아우구스티누스는 "신앙은 이성보다 중요하고 마음을 정화하며 이성의 위대한 빛을 받아들이고 견디는 것을 적합한 것으로 만들어야 한다"고 인정했다. 이어서 그는 비록 "우리가 아직 이해할 수 없는 어떤 중요한 문제들에서는 신앙이 이성을 앞서는 것이 [필요하지만], 확실히 우리에게 이것을 설득시키는 데 필요한 극히 적은 부분의 이성만은 신앙을 앞서야 한다"고 덧붙였다.[9] 스콜라주의 신학자들은 오늘날 대부분의 철학자들이 기꺼이 하려고 하는 것보다 이성에 훨씬 더 큰 믿음을 두었다.[10]

---

7   *On Repentance*: 1장.
8   *Recognitions of Clement*: 2권 69장.
9   Lindberg와 Numbers 1986: 27-28에서.
10   Southern 1970a: 49.

물론 어떤 영향력 있는 독실한 신자들은 이성에 우선권을 주는 것에 반대했고 신앙은 신비주의와 영적 경험을 통해 가장 잘 증진될 수 있다고 주장했다.[11] 역설적으로 이런 반이성적 입장에 대한 가장 인상적인 옹호자는 자신의 견해를 우아하게 조리 있는 신학으로 표현했다.[12] 이성의 상위에 대한 반대는 물론 몇몇 수도회들에서, 특히 프란체스코회와 시토 수도회에서 매우 인기가 있었다. 하지만 그런 견해는 우세하지 않았다. 이유는 간단했다. 공식적인 교회의 신학은 성장하는 많은 대학에서 안전한 기반을 누렸는데, 그곳에서는 이성이 지배했기 때문이다.[13]

발전하는 기독교 신앙

유대교와 이슬람교 역시 신학을 유지하기에 충분한 하나님의 이미지를 받아들인다. 그러나 그 종교들에 속한 학자들은 그런 문제를 추구하지 않는 경향을 보였다. 오히려 전통적인 유대인들[14]과 무슬림들은 엄격한 구성주의로 기울어지며 성경을 궁극적 의미를 지닌 질문들에 관한 탐구의 기초가 아니라 **이해하고 적용해야 할 율법**으로 여기며 접근한다. 그런 이유로 학자들은 종종 유대교와 이슬람교를 "공동체 생활의 율법과 규례를 근본적으로 강조하면서" 올바른(*ortho*) 실천(*praxis*)에 관심

---

11 Ozment 1980.
12 Saint Bernard of Clairvaux(1090-1153).
13 Colish 1997.
14 개혁적 유대교는 성경의 권위를 거부했고 아주 모호한 하나님의 이미지를 받아들였는데, 그것은 신학을 유지하기에는 너무나 비인격적이고 현실과 너무 동떨어져 있다.

을 두는 "정행"(orthoprax) 종교로 여긴다. 대조적으로 학자들은 기독교를 "정통"(orthodox) 종교라고 묘사하는데, 그것은 기독교가 "신앙과 그것의 신조와 교리문답 그리고 신학의 지적 구조화에 더 역점을 두면서" 올바른(*ortho*) 의견(*doxa*)을 강조하기 때문이다.[15] 유대인과 무슬림 종교 사상가들 사이에서 자주 발생하는 지적 논쟁 중에는 과연 어떤 활동이나 혁신(가령, 경전을 인쇄기로 복제하는 것과 같은)이 기존의 율법에 부합하느냐 부합하지 않느냐는 것이 포함된다. 반면에 기독교의 논쟁들은 일반적으로 삼위일체나 마리아의 영원한 처녀성 같은 문제들에 대한 교리적 논쟁이다.

물론 어떤 중요한 기독교 사상가들은 율법에 주목했고 어떤 유대인과 무슬림 학자들은 신학적 논쟁에 몰두하기도 했다. 그러나 세 종교의 중요한 목표는 이 점에서 달랐고 그로 인해 아주 중요한 결과들을 가져왔다. 법률적 해석은 선례에 의존하므로 과거에 붙들려 있는 반면, 하나님의 성품을 보다 잘 이해하려는 노력은 **진보**의 가능성을 가정한다. 그리고 기독교와 다른 모든 종교의 가장 중요한 차이는 바로 이 진보에 대한 가정이다. 유대교를 예외로 하고, 다른 위대한 종교들은 역사를 끊임없이 반복되는 순환이나 불가피한 쇠퇴로 간주해왔다. 무함마드는 다음과 같이 말했다고 전해진다. "최고의 세대는 나의 세대다. 그다음은 그다음 세대이고, 그다음은 다시 그다음 세대들이다."[16] 대조적으로, 유대교와 기독교는 천년왕국에서 절정에 이르는 역사에 대한 미래 지향적 개념을 유지해왔다. 하지만 유대적 역사 개념은 진보가 아니라 과정만을 강

---

15   Denny 1993: 612.
16   Ayoub 1996: 414에서.

조한다. 반면에 기독교에서는 진보라는 개념이 심오하게 드러난다. 존 맥머레이(John Macmurray)가 다음과 같이 말하는 것처럼 말이다. "우리가 진보에 관해 생각한다는 것은 기독교가 우리에게 끼친 영향의 정도를 보여준다."[17]

예수가 기록된 경전을 남겼더라면 상황이 달라졌을지도 모른다. 그러나 자기들이 남긴 텍스트를 신의 뜻에 대한 전달로 간주하고 그로 인해 문자주의를 부추겼던 무함마드나 모세와 달리, 예수는 아무것도 쓰지 않았고, 그로 인해 처음부터 교회의 교부들은 기억된 예수의 어록의 모음—신약성경은 통일된 경전이 아니라 하나의 **선집**(anthology)이다—의 의미에 관해 추론할 수밖에 없었다.[18] 그 결과 바울과 더불어서 연역과 추론의 신학 그리고 신학적 진보라는 개념을 위한 선례가 시작되었다. "우리는 부분적으로 알고 부분적으로 예언한다."[19] 이것을 쿠란의 두 번째 구절과 대조해보라. 그 구절은 스스로를 "의심할 여지가 없는 성경"[20] 이라고 선포한다.

이른 시기부터 기독교 신학자들은 자주 신학에 이성을 적용하는 것이 하나님의 뜻에 대한 **점점 더 정확한** 이해를 가져올 수 있다고 추정했다. 아우구스티누스는 비록 "우리가 아직 이해하지 못하는 구원의 교리와 관련된 어떤 문제들"이 있을지라도 "언젠가 우리는 그것들을 이해할 수 있게 될 것"이라고 말했다.[21] 아우구스티누스는 신학적 진보뿐 아니

---

17   Macmurray 1938: 113.
18   Jeffrey 1996: 12.
19   고전 13:9.
20   Pickthall 번역.
21   Lindberg 1986: 27에서.

라 세상적이고 물질적인 진보도 찬양했다. 그는 일찍이 5세기에 글을 쓰면서 다음과 같이 외쳤다. "인간의 비범한 재능은 수많은 놀라운 기술들을 발명하고 적용해왔는데, 그것은 부분적으로는 필요의 결과였고, 부분적으로는 풍성한 발명의 결과였다. 따라서 이런 정신의 활력은…그런 기술을 발명하고 배우고 혹은 사용할 수 있는 자연 안에 있는 무진장의 부요를 보여준다. 만약 우리가 인간의 산업이 직조와 건축 그리고 농업과 항해의 기술에서 얼마나 놀라운 진보를 이뤄냈는지 안다면, 우리는 크게 놀랄 것이다!" 계속해서 그는 "측정과 수에서 얻은 기술"에 대해 경탄했다. "별들의 운행과 연관성을 발견한 것은 얼마나 총명했던가!" 그리고 이 모든 것은 하나님이 그의 피조물에게 주신 "말로 표현할 수 없는 혜택" 즉 "합리적인 본성" 덕분이었다.[22]

진보가 일어나리라는 아우구스티누스의 낙관주의는 전형적인 것이었다. 13세기에 기베르 드 투르나이(Gilbert de Tournai)가 다음과 같이 썼듯이 말이다. "이미 알려진 것에 만족한다면, 우리는 결코 진리를 발견하지 못할 것이다.…우리 시대 이전에 쓰인 것들은 법이 아니라 길잡이다. 진리는 모두에게 열려 있다. 사람들은 아직 진리를 완전히 소유하지 못했기 때문이다."[23] 특히 1306년에 피렌체에서 프라 조르다노(Fra Giordano)가 한 말은 전형적이었다. "모든 기술(art)이 발견된 것은 아니다. 우리는 그것들을 발견하는 일에서 끝을 보지 못할 것이다. 우리는 매일 새로운 기술을 발견할 수 있다."[24] 이런 말들을 같은 시기에 중국에서 유행했던 견해와 비교해보라. 그것은 리엔창(Le Yen-chang)에 의해 다음과

---

22 *City of God*: 22권 24장.
23 Gimpel 1961: 165에서.
24 Gimpel 1976: 149에서.

같이 잘 표현되었다. "학자들이 자신들의 관심을 전적으로 고전에 집중하고 후대의 저속한 관습들을 연구하는 일에 빠져들지 않는다면, 제국은 정말로 운이 좋을 것이다!"[25]

기독교의 합리성을 통한 진보에 대한 몰입이 절정에 이른 것은 13세기 말에 파리에서 출간된 성 토마스 아퀴나스의 『신학 대전』(*Summa Theologica*)에서였다. 이성의 신학에 관한 이 기념비적인 저작은 기독교 교리에 대한 논리적 "증명들"로 이루어져 있고 후대의 모든 기독교 신학자들을 위한 기준을 세웠다. 아퀴나스는 인간은 사물의 본질을 직접 볼만큼 충분한 지성을 갖고 있지 않으므로 지식에 이르는 길을 한 걸음 한 걸음 추론하는 것이 필요하다고 주장했다. 비록 아퀴나스가 신학을 (그것이 신의 계시를 직접 다루기에) 과학의 최고봉으로 간주하기는 했을지라도, 그는 신학을 구성하는 과정에서 철학, 특히 논리학의 원리들을 사용하는 것을 옹호했다.[26] 그 결과 아퀴나스는 자신의 이성적 능력을 사용해 하나님의 창조세계 안에서 가장 심원한 휴머니즘을 발견할 수 있었다.[27]

아퀴나스와 그의 여러 재능 있는 동료들이 만일 야웨를 어떤 설명할 수 없는 본질로 여겼다면, 그들은 합리적인 신학에서 그렇게 탁월할 수 없었을 것이다. 그들이 자신들의 노력을 정당화할 수 있었던 것은 오직 그들이 하나님이야말로 이성의 절대적 전형이시라고 가정했기 때문이었다.[28] 더 나아가 그들이 하나님의 뜻으로부터 시작하는 점진적 추론에 헌신하기 위해서는 성경이 언제나 단순히 늘 문자적으로만 이해되어서는

---

25 Hartwell 1971: 691에서.
26 Grant 1986; Meyer 1944.
27 Southern 1970: 50.
28 Lindberg 1986: 27-28에서.

안 된다는 것을 받아들일 필요가 있었다. 사실 그것 역시 인습적인 기독교적 견해였다. 아우구스티누스가 지적했듯이, "아직도 전적으로 사실인 이런 말들 아래서 다양한 것들이 이해될 수 있다." 실제로 아우구스티누스는 후대의 독자가 하나님의 도우심을 받아, 비록 성경을 최초로 받아 적은 사람이 "이것을 이해하지 못했을지라도", 어느 성경 구절의 의미를 이해하는 것이 가능하다는 것을 인정했다. 따라서 그는 계속해서 다음과 같이 말한다. "당신의 믿음의 탁월한 사역자인 모세가 그런 말로 그의 독자들에게 무엇을 이해시키려 했는지 물어보고…함께 당신의 책의 말씀들에 다가가 그 말씀들 안에서 당신의 종, 즉 당신이 그의 펜을 통해 그 말씀들을 분배하셨던 종이 의미했던 것을 통해서 당신이 의미하셨던 것을 찾을" 필요가 있다.[29] 더 나아가 하나님은 잘못이나 오류를 범하실 수 없기에 만약 성경이 지식과 상충하는 것처럼 보인다면, 그것은 하나님의 말씀을 기록했던 그 "종" 편에서의 이해의 부족 때문이다.

　이런 견해들은 하나님의 계시가 늘 그것을 이해하는 인간의 현재의 능력에 국한된다는 기독교의 근본적인 전제에 전적으로 부합한다. 4세기에 성 요안네스 크리소스토모스(John Chrysostom)는 스랍들조차 하나님을 그분의 모습 그대로는 보지 못한다고 지적했다. 오히려 그들은 "자신들의 본성에 맞춘 겸손(condescension)을 본다. 이 겸손은 무엇인가? 그것은 하나님이 나타나셔서 자신을 알리시되, 그분의 모습 그대로가 아니라 그분을 바라볼 수 없는 이가 그분을 볼 수 있는 방식으로 그렇게 하시는 것이다. 그런 식으로 하나님은 자신을 바라보는 이들의 연약함에 맞추어

29　*Confessions*: 12권 18장.

자신을 계시하신다."³⁰ 이 오랜 전통을 감안할 때, 하나님이 자신의 계시를 인간 이해의 한계에 맞추신다는 주장, 예컨대 창세기의 저자는 "학식 있는 자들뿐만 아니라 배우지 못하고 원시적인 자들의 교사가 되도록 임명되었으며, 따라서 그렇게 조잡한 가르침의 수단으로까지 내려가지 않고서는 그의 목표를 이룰 수 없다"는 장 칼뱅(John Calvin)의 주장에는 이단적인 요소가 조금도 없다. 즉 하나님은 "우리의 조잡함과 연약함에 맞춰 우리에게 자신을 계시하신다."³¹

하나님에 대한 기독교적 이미지는 인간이 더 잘 이해하는 능력을 얻을 때 자신을 더 완전하게 계시하시는 **인간의 진보를 믿는** 합리적 존재의 이미지다. 더 나아가 하나님은 합리적 존재이시고 우주는 그분의 인격적 피조물이기 때문에, 그 이미지는 **인간의 이해력이 증진되기를 기다리는** 합리적이고 합법적이며 안정된 구조를 지니고 있다. 이것은 많은 지적 과업들을 증진하기 위한 열쇠였는데, 그런 과업들 중에 과학의 발흥이 있었다.

신학과 과학

이른바 16세기의 과학 혁명은 종교와 과학 사이의 필연적인 갈등을 단언하고자 하는 이들에 의해 잘못 해석되어왔다. 이 시기에 어떤 놀라운 일들이 성취되었다. 하지만 그것들은 세속적 사고의 분출로 인해 나타난

---

30 Benin 1993: 68에서.
31 Calvin [c. 1555] 1980: 52-53.

것이 아니다. 오히려 그런 성취들은 중세의 스콜라 학자들을 통해 여러 세기에 걸쳐 이루어진 체계적인 진보의 정점이었고, 12세기의 독특하게 기독교적인 발명이었던 대학들을 통해 유지되었다. 과학과 종교는 양립할 수 있을 뿐만 아니라 그것은 불가결하다. 과학의 발흥은 신앙심 깊은 그리스도인 학자들에 의해 이루어졌다.[32]

과학이 단지 기술에 불과한 게 아님을 인식하는 것이 중요하다. 어느 사회가 과학을 갖게 된다는 것은 단순히 그 사회가 배를 만들고, 쇠를 녹이며, 사기 접시에 음식을 담아 먹을 수 있음을 의미하지 않는다. 과학은 **자연에 대한 설명**을 공식화하기 위한 **조직화된** 노력에 사용되는 **방법**으로서 늘 **체계적인 관찰**을 통한 수정과 교정에 종속된다.

다른 방식으로 말하자면, 과학은 **이론**과 **연구**라는 두 가지 요소로 이루어진다. 이론화는 과학의 설명적 부분이다. 과학 이론들은 (인간의 사회생활을 포함해) 자연의 어떤 부분이 **어째서** 그리고 **어떻게** 서로 들어맞고 작동하는지에 관한 **추상적인 진술**이다. 그러나 모든 추상적인 진술들이, 심지어 설명을 제공하는 모든 진술까지도 과학 이론이 될 수 있는 것은 아니다. 그렇지 않다면 신학도 과학이 될 것이다. 오히려 추상적인 진술들이 과학적인 진술이 되는 것은 오직 그것들을 통해 앞으로 관찰될 것에 관한 명확한 예측과 금지를 추론할 수 있을 때뿐이다. 그리고 바로 그것이 연구가 시작되는 지점이다. 연구는 경험적 예측 및 금지와 연관된 관찰을 하는 것으로 이루어진다. 따라서 분명히 과학은 자연적이고 물질적인 실재들에 관한, 즉 적어도 원칙적으로 관찰 가능한 것들에 관한 진술들에 국한된다. 따라서 과학이 다룰 수 없는 담론의 영역이 존재

---

32   이에 대한 요약을 위해서는 Stark 2003a를 보라.

하는데, 거기에는 하나님의 존재와 같은 문제들이 포함된다.

또한 과학은 그것이 무작위적인 발견이 아니고 고립된 상태에서 성취되지 않는다는 점에서 조직화된 노력이라는 것에 주목하라. 분명히 어떤 과학자들은 혼자서 연구를 해왔다. 하지만 그렇다고 해서 그들이 고립된 상태로 일하는 것은 아니다. 가장 이른 시기부터 과학자들은 네트워크를 형성했고 서로 매우 잘 소통해왔다.

과학철학자들은 물론이고 다수 현대 역사가들의 견해와 일치하는 과학에 대한 이런 정의는 인류의 역사 대부분을 통해 이루어졌던 물질계를 설명하고 통제하고자 하는 모든 노력을, 심지어 초자연적 수단과 무관한 노력까지 배제한다. 이런 노력들 대부분이 과학의 범주에서 배제될 수 있었던 것은 마르크 블로흐(Marc Bloch)가 말했듯이 최근까지 "기술적 진보—때때로 그것은 굉장했다—는 단순한 경험주의"였기 때문이다.[33] 즉 진보는 관찰과 시도와 실패의 산물이었으나 설명(이론화)이 부족했다. 따라서 고대 그리스-로마 시대, 이슬람, 중국의 보다 이른 시기의 기술적 혁신들은—역사 이전 시대에 이루어진 것들은 말할 것도 없고—과학으로 간주되지 않으며, 교훈, 솜씨, 지혜, 기법, 기능, 기술, 처리, 학습 혹은 단순히 지식 같은 용어들로 더 잘 묘사된다. 고대인들은 망원경이 없이도 천문학적 관찰을 잘 해냈으나, 그런 관찰 내용들은 시험이 가능한 이론과 연결되기 전까지는 단지 **사실들**로 남아 있었다. 찰스 다윈(Charles Darwin)은 이것을 다음과 같이 생생하게 표현했다. "30여 년 전에는 지질학자들이 관찰은 하되 이론화하지 말아야 할 많은 담론이 있었다. 그리고 나는 어떤 이가 그런 식이라면 차라리 자갈밭에 들어가 자갈을 세

---

33 Bloch [1940] 1961: 83.

고 자갈의 색깔이나 묘사하는 편이 낳을 것이라고 말했던 것을 잘 기억한다. 그것이 무언가 유익한 것이 되게 하려면, 어떤 이는 모든 관찰 사항이 어떤 견해에 찬성하거나 반대해야 한다는 것을 알아서는 안 된다는 것은 얼마나 이상한가!"[34]

고대 그리스나 동방 철학자들의 지적 성취에 관해서 말하자면, 그들의 경험주의는 매우 비이론적이었고 그들의 이론화는 비경험주의적이었다. 아리스토텔레스의 경우를 살펴보자. 비록 그가 자신의 경험주의 때문에 칭송을 받고는 있으나, 그는 그것이 자신의 이론화를 방해하도록 내버려두지 않았다. 예컨대 그는 물체들이 땅에 떨어지는 속도가 그것들의 무게에 비례한다고, 즉 어느 돌의 무게가 다른 것의 두 배일 경우 그 돌은 다른 것보다 두 배 빨리 떨어진다고 가르쳤다.[35] 어디로든 가까운 절벽으로 가보았다면 그는 이런 명제를 논파할 수 있었을 것이다.

다른 유명한 고대 그리스인들도 마찬가지다. 그들의 연구는 전적으로 경험적이거나 아니면 경험주의의 부족으로 인해 과학으로서의 자격을 갖추지 못한 채 관찰 가능한 결과들을 무시하거나 암시하지 않는 추상적인 단언들의 집합으로 남아 있다. 따라서 데모크리토스(Democritus)가 모든 물질은 원자들로 구성된다고 주장했을 때, 그는 과학적 원자 이론을 예견했던 게 아니다. 그의 "이론"은 관찰에 근거하거나 어떤 경험적 의미를 갖고 있지 않은 단순한 사변이었다. 그것이 옳다고 판명되는 것은 언어적 우연의 일치에 지나지 않는다. 그 우연의 일치는 그의 추측에 대해 그와 동시대인으로서 모든 물질은 불, 공기, 물 그리고 흙으로

34　Darwin과 Seward 1903: I:195.

35　*On the Heavens*.

이루어져 있다고 주장했던 엠페도클레스(Empedocles)의 추측이나 한 세기 후에 물질이 뜨거움과 차가움, 건조함, 습함 그리고 제5원소로 이루어진다는 아리스토텔레스의 추측에 보다 더 큰 의미를 부여하지 않는다. 실제로 에우클레이데스(Euclid)는 자신의 모든 총명함과 분석 능력에도 불구하고 과학자가 아니었는데, 그것은 기하학 자체가 실체를 결여한 채 단지 실재의 어떤 측면들을 묘사할 능력만 갖고 있을 뿐 그것의 어떤 부분도 설명하지 못하기 때문이다.

실제 과학은 오직 한 번, 그것도 유럽에서만 나타났다.[36] 중국과 이슬람, 인도 그리고 고대 그리스와 로마는 각각 고도로 발달한 연금술을 갖고 있었다. 그러나 오직 유럽에서만 연금술이 화학으로 발전했다. 게다가 많은 사회가 정교한 점성술 체계를 발전시켰으나, 오직 유럽에서만 점성술이 천문학으로 이어졌다. 어째서인가? 다시 말하지만, 그 질문에 대한 답은 하나님에 대한 이미지들과 상관이 있다.

무시되고는 있으나 위대했던 중세 신학자 겸 과학자인 니콜 오렘(Nicole d'Oresme)이 말했듯이, 하나님의 창조는 "어떤 이가 시계를 만들어 그것이 자동으로 움직이게 하는 것과 아주 흡사하다."[37] 비기독교 세계의 지배적인 종교적·철학적 교리들과 대조적으로, 그리스도인들은 과학을 발전시켰는데 그것은 그들이 과학은 수행될 **수 있고** 수행**되어야 한다고 믿었기** 때문이다. 알프레드 노스 화이트헤드(Alfred North Whitehead)가 1925년에 하버드 대학교 로웰 강연에서 말했던 것처럼, 유럽에서 과학이 발흥한 것은 "중세의 신학으로부터 파생된…과학의 가능성에 대한

---

36 Cohen 1985; Collins 1998; Dorn 1991; Grant 1994, 1996; Huff 1993; Jaki 1986; Kuhn 1962; Lindberg 1992, 1986; Mason 1962; Neugebauer 1975.

37 Crosby 1997: 83에서.

[광범위한] 믿음" 때문이었다.[38] 화이트헤드의 선언은 그의 뛰어난 청중 뿐만 아니라 그의 강연 내용이 출간되었을 때 서구의 지성인 일반을 충격에 빠뜨렸다. 버트런드 러셀(Bertrand Russell)과 함께 『수학의 원리』(*Principia Mathematica*, 1910-1913)라는 기념비적인 작품을 쓴 이 위대한 철학자 겸 수학자가 어떻게 이런 희한한 주장을 할 수 있었던 것일까? 그는 종교가 과학적 탐구를 가로막는 치명적인 적이라는 것을 몰랐던 것일까?

아니다. 화이트헤드는 잘 알고 있었다. 그는 비기독교적인 신학이 다른 모든 곳에서 과학적 탐구를 질식시켰던 것만큼이나 확실하게 기독교 신학이 서구 과학의 발흥을 위해 필수적이었음을 이해하고 있었다. 그는 다음과 같이 설명한다. "중세의 정신이 과학 운동의 형성에 끼친 가장 큰 공헌은 비밀, 곧 밝혀질 수 있는 비밀이 있다는…논파할 수 없는 믿음이었다. 이런 확신은 어떻게 유럽인의 정신에 그토록 생생하게 이식되었을까?…그것은 하나님의 합리성에 대한 중세의 고집스런 **주장**으로부터 왔음이 분명한데, 하나님의 합리성은 야훼의 인격적 에너지나 고대 그리스철학자의 합리성과 같은 것으로 생각되었다. 모든 세부 사항이 감독을 받고 명령을 받았다. 자연에 대한 탐구는 합리성에 대한 믿음의 정당화를 초래할 수밖에 없었다."[39]

화이트헤드는 다른 종교들 특히 아시아의 종교들에서 발견되는 신들의 이미지들 역시 과학을 유지하기에는 너무 비인격적이거나 비합리적이라는 말로 강연을 마무리했다. 어느 특정한 "사건은 비합리적인 폭군[신]의 명령 때문일 수도 있고" 혹은 사물의 "어떤 비인격적이고 수수

---

38 Whitehead [1925] 1967: 13.

39 Ibid., 12.

께끼 같은 기원에 의해 발생할 수도 있을 것이다. 그 사건에는 인격적 존재의 이해 가능한 합리성과 같은 신념이 존재하지 않는다."[40]

실제로 기독교가 아닌 대부분의 종교들은 창조를 상정하지 않는다. 우주는 영원하다. 우주는 순환을 계속하지만 시작이나 목적을 갖고 있지 않다. 그리고 무엇보다도 그것은 창조되지 않았으므로 창조주를 갖고 있지 않다. 그 결과 우주는 일관성이 없고, 예측 가능하지 않으며, 자의적인 최고의 신비로 간주된다. 이런 종교적 전제를 가진 이들에게 지혜에 이르는 길은 명상과 신비로운 통찰을 통하는 것이며, 거기에는 이성을 찬양할 만한 계기가 존재하지 않는다.

이 모든 문제는 결국 방법론과 연관된다. 아무리 오랜 세월 묵상을 하더라도 그것은 경험적 지식을 낳지 못할 것이다. 그러나 종교가 하나님의 솜씨를 이해하기 위한 노력을 고무하는 한, 지식이 나타날 것이다. 그리고 무언가를 충분히 이해하려면 그것을 설명하는 일이 필요하기에 과학은 신학의 "시녀"로서 일어설 것이다. 그리고 그것은 정확하게 16세기와 17세기의 위대한 성취에 참여했던 이들이 스스로를 이해했던 방식이다. 그들은 창조의 비밀을 추구하고 있었다. 뉴턴과 케플러 그리고 갈릴레오는 창조세계 자체를 읽고 이해해야 할 하나의 책[41]으로 간주했다. 16세기 프랑스의 과학 천재였던 르네 데카르트(René Descartes)는 하나님은 완전하시므로, 따라서 기적이라는 드문 예외들을 제외하고는 "가능한 한 일관되고 불변하는 방식으로 행동하시기 때문에" 그런 법칙들이 존재해야 한다는 근거 위에서 자연의 "법칙들"에 대한 자신의 추구를 정당

40 Ibid., 13.
41 Jeffrey 1979: 14.

화했다.[42] 대조적으로, 이런 중요한 종교적 개념과 동기들은 과학을 발전시킬 잠재력을 지니고 있었던 것으로 보이지만 실제로는 그렇지 않았던 중국과 고대 그리스와 이슬람 같은 사회들에서는 부족했다.

중국

공저자였던 알프레드 노스 화이트헤드가 기독교가 과학의 추구를 위한 기초를 제공했다고 주장하기 불과 3년 전에, 버트런드 러셀은 중국에서 과학이 발달하지 않은 것에 당혹스러워했다. 그의 호전적인 무신론의 관점에서 보자면 중국은 유럽보다 오래전에 과학을 갖고 있었어야 했다. 그가 설명했듯이 "비록 중국 문명이 지금까지 과학이라는 측면에서 부족했다고 할지라도 그것은 과학에 대해 적대적인 무언가를 가진 적이 결코 없다. 따라서 (중국에서) 과학적 지식의 확산은 교회가 유럽에서 그 길에 놓았던 것과 같은 방해물들을 만나지 않는다."[43]

중국이 곧 서양을 능가하리라는 확신에도 불구하고,[44] 러셀은 중국의 과학을 가로막은 것이 정확하게 종교적 장애물들이었음을 보지 못했다. 중국의 인민들은 여러 세기 동안 활동 범위가 작고 품성이 결여된 여러 신들을 숭배했으나, 중국의 지식인들은 자기들이 "무신적" 종교를 따르는 것을 자랑스러워했는데, 그런 종교 안에서 초자연적인 것은 비인격적이고 초연하며 분명히 존재가 아닌 본질 혹은 삶을 다스리는 원리(가

---

42 *Oeuvres*: 8권 61장.
43 Russell 1922: 193.
44 Russell의 책으로부터의 인용문은 다음과 같이 계속된다. "나는 만약 중국이 안정적인 정부와 충분한 기금을 얻는다면, 그들이 다음 30년 이내에 과학에서 놀라운 일을 이뤄내기 시작하리라는 것을 의심하지 않는다. 그들이 우리를 능가할 가능성은 아주 크다."

령, 도[道] 같은)로 이해되었다. 작은 신들은 우주를 창조하지 않고 비인격적인 본질 혹은 원리도 그러하기에, 실제로 그들은 무언가를 **할 수 있는** 것처럼 보이지 않는다.

중국의 철학자들이 생각한 우주는 단지 존재하며 또한 늘 존재했다. 그러니 그것이 합리적인 법에 따라 기능한다거나 신비한 용어들보다는 물리적 용어들로 이해될 수 있다고 여길 이유가 없다. 따라서 천년에 걸쳐 중국의 지식인들은 "계몽"을 추구했으나 "설명"을 추구하지는 않았다. 바로 이것이 그의 경력 대부분과 여러 권의 책들을 중국의 기술의 역사를 연구하는 데 바쳤던 저명한 옥스퍼드의 과학사가 조셉 니덤(Joseph Needham)이 도달한 결론이었다. 수십 년에 걸쳐 유물론적 설명을 발견하기 위해 애쓴 후에 니덤은 중국이 과학을 발전시키는 데 실패한 것은 그들의 종교 때문이며, 또한 중국의 지식인들이 "인간이 아닌 자연에 규례를 부과하는 신성한 천상의 입법자라는 개념이 결코 발달하지 않았기에" 자연법의 존재를 믿지 못했기 때문이라고 결론지었다. 니덤은 계속해서 이렇게 말했다. "이것은 중국인들에게는 자연에 질서가 없다는 뜻이 아니다. 오히려 그것은 합리적인 인격적 존재에 의해 규정된 질서가 없었다는 것, 따라서 합리적인 이성적 존재가 자신이 이전에 정한 신성한 법을 덜 지상적인 언어로 설명할 수 있으리라는 확신이 없었다는 것이다. 노장사상의 신봉자들은 실제로 그런 생각을 자기들이 직관으로 알고 있는 우주의 미묘함과 복잡성에 비하면 너무 순진한 것으로 여기며 경멸했을 것이다."[45]

몇 해 전에 홍콩시립 대학교의 존경받는 인류학자 그레엄 랭(Graeme

---

45 Neeham 1954: 581.

Lang)은 유교와 도교가 중국의 지식인들에게 끼친 영향이 중국에서 과학이 발전하는 데 실패한 이유였다는 생각을 일축하면서, 모든 문화는 유연하며 "만약 중국의 학자들이 과학을 하기를 원했다면, 철학만이 심각한 방해물이 되지는 않았을 것"이라고 덧붙였다.[46] 아마도 그럴 것이다. 그러나 랭은 보다 기본적인 질문을 놓쳤다. 어째서 중국의 학자들은 과학을 하기를 **원하지** 않았을까? 화이트헤트와 니덤 그리고 여러 다른 학자들이 인식했듯이, 중국인들은 과학이 **가능하다**는 생각을 하지 못했기 때문이다. 기본적인 신학적·철학적 가정들이 누군가가 과학을 시도할지 여부를 결정한다. 서양의 과학은 인간의 지성이 자연의 비밀을 꿰뚫을 수 있다는 열정적인 확신으로부터 태어났다.

그리스

여러 세기 동안 고대 그리스인들은 바야흐로 과학을 성취할 듯 보였다. 그들은 적절하게 추상적이고 일반적인 원리들로 자연계를 설명하는 일에 흥미를 느끼고 있었다. 비록 소크라테스가 천문학적 관찰과 같은 경험주의를 "시간 낭비"로 여겼고 플라톤이 이에 동의하면서 자신의 학생들에게 "별이 빛나는 밤을 그냥 내버려두라"고 권고하기는 했으나,[47] 어떤 이들은 자연에 대한 주의 깊고 체계적인 관찰자들이었다. 그리고 고대 그리스인들은 통합된 학술적 네트워크인 그 유명한 "학파들"을 만들었다. 그러나 결국 그들이 이룬 모든 것은 비경험적인, 심지어 반경험적이고 사변적인 철학들, 즉 비이론적인 사실들의 집합과 실제 과학으로까

---

46   Lang 1997: 18.
47   Mason 1962: 36-37에서.

지 나아가지 못했던 고립된 솜씨와 기술들뿐이었다.

사정이 그렇게 된 세 가지 이유가 있었다. 첫째, 고대 그리스인들의 신 개념은 신들이 의식을 지닌 창조주 노릇을 하는 것을 허락하는 데 적절하지 않았다. 둘째, 고대 그리스인들은 우주를 단지 영원하고 창조되지 않은 것으로뿐 아니라 진보와 쇠퇴라는 끊임없는 순환 속에 갇힌 것으로 여겼다. 셋째, 다양한 천체들을 실제 신들로 규정하는 것을 통해 자극을 받은 고대 그리스인들은 생명 없는 물체들을 변모시켜 목적을 지니고 감정을 가지며 갈망하는 능력을 소유한 생명체들로 만들어버림으로써 물리학 이론을 위한 탐구의 여지를 없애버렸다.[48]

신들에 관해 말하자면, 그리스의 만신전에 속한 수많은 신 중 아무도 법칙을 따라 운행되는 우주에 어울릴 만한 창조자가 아니었다. 심지어 제우스조차 그러했다. 인간들이 그랬던 것처럼 신들도 만물의 자연적 순환이라는 피할 수 없는 작용에 굴복했다. 아리스토텔레스를 포함해 몇몇 고대 그리스 학자들은 우주라는 무한한 범위에 대한 책임을 지고 있는 "신"을 상정했다. 하지만 그들은 그 신을 본질적으로 도(道)와 매우 유사한 어떤 본질로 여겼다. 그런 신은 순환하는 우주와 그것의 이상적이고 추상적인 속성들에 무언가 영적인 아우라를 제공했으나, 하나의 본질로서의 "신"은 아무것도 **하지** 않았고 한 번도 하지 않았다. 플라톤은 데미우르고스(Demiurge)라고 불리는 아주 열등한 신을 세상의 창조자로 상정했다. 그에게 최고의 "신"은 그런 일을 하기에는 너무 멀리 있었고 너무 영적이었다. 이것은 세계가 그렇게 형편없이 만들어진 "사실"을 설명해준다.

---

48 Grant 1994, 1996; Jaki 1986; Lindberg 1992; Mason 1962.

많은 학자들이 실제로 플라톤이 그가 상정한 데미우르고스가 문자적으로 취급되기를 의도했는지에 대해 의문을 품고 있다.[49] 그러나 그가 실제 창조자이든 은유이든, 플라톤의 데미우르고스는 무에서 우주를 창조한 전능하신 하나님과 대조하면 빛이 바랜다. 더 나아가 플라톤에게 우주는 확고한 작동 원리들이 아니라 어떤 이상들(ideals)과 일치하도록 창조되었다. 그런 이상들은 일차적으로 이상적인 형태들로 구성되었다. 따라서 우주는 하나의 구(球)가 되어야 했다. 구는 균형 잡힌 완전한 형태이기 때문이다. 또한 천체들은 원을 이루며 회전해야 했다. 그것이 가장 완벽한 움직임이기 때문이다.[50] 선험적 가정들의 집합으로서의 플라톤의 이상주의는 오랫동안 발견을 극심하게 가로막는 장애물 노릇을 해 왔다. 이상적 형태에 대한 그의 흔들림 없는 믿음은 여러 세기 후에 코페르니쿠스가 행성의 궤도가 원이 아니라 타원형**일 수도 있다**는 생각을 품는 것을 방해했다.

절대 끝나지 않는 존재의 순환이라는 개념을 선호하면서 진보라는 개념을 거부했던 고대 그리스인들이 지식과 기술을 추구했던 것은 여러 면에서 이상하다. 적어도 플라톤은 우주가 창조되었다고 주장했으나, 대부분의 고대 그리스 학자들은 우주가 창조되지 않았으며 영원하다고 가정했다. 아리스토텔레스는 "우주가 시간의 어느 지점에서 존재하게 되었다"는 개념을 "생각할 수 없는 것"이라며 비난했다.[51] 비록 고대 그리스인들이 우주를 영원하고 불변하는 것으로 보았을지라도, 그들은 역사와 문화가 계속해서 변화한다는 분명한 사실은 인정했으나, 오직 무한한 반

49 Lindberg 1992.
50 Mason 1962.
51 Lindberg 1992: 54.

복이라는 엄격한 범위 안에서만 그런다고 여겼다. 아리스토텔레스는 자신의『천체에 관하여』(On the Heavens)에서 "동일한 개념들이 한 번이나 두 번이 아니라 거듭해서 사람들에게 떠오른다"고 지적했다. 또한 그는『정치학』(Politics)에서는 만물이 "오랜 세월 동안 몇 차례 거듭해서 혹은 헤아릴 수 없을 만큼 여러 번 발명되었다"고 지적했다. 그리고 그는 자신이 황금 시대에 살고 있기 때문에 그 시대의 기술 수준이 더 이상의 진보를 배제하면서 인간이 얻을 수 있는 최대치의 수준에 올라와 있다고 여겼다. 발명들에 관해 말한 것이 개인들에게도 해당된다. 동일한 사람들이 우주의 눈먼 순환이 계속되는 동안 거듭해서 다시 태어날 것이다. 크리시포스(Chrysippus)는 지금은 상실된 자신의『우주에 관하여』(On Cosmos)에서 스토아 학자들이 "동일한 사람이 이전에 존재했던 것과 그가 지금 존재하는 것 사이의 차이는 오직 외적이고 우연적인 것이 될 것이다. 그런 차이들은 이전 세상의 시대에 속한 그와 대조되는 다른 사람을 만들어내지 않는다"라고 가르쳤다고 전한다.[52] 우주 자체에 관해 말하자면, 파르메니데스(Parmenides)는 변화에 관한 모든 인식은 환상이라고 주장했다. 우주는 정적인 완전 상태에 있기 때문이다. 그것은 "창조되지 않았고 파괴될 수 없다. 그것은 완전하고, 움직이지 않으며, 끝이 없기 때문이다."[53] 이오니아 사람들 같은 다른 영향력 있는 고대 그리스인들은 비록 우주가 무한하고 영원할지라도 그것은 또한 계승이라는 끊임없는 순환에 종속되어 있다고 가르쳤다. 플라톤은 상황을 조금 다르게 보았다. 그러나 그 역시 영원한 법칙들로 인해 각각의 황금 시대 이후에 혼란과 붕

---

52   Jaki 1986: 114에서.

53   Danielson 2000: 14-15.

괴가 따른다는 순환의 논리를 확고하게 믿었다.

마지막으로, 고대 그리스인들은 생각을 전환해서 우주를 살아 있는 것들로, 더 일반적으로는 생명이 없는 물체를 **생명이 있는 것들**로 여겨야 함을 강조했다. 플라톤은 데미우르고스가 우주를 "단일한 가시적 생명체"로 창조했다고 가르쳤다. 따라서 세상은 영혼을 갖고 있으며, 비록 "혼자"이기는 하나 그것은 "자신의 탁월함 때문에 홀로 지낼 수 있으며 다른 지인이나 친구를 필요로 하지 않고 그 자체로 충분하다."[54]

그러나 광물성 물체들이 살아 있다면, 어떤 이가 자연 현상을 설명할 때 그는 잘못된 방향으로 나아간다. 그럴 경우 가령 물체들이 움직이는 원인은 자연의 힘이 아니라 **동기들**이 될 것이다. 스토아 학자들, 특히 제논(Zeno)이 우주가 움직이는 것과 관련해서 그것의 의식적인 목적들에 기초해 설명하는 개념을 만들어냈을지 모르나 이것은 곧 보편적인 견해가 되었다. 따라서 아리스토텔레스에 따르면 천체들이 원 운동을 하는 것은 그것들이 그러한 행동을 사랑하기 때문이며 물체가 땅에 떨어지는 것은 "세상의 중심에 대한 그것들의 선천적인 사랑 때문이다."[55]

궁극적으로 고대 그리스의 학문은 그 자체의 내적 논리로 인해 정체되었다. 플라톤과 아리스토텔레스 이후 기하학이 일부 확장된 것 외에는 거의 아무 일도 일어나지 않았다. 로마가 고대 그리스 세계를 흡수했을 때, 그것은 고대 그리스의 학문을 포용했다. 고대 그리스의 학자들은 카이사르의 통치 기간만큼이나 공화국 시대에도 번성했다. 그러나 고대 그리스의 학문을 취한 것이 로마에서 중요한 지적 진보를 가져오지는 않았

---

54 *Timaeus*에서.
55 Jaki 1986: 105.

다.[56] 그것은 동양에서도 마찬가지였다. 고대 그리스의 학문은 비잔티움에서도 잊히지 않았으나 그곳에서도 혁신을 촉진하는 데는 실패했다.[57] 로마의 쇠퇴는 사람들이 고대 그리스의 학문을 "회복"하는 것을 방해하지 않은 것처럼 인간 지식이 확장되는 것도 방해하지 않았다. 고대 그리스의 학문은 과학의 발흥에 대한 **장벽**이었다! 그것은 고대 그리스인들 사이에서나 로마인들 사이에서 과학으로 이어지지 않았다. 고대 그리스의 학문이 신중하게 보존되고 연구되었던 이슬람에서도 그것은 지적 진보를 질식시켰다.

이슬람

이슬람은 과학의 발흥을 밑받침하는 데 적합한 신 개념을 가진 것처럼 보일 것이다. 그러나 그렇지 않다.[58] 알라는 법을 따르는 창조자가 아니라 오히려 자기가 적합하다고 여길 때 세상에 개입하는 아주 적극적인 신으로 이해된다. 이것은 이슬람 내부에서 자연법을 공식화하려는 모든 노력은 그것이 알라가 행동할 수 있는 자유를 부정한다는 점에서 신성모독이라고 비난하는 주요한 신학적 세력권이 형성되도록 자극했다. 그렇게 해서 이슬람은 신이 창조 시에 정해준 근본적인 원리들을 따라 세계가 움직인다는 개념이 아니라 오히려 세상은 계속해서 신의 뜻에 의해 유지된다고 가정한 개념을 철저하게 수용했다. 이것은 쿠란에 나오는 다

---

56   Lindberg 1992; Mason 1962.

57   Southern 1953: 64.

58   Farah 1994; Hodgson 1974; Jaki 1986; Nasr 1993.

음과 같은 진술에 의해 정당화된다. 곧 "참으로 신은 자기가 기뻐하는 이를 잘못되게 하시고, 자기가 기뻐하는 이를 지도하실 것이다." 그 구절은 신이 개인의 운명을 결정하는 것을 가리키지만 모든 것에 적용되도록 광범위하게 해석되었다.

이슬람의 과학과 학문이라는 주제가 제기될 때마다 대부분의 역사가들은 기독교가 지배하던 유럽이 사실상 고대 그리스 학문에 관해 아무것도 알지 못했던 여러 세기 동안 그것이 이슬람 안에서 살아 있었으며 높이 평가되고 있었음을 강조한다. 이는 분명한 사실이고, 몇몇 고대 시대의 문서들이 이슬람과의 접촉을 통해 기독교가 지배하던 유럽에 도달했다는 것 역시 그러하다. 그러나 그 모든 계몽을 통해서도 이슬람은 이슬람 과학을 낳는 것은 고사하고 의미 있는 지적 진보조차 이뤄내지 못했다. 실제로 무슬림 지성인들은 고대 그리스의 학문, 특히 아리스토텔레스의 작품을 자신들이 추구할 것이 아니라 **믿어야 할** 사실상의 경전[59]으로 여겼다.

고대 그리스의 학문은 그것이 스스로 침체되었던 것과 동일한 이유로 이슬람 과학의 발흥 가능성 일체를 질식시켰다. 초기 무슬림 학자들이 펴낸 지식대백과사전인 『라사일』(*Rasa'il*)은 거대하고 의식적이며 지성과 영혼 모두를 지닌 살아 있는 유기체로서의 세상이라는 고대 그리스적 개념을 완전하게 받아들였다.[60] 12세기에 유명한 무슬림 철학자 아베로에스(Averroes, 종종 이븐 루시드라고도 불린다)와 그의 학생들이 성취한 전망은 과학에 더욱 도움이 되지 않았다. 비록 그들이 『라사일』을 인정하

---

59   Farah 1994: 199.
60   Nasr 1993.

제1장 이성적인 신학의 축복   53

는 이들과 직접 충돌하면서 그들의 작품에서 일체의 무슬림 교리들을 배제하려는 노력을 했음에도 말이다. 아베로에스와 그의 추종자들은 고집스럽고 교조적인 아리스토텔레스주의자들이 되었다. 그들은 아리스토텔레스의 자연학은 완벽했고 무오하며, 만약 어떤 관찰 사항이 아리스토텔레스의 견해 중 하나와 일치하지 않는다면, 그 관찰 사항은 틀림없이 부정확하거나 환상일 것이라고 선언했다.

이 모든 것의 결과로서 이슬람 학자들은 오직 그 어떤 일반적인 이론적 기초도 요구하지 않는 천문학과 의학의 몇몇 부분들과 같은 특정한 지식의 맥락에서만 의미 있는 진전을 이뤄냈다. 그리고 시간이 흐르면서 이런 종류의 진보조차 그치고 말았다.

따라서 확실히 그리고 알려진 것과 반대로, 고대 그리스 학문의 "회복"은 유럽을 과학의 궤도 위에 다시 올려놓지 못했다. 이런 학문이 고대 그리스인과 로마인 그리고 무슬림에게 끼친 영향에 비추어 판단하건대, 고대 그리스의 학문은 기독교 학자들이 그들 자신의 독립적인 지적 틀을 세울 때까지 일반적으로 활용되지 **않았던** 것으로 보인다. 실제로 중세의 학자들은 그들이 아리스토텔레스와 플라톤 그리고 다른 철학자들의 작품을 처음 접했을 때 기꺼이 그것들을 논박하려 했고 논박할 수 있었다! 스콜라 학자들이 과학을 향해 나아갔던 것은 아리스토텔레스와 다른 고전 시대 작가들과 분명하게 맞서는 것을 통해서였다. 과학 분야 밖의 중세의 학자들, 특히 예술과 사변 철학 분야의 학자들은 고대 그리스-로마 고전들에 대한 열렬한 숭배자들이었기에, 16세기와 17세기의 위대한 과학자 중 많은 이들은 종종 자기들이 아리스토텔레스와 다른 이들에게 진 "빚"에 대해 말치레를 했다. 그러나 그들의 실제 작업은 고대 그리스인들이 세계가 작동하는 방식에 관해 말했던 거의 모든 것을 무시했다.

이것은 고대 그리스의 학문이 유럽의 지적인 삶 일반과 기독교 신학에 끼친 영향을 최소화하려는 게 아니다. 아우구스티누스는 고대 그리스 철학의 유산 전체를 상속한 사람이었고, 아퀴나스와 그의 동료들은 자기들이 헬레니즘 시대의 학문에 큰 빚을 지고 있음을 인정했다. 그러나 아우구스티누스와 스콜라 학자들은 고대 그리스 사상의 반과학적 요소들을 이겨냈다. 그리고 고대 그리스-로마의 학문이 고전학과에 국한되기 훨씬 전에 그것은 과학자들의 철학이 **아니었다.** 뉴턴이 1675년에 로버트 후크(Robert Hooke)에게 보낸 편지에서 "만약 내가 (당신이나 데카르트보다) 더 멀리 보았다면, 그것은 내가 거인들의 어깨 위에 서 있어서일 것입니다"라고 말했던 것은 사실이지만(그리고 계속해서 고전주의자들에 의해 인용되고 있지만), 고대인들에 대한 그런 높은 존경은 그의 작품이나 평소의 발언에서는 표현되거나 반영되지 않는다. 오히려 뉴턴과 그의 동료들은 고대 그리스의 "거인들"과 분명하게 맞섬으로써 돌파구를 마련했다. 과학이 꽃을 피우던 16세기와 17세기에 속한 위대한 인물들—그들 중에는 데카르트와 갈릴레이 및 뉴턴과 케플러가 포함된다—이 고백했던 것은 창조주 하나님에 대한 절대적인 신앙이었는데, 그 창조주의 일은 발견을 기다리는 이성적인 법칙들을 구체화하는 것이었다.

과학의 발흥은 고전적 학문의 확장이 아니었다. 그것은 자연이 존재하는 것은 하나님이 그것을 지으셨기 때문이라는 기독교 교리의 자연스러운 결과물이었다. 하나님을 사랑하고 높이기 위해서는 그분의 사역의 경이로움을 온전히 이해하는 것이 필요하다. 하나님은 완전하시기에 그분의 일은 불변의 원리들을 따라 작용한다. 우리가 하나님이 주신 이성과 관찰의 능력을 온전히 사용한다면, 이런 원리들을 발견하는 것은 가능할 수밖에 없다.

이것들이 어째서 과학이 기독교적인 유럽에서만 발흥하고 다른 곳에서는 그러지 않았는지를 설명해주는 핵심 개념들이었다.

도덕적 혁신

이성적인 신학의 축복은 과학에 국한되지 않았다. 가장 이른 시기부터 기독교는 인간의 본성에 대한 이해에서 그리고 도덕성의 문제와 맞서는 일에서 동등하게 창의적이었다. 그런 것 중에서도 으뜸은 자유와 평등 같은 기본적인 인권에 관한 제안들이었다. 그리고 이런 개념들의 밑바탕에는 훨씬 더 기본적인 무언가가 있었는데, 그것은 바로 개인주의(자아)의 "발견"이었다.

개인주의가 **발견되었다**는 개념은 현대적 정신을 가진 이들에게는 터무니없어 보이며, 어느 정도 그렇기도 하다. 모든 정상적인 현대인은 자신들을 필연적으로 어떤 독특한 시각에서 세상을 바라보고 절대적으로 독특한 말초신경을 소유한 개별적인 피조물로 여기고 있다. 그럼에도 어떤 문화들은 개별성에 대한 느낌들을 강조하는 반면, 다른 문화들은 집합성을 강조하고 자아라는 의식을 억압한다. 대다수일 듯한 후자의 경우 한 인간의 "존재"에 대한 실제적 의식은 매우 집단적이다. 개인들이 갖고 있는 모든 권리는 그들이 아니라 그들이 속한 **집단**에 주어지며, 이어서 **그들의 집단에 의해** 그들에게 부여된다. 그런 상황에서는 그 어떤 개인도 "내가 내 운명의 주인이다"라고 생각하지 못한다. 오히려 운명론이라는 개념이 사실처럼 보인다. 어떤 이의 운명은 그 자신의 통제를 벗어나 있고 전적으로 거대한 외부의 힘에 의해 결정된다.

고대 그리스의 철학자들조차도 우리의 "개인"이라는 개념에 해당하는 개념을 갖고 있지 않았다.[61] 따라서 플라톤이 『국가』(Republic)를 썼을 때, 그의 관심의 초점은 시민들이 아니라 폴리스 즉 도시에 맞춰져 있었다. 실제로 그는 사적 소유를 비난하기까지 했다. 대조적으로 기독교 정치사상의 초점이 되었던 것은 개별 시민이었고, 이것은 이어서 분명하게 훗날 홉스나 로크 같은 유럽의 정치 철학자들의 견해를 형성했다. 이것은 아주 문자적으로 혁명적인 주제다. 개인주의에 대한 기독교의 강조는 "문화들 가운데서 기이한 것"이기 때문이다.[62] 자유는 아마도 다수의 인간의 문화들 가운데 존재하지 않는 또 다른 개념이다. 대부분의 비유럽 언어들에는 자유에 해당하는 단어조차 없다.[63]

이런 문화 중 보다 진전된 모든 문화가 노예제를 수용하고 독재 국가를 유지했다는 것은 놀랄 일이 아니다. 그런 나라들에서는 "개인의 인권"이라는 표현은 이해할 수 없는 것이었다. 그것이 사실이었다면, 자본주의의 발흥에 꼭 필요한 자유는 없었던 셈이다. 따라서 유럽에서 자유가 출현하고 자본주의가 발흥한 것을 설명하기 위해서는 먼저 유럽인들이 어떻게 그리고 언제 개인주의와 자유와 인권 같은 개념들을 발전시키고 수용했는지를 이해할 필요가 있다.

---

61 Morris [1972] 2000: 2.
62 Ibid.
63 Finley 1973: 28.

셰익스피어의 비극들을 고대 그리스인들의 그것들과 비교해보라. 콜린 모리스(Colin Moris)가 지적했듯이, 오이디푸스는 자신의 슬픈 종말을 얻기 위해 아무것도 하지 않았다. 그의 "개인적 성품은…사실상 그의 불운과 무관하다. 그의 불운은 그 자신의 갈망과 상관없는 운명에 의해 정해졌다."[64] 이것은 오이디푸스에게 잘못이 없다는 뜻이 아니라 그의 범죄가 어떤 의도된 죄책을 갖고 있지 않았다는 뜻이다. 그는 단지 그의 운명에 의해 희생되었을 뿐이다. 대조적으로 오텔로와 브루투스 그리고 맥베스는 눈먼 운명의 포로들이 아니었다. 카시우스가 브루투스에게 지적했듯이, "친애하는 브루투스여, 잘못은 우리의 별들에게 있는 게 아니라 우리 자신에게 있소."[65]

개인주의의 기원에 관해서는 그동안 많은 글이 쓰였다.[66] 그 모든 책과 논문들은 학술적이며 심지어 과도하게 박식하다. 그러나 그것들은 놀라울 정도로 모호하고 암시적인데, 아마도 근본적인 논지를 너무 공개적으로 표현하는 것에 대한 거리낌 때문에 그럴 것이다. 그 논지란 개인주의에 대한 서양의 의식은 주로 기독교의 산물이라는 것이다.

처음부터 기독교는 죄가 개인적인 문제라고, 즉 그것은 본질적으로 집단에 속해 있지 않으며, 오히려 각 개인이 자신의 개인적 구원에 관심을 가져야 한다고 가르쳤다. 아마도 개인주의에 대한 기독교적 강조에 대해 자유 의지 교리보다 더 큰 의미를 갖는 것은 없을 것이다. 셰익스피

---

64 Morris [1972] 2000: 4.
65 *Julius Caesar*, 1막 2장.
66 가령, Gurevich 1995; Morris [1972] 2000; Ullman 1966.

어가 썼듯이 만약 잘못이 "우리 안에" 있다면 그것은 우리가 선택할 기회와 선택에 대한 책임이 우리 자신에게 있다고 믿기 때문일 것이다. 고대 그리스인이나 로마인들—그들의 신들은 현저하게 덕을 결여하고 있었고 적절한 방식으로 자신들의 비위를 맞추는 데 실패하는 것 외에는 인간의 잘못된 행동에 관심을 두지 않았다—과 달리 그리스도인들의 하나님은 "덕"을 보상하고 "죄"를 벌하는 심판자시다. 하나님에 대한 이런 개념은 운명주의와 양립할 수 없다. 다른 주장을 하는 것은 우리의 죄를 하나님 탓으로 돌리는 것이다. 즉 하나님이 죄를 벌하실 뿐만 아니라 죄가 발생하게끔 하신다고도 주장하는 것이다. 그런 견해는 기독교의 견해 전체와 부합하지 않는다. "가서 더는 죄를 짓지 말라"는 충고는 우리가 단지 자신의 운명의 포로일 뿐이라면 불합리한 것이다. 오히려 기독교는 인간이 자기 자신의 행동을 결정할 능력과 그에 대한 책임을 부여받았다는 교리 위에 서 있다. 성 아우구스티누스는 거듭해서 우리는 "의지를 갖고 있"으며 "이로부터 나오는 귀결은 의롭게 그리고 명예롭게 살기를 바라는 누구라도 그런 삶을 살아갈 수 있다는 것"이라고 썼다.[67] 이런 견해는 하나님이 우리가 어떤 선택을 할지를 시간에 앞서 알고 계신다는 교리와 부합하지 않는 게 아니다. 아우구스티누스는 고대 그리스와 로마의 철학자들을 논박하면서 "하나님은 모든 일이 일어나기 전에 그것들에 대해 아시고, 또한 우리는 스스로의 자유의지를 가지고서 우리가 단지 그것을 원하기 때문에 행해져야 한다고 느끼는 모든 것을 행한다"고 단언했다.[68] 하나님은 우리가 자유롭게 무엇을 하기로 결정할지 아시

---

[67] *De libero arbitrio* III:I, Kehr 1916: 602에서 인용.

[68] *City of God*, 5권 9장.

지만, 그분은 그 일에 간섭하지 않으신다! 따라서 덕을 택하든지 죄를 택하는 것은 우리의 몫으로 남아 있다.

아우구스티누스의 견해는 기독교 사상사에서 여러 시대에 걸쳐 메아리쳤다. 토마스 아퀴나스는 인간이 자유롭게 도덕적 선택을 한다는 교리와 하나님이 전능하시다는 교리는 전적으로 양립할 수 있다고 가르치면서 아우구스티누스의 주장을 다시금 확인했다. "인간은 또한 자신의 행동을 지시하고 통제할 수 있다. 따라서 그 이성적인 피조물은 다스려짐을 통해서뿐만 아니라 다스림을 통해서도 하나님의 섭리에 참여한다."[69] 참으로 아우구스티누스는 여러 구절에서 데카르트의 "나는 생각한다, 고로 존재한다"라는 유명한 말을 완전하게 앞서 말했다.[70] 그런 구절 중에는 다음과 같은 것이 포함되어 있다. "그러나 어떤 이미지나 환각의 기만적 표현 없이, 나는 내가 있다는 것과 내가 이것을 알고 기뻐한다는 것을 확신한다. 이런 진실과 관련해서, 나는 당신이 속은 거라면 어쩔 셈이냐고 묻는 아카데미 학파의 말들을 전혀 두려워하지 않는다. 내가 속았더라도 나는 존재하기 때문이다. 존재하지 않는 사람은 속임을 당할 수 없다. 그리고 내가 속는다면, 바로 그 증거로 인해 나는 존재한다.…그리고 결과적으로 나는 내가 안다는 것을 안다는 점에서 속지 않는다. 나는 내가 존재한다는 아는 것처럼, 내가 안다는 그 사실도 안다."[71]

자유 의지라는 개념은 그리스도인들에게서 유래하지 않았다(키케로는 아우구스티누스의 것과 얼마간 유사한 견해를 표현한 바 있다).[72] 그러나 그들에게

---

69 *Summa contra gentiles*, Lib. III. Cap. 113.
70 Nisbet, 1973: 482.
71 *City of God*, 11권 26장.
72 Henry 1927.

자유 의지는 모호한 철학적 문제가 아니었다. 오히려 그것은 그들의 신앙의 근본 원리였다. 따라서 몇몇 고대 철학자들이 그것에 대해 무슨 의구심을 표현했든 간에 평범한 고대 그리스인이나 로마인 이교도들은 운명주의를 받아들였지만, 예수는 각 개인이 도덕적 실수에 대해 속죄해야 한다고 가르쳤다. 그것은 정확하게 그들의 **잘못된 선택**이었기 때문이다. 자아와 개별성에 대해 이보다 더 강력한 지적인 강조는 있을 수 없다.

중세 노예제의 폐지

개인주의의 발흥은 자기반성을 촉진했을 뿐만 아니라 개인이 가진 자유의 경계에 관한 질문도 제기했다. 우리가 독특한 존재이고 모든 것이 자유롭게 취한 우리의 행동을 따라 판단을 받아야 한다면, 다른 사람의 행동의 자유와 관련해서 그리스도인들이 가져야 할 의무는 무엇인가? 교부들이 특히 로마의 몰락 이후 자유 의지의 함의에 대해 숙고했을 때, 그들은 노예제에 대해 점점 더 불편함을 느끼게 되었다.

아시아의 언어들과 달리, 그리스어나 라틴어에는 "자유"에 해당하는 단어들이 있었고 많은 그리스인과 로마인들은 자신들을 자유로운 사람으로 여겼다. 그러나 그들의 자유는 수많은 노예들의 상황과 대조되었다. 고전 시대에 자유는 권리가 아니라 특권이었기 때문이다.

플라톤은 자신의 동료인 "헬라인들"(그리스인들)을 노예로 삼는 것에 반대했으나 자신의 이상 국가를 설명하는 작품에서는 "야만인"(외국인) 노예들에게 중요한 역할을 부여했다. 그들은 모든 생산적인 노동을 수행할 것이다.[73] 사실 플라톤이 노예들을 적절하게 다루는 것에 관해 제시한 원칙은 아주 악랄했다.[74] 그는 어떤 이가 노예가 되는 것은 단지 나쁜 운의 문제가 아니라, 자연이 덕이나 문화에 대한 정신적 능력을 갖지 못하고 봉사하는 데만 적합한 "노예적 인간"을 만들어낸다고 믿었다. 플라톤은 노예들이 엄격하게 훈련을 받아야 하지만, 불필요한 불안을 방지하기 위해 사람들이 그들을 과도하리만큼 잔인하게 다뤄서는 안 된다고 주장했다.[75] 그의 유언장에 열거된 대로라면, 플라톤의 유산에는 다섯 명의 노예들이 포함되어 있었다.

아리스토텔레스의 경우 그는 모든 권위가 강자의 힘에 의존하며 따라서 자기를 정당화한다고 주장한 소피스트의 입장을 거부했다. 그는 정치적 폭정을 비난하고자 했기 때문이다. 하지만 그 후에 그는 노예제를 어떻게 정당화했을까? 아리스토텔레스는 노동하는 노예가 없다면 계몽된 사람들이 덕과 지혜를 추구할 시간과 에너지를 얻지 못할 것이라고 주장했다. 또한 그는 노예들은 자유인들보다는 멍청한 짐승에 훨씬 더 가깝기 때문에 노예제는 정당화된다는 플라톤의 생물학적 주장에 의존했다. "출생할 때부터 어떤 이들은 복종하는 이들로 정해져 있고, 다른 이들은 다스리는 이들로 정해져 있다."[76] 아리스토텔레스 사후에 그의 개인 재산에는 14명의 노예들이 포함되어 있었다.

노예제는 로마 제국 말기에 군사력이 약화된 것이 직접적 원인이 되어 쇠퇴하기 시작했다. 승리한 사령관들이 다수의 죄수를 노예 시장으로

---

73 Schlaifer 1936. 사실,

74 Davis 1966: 66.

75 Schlaifer 1936.

76 *Politics* I: 1254.

보내는 일은 더 이상 없었다. 궁핍함과 여성들이 부족해진 현상 때문에 로마의 노예들 사이에서는 출산율이 매우 낮았고 그로 인해 노예의 수가 급속하게 줄어들었다. 그리고 노예의 부족은 곧 농업과 산업이 자유 노동자들에게 의존하는 상황의 변화로 이어졌다.

로마 제국이 몰락한 이후 새로운 게르만계 왕국들의 성공적인 군사 원정과 더불어 노예제가 생산에서 주요한 역할을 되찾게 되었다. 16세기에 유럽에 얼마나 많은 노예가 있었는지는 사실상 아무도 모르지만, 당시에 그들의 수는 많았고 그들에 대한 대우는 고전 시대 때보다 훨씬 더 가혹했던 것으로 보인다. 로마의 총독들을 대신해 다스렸던 다양한 게르만 집단의 법률에 따르면, 노예들은 인간들이 아니라 특별히 가축들과 동일시되었다. 그럼에도 몇 세기 후에 노예제는 사라졌다.

어떤 역사가들은 중세 시대에 노예제가 종식된 적이 있었다는 사실을 부인한다. 그저 "노예"(slave)라는 단어가 "농노"(serf)라는 단어로 대체되는 언어적 변화가 있었을 뿐이라는 것이다.[77] 이런 주장은 역사가 아니다. 오히려 역사가들이 단어 게임을 하고 있을 뿐이다. 농노들은 소지품이 아니었다. 그들은 권리와 상당한 정도의 재량을 갖고 있었다. 그들은 자기들이 원하는 이들과 결혼했고, 그들의 가족은 매매나 처분의 대상이 아니었다. 그들은 지대를 지불했고 일의 속도를 조절하면서 자신들의 시간을 가졌다.[78] 일부 지역에서는 농노들이 매년 자신들의 주인들을 위해 며칠간 일을 해주어야 했지만, 그 의무는 제한적이었고 노예제라기보다는 고용 노동과 훨씬 더 유사했다. 비록 농노들이 광범위한 의무들로 인

---

77   Bensch 1998: 231.
78   Fogel 1989: 25.

해 주인에게 묶여 있기는 했으나, 그들의 주인들 역시 그들에게뿐 아니라 보다 높은 권위에 그리고 그 선을 따라 계속해서 올라가면 위쪽 권위에 여러 가지 의무로 묶여 있었다. 일련의 **상호** 의무들이야말로 봉건제의 근본적 특성이었기 때문이다.[79]

중세의 농부들이 현대적 의미의 자유를 누렸다고 주장하는 이들은 아무도 없지만, 그들은 노예가 아니었고 그 야만적인 제도는 10세기 말에 유럽에서 본질적으로 사라졌다. 비록 대부분의 역사가들이 그런 결론에 동의하지만, 기독교가 노예제가 소멸된 것과 관련이 있었음을 부인하는 것은 여전히 유행처럼 남아 있다. 로베르 포시에(Robert Fossier)는 다음과 같이 말했다. "노예제의 점진적인 철폐는 결코 그리스도인들의 일이 아니었다. 교회는 체념을 설교했고, 내세의 평등을 약속했으며…[그리고] 인간의 얼굴을 한 큰 무리의 동물들을 유지하는 것에 그 어떤 거리낌도 갖지 않았다."[80] 조르주 뒤비(Geroges Duby) 역시 노예제를 끝장내는 일에 교회가 무언가 역할을 했다는 생각을 일축했다. "기독교는 노예제를 비난하지 않았다. 기독교는 겨우 그것에 빗나간 타격을 가했을 뿐이다."[81] 오히려 노예제는 그것이 수익을 내지 못하는 구식 생산 방식이 되었을 때 사라졌다고 전해진다.[82] 로버트 로페즈(Robert Ropez)마저도 이런 견해를 받아들이면서 노예제는 오직 수차 같은 기술적 진보가 "노예들을 쓸모없게 혹은 생산적이지 못하게 만들었을 때" 끝났다고 주장했다.[83] 이어서 노예

79　Bloch [1940] 1961, 1975; Davis 1966.

80　Bonnassie 1991:6에서.

81　Duby 1974: 32.

82　이런 견해에 대한 요약을 위해서는 Bonnassie 1991; Dockès 1982를 보라.

83　Lopez 1979: 138.

제의 종식은 도덕적 결정이 아니라 순전히 엘리트 편의 이기심에 따른 결정이었다는 주장이 제기되었다. 같은 주장이 서반구에서 노예제의 폐지와 관련해서도 제기되었다. 그런 두 가지 주장 모두 마르크스주의자들의 견해와는 일치하지만 경제적 현실과는 일치하지 않는다. 심지어 미국의 남북전쟁이 시작되었을 때까지도 남부의 노예제는 아주 유익한 "생산 방식"으로 남아 있었다.[84] 중세 초기 유럽의 상황도 마찬가지였다.

하지만 그쯤 해두자! 중세 유럽에서 노예제는 **오직** 교회가 성례를 모든 노예들에게 확대하고 그리스도인들(과 유대인들)을 노예로 삼는 일을 금했기 때문에 종식되었다. 중세 유럽이라는 상황에서 그런 금지는 사실상 노예제를 보편적으로 폐지하는 법칙이었다.

처음에 교회는 노예제의 적법성을 주장하되 아주 모호한 방식을 사용했다. 노예제와 관련해 가장 자주 인용되는 신약성경의 구절을 살펴보자. 바울은 에베소인들에게 편지를 쓰면서 이렇게 권고했다. "종들아, 두려워하고 떨며 성실한 마음으로 육체의 상전에게 순종하기를 그리스도께 하듯 하라.…이는 각 사람이 무슨 선을 행하든지 종이나 자유인이나 주께로부터 그대로 받을 줄을 앎이라"(엡 6:5, 8). 그러나 이 구절을 적극적으로 인용하는 이들이 계속해서 다음 구절까지 인용하는 경우는 거의 없다. "상전들아, 너희도 그들에게 이와 같이 하고 위협을 그치라. 이는 그들과 너희의 상전이 하늘에 계시고 그에게는 사람을 외모로 취하는 일이 없는 줄 너희가 앎이라"(엡 6:9). 하나님이 모든 사람을 동등하게 대하신다는 것은 기독교 메시지의 근본을 이룬다. 모두가 구원을 얻을 것이다. 초기 교회가 노예들을 회심시키고 여건이 허락하는 경우에는 그들의

---

84   Conrad and Meyer 1958; Easterlin 1961; Fogel and Engerman 1974; Stark 2003a.

자유를 위해 값을 치르도록 격려한 것은 바로 이것 때문이었다. 교황 칼리스토 1세(236년에 사망) 자신이 노예 출신이었다.

　　로마 제국이 건재하는 동안에 교회는 계속해서 노예제의 적법성을 확언했다. 324년에 그랑주 공의회는 노예들 사이에서 불만을 부추기는 모든 이들을 정죄했는데,[85] 물론 이것은 당시에 그런 일들이 벌어지고 있었음을 암시한다. 그러나 노예제에 대한 지지와 하나님 앞에서 모든 이의 평등함을 강조하는 것 사이의 긴장은 계속되었다. 그리고 제국의 붕괴와 더불어 그 긴장은 훨씬 더 강렬해졌는데, 그것은 교회가 노예였던 이들에 대한 포용을 계속해서 확대하면서도 여전히 그들을 성직에 임명하는 것은 거부했기 때문이다. 피에르 보나시(Pierre Bonnassie)는 누구보다도 그 문제를 잘 표현했다. "노예는…세례를 받았고 영혼을 갖고 있었다. 그렇다면 그는 분명히 사람이었다."[86]

　　노예가 인간과 그리스도인으로 완전히 인정되자, 사제들은 노예의 소유자들에게 그들 자신의 구원을 확보하도록 도움을 주는 "무한히 훌륭한 행위"[87]로서 그들의 노예들을 해방시키도록 촉구하기 시작했다. 지금껏 보존되어 있는 유언장들에는 노예 해방에 관한 수많은 기록이 남아 있다. 노예들이 인간이지 가축이 아니라는 가르침은 또 다른 중요한 결과를 가져왔다. 서로 다른 계급 사이의 결혼이 그것이다. 유럽 대부분에서 그것을 금하는 법이 제정되었음에도 17세기에 이르러서는 혼합 결혼에 관한 상당한 증거가 나타난다. 대개는 자유인 남자와 노예 여자가 결혼하는 방식이었다. 이런 결혼에 관한 가장 기념할 만한 사례는 649년에

85　　Bloch 1975: 13.
86　　Bonnassie 1991: 30.
87　　Bloch 1975: 14.

일어났다. 그해에 프랑크족의 왕 크로비스 2세는 자신의 영국인 노예 바틸다와 결혼했다. 크로비스가 657년에 죽자 바틸다는 자신의 장남이 성인이 될 때까지 섭정으로서 나라를 다스렸다. 바틸다는 자신의 지위를 이용해 노예무역을 중단하고 노예들을 해방하는 캠페인을 전개했다. 그녀가 죽었을 때 교회는 그녀를 성인으로 인정했다.

8세기 말에 샤를마뉴 대제는 노예제에 반대했고, 교황과 여러 다른 강력하고 효과적인 성직자들의 목소리는 성 바틸다의 목소리를 되울렸다. 9세기가 밝았을 때, 리용의 주교 아고바드(Agobard of Lyons)는 다음과 같이 외쳤다. "모든 사람은 형제이고, 모두가 동일한 아버지인 하나님께 호소합니다. 노예와 주인, 가난한 자와 부유한 자, 무식한 자와 박식한 자, 약한 자와 강한 자…아무도 다른 이보다 높지 않습니다.…노예도 자유인도…없습니다. 그러나 모든 일에 그리고 항상 그리스도만이 계십니다."[88] 같은 시기에 생 미히엘의 대수도원장 스마라그두스(Smaragde)는 샤를마뉴에게 헌정한 작품에서 다음과 같이 썼다. "가장 자비로운 왕이시여, 당신의 왕국 안에 어떤 노예도 있게 하지 마십시오."[89] 곧 아무도 "노예제 자체가 하나님의 법에 반하는 것임을 의심하지 않았다."[90] 실제로 11세기 내내 성 울프스탄(Saint Wulfstan)과 성 안셀무스(Sta Anselm)는 모두 기독교 세계 안에서 노예제의 마지막 흔적을 지우기 위한 운동을 벌였고, 곧 "그 누구도, 그 어떤 그리스도인도, 여하튼 간에 적법하게 다른 이의 재산으로 간주되어서는 안 된다"라고 말할 수 있게 되었다.[91] 그러

---

88   Bonnassie 1991: 54에서.
89   *Via Regia*, 나의 번역임.
90   Bloch 1975: 11.
91   Ibid., 30.

나 예외가 남아 있었다. 그 예외는 이슬람과의 광범위한 상호 작용과 모두 관련이 있었다. 스페인에서 기독교의 군대와 무슬림의 군대는 계속해서 전장에서 잡은 포로들을 노예로 삼았고, 북부 이탈리아의 수출 회사 및 무슬림 구매자들과 연관된 노예무역은 교회의 반대에도 불구하고 15세기까지 계속되었다. 이 무역과 연관된 노예들의 수는 적었다. 그들은 캅카스 지방의 슬라브족으로부터 구매되었다("노예"[slave]라는 단어는 "슬라브"[Slav]라는 단어를 변조한 것이다). 소수의 노예들은 메디치 가문 같은 아주 부유한 이탈리아인들에 의해 일종의 사치품 형태로 보유되었다. 그러나 대부분은 이슬람 지역으로 수출되었다. 백인 노예들은 "이집트와의 교역에서 금보다도 훨씬 값졌다."[92] 이렇게 남아 있던 노예무역은 지역 성직자들에게서 정기적으로 비난을 받았고 서서히 사라져갔으나 신세계에서 다시 강력하게 나타났다. 교회는 격렬하게 대응했고, 16세기에 교황들은 신세계의 노예제를 비난하는 일련의 분노에 찬 칙서들을 발표했다. 그러나 이 시기에 교황들은 실질적인 세속적 힘을 갖고 있지 않았고, 그로 인해 그들의 격렬한 반대는 아무런 소용이 없었다.[93]

노예제가 악하다는 신학적 결론은 기독교에서 고유하게 나온 것이었다(비록 몇몇 초기 유대교 분파들 역시 노예제를 거부하기는 했지만 말이다).[94] 여기서 우리는 신학자들이 이단이라는 비난을 받는 위험에 빠지지 않으면서 새로운 해석을 제안하는 것을 가능케 하는 신학적 진보의 원리가 작용하고 있음을 볼 수 있다. 앞서 지적했듯이, 다른 주요한 종교들은 강력하리만큼 과거 지향적이고, 오히려 역사는 회귀하며 후세대들은 잘못

---

92 Lopez 1952: 353.
93 Stark 2003.
94 Ibid.

을 저지르는 경향이 있다는 원리 쪽으로 기울어진다. 따라서 과거에 현자나 성인들이 종교적 진리에 대한 불완전한 혹은 제한된 이해를 갖고 있었을 수도 있다는 주장은 불교도, 유교도, 힌두교도 그리고 심지어 무슬림들에게서도 즉각 거부된다. 기독교 신학자들은 노예제에 관한 하나님의 뜻에 대한 성 바울의 이해를 그럴듯하게 수정할 수 있었으나, 이단들을 제외하고 다른 종교들 안에서 그런 수정은 본질적으로 배제되었고 지금도 배제된다. 두 번째 요소는 주요한 세계 종교 중 오직 기독교만이 노예제가 인간의 의무에 맞서는 것으로서 인간의 권리에 대해 진지하고 지속적인 관심을 기울여왔다는 것이다. 다시 말해 다른 위대한 종교들은 개인주의를 최소화하고 집단적 의무를 강조한다. 루스 베네딕트(Ruth Benedict)가 적절하게 말했듯이 그것들은 죄책의 문화보다는 수치의 문화들이다.[95] 히브리어를 포함해 자신들의 경전을 기록한 언어들 안에는 자유에 해당하는 단어 자체가 존재하지 않는다는 것에 유념하라.[96]

이슬람의 경우에는 노예제에 대한 신학적 정죄를 가로막는 독특하게 극복하기 어려운 장벽이 있다. 그것은 바로 무함마드 자신이 노예를 사고, 팔며, 포로로 잡고, 소유했다는 점이다.[97] 그 예언자는 노예들을 잘 대우해야 한다고 충고했다. "그들에게 당신이 먹는 것을 먹이고 당신이 입는 것을 입히라.…그들은 당신처럼 하나님의 백성이니 그들에게 친절하라."[98] 또한 무함마드는 자신의 노예 중 일부를 해방시켰고, 그들 중 하나를 자신의 아들로 입양했으며, 그들 중 하나와 결혼했다. 게다가 쿠란

---

95 Benedict 1946.

96 Finley 1973: 28.

97 Lewis 1990; Watt 1961, 1965.

98 Gordon 1989: 19에서.

은 "당신의 노예 소녀들에게 매춘을 강요하는 것"은 잘못이라고(24.33), 또한 노예를 풀어줌으로써 동료 신자를 죽인 것에 대한 용서를 얻을 수 있다고 가르친다(4.92). 무함마드의 가르침과 모범은 아마도 종종 이슬람 안에서 노예들의 상태를, 고대 그리스와 로마 노예들의 그것과 대조적으로 완화시켰을 것이다. 그러나 노예제가 근본적으로 옳다는 생각에는 의문의 여지가 없었다. 기독교 신학자들은 성경이 노예제를 수용한 것을 두고 자기들 나름의 길을 개척해나갈 수 있었다. 하지만 만약에 예수가 노예들을 갖고 있었다면, 아마도 그들은 그렇게 할 수 없었을 것이다.[99] 무함마드가 노예를 소유했던 것은 무슬림 신학자들에게, 설령 그들이 그렇게 하기를 바랄지라도, 그 어떤 지적 조작으로도 극복할 수 없는 사실을 제공했다.

서양의 성공이 이성의 승리에 의존한다면, 기독교의 발흥은 확실히 유럽의 역사에서 가장 중요한 단일한 사건이었다. 이성의 힘과 진보의 가능성, 즉 "언젠가 우리가 할 것"이라는 지도적 원리에 대한 확고한 증언을 한 것은 교회였다. 그리고 어느 날 우리는 정말로 해냈다. 이 약속의 성취는 "암흑의 시대"에 관한 가짜 이야기들을 통해 주장되었던 것처럼 오랜 세월에 걸친 무지와 미신에 의해 오래도록 지연되지 않았다. 유럽인들이 로마의 억압과 잘못된 고대 그리스의 이상주의라는 기력을 상실케 하는 손아귀에서 벗어나자마자 급속한 지적·물질적 진보가 시작되었다.

---

99 나는 예수가 포도주를 마셨다는 사실을 처리하는 여러 프로테스탄트 신학자들의 능력을 지적함으로써 이런 주장에 정당성을 부여한다.

제2장

중세의 진보: 기술적·문화적·종교적 진보

기독교가 이성과 진보에 관련되었다는 것은 말뿐인 것이 아니었다. 로마가 몰락한 직후에 기독교는 비범한 발명과 혁신의 시대를 촉진했다. 이 놀라운 성취를 이해하려면 오랫동안 역사에 대한 우리의 지식을 훼손시켜왔던 믿을 수 없는 거짓말과 직면할 필요가 있다.

지난 2세기 혹은 3세기 동안에 교육을 받았던 모든 이들은 로마가 몰락한 이후부터 15세기까지 유럽이 "암흑기"(Dark Ages)—무지와 미신 그리고 불행의 세기들—에 빠져들었다가, 그 상태로부터 처음에는 르네상스로 인해, 그리고 그 후에는 계몽주의로 인해 갑자기 거의 기적적으로 구출되었다고 배웠다.[1] 그러나 실제로는 일이 그런 식으로 발생하지 않았다. 오히려 이른바 암흑기 동안에 유럽의 기술과 과학은 세계의 다른 지역들을 추월하고 넘어섰다![2]

유럽이 암흑기로 빠져들었다는 개념은 자기들 시대의 문화적 우월성을 주장하기로 마음먹고서 자기들 이전 시대를, 볼테르(Voltaire)의 말을 빌리자면 "야만주의와 미신 [그리고] 무지가 세계의 얼굴을 가렸던" 시기로 깎아내리는 방식으로 자신들의 주장을 밀어붙였던 반종교적이고 매우 비가톨릭적인 18세기의 지식인들이 만들어낸 거짓말이다.[3] 이런 견

---

1   어째서 "암흑기"가 발명되었는지에 관한 분석을 위해서는, Stark 2003a에 실려 있는 과학의 발흥에 관한 장을 보라.

2   Gimpel 1976; viii, 1.

3   *Works* XII.

해들은 아주 최근까지도 너무 자주 그리고 이구동성으로 반복되었기 때문에 사전과 백과사전들마저 암흑기를 역사적 사실로 받아들였다.[4] 어떤 작가들은 9세기에 살았던 이들이 그들 자신의 시대를 후퇴와 미신의 시대로 묘사했다고 암시하는 것처럼 보이기까지 한다.

다행스럽게도 지난 몇 년 동안 이런 견해는 완전히 믿을 수 없는 것으로 간주되었고 심지어 어떤 사전과 백과사전들은 암흑기라는 개념을 신화적인 것으로 표현하기 시작했다.[5] 그러나 유감스럽게도 그 신화는 우리의 문화에 너무 깊이 침투해 있기 때문에 대부분의 학자들은 계속해서, 에드워드 기번(Edward Gibbon)의 말을 빌리자면, 로마의 몰락 이후에 "야만성과 종교의 승리"가 왔다는 주장을 자명한 것으로 여긴다.[6] 부분적으로 이것은 아무도 실제로 발생한 일에 대한 적절한 요약을 제공한 적이 없기 때문이다.

이 장의 목적은 그 간격을 메우는 것, 즉 로마 제국의 붕괴가 "세금을 바치는 수많은 사람을…마비시킬 듯한 압제로부터 해방시켰을 때"[7]

---

4 *Webster's Unabridged Dictionary*(1934) 두 번째 판은 "암흑기"를 "그것의 지적 정체로 인한 [중세의] 초기 부분"으로 정의했고, 1958년에 나온 *Webster's New World Dictionary*의 대학판은 "암흑기"를 "1. 서방 로마 제국의 몰락(기원후 476)부터 현대 시기의 시작(1450)까지의 기간. 2. 중세의 초기 부분부터 약 10세기 말까지…유럽의 중세기, 특히 광범위한 무지라는 특징을 가졌던 가장 이른 시기"라고 정의했다.

5 *The New Columbia Encyclopidea*(1975)는 역사가들이 더 이상 "암흑기"라는 용어를 사용하지 않는데, 그것은 그 시대가 "더는 그렇게 어두웠다고 생각되지 않기" 때문이라고 말한다. *Encyclopaedia Britannica* (1981) 15판은 "암흑기"에 대한 설명에서 이 용어는 "그것이 의미하는 수용할 수 없는 가치 판단 때문에 이제 역사가들에 의해 거의 사용되지 않는데", 그런 가치 판단은 그때가 "지적 암흑과 야만성의 시기"였다고 부정확하게 주장하는 "경멸적인" 것이라고 보고했다.

6 Gibbon [1776-88] 1994: II:1443.

7 Bridbury 1969: 533.

여러 가지 새로운 기술들이 나타나기 시작했고, 빠르게 그리고 널리 채택되었으며, 그로 인해 보통 사람들이 이전보다 훨씬 더 나은 삶을 살게 되었고, 로마 제국 치하에서 몇 세기 동안 감소하던 인구가 다시 늘어나기 시작했음을 보이는 것이다. 생산 계급의 사람들은 더는 로마 엘리트들의 놀라울 정도로 무절제한 삶을 유지하기 위해, 제국의 자존심에 부합하는 거대한 기념물들을 세우기 위해, 혹은 로마의 식민지들을 속박 상태로 유지하기 위한 대규모 군사들을 지원하기 위해 피를 흘리지 않게 되었다. 대신에 인간의 노력과 창의력은 농사를 짓고, 항해하며, 상품을 운송하고, 교회를 세우며, 전쟁을 수행하고, 교육을 실시하며, 심지어는 음악을 연주하는 더 나은 방식을 향했다. 그러나 오랜 세월 후에도 고대 그리스와 로마의 공적인 위엄을 보여주는 예들이 여전히 주목할 만한 유적지로 남아 있었기 때문에 많은 지성인은 이런 "위대한 문명"의 상실을 애도하라는 재촉을 받았다. 그로 인해 이런 위엄이 얼마나 많은 인간의 고통을 통해 이루어졌는지 잘 아는 많은 이들조차 기꺼이 노예제도를 단순히 "이런 성취를 위해 치러야만 하는 희생" 정도로 치부하려고 하기까지 했다.[8]

여러 면에서 로마의 몰락은 문명이 아닌 도시의 붕괴와 관련이 있었다. 2세기에 로마의 인구는 1백만 명에 이르렀다. 8세기에 로마인의 수는 5만 명 이하였다. 그리고 교황이 아비뇽에서 포로 상태로 있던 그의 궁을 다시 로마로 옮겨왔던 1377년에 그 도시의 거주민은 고작 1만 5천 명에 불과했다. 비록 유럽의 다른 몇몇 곳에서도 도시 인구는 쇠퇴했으

---

8 Vogt 1974: 25. "대중"에 대한 그의 관심에도 불구하고 Friedrich Engels는 같은 입장을 취했다. Finley 1980: 12를 보라.

나, 이탈리아 대부분의 도시에서 그 손실은 중간 정도였고 곧 회복되었다[9](제국의 힘이 정점에 있을 때조차, 로마를 제외하고 이런 도시들은 아주 크지 않았다. 오직 밀라노와 카푸아만이 3만 명 이상의 거주민을 갖고 있었다).[10] 물론 로마시의 쇠퇴와 함께 제국이 여러 조각으로 나뉜 것은 사실이다. 하지만 그것은 오직 우리가 부도덕한 통치자들과 문학적인 라틴어 그리고 한가한 부자들의 취미를 흠모할 때만 비극이었다.

분명하게 말하자면, 너무 오랫동안 너무 많은 역사가가 로마(혹은 아테네나 이스탄불)의 기념물과 왕궁들과 이채로운 소비를 멍하니 바라보고 나서 그런 "국제적인" 장소들과 중세 상인들의 도시 같은 "로컬" 공동체들을 불공평하게 비교하는 아둔한 관광객들과 같은 노릇을 해왔다. 여하튼, 비록 그들이 대단치 않은 재력을 가졌지만, 이런 학자들은 늘 자신들이 시무룩하고 빈곤한 대중보다는 엘리트들 사이에 속해 있었으리라고 여기는 것처럼 보인다. 물론 그것은 그들이 오랫동안 지루한 중세 도시의 주민이었던 것보다는 훨씬 나을 것이다.

그리고 어쩌면 그렇게 지루하지 않았을지도 모른다. 폭군의 손아귀에서 벗어난 이른바 암흑기는 기술과 문화 모두에서 비상한 혁신의 폭발을 경험했다. 그중 일부는 독창적인 발명과 연관되어 있었고, 다시 그중 일부는 아시아로부터 왔다. 그러나 암흑기와 관련해서 가장 주목할 것은 신기술 전체가 빠르게 인정되고 널리 채택된 방식이었다. 그것은 진보에 대한 믿음에 의해 지배되는 문화에서 기대될 법한 것이었다(아우구스티누스가 "풍성한 발명"에 보냈던 찬사를 떠올려 보라). 혁신은 기술에 국한되지 않

---

9   Bairoch 1988: 109-10; Nicholas 1997.

10   Chandler와 Fox 1974.

았다. 문학과 미술과 음악 같은 문화 분야에서도 주목할 만한 진전이 있었다. 더 나아가 새로운 기술들은 새로운 조직과 행정 형태를 고무했고, 그것은 결국 대규모 수도원의 영지들 안에서 자본주의가 나타나는 것으로 절정에 이르렀다. 이어서 그것은 상업의 도덕적 의미를 둘러싼 신학적으로 완전한 재평가를 촉구했는데, 중요한 신학자들은 이윤과 이자에 대한 예전의 교리적 반대를 거부했고 그로 인해 자본주의의 기본적인 요소들이 합법화되기에 이르렀다. 이런 발전은 막대한 역사적 중요성을 갖고 있었다. 하지만 R. W. 서던(Southern)이 적절하게 말했듯이,[11] 그것들은 여러 면에서 "은밀한 혁명", 즉 우리가 누가 무엇을 발견했는지 혹은 대부분의 경우 심지어 어디에서 혹은 정확하게 언제 이런 혁신들 대부분이 성취되었는지를 알지 못한다는 의미에서 은밀한 혁명이었다. 우리가 아는 것은 그런 혁신들이 곧 서양을 세계의 나머지 지역들보다 앞서도록 만들었다는 사실이다.

기술적 진보

혁신이 로마의 몰락 이후에 꽃을 피웠다는 사실은 전제적인 국가들이 진보의 열의를 꺾고 심지어 방해한다는 원리를 보여준다. 만약 농부들이 늘어난 모든 생산물을 빼앗길 것이라면, 어째서 그들이 새롭고 더 나은 농업기술을 찾거나 채택하겠는가? 만약 걸핏하면 귀족들이 그것을 몰수해 간다면, 누가 이윤을 재투자해서 산업을 확대하려 하겠는가? 발명과

---

11   Southern 1953: 12-13.

혁신은 오직 국가가 조직화되어 있지 않거나 아니면 국가 권력이 쇠약해져서 재산을 빼앗길 염려가 없을 때만 일어나는 경향이 있다. 로마의 몰락 이후의 정치적 불안 속에서 발생한 놀라운 혁신의 시대는 앞에 놓여 있는 것에 대한 시연이었고 또한 급속한 혁신과 그 이후의 자본주의의 출현을 위한 기회를 제공했다. 그러므로 여기서 중세 초기의 기술적 혁신의 규모를 살펴보는 것은 적절한 일이다. 그런 혁신들은 다음 세 가지 주요 분야로 나뉠 수 있다. 생산력을 증대한 혁신, 주로 전쟁에서 사용된 혁신, 그리고 운송 수단을 개선한 혁신.

생산의 혁신

아마도 암흑기의 가장 위대한 성취는 본질적으로 인간이 아닌 동력에 의존하는 경제의 첫 출현일 것이다.

로마인들은 수력을 이해했으나 그것을 개발할 이유를 찾지 못했다. 그들에게 필요한 일을 수행할 노예들이 부족하지 않았기 때문이다. 어느 로마의 귀족에게 손으로 방아를 돌릴 시간과 힘을 지닌 노예들이 많다면, 어째서 그가 곡물을 빻기 위해 배수로와 수차를 건설하는 일에 돈을 쓰겠는가? 대조적으로 9세기에 수행된 한 조사에 따르면, 파리 주변 센 강 변에 위치한 농지들—대부분은 종교적 영지였다—중 1/3이 물레방아를 갖고 있었다.[12] 정복자 윌리엄(William the Conqueror)이 1086년에 『둠스데이 북』(Domesday Book, 윌리엄 1세가 조세를 징수할 기반이 되는 토지 현황을 조사해 정리한 책—역주)을 편찬했을 때, 현대적 인구 조사의 선구가 된 그 책은 당시 영국에서 적어도 5,624개의 수력 방앗간이 운영되고 있음을 보

---

12 Lopez 1976: 43.

고했는데, 이것은 50가구에 하나꼴이었다.[13] 해협을 건너와 보면, 12세기 초에 툴루즈에서 바자클 방아 회사(Société du Bazacle)라고 알려진 회사가 설립되어 가론강 변을 따라 늘어선 수력 방앗간들의 주식을 발행했다. 그 주식들은 자유롭게 매매되었는데, 그것에 근거해 장 짐펠(Jean Gimpel)은 그 회사가 "세계에서 가장 오래된 자본주의적 회사일 수 있다"고 주장했다.[14] 한 세기 후에 수력 방앗간들은 너무나 중요해졌기 때문에 파리의 중심부에는 센강 변을 따라 약 1.6km 이내의 한 구역 안에 68개의 방앗간이 있을 정도가 되었다. 이는 강변을 따라 매 70보에 하나씩 방앗간이 서 있는 셈이었다![15]

사실상 초기 수력 방앗간들이 거의 전부였던 센강과 가론강 변의 방앗간들은 하사식(下射式), 즉 물이 수차의 밑을 지나가는 방식이었고, 그것들의 동력은 전적으로 강이나 시내의 물흐름을 통해 제공되었다. 보다 강력한 동력은 상사식(上射式) 수차에 의해 제공될 수 있다. 그 경우에 물은 폭포처럼 방수로를 따라 내려가 수차의 상단을 때리는데, 이때 물의 속도와 무게 모두가 동력을 발생시킨다. 따라서 매우 드문 상황을 제외하고 상사식 수차에는 둑이 필요하다. 상사식 수차가 언제부터 사용되었는지는 사실상 아무도 모른다. 그것에 대한 언급이 14세기의 자료들에서 자주 나타나지만, 둑들이 그보다 훨씬 이전에 세워졌다는 사실을 감안할 때, 상사식 수차들 역시 그보다 훨씬 앞서 나타났을 것이 틀림없다. 비록 때때로 홍수를 통제하기 위해 둑이 세워지기는 했으나, 오늘날에도

---

13   그 책은 불완전한 것으로 알려져 있기에 이것은 실제보다 적은 수다. Gies와 Gies 1994: 113.
14   Gimpel 1976: 14.
15   Ibid., 16.

그것들의 주된 목적은 물을 가뒀다가 물의 무게와 압력을 활용해서 동력을 만들어내는 것이다. 적어도 12세기에 몇 개의 커다란 둑이 건설되었다. 툴루즈에 있던 둑 하나는 폭이 390m가 넘었는데, 수천 개의 거대한 참나무 통나무들을 강바닥까지 박아 넣어 앞 울타리와 뒤 울타리를 만든 후 그 사이에 흙과 돌을 채워 넣었다.[16] 수차들에는 다양한 크랭크와 기어 조립품들이 부착되었는데, 그것은 수차들의 동력을 높이고 또한 그것들의 움직임을 회전에서 왕복 작용으로 바꾸기 위함이었다. 또한 그로부터 얼마 지나지 않아 수력은 목재와 돌들을 자르고, 선반을 돌리며, 칼과 큰 칼들을 갈고, 옷감을 두드리며, 금속에 망치질을 해서 철사를 만들고, 넝마들을 걸쭉하게 해서 종이로 만드는 데 사용되었다.[17] 짐펠은 이 중 마지막 용법과 관련해서 다음과 같이 말했다. "중국인들이 발명하고 아랍인들이 채택한 후 1천 년 이상 손과 발로 제조되었던 [종이]는 13세기에 중세 유럽에 도달하자마자 기계를 통해 제조되었다.…종이는 그동안 전 세계로 퍼져나갔으나 그 과정에서 그 어떤 문화나 문명도 [중세 유럽인들이 그렇게 하기 전까지는] 그것의 제조를 기계화하려는 시도를 하지 않았다."[18]

그러나 이른바 암흑기의 특징을 이루는 것은 수력의 급속한 확산과 개선 그리고 채택뿐만이 아니었다. 중세 유럽인들은 바람도 재빨리 동력화했다. 중동과 아시아의 위대한 수력 제국들은 물을 그들의 밭에 끌어들이는 것을 통해 유익을 얻었다. 반면에 중세 유럽은 잠재적인 농경지에서 물을 퍼내는 것을 통해 농업 생산력을 높였다. 오늘날의 벨기에와

---

16   Gies와 Gies 1994: 117.

17   Landes 1998: 46.

18   Gimpel 1976: 14.

네덜란드에 해당하는 넓은 지역은 로마 시대에는 바다 밑에 있었다. 그 땅들은 암흑기 내내 밤낮으로 펌프질을 해댔던 수많은 풍차에 의해 간척되었다.

풍차들은 수차들보다 훨씬 더 급속하게 퍼져나갔다. 바람은 어디에나 있었기 때문이다. 바람이 방향을 바꿀 때조차 그것을 완전히 이용하기 위해서 중세의 엔지니어들은 거대한 기둥 위에 돛을 매달아 바람을 따라 자유롭게 방향을 바꾸는 회전식 풍차(post mill)를 발명했다. 12세기 말에 유럽은 풍차들로 너무 붐벼서 풍차의 소유자들이 자기네 바람을 가로막는다는 이유로 서로 소송을 제기하기 시작했다.[19]

그것에 만족하지 못한 중세 유럽인들은 자신들의 관심을 문자적으로 마력(馬力)을 크게 증진시키는 것으로 돌렸다. 로마인들이나 다른 고전 시대의 문명들도 말을 효과적으로 동력화하는 방법을 알지 못했다. 유럽인들이 암흑기에 더 잘 배우기 전까지 말은 황소와 같은 방식으로 동력화되었다. 말은 마구에 끼어 질식하지 않도록 머리를 뒤로 젖혀야 했고 오직 가벼운 짐들만 끌 수 있었다. 그 문제를 충분히 인식했던 로마인들은 그 문제에 입법화를 통해 대응했다. 테오도시우스 법(Theodosian Code)은 (현대적 측량법으로) 말에게 500kg 이상의 짐을 싣는 누구에게나 가혹한 벌을 명령했다.[20] 대조적으로, 암흑기 동안에 말의 목 대신 어깨에 무거운 것을 올려놓는 단단하고 패딩이 잘 된 목도리가 사용되었는데, 그것은 말이 황소만큼이나 많은 짐을 훨씬 더 빠른 속도로 끌 수 있게 해주었다. 말 목도리를 채택한 후 유럽의 농부들은 곧 황소들을 말들

---

19 Ibid., 25-27.
20 Ibid., 32.

로 바꿨다. 그리고 이는 아주 큰 생산성의 증가로 이어졌다. 말 한 마리는 황소 한 마리보다 하루에 두 배 이상 밭을 갈 수 있었다.[21]

유럽인들이 편자를 발명해 말발굽에 못으로 박아 붙인 것 역시 로마의 몰락 이후였다. 그 발명은 편자를 달지 않은 말들을 종종 절름발이가 되게 만들었던 말굽의 마모를 막았다. 로마인들은 말들을 위한 다양한 신발들을 실험했다(네로는 은으로 몇 개의 말 신발을 만들었다). 그러나 그것들은 말들이 질주하면 벗겨졌다. 이제 발굽에 편자를 단단하게 부착한 말들은 절름발이가 되는 일이 훨씬 줄어들었고 견인력을 얻기 위해 보다 효과적으로 발굽질을 할 수 있었다.

중세 유럽인들은 황소보다 훨씬 더 효과적인 대체물을 얻은 후 즉시 자신들의 비옥하기는 하나 아주 단단한 흙의 생산성을 높이기 위해 바퀴가 달린 육중한 쟁기를 발명했다. 6세기의 어느 시점까지 농업은 땅을 긁는 쟁기에 의존했다. 그것은 줄지어 늘어선 여러 개의 땅 파는 막대기들의 세트에 불과했다.[22] 땅을 긁는 쟁기는 흙을 뒤집지 않았고 단지 흙 표면 위로 끌려다니면서 얕은 고랑들 사이에 방해받지 않은 흙들을 남겼는데, 그로 인해 교차 쟁기질이 필요했다. 이런 쟁기질은 이탈리아처럼 흙이 무르고 건조한 경우에는 적합할 수 있으나 북유럽의 대부분의 지역처럼 흙이 단단하고 종종 축축한 경우에는 그다지 효과적이지 않았다. 필요한 것은 깊은 고랑을 팔 수 있는 무거운 보습(날)을 지닌 아주 무거운 쟁기였다. 이것에 첫 번째 보습이 뒤집어놓은 뗏장 조각을 잘게 부수는 두 번째 보습이 특정한 각도로 부착되었다. 이어서 조각난 뗏장들

---

21 Smil 2000; White 1962.
22 Lopez 1976: 44.

을 완전히 뒤집기 위해 토공판(土工板)이 덧붙여졌다. 그리고 마지막으로 바퀴들이 쟁기에 부착되었는데, 그것은 쟁기가 이쪽 밭에서 저쪽 밭으로 움직이는 것을 촉진하고 또한 보습의 위치를 설정해 서로 다른 깊이로 쟁기질을 할 수 있게 했다. 변화는 아주 빨랐다! 로마인들이 농사를 지을 수 없었던 땅이 갑자기 매우 생산적인 땅이 되었고, 흙이 얕은 곳에서도 오직 개선된 쟁기질만을 통해 곡물 수확량이 거의 배가 되었다.[23] 농업 생산성의 이런 믿기 어려운 성과는 농업 노동력에 대한 필요를 줄이고 수확을 늘림으로써 마을 및 도시들의 형성과 그것들에 대한 식량 공급을 크게 촉진했다.[24]

곡물과 다른 농작물을 기르는 것 외에 중세 초기 농부들은 물고기도 길렀다. 로마인들도 얼마간 어업을 행했으나 그 산업은 교회가 금요일과 다른 금식일(당시에 150일 정도였다)에 고기 먹는 것을 금했던 8세기에 폭발적으로 성장했다. 물고기는 고기로 분류되지 않았기 때문에 서유럽 전역에서 인공 호수와 연못들이 만들어졌고 그중 많은 것이 특정한 종류의 물고기들에 적합하도록 혹은 특정한 종들의 생명의 순환을 유지하도록 특화되었다. 결국에는 성채의 해자(垓字)까지도 물고기 양식에 사용되었다.

수도원 영지들 특히 시토 수도회의 영지들은 어업에 매우 적극적이었는데, 그것은 그 수도회 소속의 많은 수사들이 그 어떤 고기도 먹는 것을 허락받지 못했기 때문이다. 몇몇 수도원들은 잉어와 송어를 양식하기 위해 많은 연못과 저수지들을 만들어 그 지역의 모든 이들에게 싱싱한 물고기들을 팔았다.[25] 귀족들 역시 매우 적극적인 물고기 양식자들이었

---

23 Bairoch 1988: 125; Gimpel 1976: 43.
24 White 1962.
25 Tobin 1996: 128.

다. 정복자 윌리엄은 1086년경 요크에 크고 정교한 연못들의 시스템을 구축했는데, 그것들은 여러 세기 동안 영국 왕실에 물고기들을 공급했다. 시간이 흐른 후 재치 있는 농부들이 연못 바닥이 물고기 배설물로 인해 아주 비옥해졌음을 발견했다. 그들은 몇 년에 한 차례씩 연못에서 물을 빼내고 그 자리에 곡식을 심었다. 풍성한 수확을 거둔 후에는 다시 그 연못들에 물고기를 풀어놓았다.[26] 농장들은 12세기경에 흑해와 발트해를 따라서 상업용 어선단이 조직되기 전까지 유럽 전역에서 물고기의 주요 공급원이었다.

중세 농업이 잉여물을 생산하는 능력은 또한 **삼포식 농법**(three-field system)의 채택을 통해 크게 신장되었다. 삼포식 농법에서는 농지가 세 구역으로 나뉜다. 한 구역에는 밀 같은 겨울 작물을 심고, 두 번째 구역에는 귀리(이것은 특별히 말을 사용하면서부터 중요해졌다)와 콩과 식물(완두콩과 콩)과 채소 같은 봄 작물을 심고, 세 번째 구역은 (아무것도 심지 않은 채) 휴경지로 남겨둔다. 다음 해에는 휴경지였던 곳에 겨울 작물을 심고, 두 번째 구역에는 봄 작물을 심고, 전년도에 봄 작물이 자라던 구역은 휴경지로 남겨둔다. (화학 비료를 사용하는 시대가 오기 전에 땅은 생산 능력을 회복하기 위해 자주 휴경지로 남겨질 필요가 있었다.)

삼포식 농법은 8세기에 최초로 나타났으며 너무 광범위하고 빠르게 채택된 까닭에 9세기에는 많은 역사가들이 그것이 로마 시대로부터 유래했다고 잘못 추정했다. 그러나 로마인들은 오직 이포식 농법만 알았다. 그들은 콩과 식물들이 지력을 회복하는 데 도움이 된다는 것을, 따라서 땅이 그렇게 자주 휴경 상태에 있을 필요가 없음을 알지 못했다. 그런

---

26 Hunt와 Murray 1999: 17.

까닭에 그들의 땅의 절반은 매년 휴경 상태로 있었는데, 이것은 중세의 삼포식 농법 아래서 1/3의 땅이 휴경 상태로 있었던 것과 비교된다.[27] 대부분의 유럽인은 암흑기에 로마 시대 때보다 훨씬 잘 먹었을 뿐 아니라 로마인보다 더 건강하고 정력적이며 아마도 훨씬 더 지적이었을 것이다.

휴경지를 방목을 위해 사용하는 것 역시 중세의 그리고 이어서 초기 자본주의의 경제에 극적인 영향을 끼쳤다. "분뇨는 드물고 값진 생산품이었으므로 아주 높이 평가되었다. 모든 동물 중 가장 귀한 것은 양이었다."[28] 양은 버터, 치즈 그리고 고기를 제공했다. 양가죽은 필사자들에게 양피지를 제공했다. 그러나 무엇보다도 양은 양모를 제공했다. 중세에 양모 천은 수요가 아주 많았으므로 양모는 주요한 산업 원자재였다. 모직물(woolen cloth)은 초기 자본주의 시대를 지배했고, 이탈리아와 플랑드르의 천 제조업자들은 "매해 수많은 양모"를 사용했다.[29]

물론 그것은 우리를 옷감 제조라는 중세의 혁신의 또 다른 주요한 분야로 이끌어간다. 중세 유럽인들이 페달을 사용해서 동력을 얻는 방직기와 수력을 통한 축융기 및 물레 그리고 금속 톱니를 지닌 소면기를 발명하기 전까지 옷감 제조는 극도로 노동 집약적이었고 아주 작은 규모로 거의 수공업에 의존해 이루어졌다. 옷감 제조의 기계화만이 주요한 옷감 제조 중심지와 산업들의 성장을 허락했고, 그것은 상업의 주된 엔진 노릇을 했으며, 그런 까닭에 금융에 대해서도 동일한 역할을 했다.

직접적으로 그리고 특별하게 생산에 사용된 기술에 더하여, 중세 유럽인들은 굉장한 간접적 중요성을 지닌 세 가지 발명을 통해 유익을 얻

---

27   Gies와 Gies 1994; Gimpel 1976; White 1962.

28   Gimpel 1976: 44-45.

29   Ibid., 46.

었다. 그 세 가지는 굴뚝과 안경과 시계였다.

로마의 건물들은 기본적으로 난방이 되지 않았다. 그 건물들에는 벽난로와 난로 그리고 난방로가 없었다. 아무도 연기를 건물 밖으로 내보내는 효과적인 방법을 생각해내지 못했기 때문이다. 로마인들이 그들의 오두막집에서 모닥불 주위에 모여 앉아 있는 동안, 연기는 지붕에 뚫린 커다란 구멍을 통해 빠져나갔다. 그러나 그 구멍은 비와 눈과 바람과 추위도 집안으로 들여보냈다.[30] 도시의 로마인들은 심지어 자신들의 집 지붕에 구멍들도 갖고 있지 않았다. 그들이 나무나 석탄을 사용하는 화로에서 요리할 때면, 연기가 집안 내부를 가득 채웠다. 그들이 연기로 인한 질식을 피할 수 있었던 것은 건물들의 통풍이 아주 잘 되었기 때문인데, 그것은 그 건물들 창에 창유리가 없이 오직 천이나 가죽으로 만든 걸개들만 걸려 있었기 때문이다.[31] 그러나 로마 황제들이 추위에 맞서 몸을 웅크리고 부엌에서 나오는 연기를 견뎠던 반면, 중세의 유럽인들은—귀족들은 물론이고 농부들도—곧 훨씬 더 잘 사는 법을 배웠다. 그들은 굴뚝과 벽난로를 발명했는데, 그로 인해 큰 소리를 내며 타오르는 불꽃도 방안을 연기로 가득 채우지 않게 되었다. 또한 그로 인해 더는 통풍이 잘 되는 집이 필요하지 않게 되었다. 중세의 사람들은 아무런 해도 입지 않으면서 연기를 굴뚝을 통해 위로 올려보냄으로써 전보다 훨씬 더 잘 요리된 음식을 먹었고, 훨씬 더 좋은 공기를 마셨으며, 겨울에 훨씬 더 따뜻하게 지낼 수 있었다.

많은 이들이 어릴 때부터 결함이 있는 눈을 갖고 있으며 나머지 대

---

30   Carcopino 1940: 36.

31   Ibid.

부분은 중년 이후에 시력이 약화된다는 것은 인간에 관한 생물학적 사실이다. 안경이 발명되기 이전에 노동하는 성인들 특히 공예 쪽에서 일하는 이들 중 상당수는 시력 때문에 그들이 할 수 있는 일에서 크게 어려움을 겪었다. 그런 까닭에 약 1284년경에 북부 이탈리아에서 안경이 발명된 것은 생산성에 극적인 효과를 가져왔다. 안경이 없는 상태에서 중세의 공예인 중 많은 이들은 40세 무렵에 은퇴했다. 안경이 있는 상태에서 그들 중 다수는 계속해서 일을 할 수 있었을 뿐만 아니라 그들의 축적된 경험 때문에 그들이 가장 높은 생산성을 발휘할 수 있는 시기는 여전히 앞에 놓여 있었다.[32] 그뿐만이 아니라 확대경의 사용과 좋은 시력을 가진 사람들로 인해 많은 일이 크게 촉진되었다. 그런 일은 고대의 장인들에게는 종종 불가능한 것이었다. 안경이 놀라운 속도로 퍼져나간 것은 놀랄 일이 아니다. 안경이 발명되고 나서 1세기도 지나기 전에 피렌체와 베니스 두 곳의 공장들에서 안경이 양산되면서 1년에 수만 개의 안경이 쏟아져 나왔다. 그렇다고 할지라도, 콜럼버스가 항해를 시작했던 1492년에도 안경은 여전히 오직 유럽에서만 알려져 있었다.[33]

13세기 어느 시점에 유럽의 어느 곳에서 어떤 이가 신뢰할 만한 기계식 시계를 발명했다. 곧 유럽은 사람들이 실제로 몇 시인지를 아는 유일한 사회가 되었다. 루이스 멈퍼드(Lewis Mumford)가 말했듯이, "증기기관이 아니라 시계가 산업 시대의 핵심적인 기계"[34]였다. 왜냐하면 그것은 여러 활동들의 정확한 일정과 조정을 가능케 했기 때문이다. 초기의 기계식 시계들은 아주 커서 한 마을이나 어느 한 이웃 가운데 단 하나(교회

---

32 Landers 1998: 46.
33 Macfarlance와 Martin 2002.
34 Mumford 1939: 14.

나 공공 시계탑 같은 곳에)가 있을 뿐이었다. 그리고 공동체 전체에 정확한 시간을 알려주기 위해 종을 울리는 시스템이 채택되었다.

안경처럼 기계식 시계 역시 여러 세기 동안 오직 서양에만 존재했다. 분명히 12세기 초에 중국에 몇 개의 기계식 시계들이 세워졌으나, 관료들이 기계 장치들을 아주 적대시했으므로 그들은 곧 그것들 모두를 파괴하도록 명령했고, 그로 인해 중국에는 현대에 이르기까지 시계가 존재하지 않았다.[35] 1560년에 공공 장소에 세워진 시계들은 시간을 세속화한다는 이유로 오토만 제국에 의해(다른 이슬람 문화에 의해서도) 거부되었다.[36] 이슬람이 시계에 저항했던 유일한 문명은 아니었다. 동방 정교회의 고위 성직자들 역시 20세기 전까지는 자신들의 교회 안에 그 어떤 기계식 시계들도 들이는 것을 허락하지 않았다.[37] 서구 유럽에게는 다행스럽게도 로마 가톨릭교회의 고위 성직자들은 하루의 시간을 아는 것에 대해 거리낌이 없었고 수많은 교회 건물들의 탑 위에 커다란 기계식 시계들을 설치했다.

이것들은 이른바 암흑기에 살았던 유럽인들이 자본주의의 생산적 토대들을 준비했던 혁신과 발명 중 일부일 뿐이다. 우리는 그 외에도 다른 많은 것들을 열거할 수 있다. 크레인과 승강기의 개선, 채광, 제련, 금속 세공 기술의 진전, 종자들의 획기적인 개량 그리고 외바퀴 손수레의 발명 등. 그러나 유럽의 성공에는 개선된 생산 방법과 높은 생활 수준 이상의 것이 포함되어 있었다. 또한 유럽인들은 전쟁을 수행하는 수단에서 세계의 나머지 지역들을 능가했다.

---

35 Jones 1987; Gimpel 1976.
36 Lewis 2002: 118.
37 Gimpel 1976: 169.

전쟁의 혁신

암흑기 이전에는 중기병이 존재하지 않았다. 긴 창 뒤에 말과 기수의 하중 전체를 실어야 하는 기마 부대는 전속력으로 질주하지 않았다.[38] 이유는 등자(鐙子)와 적절한 안장이 없었기 때문이다. 의지할 등자가 없이 창을 박아넣으려 하는 기수는 말에서 나가떨어질 것이다. 갑작스러운 충격을 견뎌내는 기수의 능력 역시 아주 높은 안장 머리와 안미(鞍尾)를 가진 안장으로 인해 크게 증진되었다. 안미는 기수의 엉덩이를 감싸도록 부분적으로 휘어져 있었다.[39] 중기병을 만든 것은 로마나 전쟁을 좋아하는 그 어떤 다른 제국이 아니었다. 로마의 기마 부대는 모두 가볍고 거의 평평한 패드 안장을 타거나 심지어 맨 엉덩이로 말 위에 올라탔다. 그들에게는 등자도 없었다. 732년에 최초의 중기병을 출전시켰던 것은 "야만적인" 프랑크족이었다. 중무장한 기사들이 커다란 말을 타고 등받이가 높은 노르만식 안장으로 몸을 감싸고 등자에 기댄 채 긴 창을 앞세워 돌진했다.

갑옷을 입고 돌진하는 기사들은 포병이 도입된 이후까지도 전쟁의 중요한 요소였다. 중국인들은 폭약을 사용한 최초의 사람들이었다. 하지만 그들은 그것을 단지 화기를 위해 그리고 발화의 수단으로 이용하는 것에 만족했다. 결국 중국인들은 조잡한 형태의 대포를 개발했는데,[40] 아마도 이 중국의 폭약에 대한 지식이 유럽에 도착했던 1300년에서 1310년 사이 어느 시점에 그러했을 것이다. 그러나 중국인들은 대포의 성능을 발전시키는 데 매우 느렸고 그것들을 거의 사용하지도 않았다. 또한

---

38   Montgomery 1968; White 1962.
39   Hyland 1994.
40   Needham 1980.

그들은 이 기술을 개인화기에 적용하는 데도 실패했다. 반면에 유럽인들은 그것을 즉각 포격에 적용했다. 아마도 대포들은 1324년 메츠 공성전 때 처음으로 전장에서 사용되었을 것이다.[41] 확실한 것은 1325년까지는 대포들이 서구 유럽 전역에서 사용되었다는 점이다.[42] 그리고 대포는 유럽인의 손을 통해 전쟁을 혁명적으로 변화시켰다. 귀족들은 더 이상 자신들의 성으로 물러날 수 없었다. 그들은 더 이상 장기간의 포위 공격을 감수할 필요가 없는 적들을 피해 안전하게 숨을 수 없었다. 반면 전장에서는 값비싼 갑옷들조차 병사들을 포화로부터 지켜주지 못했다. 대포는 아주 급속하게 퍼져나갈 수 있었다. 그것을 주조하는 능력이 교회의 종을 만드는 산업 때문에 이미 유럽 전역에 존재하고 있었기 때문이다.

또한 중세 유럽은 제해권이라는 측면에서 중요한 돌파구를 마련했다. 결국 이런 혁신들의 상업적 가치는 그것들의 군사적 중요성을 능가했다. 그러나 후자가 없다면 전자는 중요하지 않았을 수도 있다. 유럽인들이 장거리 무력을 독점하고 행상 제국들을 세울 수 있었던 것은 전적으로 그들의 군함이 세계의 항로를 통제했기 때문이었다.[43]

최초의 해군의 혁신 중 하나는 선미재 키였다. 고대 그리스인과 로마인들은 키잡이 노를 갖고 배를 통제했는데, 대개 배의 고물 양편에 하나씩 한 쌍의 노가 달려 있었다. 11세기 초에 유럽인들은 선미재에 키를 부착하기 시작했다. 그것은 배들을 훨씬 더 조작하기 쉽게 만들어주었다. 이런 키의 사용을 촉진하기 위해 기계적 결합들이 이루어졌는데, 이것은 한 사람의 키잡이가 파도가 거센 바다에서도 배를 조정하는 것을

41 Hime 1915; Manucy 1949; Partington [1960] 1999.

42 Barclay와 Schofield 1981: 488.

43 특별히 Cipolla 1965; Howarth 1974; McNeill 1982.

가능하게 해주었다. 초기 형태의 동력 조타 장치가 등장한 것이다.[44] 두 번째 혁신은 조선술에서 일어났다. 로마와 그리스의 조선업자들은 장붓 구멍과 장부로 널빤지와 널빤지를 이어 붙여 선체를 만든 후 나중에 지지 골격(혹은 틀)을 삽입했다. 중세 유럽인들은 틀을 먼저 만들었다. 이어서 겹치는 방식으로 선체의 널빤지들을 부착하고, 못을 박아 그것들을 제 자리에 고정시킨 후 견고한 조인트를 사용하지 않고서도 널빤지의 이음매들을 막았다. 이 기술은 그다지 튼튼하지는 않은 선체들을 만들어냈으나, 숙련된 노동의 막대한 절감은 같은 비용으로 훨씬 더 많은 배를 만들 수 있음을 의미했다.[45] 세 번째 혁신은 해전에서 화력의 우월성을 인정한 것이었다. 가장 이른 시기부터 갤리전은 갑판과 갑판에서 맞붙는 보병들 사이의 전투로 이루어졌다. 따라서 전투용 갤리선들은 군인들을 거의 침몰 직전까지 태웠다. 대포가 고도로 정교한 무기로 발전했을 때, 유럽인들은 현명하게도 멀리서 적선을 가라앉히는 편히 훨씬 더 낫다는 것을 깨달았다. 이런 접근법은 1571년에 있었던 레판토 전투에서 터키인들을 상대로 놀라울 정도로 완벽한 승리를 낳았고, 그 전투는 결과적으로 무슬림의 해군력을 종식시켰다. 유럽인들의 갤리선들은 터키인들의 그것보다 훨씬 더 많고 훨씬 더 성능이 좋은 대포들을 갖고 있었을 뿐 아니라, 더는 전면의 발포 구역을 다른 배를 들이받는 충각(ramming beak)으로 보호하지 않았다. 왜냐하면 그 갤리선들의 목적은 터키인들의 배를 물 밖으로 날려 보내는 것이지 그것들을 들이받는 것이 아니었기 때문이다. 유럽인들은 오토만의 갤리선들을 향해 계속해서 노를 저어가면서 전

---

44   McNeill 1974: 50.
45   Cipolla 1965; Gies와 Gies 1994.

방을 향해 강력하게 일제 사격을 가하는 방식으로 그것들을 전멸시켰다. 터키인의 배들은 포를 쏘기 위해서는 일단 배를 멈추고 옆으로 돌아서야 했는데, 그것이 그것들을 더 쉬운 표적이 되게 만들었다.[46]

그러나 아마도 중세의 가장 중요한 해군의 혁신은 둥근 배(round ship, 당시의 갤리선들은 상대적으로 바닥이 평평했다), 즉 앞과 뒤의 뱃머리가 모두 높은, 여러 개의 돛 가운데 일부는 정사각형이고 일부는 삼각형(직사각형)인 복잡한 돛 세트를 지닌 키가 큰 선박이었다. 가장 이른 시기의 둥근 배들은 "코그"(cogs)라고 불렸고 13세기에 처음으로 등장했다.[47] 코그는 노를 갖고 있지 않으나 큰 화물을 싣고 장거리 항해를 할 수 있는 참된 의미의 항해용 배였다. 전투용 배처럼 장구를 갖춘 둥근 배와 그것의 후속 모델들은 많은 수의 큰 무기들을 지원할 수 있었는데, 결국 하나 위에 하나가 있는 식으로 모두 세 개의 무기용 갑판을 갖고 있었다. 그렇게 해서 암흑기는 공해에 접근할 수 있었고, 배들은 더 이상 해변 가까이에서 항해하거나 지중해처럼 보호 수역 안에 머무를 필요가 없었다. 실제로 이런 큰 배들은 겨울에도 항해를 했는데, 그것은 갤리선의 선장들이 아주 하기 싫어했던 일이었다. 그리고 겨울 항해는 각각의 배들이 얻는 수익을 크게 증진시켜주었다.

둥근 배들은 더 이상 안전을 위해 해안을 끼고 항해할 필요가 없었지만 그럼에도 여전히 경계표들의 안내를 받아야 할 필요가 있었다. 그때 나침반이 등장했다. 자기 나침반이 중국으로부터 무슬림 세계를 통과해서 유럽에 도착했다는 주장은 거짓이다. 그것은 중국과 유럽 모두에서

---

46   Beeching 1982; Hanson 2001.
47   Lane [1934] 1992: 35-53.

아마도 11세기에 독립적으로 발명되었다. 중국인들은 그들이 남-북 축을 판단할 수 있게 해주는 액체 위에 떠 있는 자기화된 바늘을 포함하는 아주 조잡한 나침반에 만족했는데, 그것은 주로 마술적 의식을 행하는 것에 관심을 두고 만들어진 것이었다. 사실 중국인들은 유럽인들이 항해에 나침반을 사용하기 시작한 지 한참 후에도 해외로 나가는 선박들에서 이 장치를 사용하지 않았다. 대조적으로 액체 위에 떠 있는 바늘 나침반을 발견한 직후 중세의 유럽인들은 나침반에 카드와 조준기를 덧붙였는데, 그것은 선원들이 북쪽이 어디인지를 알 뿐만 아니라 자신들의 정확한 방향을 판단할 수도 있게 해주었다. 이제 그들은 어느 방향으로든 정확한 항로를 정할 수 있었다. 이 새로운 발명품에 대한 기록들이 일시적으로 집중되어 나타나는 것은 그것이 불과 몇 년 사이에 이탈리아부터 노르웨이에 이르기까지 선원들 사이에서 널리 퍼져나갔음을 보여준다.[48] 나침반이 생기자 유럽의 항해자들은 항구들 사이에서 나침반의 방향을 보여주는 차트들을 만들기 시작했다. 이것은 그들이 하늘에 구름이 너무 많아 별들을 사용해서 자신들의 위치를 특정하기 어려울 때조차 안전하게 여행할 수 있도록 해주었다.[49] 나침반이 없었더라면 콜럼버스는 항해를 할 수 없었을 것이고 다른 이들이 그의 자취를 따라갈 수도 없었을 것이다.

이 모든 놀라운 발전의 원인은 진보가 하나님이 부여하신 의무로서 이성이라는 선물에 수반되는 것이라고 여기는 독특하게 기독교적인 확신으로까지 추적될 수 있다. 신기술과 기법들이 항상 등장하리라는 것이

---

48   Hitchins and May 1951; May와 Howard 1981; Needham 1962.
49   McNeill 1974: 50.

야말로 기독교 신앙의 근본적인 조항이었다. 따라서 다양한 비서구 사회들에서 그 둘 모두가 종교적인 이유에서 비난을 받았음에도 불구하고, 서양의 그 어떤 주교나 신학자들도 시계나 범선들에 반대하지 않았다. 오히려 여러 주요한 기술적 혁신들이 아마도 수사들에 의해 이루어졌고 대규모 수도원 영지들에서 적극적으로 채택되었다. 혁신은 한 장소에서 다른 장소로 빠르게 퍼져나갔는데, 그것은 암흑기의 편협하고 정체된 유럽이라는 편견과 달리, 중세의 운송 수단들이 로마 시대의 그것을 능가했기 때문이다.

육상 운송의 혁신

암흑기에 있었던 유럽의 쇠퇴와 관련해서 가장 오해를 불러일으키는 주장 중 하나는 로마의 도로들에 대한 방치와 관련이 있다. 많은 곳에서 사람들이 포석들을 거둬내 지역의 건물들을 짓는 데 재사용했다는 것이다. 그 이야기는 다음과 같이 계속된다. 도로들이 쇠퇴하자 그것과 더불어 장거리 무역도 쇠퇴하였으며 그로 인해 유럽이 고립되고 내부로 향하는 공동체들의 군도(群島)가 되었다는 것이다. 이런 이야기에서 간과되는 것은 로마의 살찌고 게으른 도시민들을 먹이기 위해 곡물을 운반하는 것을 제외하고는 로마의 장거리 교역은 주로 사치품들을 다뤘고 따라서 비생산적이었다는 점이다. 교역은 로마의 도시들의 경제적 삶에서 별다른 역할을 하지 않았다. 도시 엘리트들의 부는 주로 그들의 시골 영지들로부터 왔고,[50] 정치적 부패와 정복의 약탈을 통해 보충되었기 때문이다. 부분적으로 장거리 교역의 쇠퇴는 엄청난 개인적 부의 소멸로 인해 수많은

---

50 Nicholas 1997: 3.

사치품의 수요가 사라진 상황을 반영했다. 그러나 더욱 중요한 것은 로마의 장거리 교역이라고 불려왔던 것 대부분이 사실상 교역이 아니라 갈취였다는 점이다. 그것은 실제 교역이 하는 것처럼 소득을 창출하지 못했고 "단지 강탈당한 이들을 가난하게 할 뿐인""임대료와 공물의 수송"이었다.[51] 또한 살아남은 교역 활동이 수입업자뿐만 아니라 수출업자에게도 굉장한 가치가 있었다는 사실이 그동안 간과되었다.[52] 로마의 도로들이 방치된 것에 대해 말하자면, 그런 일이 일어난 것은 그 도로들이 대개 쓸모가 없었기 때문이다.

중세 유럽인들이 "엄청난" 로마의 도로 시스템을 유지할 만한 판단력 혹은 수단을 갖고 있지 않았다는 주장은 살아남아 있는 실제 도로 중 하나라도 사실상 조사해본 적이 없거나 실제 경험이 부족해서 로마의 도로들이 커다란 짐마차들이 통행하기에는 너무 좁았고[53] 많은 곳에서 지나치게 가팔라서 도보 통행 외에는 어느 것에도 적합하지 않았다는 사실과 같은 명백한 결함들을 알아차리지 못했던 고대 그리스-로마 연구가들에게서 유래했다. 게다가 로마인들은 걸어서 건널 수는 있으나 수레나 마차들에게는 너무 깊고 가팔랐던 여울들에 의존하면서 자주 다리들을 세우지 않았다.[54] 이런 부적절함이 존재했던 이유는 로마의 도로들의 유일한 목적이 군인들로 하여금 제국의 한 지역에서 다른 지역으로 빠르게 이동하는 것을 가능케 하는 것이었기 때문이다. 물론 동물과 인간 짐꾼들이 열을 지어서 그랬던 것처럼 시민 보행자들도 그 도로들을 이용하

---

51 Bridbury 1969: 532.
52 Lopez 1952, 1976.
53 Lopez 1976: 8.
54 Leighton 1972: 59.

기는 했다. 그러나 군인들조차 가능한 한 그 도로의 가장자리를 따라 걷는 쪽을 선호했다. 그리고 거의 모든 시민 여행자들이 걷거나 그들의 짐승들을 이끌고 갔던 것도 바로 그런 가장자리였다. 어째서였을까? 로마의 도로들은 대개 돌로 포장되어 있었고 그런 까닭에 도로가 말랐을 때는 다리와 발에 무리가 갔고, 반대로 젖었을 때는 아주 미끄러웠기 때문이다. 그런 도로들은 편자를 박지 않은 발굽을 가진 말들에게도 충분히 고통스러웠다. 그리고 쇠 편자를 박은 말들에게는 매우 부적합했다.

암흑기 이전에는 그 누구도 말들이 무거운 짐을 지고 갈 수 있도록 그것들에게 마구를 채우는 법을 알지 못했음을 기억하라. 말 목도리의 도입은 단지 농업에만 혁명을 일으켰던 것이 아니다. 그것은 마차를 만드는 일의 중대한 혁신과 함께 운송에서도 혁신을 일으켰다. 로마인들은 무거운 짐을 나를 때 느린 황소를 사용하는 한계를 보였다. 더 나쁜 것은 그들의 수레와 마차가 너무 원시적이어서 상당한 무게를 지닌 그 어떤 것도 육로를 통해 아주 먼 곳까지 실려 가는 경우가 거의 없었다는 점이다. 로마의 수레와 마차에 브레이크가 없었기 때문에 지표면이 평평한 경우를 제외하고 그것들이 극도로 안전하지 않았음을 고려하라! 더 나쁜 것은 그들의 사륜마차들의 앞바퀴 축들이 회전하지 않았기에 그것들은 마차의 방향을 바꿀 수 없었고 단지 모퉁이를 따라 끌고 갈 수 있었을 뿐이라는 것이다.[55] 여기서 다시 고대 그리스·로마 연구가들은 오랫동안 우리를 오도했다. 아마도 19세기 초의 독일학자 요한 긴츠로트(Johann Ginzrot)보다 더 우리를 오도한 이는 달리 없을 것이다. 그의 "설명들"은 수많은 책과 고대 그리스-로마 사전들 그리고 백과사전들에 등장한

---

55 Ibid., 74-75.

다.[56] 긴츠로트는 자신의 유명한 작품 『마차와 착륙장치들』(*Die Wagen and Fahrweke*, 1817)에서 고대 그리스-로마의 마차들과 그것들의 하부 구조들에 관한 상세한 그림들을 훌륭하게 소개했는데, 그것들은 탁월한 브레이크 시스템뿐 아니라 앞바퀴 회전축이 회전하도록 만드는 놀라울 정도로 현대적인 회전 이음쇠들을 묘사하고 있다. 그러나 유감스럽게도 긴츠로트의 학구적인 독자들은 이것들이 "나는 고대의 기념물 중에서 이에 들어맞는 그림들을 어디서도 발견한 적이 없으므로, [이것들은] 내가 상상한 대로의" 그림들이라는 그의 고백을 무시했다.[57] 실제로 고대의 미술가 중 압도적인 다수는 그 어떤 기계적 감각도 갖고 있지 않았고, 그들의 그림들은 종종 축이 없는 바퀴나 수레 몸통에 부착된 바퀴, 서로 다른 크기의 바퀴들, 그 어떤 마구도 없이 마차를 끄는 황소나 말들, 그리고 다른 명백한 오류들을 보여준다. 따라서 이런 삽화들은 유용하지 않다. 로마의 수레와 마차들에 관한 진실을 발견하기 위해서는 신중한 본문 분석과 고고학적 발굴들이 필요했다.

그러나 분명한 것 하나는 유럽인들이 무겁고 큰 물품들의 장거리 육로 운송을 위한 수단을 발전시킨 것은 암흑기가 되어서였다는 점이다. 통치자들과 시의회들이 도로와 다리를 건설했을 뿐만 아니라 수도원들과 상인 길드 그리고 말 그대로 수많은 개인 후원자들도 그렇게 했다.[58] 브레이크와 선회할 수 있는 앞바퀴 회전축을 고안하고 여러 마리의 말들을 묶어 커다란 마차를 끌 수 있도록 하는 마구들을 발명한 것은 중세의 무명의 혁신가들이었다. 또한 유럽인들은 대규모의 둥근 배들로 대서양

---

56   Ibid., 71.
57   Leighton 1972: 121의 번역을 가져옴.
58   Postan 1952: 147.

과 싸우면서 이탈리아의 도시 국가들로부터 영국과 저지대 국가들에 이르는 새롭고 값싼 무역로들을 열었다.

마지막으로, 여러 마리의 말이나 황소들을 쌍으로 묶어 줄지어 세우는 것을 가능케 했던 마구와 고삐를 발명한 것도 중세의 유럽인들이었다. 그 이전에 여러 마리의 말이나 황소들은 옆으로 나란히 배열되었는데, 그것은 한꺼번에 사용할 수 있는 짐승들의 수를 극도로 제한했다. 예컨대, 52마리의 황소에게 마구를 달아 옆으로 나란히 세우는 것은 상상조차 할 수 없다. 그러나 11세기에 "무지한" 중세 유럽인들은 꽁끄라는 프랑스 마을에 하늘로 치솟는 성당을 건축하는 과정에서 거대한 대리석들을 운반하기 위해 52마리의 황소들을 스물 여섯 쌍으로 나눠 마구로 묶은 후 줄을 세워 사용했다.[59]

고급 문화의 진보

볼테르와 기번 그리고 계몽주의 운동의 다른 옹호자들이 공학적 성취와 농업과 상업의 혁신들을 의식하지 못하는 것은 봐줄 수 있을지라도, 그들이 중세 유럽인들이 이뤄낸 고급 문화의 놀라운 성취들을 무시하거나 일축한 것은 분명하게 혹독한 평가를 받아야 한다.

음악. 로마인과 고대 그리스인들은 단선율 음악, 즉 모든 음성이나 악기가 단 하나의 악선의 소리를 내는 음악을 노래하고 연주했다. 다선율 음악, 즉 동시에 둘 이상의 악선의 소리를 내는, 따라서 하모니를 이

59　Usher 1966: 184.

루는 음악을 발명한 것은 중세의 음악가들이었다. 이런 음악이 언제 나타났는지는 분명하지 않다. 그러나 그것이 900년경에 출간된 한 매뉴얼에 묘사되었을 때 그것은 이미 널리 알려져 있었다.[60] 더 나아가 파이프 오르간, 클라비코드와 하프시코드, 바이올린과 베이스 바이올린 등 하모니를 온전하게 사용하는 데 필요한 악기들이 완벽해진 것도 암흑기 동안이었다. 그리고 10세기경에는 그런대로 괜찮은 악보 체계가 발명되어 보급됨으로써 그 음악을 한 번도 들어본 적이 없는 음악가들이 그것을 정확히 연주할 수 있게 되었다.

미술. 유감스럽게도, 11세기 유럽에서 출현한 놀라운 예술의 시기는 그것이 로마인들에 의해 수행된 무언가와는 전혀 다름에도 로마네스크(Romanesque)라는 이름으로 알려져 있다. 그 이름은 유럽이 암흑기로부터 회복된 것은 오직 로마의 문화로 되돌아가는 것을 통해서였다고 가르쳤던 9세기의 교수들에 의해 부여되었다. 따라서 이 시기는 로마적인 것에 대한 빈약한 모방의 시기에 불과했을 수도 있다. 그러나 오늘날 미술사가들은 로마네스크 건축, 조각, 그림 등이 로마의 미술과는 아무런 공통점도 갖고 있지 않은 방식으로 독창적이고 강력했다는 것을 인정한다.[61] 그후 12세기에 이르러 로마네스크 시기는 훨씬 더 독창적이고 놀라운 고딕(Gothic) 시기로 이어졌다. 그것은 놀라워 보인다. 하지만 고딕 건축과 회화는 계몽주의 운동 기간에 비평가들에 의해 그것들이 "고전적인 그리스와 로마의 표준"을 따르지 않는다는 이유로 비난을 받았다.[62] 동일한 비평가들은 그 스타일이 "야만스러운" 고트족에게서 유래했다고 잘못 생각했

60   Daniel 1981: 705.
61   Gardner와 Crosby 1959: 236.
62   De la Croix와 Tansey 1975: 353.

고 그로 인해 그런 이름을 붙였다. 그리고 유럽의 거대한 고딕 스타일의 성당 중 하나라도 본 누구라도 알 듯이 이런 비평가들의 예술적 판단은 최초로 얇은 벽과 커다란 유리창을 지닌 아주 큰 건물을 세우는 것을 가능케 함으로써 결과적으로 스테인드글라스에서 중요한 성취를 촉진했던 공중 버팀벽(flying buttress)을 포함하는 건축학적 발명들에 대한 그들의 무시는 말할 것도 없고, 역사에 대한 그들의 판단보다 나을 것이 없었다. 마지막으로 13세기에 북유럽의 예술가들은 유화 물감을 사용하고 나무나 회반죽이 아니라 펼쳐진 캔버스 위에서 작업을 했던 최초의 사람들이었다. 이것은 "화가가 그의 시간을 절약하고, 놀라울 정도로 섬세한 붓을 사용하고, 기적에 가까워 보이는…효과를 얻는 것을 허락했다."[63] 위대한 그림이 이탈리아의 르네상스와 함께 시작되었다고 여기는 누구라도 얀 판 에이크(Jan van Eyck, 15세기 북유럽의 가장 중요한 화가 중 한 사람—역주)의 작품들을 살펴보아야 한다. 로마의 몰락 이후 1천 년이 예술적 공백기 혹은 그보다 더 나쁜 시기였다는 개념에 대해서는 이쯤 해두자.

문학. 기번은 자신의 『로마 제국 쇠망사』(*The Decline and Fall of the Roman Empire*)를 라틴어가 아닌 영어로 썼다. 볼테르는 전적으로 프랑스어로만 썼고, 세르반테스는 스페인어로, 그리고 마키아벨리와 다 빈치는 이탈리아어로 썼다. 이것이 가능했던 것은 전적으로 이런 언어들이 단테와 초서, 이름 없는 무훈시의 저자들, 그리고 9세기부터 프랑스어로 성인들의 삶을 집필하는 데 자신들의 삶을 바쳤던 수사들 등 중세의 거인들에 의해 문학적 양식을 부여받았기 때문이다.[64] 그렇게 해서 자국어 산문

---

63   Johnson 2003: 190.
64   Lopez 1967: 198.

이 공식화되고 대중화되었다. 암흑기의 문맹과 무지에 대해서는 이쯤 해두자.

교육. 12세기 초 교회에 의해 설립된 대학은 해 아래서 새로운 그 무엇이었다. 그것은 배타적으로 고등 교육을 위해 만들어진 기관이었다. 이 기독교의 발명품은 관료들을 훈련시키는 중국의 아카데미들 혹은 선사들의 학교와는 아주 달랐다. 새로운 대학들은 일차적으로 전수받은 지혜를 나눠주는 것에 관심을 두지 않았다. 오히려 오늘날 그런 것처럼 교수들은 혁신을 통해 명성을 얻었다. 그 결과 중세의 대학 교수들은 자신들의 주된 관심을 지식에 대한 추구에 두었다. 그들은 자기들이 받은 고대 그리스인들의 지혜를 반복하는 것에 만족하지 않았고 오히려 그 고대인들을 비판하고 교정할 준비가 충분히 되어 있었다.[65]

12세기 중반에 파리와 볼로냐 두 도시에서 대학이 등장했다. 그 후 옥스퍼드와 케임브리지가 1200년경에 설립되었고, 그 뒤로 13세기의 나머지 기간에 툴루즈, 오를레앙, 나폴리, 살라망카, 세비야, 리스본, 그르노블, 파도바, 로마, 페루자, 피사, 모데나, 피렌체, 프라하, 크라쿠프, 빈, 하이델베르크, 쾰른, 오펜, 에르푸르트, 라이프치히 그리고 로스토크 등지에 새로운 기관들의 설립이 줄을 이었다. 이런 기관들이 실제로는 대학들이 아니라 단지 서너 명의 교사들과 수십 명의 학생들로 이루어졌을 뿐이라는 광범위한 오해가 존재한다. 오히려 13세기초에 파리, 볼로냐, 옥스퍼드 그리고 툴루즈 등에서는 아마도 각각 1천 명에서 1천 5백 명의 신입생들이 등록했는데, 그중 약 5백 명의 신입생들은 매년 파리 대학교에 등록했다. 대학의 질에 관해 말하자면, 과학이 태어난 것이 바로

---

65 Colish 1997: 266.

이 이른 시기의 대학들에서였다. 이런 대학들이 매우 기독교적인 기관들이었음에 유념하라. 교수들은 전부 성직자들이었고, 따라서 유명한 초기 과학자들 역시 대부분 성직자들이었다.

과학. 여러 세대에 걸쳐 역사가들은 과학 혁명이 니콜라우스 코페르니쿠스(Nicolaus Copernicus)가 태양계의 태양 중심 모델을 제안한 16세기에 시작되었다고 주장했다. 그러나 실제로 발생한 일은 혁명(revolution)이 아니라 진화(evolution)였다.[66] 코페르니쿠스가 단지 자기 시대의 우주론에서 다음의 암묵적인 단계를 취했을 뿐이었던 것처럼, 그 시대의 과학의 만개 역시 그 이전에 수 세기에 걸쳐 이루어졌던 점진적 진보의 정점이었다. 태양 중심의 태양계로의 이런 진행을 간략히 요약하기 위해서는 고대 그리스인들과 더불어 시작하는 것이 최선이다. 그들은 허공 상태는 불가능하며, 따라서 공간은 투명한 물질로 가득 차 있다고 추정했다. 사정이 그렇다면 천체들은 계속해서 움직이기 위해 마찰을 극복해야 했고, 그것은 이어서 지속적인 힘의 적용을 요구했다. 어떤 이들은 자신들의 길을 따라 질주하는 천체들을 신들로 여김으로써 이 힘을 찾아냈다. 다른 이들은 각각의 천체들을 밀기 위해 할당된 초자연적 실체들의 존재를 상정했다.

천체들을 미는 실체들에 대한 필요는 파리 대학교의 총장이었던 장 뷔뤼당(Jean Buriden, 1300-1358)이 공간은 허공이며, 일단 하나님이 천체들을 움직이게 하셨다면("각각에 임페투스[impetus, 자극, 뷔뤼당이 고안한 독창적인 개념—역주]를 가하셨다면"), 그것들의 움직임은 "이후에 줄어들거나 변질되지 않는다. 왜냐하면 그 천체들은 다른 움직임을 향한 성향

---

66 Cohen 1985; Gingerich 1975; Jaki 2000; Rosen 1971.

을 갖고 있지 않기 때문이다. 그 임페투스를 변질시키거나 억압할 수 있는 저항도 존재하지 않는다"[67]라고 주장함으로써 뉴턴의 제1운동 법칙(Newton's First Law of Motion, 흔히 "관성의 법칙"이라고도 불린다—역주)을 예견했다. 또한 뷔리당은 코페르니쿠스의 모델로 이어지는 다음 단계를 제시했다. 그것은 지구가 축을 따라 돈다는 것이다. 그러나 그 제안을 매듭짓는 일은 파리 대학교 차기 총장의 몫으로 남겨졌다. 니콜 오렘(Nicole d'Oresme, 1325-1382)은 스콜라 학파의 과학자 중 가장 탁월한 이였다. 그의 연구는 놀라울 정도로 수학적이었기 때문에 기계학과 천문학의 후속 연구를 위해 높은 기준을 설정했다. 태양이 지구를 순환하는 것이 아니라 지구가 돈다는 개념은 오랜 세월 동안 많은 이들에게서 나타났다. 그러나 늘 두 가지 반대가 길을 막았다. 첫째, 어째서 지구가 그 방향으로 회전하는 것에 의해 야기되는 지속적이고 강력한 동풍이 존재하지 않는가? 둘째, 어째서 하늘을 향해 쏘아 올린 화살이 궁사의 뒤나 앞으로 떨어지지 않는가? 이런 일이 일어나지 않는 것을 보면, 즉 화살이 그것을 쏘아 올렸던 자리로 되돌아오는 것을 보면, 지구는 도는 것일 수 없다. 오렘은 이 두 가지 반대 모두를 극복했다. 동풍이 존재하지 않는 것은 지구의 움직임이 지구 위에 있는 혹은 대기권을 포함해서 그것 가까이에 있는 모든 물체에 분산되기 때문이다. 또한 그것은 두 번째 방해에 대해서도 답한다. 공중으로 쏘아 올린 화살은 활에 의해 그것에 부과되는 수직적 임페투스만 갖고 있는 게 아니라 회전하는 지구에 의해 그것에게 부과되는 수평적 임페투스도 갖고 있기 때문이다.

그 후에 주교인 쿠사의 니콜라스(Nicholas of Cusa, 1401-1464)가 등장

67　Clagett 1961 : 536에서.

한다. 그는 "어떤 이가 지구에 있든, 태양에 있든 혹은 다른 어느 별에 있든, 그에게는 늘 그가 서 있는 위치가 움직임이 없는 중심이고 다른 모든 것이 움직이는 것처럼 보일 것이다"라고 주장했다. 따라서 그는 인간은 지구가 정지해 있다는 자신들의 감각을 신뢰할 필요가 없다는 결론에 이르게 되었다. 아마도 그것은 정지해 있지 않을 것이다. 여기서부터는 지구가 태양 주변을 순환한다고 제안하기 위해 어둠 속에서 도약할 필요가 없다.

이 암흑기의 이론들 모두가 코페르니쿠스에게 잘 알려져 있었는데, 그는 자주 그렇게 묘사되는 것처럼 폴란드의 외딴 지역에 고립되어 있던 대성당 참사회의 회원이 아니었다. 오히려 그는 크라쿠프, 볼로냐(아마도 당시 유럽의 최고의 대학이었을 것이다), 파도바 그리고 페라라 등에 있는 대학들에서 훈련을 받은 그의 세대 중에서도 최상의 교육을 받은 이들 중 한 사람이었다.

이른바 암흑기 동안 너무 많은 진보가 이루어졌기 때문에 늦어도 13세기경에 유럽은 로마와 고대 그리스보다 훨씬 앞섰고 세상의 나머지 지역들보다도 앞서 있었다.[68] 어째서였을까? 무엇보다도 기독교는 진보가 "정상적인" 것이며 "새로운 발명들이 늘 나타날 것"이라고 가르쳤기 때문이다.[69] 이것은 혁명적인 개념이었다. 진보에 대한 믿음은 기술이나 고급 문화에 국한되지 않았다. 중세 유럽인들은 일을 처리하는 더 나은 방식들을 개발하는 데도 마찬가지로 잘 조율되어 있었다.

68　White 1967.
69　Gimpel 1976: 148.

자본주의는 네덜란드의 프로테스탄트 은행에서는 말할 것도 없고 베네치아의 회계 사무실에서도 고안되지 않았다. 오히려 그것은 9세기 초에 시작되어 가톨릭 수사들에 의해 진화되었다. 그들은 세상의 일들을 멀리했음에도 자신들의 수도원 영지의 경제적 안정을 확보하고자 했다. 더욱 놀라운 것은 그들이 자본주의를 발전시켰을 때 이 경건한 그리스도인들이 자신들의 신앙을 경제적 진보와 양립시키기 위해서는 자신들의 기본적인 교리들을 다시 표현할 필요가 있음을 자각했다는 점이다. 그러나 이런 문제들을 다루기에 앞서 잠시 길에서 벗어나 자본주의가 무엇인지를 정확하게 정의할 필요가 있다.

자본주의에 관하여

자본주의에 관해서는 그동안 수많은 책이 쓰였다. 하지만 그런 책들의 저자 중 자기가 그 용어로 의미하는 것이 무엇인지를 설명한 이들은 거의 없다. 이것은 그 용어에 대한 정의가 필요하지 않아서가 아니라[70] 오히려 자본주의를 정의하기가 매우 어렵기 때문이다. 애초에 그것은 경제적 개념으로서가 아니라 19세기의 좌파들이 부와 특권을 정죄하기 위해 경멸적인 용어로 처음 사용되기 시작했다. 그 용어를 택해 진지한 분석을 시도하는 것은 마치 "반동적인 돼지"(reactionary pig)라는 표현으로부터 사회과학적 개념을 만들어내고자 하는 것과 같다.[71] 그렇다고 할지

---

70 그러나 몇몇 저자들은 자본주의가 무엇인지를 사실상 "모두가 안다"고 말하고 있다. Cf. Rosenberg와 Birdzell 1986: vi.

71 정통적인 마르크스주의적 정의는 평이하고 단순하다. 자본주의는 실제 생산자가 자신의

라도, 지금껏 자본주의라는 개념의 발전과 그것의 파악하기 어려운 의미를 페르낭 브로델(Fernand Braudel)만큼 철저하게 다뤘던 이는 달리 없다.[72] "자본"(capital)이라는 용어는 14세기에 단순히 소비 가치가 있는 것이 아니라 **소득을 반환할 능력이 있는 자금**을 식별하기 위해 사용되기 시작했다. 따라서 초기 용법에서 "자본**주의**"(capital*ism*)는 부(혹은 돈)를 **얻기** 위해 부(혹은 돈)를 **사용**하는 것을 가리켰다. 달리 말하자면, "자본주의"라는 용어는 이자를 받고 돈을 빌려주는 경우처럼 부가 가진 애초의 가치가 줄어들게 하지 않겠다는 의도를 갖고서 소득을 제공하기 위해 부를 사용하는 것을 의미했다. 자본가를 단지 집세, 세금, 정복 혹은 강도짓을 통해 부를 얻는 자들과 구별해주는 것은 이익을 목적으로 부를 조직적으로 위험에 빠뜨리는 **투자**다. 그러나 대개 자본가들은 투자자가 되는 것에 더하여 대금업자 같은 순수한 투자자들과 비교할 때 그들의 사업에서 보다 적극적인 역할을 한다. 즉 자본가들은 새로운 부를 창출하는 **생산적인 활동**에 투자하는 경향이 있다. 더 나아가 자본(혹은 부)은 단순히 돈이 아니다. 바로 그것이 어떤 이들이 "자본재"(capital goods)라는 용어를

도구를 소유하지 않은 임금 노동자이고, 원자재 및 완제품은 물론이고 이런 도구들까지 상속인 고용주가 소유하는 경우에 존재한다(Sombart 1902; Hilton 1952). 이런 정의를 진지하게 받아들일 경우, 그것은 고대의 도자기와 금속 대장간과 같은 작은 공예품 가게의 모든 소유자들까지 자본가로 만들 것이다. 그것은 마르크스주의자들이 자본주의가 산업 혁명 기간에 최초로 나타났다는 (그리고 그것의 원인이 되었다는) 자신들이 믿음—그것은 모든 역사가 생산 양식의 변화에 의존한다는 사회 변화에 관한 마르크스의 이론을 받아들이는 자들을 위해 필요한 전제—에 집착하기에 특히 이상해 보인다. 그런 까닭에 마르크스주의자들은 자본주의를 "현대의 산업 시스템"과 동일시하면서(Gerschenkron 1970: 4) "18세기 말 이전에 자본주의에 관한 [모든] 논의"를 비난한다(Braudel 1979: 2:238). 그러나 우리 중 자본주의를 특정한 종류의 회사들 및 시장들과 연결시키는 이들에게 마르크스주의적 정의는 유효하지 않다.

72 Braudel 1979: 2:232-48.

선호하는 이유다. 공장, 땅, 배, 탄광 그리고 창고들은 모두 분명하게 자본재들이다. 그러나 농부에게 개간한 땅 한 구역과 연장들 그리고 한 마리의 황소는 그것들이 (식자재와 같은) 부가적인 부를 만들어내기 위해 사용될 수 있다는 점에서 동등하게 자본재다. 우리는 석기 시대의 사냥꾼의 창이나 곤봉에 대해 혹은 그의 아내가 무언가를 채취하러 나갈 때 가져가는 바구니에 대해서도 같은 말을 할 수 있다. 따라서 우리가 자본주의를 인간의 모든 경제 활동과 동등하게 여기고자 하는 것이 아니라면, 자본주의에 대한 정의는 좀 더 세밀하게 좁혀질 필요가 있다. "자본주의"라는 용어는 어느 정도의 **관리**, 즉 (단지 그것을 행하는 것과 대비되는) **감독** 활동을 의미한다. 그리고 그런 활동에는 기회를 택하고 활동의 방향을 정하는 일에서 어느 정도의 **자율성**뿐만 아니라 **상업적 복잡성**과 지속 그리고 **계획**이 포함된다. 그러나 자본주의와 연관된 이런 여러 측면들을 묘사하고 나서도 브로델은 그것에 대해 분명한 정의를 내리지 않는 쪽을 택했다.

나는 독자들이 "자본주의"에 대해 그들 나름의 의미를 제공하도록 내버려 두는 것이 좋은 전략이 될 수 있음을 충분히 의식하고 있다. 하지만 어떤 용어를 정의하지 않은 상태에서 그것에 대한 분석을 확대하는 것은 무책임해 보일 수 있다. 따라서 나는 그 용어를 다음과 같이 정의하고자 한다. **자본주의는 사적으로 소유되고 상대적으로 잘 조직된 안정적인 회사들이 상대적으로 자유로운 (규제되지 않은) 시장 안에서 고용된 인력을 포함하면서 예상되는 수익과 실제 수익에 의해 지침을 얻는 생산 활동에 (직접적으로 혹은 간접적으로) 부를 투자하고 재투자하는 체계적이고 장기적인 접근법을 취하면서 복잡한 상업 활동을 추구하는 경제 시스템이다.**

"복잡한 상업 활동"이라는 표현은 신용과 어느 정도의 다각 경영, 그리고 생산자와 소비자 사이의 직접 거래에 거의 의존하지 않는 것 등을 의미한다. "조직적인"이라는 표현은 적절한 회계 실무를 의미한다. 생산 활동에 대한 "간접적인" 투자는 그 정의를 은행가와 수동적인 주주들까지 포함하도록 확대한다. 그 정의는 민간인에 의한 엘리트 후원의 항해 또는 단거리 무역 캐러밴 같은 단기적인 활동을 위해 모인 이윤 추구형 벤처 기업들을 배제한다. 또한 그것은 고대 중국의 외국 무역이나 중세 유럽의 조세 농업처럼 국가가 직접 수행하거나 광범위한 국가적 통제 (혹은 배타적 면허) 아래서 진행되는 상업 활동을 배제한다. 로마의 노예들에게 기반을 둔 산업 같은 강압적인 노동 역시 배제된다. 무엇보다도 이 정의는 단순한 상업적 거래, 즉 상인들, 무역업자들, 상품의 생산자들이 오랫동안 그리고 세계 전역에서 해왔던 사고팔기를 배제한다.

이 정의와 부합하게 자본주의에 관해 글을 쓰는 모든 이들은 (그들이 그 용어를 실제로 정의하든 정의하지 않든) 그것이 자유 시장과 안정적인 재산권 그리고 자유로운 (강압되지 않은) 노동에 의존한다는 것을 받아들인다.[73] 자유 시장은 회사들이 기회의 영역 안으로 들어가기 위해 꼭 필요하다. 시장들이 닫혀 있거나 국가에 의해 지나치게 통제될 때 기회는 배제된다. 사람들은 오직 재산권이 안전하게 지켜지는 경우에만 자신들의 부를 감추거나 쌓아두거나 소비하지 않고 더 큰 이익을 얻기 위해 투자할 것이다. 강압되지 않은 노동은 회사들이 **의욕이 있는** 일꾼들을 끌어들이거나 시장 상황에 맞춰 그들을 해고할 수 있기 위해 필요하다. 강압

---

73 Marx는 "임금 노예제"에 관한 자신의 격렬한 비난에도 불구하고, 자신의 연구서 *Pre-Capitalist Economic Formation*을 "자본을 위한 역사적 조건들 중 하나는 자유 노동이다"라는 진술로 시작했다.

적인 노동은 동기 부여가 어려울 뿐만 아니라 얻기도 어렵고 제거하기도 어려울 수 있다. 베버와 마르크스가 한 세기 이전에 지적했듯이, 자본주의의 굉장한 생산성을 설명해주는 것은 일에 동기를 부여하는 능력과 이윤의 조직적인 재투자다.

종교적 자본주의의 발흥

성경은 종종 탐욕과 부를 비난한다. "돈을 사랑함이 일만 악의 뿌리가 되나니."[74] 그러나 성경은 상업과 상인을 직접 비난하지는 않는다. 하지만 아주 이른 시기의 교부 중 많은 이들은 고대 그리스-로마 세계에 만연했던 견해를 공유하고 있었다. 그것은 상업이 품위를 떨어뜨리고 기껏해야 보다 큰 도덕적 위험을 내포한 활동, 즉 사고파는 과정에서 죄를 피하기가 아주 어려운 활동이라는 것이다.[75] 그러나 콘스탄티누스 황제의 회심(기원후 312) 직후에 교회는 금욕주의자들이 지배하는 상황에서 벗어났고 상업에 대한 태도는 누그러졌다. 그리고 결국 아우구스티누스는 상업에는 사악한 것이 내재되어 있지 않으며 다른 직업의 경우와 마찬가지로 올바르게 사는 것은 개인의 몫이라고 가르치기에 이르렀다.[76]

또한 아우구스티누스는 가격은 단순히 판매자의 원가뿐 아니라 팔린 품목에 대한 구매자의 욕구와도 상관관계로 결정된다고 판단했다. 그런 식으로 그는 자본주의의 초기 형태가 나타나기 시작했을 때 교회가 상인들에게뿐만 아니라 9세기의 수도원들에 속한 대규모 영지들에서 궁

---

74 딤전 6:10.
75 Little 1978: 38.
76 Baldwin 1959: 15.

극적으로 자본주의의 탄생[77]에 깊이 관여한 것에 대해서도 정당성을 부여했다. 말과 무거운 금형판 쟁기 그리고 삼포식 농법으로의 전환 같은 중대한 혁신에서 비롯된 농업 생산성의 굉장한 증진 때문에 수도원의 영지들은 더 이상 단순한 생계형 농업에 국한되지 않았다. 오히려 그것들은 특정 작물이나 상품들을 전문적으로 생산해 이윤을 남기고 팔아서 다른 필요한 물품들을 구매했는데, 결국 그것이 수도원들로 하여금 현금 경제를 시작하도록 이끌었다. 또한 수도원들은 생산력을 늘리기 위해 이윤을 재투자하기 시작했다. 그리고 그들의 수입이 계속해서 쌓임에 따라 많은 수도원은 귀족들에게 돈을 빌려주는 은행이 되기에 이르렀다. 랜달 콜린스(Randall Collins)가 지적했듯이, 이것은 "자본주의를 위한 제도적 전제조건"을 포함하는 일종의 원시 자본주의에 불과한 것이 아니라 "자본주의 그 자체의 발전된 특성들의 한 형태"였다.[78] 콜린스는 이것을 "종교적 자본주의"[79]라고 부르면서 "중세 경제의 역동성은 주로 교회의 역동성이었다"라고 덧붙였다.[80]

중세기 내내 교회는 유럽에서 가장 큰 지주였다. 교회의 유동성 자산과 연간 소득은 가장 부유한 왕의 그것을 넘어섰을 뿐만 아니라 아마도 유럽의 모든 귀족의 그것을 합친 것보다도 많았을 것이다.[81] 이 부의 상당 부분이 수도원의 금고 안으로 들어갔는데, 그중 많은 부분은 전례 예배에 대한 대가 형식의 사례금이나 기부금이었다. 예컨대, 영국의 헨

---

77   Mumford 1966: 266.

78   Collins 1986: 47.

79   Ibid., 55.

80   Ibid., 52.

81   Hayes 1917; Herlihy 1957; Ozment 1975.

리 7세는 자신의 영혼을 위해 1만 번의 미사를 드리도록 교회에 돈을 지불했다.[82] 대부분의 수도원은 토지라는 헌물을 받는 것 외에도 더 많은 땅을 사거나 간척하는 데 부를 재투자했고, 그렇게 함으로써 급속한 성장의 시대를 열었다. 그리고 그것은 종종 수도원들이 아주 넓은 지역에 흩어져 있는 광범위한 토지들을 소유하는 결과를 낳았다. 비록 클뤼니에 있는 대규모 수도원 센터—그것은 11세기경에 1천여 개의 분원을 갖고 있었던 것으로 보인다—로 인해 작게 보이기는 했으나, 많은 수도원이 50개나 그 이상의 분원들을 설립했다.[83] 12세기에 클레르보의 베르나르두스(Bernard of Clairvaux)의 지도 아래서 시토 수도회의 수사들은 클뤼니 수도원의 사치에 저항했으나, 잘 조직되고 검소했던 그들은 유럽에서 가장 큰 토지 중 일부를 재빨리 모았다. 시토 수도회의 많은 수도원이 약 400km^2의 땅을 경작했고, 헝가리에 있는 수도원 하나는 총 1,000km^2의 농지를 소유하고 있었다.[84] 헌물들에 더하여, 이런 성장의 많은 부분은 삼림을 개간하고 물에 잠긴 지역을 배수하는 것뿐 아니라 이전에 경작되지 않았던 지역을 병합함으로써 달성되었다. 예컨대 모래 언덕(Les Dunes) 수도원의 수사들은 플랑드르 해안의 습지들에서 약 100km^2 비옥한 밭을 만들어냈다.[85]

이 대대적인 확장의 시기는 부분적으로는 인구의 증가에 의해,[86] 그리고 더 크게는 생산성의 증대로 인해 동기가 부여되었다. 이 시대 전까

---

82   Dickens 1991.
83   Little 1978: 62.
84   Johnson 2003: 144.
85   Gimpel 1976: 47.
86   Gilchrist 1969; Russel 1958, 1972.

지 토지는 주로 자급자족용이었다. 사람들은 지주들의 음식과 음료와 연료를 생산했다. 그들은 자신들의 옷을 만들고 자신들의 가죽을 무두질했다. 그들은 대장간을 운영했고 종종 도기 제조소를 운영하기도 했다. 그러나 생산성이 크게 향상되면서 **전문화**와 **거래**가 등장했다. 어떤 토지들은 단지 포도주만 생산했다. 다른 토지들은 오직 몇 가지 곡물들만 키웠다. 그리고 또 다른 어떤 토지들은 오직 소떼나 양떼만 길렀다. 포사노바에 있던 시토 수도회는 훌륭한 말들을 전문적으로 키웠다.[87] 그러는 동안 농업 잉여물의 급증이 마을과 도시들의 수립과 성장을 부추겼다. 실제로 많은 수도원 센터들이 그 자체로 도시가 되었다. 크리스토퍼 도슨(Christopher Dawson)은 820년에 스위스에 있던 장크트갈렌 수도원에 관해 쓰면서 그것이 "더는 오래된 수도원 규칙들에 의해 이루어진 단순한 종교 공동체가 아니라, 고대의 성전 도시들처럼 부양가족과 일꾼과 하인 등 인구 전체를 수용하는 각종 건물, 교회, 작업장, 창고, 사무실, 학교, 구빈원들로 이루어진 거대한 복합 단지였다"고 지적했다.[88]

토지들이 마을로 성장하고 흩어져 있는 여러 수도원을 유지했을 때, 그리고 그 수도원들이 농업을 특화시키고 거래에 의존하게 되었을 때, 세 가지 중요한 발전이 나타났다. 첫째, 그것들은 더 복잡하고 멀리 내다보는 **관리**(management)를 발전시켰다. 수도원 영지들에서 관리는 귀족들의 경우와 달리 그들의 일이 상속된 리더십의 변덕에 종속되지 않았기 때문에 촉진될 수 있었다. 수도원들 안에 정착된 본질적인 실력주의는 오랜 기간 지속되는 계획을 세우고 추진할 능력을 갖춘 재능 있고 헌신

---

87   Little 1978: 93.
88   Dawson 1957: 63.

된 행정가들의 연속성을 보장할 수 있었다. 조르주 뒤비(Georges Duby)가 말했듯이 새로운 시대는 수도원의 "행정가들이 그들의 관심을 국내 경제에 돌리고, 합계를 내며, 숫자들을 다루고, 이익과 손실을 계산하며, 생산을 확대하는 방법과 수단에 관해 생각하도록" 강요했다.[89]

전문화에 수반되었던 두 번째 발전은 물물 교환으로부터 **현금 경제**로의 전환이었다. 포도를 재배하는 토지를 소유한 이들이 포도를 사방팔방으로 운송하며 자기들에게 필요한 물품과 교환하는 것은 아주 복잡하고 힘든 일이었다. 그보다는 포도를 현금을 받고 팔고서 그 돈으로 자신들에게 가장 편리하고 경제적인 출처로부터 필요한 물품을 구입하는 것이 훨씬 효과적이었다. 9세기 말에 시작된 현금에 대한 의존은 급속하게 퍼져나갔다. 아마도 (피렌체 인근) 루카의 수사들이 최초로 현금 경제를 채택한 이들이었을 것이다. 그러나 프란체스코회의 어느 연대기 작자가 부르고뉴에 있는 그의 수도회의 영지에서 "[수사들은] 씨를 뿌리거나 거두지 않고, 무언가를 헛간에 쌓아두지도 않는다. 대신 그들은 파리로 포도를 보낸다. 그들과 가까운 곳에 파리까지 이어지는 강이 있기 때문이다. 그들은 포도를 좋은 값에 팔아 그 돈으로 자신들이 먹을 음식과 입을 옷 모두를 구입한다"[90]라고 썼던 1247년경에 현금 경제는 이미 유럽 전역에서 잘 확립되어 있었다. 대조적으로, 고대 그리스-로마 시대의 토지들은 (세상의 다른 곳에서처럼) 그들의 부유한 지주들을 위해 농업 잉여물의 형태로 임대료를 생산했으리라고 짐작되었으나, 그것들은 전적으로 혹은 주로 자급자족을 위한 생계형으로 운영되었다. 더 나아가 그것들은 아주 비생산적

---

89 Duby 1974: 218.
90 Little 1978: 65.

이었으므로 부유한 농가 하나가 화려하게 살기 위해서는 막대한 토지가 필요했다. 그러나 가장 이른 시기에조차 자본주의는 그저 평범한 수준의 밭과 가축 무리를 가진 수도원에도 막대한 부를 가져다주었다.

세 번째 발전은 **신용**이었다. 물물 교환은 신용에 적합하지 않다. 3백 마리의 병아리를 나중에 지불하기로 합의하는 식으로 거래를 마무리하는 것은 아주 빈번하게 빚진 가금류의 가치에 관한 분쟁으로 이어질 수 있다. 그것들은 늙은 암탉이어야 하는가, 수탉이어야 하는가, 아니면 어린 암탉이어야 하는가? 그러나 누군가에게 금 56g을 빚진다는 것의 정확한 의미는 의심할 여지가 없다. 대규모의 교회 소속 영지들은 서로에게 통화 신용을 확대하기 시작했을 뿐 아니라 그들이 점점 더 부유해졌을 때, 그들은 또한 **이자를 받고 돈을 빌려주기** 시작했다. 그리고 몇몇 주교들도 그렇게 했다. 11세기와 12세기에 클뤼니 수도원은 부르고뉴의 여러 귀족들에게 이자를 받고 막대한 금액을 빌려주었다.[91] 1071년에는 리에주의 주교가 플랑드르의 백작 부인에게 금 100파운드와 은 175마르크라는 막대한 금액을 빌려주었고 이어서 저지대 로렌의 공작에게 은 1,300마르크와 금 3마르크를 빌려주었다. 1044년에 보름스의 주교는 황제 헨리 3세에게 금 20파운드와 막대한 (특정되지 않은) 양의 은을 빌려주었다. 유사한 여러 사례가 있었다. 현존하는 기록들에 따르면, 이 시대에 주교들과 수도원들은 귀족들에게 대출을 제공하는 일반적인 원천이었다.[92] 13세기에 이르러 수도원의 대부업은 종종 모기지(mortgage, 문자적으로 "죽음의 서약"[dead pledge]) 형태를 취했다. 그 경우에 채무자는 토지

---

91   Ibid.

92   Fryde 1963: 441–43.

를 담보로 제시했고 채권자는 대출 기간 동안 그 땅에서 나오는 모든 수입을 거둬들였으며 이것을 빚진 금액에서 차감하지 않았다. 이런 관습은 수사들이 담보권을 행사하기를 주저하지 않았기 때문에 수도원의 땅이 추가되는 결과를 낳았다.[93]

그러나 수사들은 땅에 투자하거나 넘칠 듯한 금고에서 돈을 꺼내 빌려주는 것 이상의 일을 했다. 그들은 밭, 덩굴, 헛간을 떠나 전례의 "일"로 물러나기 시작했고, 연옥에 있는 영혼들과 다음 세상에서 자신들의 운명을 개선하기 원했던 살아 있는 시혜자들을 위해 계속해서 유급 미사를 수행했다. 수사들은 이제 여가와 사치를 즐겼다. 클뤼니의 수사들은 "풍성하고 고급스러운 음식을 받았다. 그들의 의복은 매년 새로워졌다. [성 베네딕투스의] 규칙이 처방한 육체노동은 부엌과 연관된, 전적으로 상징적인 일들로 축소되었다. 수사들은 영주들처럼 살았다."[94] 다른 대규모 수도원들의 사정도 마찬가지였다. 그리고 이 모든 것이 가능했던 것은 그 대규모 수도원들이 **고용된 인력**을 사용하기 시작했기 때문인데, 그들은 수사들보다 훨씬 더 생산적이었을 뿐 아니라[95] 강제 노동 기간을 채워야 했던 소작인들보다도 훨씬 더 생산적이었다. 실제로 이런 소작인들은 이미 오래전부터 금전을 지불하는 것으로써 자신들의 노동 의무를 충족시켜왔었다.[96] 따라서 종교적 자본주의가 전개되었을 때, 수사들은 여전히 자신들의 의무를 충실하게 이행했다. 하지만 전례에 참여하는 이들을 제외한 나머지는 이제 경영자와 현장 감독으로 일했다. 이런 식으

---

93   De Roover 1948: 9.
94   Duby 1974: 216.
95   Ibid., 91.
96   Ibid.

로 중세의 수도원들은 놀라울 정도로 현대의 회사들, 즉 잘 운영되면서 최신의 기술적 진보를 신속하게 받아들이는 회사들과 비슷해졌다.[97]

일과 검약이라는 미덕

전통적인 사회는 일하는 것을 경멸하면서 소비를 찬양한다. 이런 의식은 단지 특권층 엘리트에게만이 아니라 수고하며 삶을 살아가는 이들에게도 해당된다. 노동의 존엄성 또는 노동이 선한 활동이라는 개념은 고대 로마나 그 어떤 다른 자본주의 이전 사회에서는 이해하기 어려운 것이었다. 오히려 소비가 부의 목적인 것처럼 일과 관련해 선호되는 접근법은 그것을 다른 누군가에게 시키는 것이고, 그렇게 하기 어려운 경우에는 가능한 한 적게 일하는 것이다. 중국에서 관료들은 자기들이 노동을 하지 않음을 증명하기 위해 손톱을 가능한 한 길게 길렀다(심지어 손톱이 부러지는 것을 막기 위해 은으로 만든 덮개를 착용하기도 했다). 반대로 자본주의는 일에 대해 현저하게 다른 태도를 요구하고 고무하는 것처럼 보인다. 즉 자본주의는 일을 본질적으로 덕스러운 것으로 보고 또한 소비를 제한하는 미덕을 인정하는 것처럼 보인다. 물론 막스 베버는 이것을 이른바 프로테스탄트 윤리와 동일시했다. 그는 가톨릭 문화에는 그런 것이 없다고 믿었기 때문이다. 그러나 베버는 틀렸다.

일과 단순한 삶의 미덕에 대한 믿음은 자본주의의 발흥을 수반했다. 하지만 이것은 마르틴 루터가 태어나기 오래전에 시작되었다.[98] 많은, 아마도 대부분의 수사와 수녀들이 귀족과 가장 부유한 가문들 출신이었다

---

97 Gimpel 1976: 47.
98 Mumford 1967: I:272.

는 사실에도 불구하고,[99] 그들은 신학적 측면에서만이 아니라 실제로 그 것을 행함으로써 일의 가치를 높이 여겼다. 랜달 콜린스의 말을 빌리자 면, 그들은 "프로테스탄티즘 없이 프로테스탄트 윤리를 갖고 있었다."[100]

일의 미덕은 6세기에 성 베네딕투스에 의해 분명해졌다. 그는 자신 의 유명한 규칙에서 이렇게 썼다. "게으름은 영혼의 적이다. 따라서 형제 들은 특정한 시간 동안 기도하며 읽는 것과 마찬가지로 육체노동을 해 야 한다.…그들이 우리의 선조들과 사도들이 했던 것처럼 자신들의 손을 이용하는 노동을 통해 살아갈 때 비로소 그들은 참된 수사들이 될 것이 다."[101] 혹은 14세기에 영국의 성 아우구스티누스 수도회의 수사였던 월 터 힐튼(Walter Hilton)이 말했듯이, "우리는 육체적 삶의 훈련을 통해 영 적인 노력을 할 수 있다."[102] 기독교의 금욕주의를 다른 위대한 종교 문화 들에서 발견되는 것과 구별해주는 것은 바로 육체노동에 대한 이런 참여 다(다른 종교들에서 경건은 대개 세상과 그것의 활동에 대한 거부와 연관되어 있다). 예컨대 명상에 전념하면서 적선에 의지해 살아가는 동방의 성자들과 대 조적으로 중세의 기독교 수사들은 아주 큰 생산성을 지닌 토지를 유지하 면서 그들 자신의 노동을 통해 살았다. 이것은 단지 "금욕적 열정이 세상 으로부터의 도피 안에서 석화되는 것"[103]을 막았을 뿐 아니라 경제 문제 에 관한 건강한 관심을 유지시켰다. 따라서 비록 프로테스탄트 윤리라는 주제가 잘못된 것이기는 하나, 자본주의를 기독교 윤리와 연결시키는 것

---

99 Dawson 1957; Hickey 1987; King 1999; Mayr-Harting 1993; Stark 2003b.

100 Collins 1986: 54.

101 Ch. 40, "The Daily Manual Labor."

102 Hilton 1985: 3.

103 Friedrich Prinz. Kaelber 1998: 66에 실린 번역문을 가져옴.

은 전적으로 타당하다.

따라서 9세기경에 시작되어 성장하던 수도원 영지들은 "상대적으로 자유로운 시장 안에서 복잡한 상업 활동을 추구하고", "고용된 인력을 포함하는 생산 활동에 투자하며", "예상되는 수익과 실제 수익에 의해 지침을 얻는" "잘 조직된 안정적인 회사들"과 비슷했다. 설령 이것이 최고의 영예를 누리고 있는 자본주의는 아니었을지라도, 분명히 수도원 영지들은 자본주의와 아주 가까웠다. 더 나아가 대규모 수도원들의 이런 경제 활동은 기독교 신학자들로 하여금 이윤과 이익에 관한 그들의 가르침을 새롭게 생각하도록 만들었다. 분명히 아우구스티누스는 이윤을 인정했다. 하지만 이윤의 폭에 대해서는 도덕적 제한이 있을까? 성경은 고리대금과 관련해서 그것을 비난한다. 그러나 만약 이자가 금지된다면, 우리가 어떻게 신용으로 구매를 하거나 필요한 기금을 빌릴 수 있을까?

자본주의와 신학적 진보

기독교 신학은 어떤 것을 확고하게 명시한 적이 결코 없다. 하나님께서 인간이 지식과 경험을 더욱더 많이 얻으면서 성경에 대해 더 적절하게 이해하기를 바라신다면, 이것은 교리와 해석에 대한 지속적인 재평가를 정당화한다. 그리고 실제로 그러했다.

이자와 이윤에 대한 초기 기독교의 반대

12세기와 13세기 동안 토마스 아퀴나스를 비롯해 로마 가톨릭교회의 신학자들은 이윤이 도덕적으로 정당하다고 선언했다. 동일한 신학자들은 한편으로는 고리대금을 반대한다는 오랜 전통에 대해서는 찬성한다는 식으로 입에 발린 말을 하면서도 다른 한편으로는 이자를 물리는 것을 정당화했다. 이런 식으로 로마 가톨릭교회는 심지어 그 어떤 프로테스탄 트가 존재하기 훨씬 이전의 여러 세기 전부터 초기 자본주의와 평화롭게 지냈다.

기독교는 유대인들로부터 이자(고리대금)를 받으면 안 된다는 생각 을 물려받았다. 신명기 23:19-20은 다음과 같이 훈계한다. "네가 형제 에게 꾸어주거든 이자를 받지 말지니 곧 돈의 이자, 식물의 이자, 이자를 낼 만한 모든 것의 이자를 받지 말 것이라. 타국인에게 네가 꾸어주면 이 자를 받아도 되거니와 네 형제에게 꾸어주거든 이자를 받지 말라."

외국인에게 이자를 물릴 수 있다는 것은 기독교 사회들 안에서 대금 업자로서 유대인들의 역할, 곧 때때로 기금이 필요한 그리스도인들이 그 들에게 부과했던 역할을 설명해준다. (또한 그것은 역사가들이 대개 무시하는 어떤 결과를 낳았는데, 그것은 다름 아닌 남들에게 빌려줄 돈을 갖고 있던 중세 그리 스도인들이 종종 자신들을 유대인으로 가장하는 것이었다.)[104]

물론 신명기의 금지명령이 필연적으로 그리스도인들이 이자를 물리 는 것을 금했던 것은 아니다. 그리스도인들은 이스라엘인이 아니었기 때 문이다. 그러나 누가복음 6:34-35에 있는 예수의 말씀은 이자를 금하는 것으로 간주되었다. "너희가 받기를 바라고 사람들에게 꾸어주면 칭찬 받을 것이 무엇이냐. 죄인들도 그만큼 받고자 하여 죄인에게 꾸어주느니 라. 오직 너희는 원수를 사랑하고 선대하며 아무것도 바라지 말고 꾸어 주라."

---

104 Nelson 1969: 11에서; 또한 Little 1978: 56-57.

따라서 대출 이자는 고리대금의 죄로 규정되었고 실제로는 대개 무시되었으나 원칙적으로는 널리 정죄되었다. 사실 이미 지적했듯이 9세기 말경 대규모 수도원 중 일부는 은행업에 진출했으며, 주교들은 빌린 돈에 의존하는 일에서 귀족 다음이었다. 많은 주교가 수도원들에서 돈을 빌렸을 뿐 아니라 바티칸이 온전하게 승인한 이탈리아의 민간 은행들로부터도 대출을 확보했다. 그렇게 해서 1229년에 리머릭의 주교가 로마 은행에 대출금을 완전히 상환하지 못하자 그는 8년에 걸쳐 50%의 이자를 지불하는 새로운 협정을 맺을 때까지 교황에게 파문당했다.[105] 대출에 대한 수요는 종종 아주 크고 광범위했기 때문에 이탈리아의 은행들은 대륙 전역에 지점들을 개설했다. 1231년에 영국에서는 69개 이탈리아 은행들의 지점들이 영업하고 있었고, 아일랜드에도 거의 그 정도의 지점들이 있었다. 비록 많은 주교와 수도회들 그리고 심지어 로마의 고위 성직자들까지도 고리대금에 대한 금지를 무시했으나, 이자에 대한 반대는 여전히 남아 있었다. 제2차 라테라노 공의회가 열렸던 1139년에 교회는 "회개하지 않는 고리대금업자는 구약성경과 신약성경 모두에 의해 정죄되며 따라서 교회의 위로나 기독교적 장례에 합당하지 않다고 선포했다."[106] 그럼에도 문서들은 "1215년에 교황의 궁정 안에는 고리대금업자들이 있었으며 궁핍한 고위 성직자는 그들로부터 대출을 받을 수 있었다"는 것을 입증해준다.[107]

대규모 기독교 수도회 중 상당수가 계속해서 이윤을 극대화하고 시장이 감당할 수 있는 어떤 수준으로든 이자를 받고 돈을 빌려주었으므

---

105 Gilchrist 1969: 107.
106 Nelson 1969: 9.
107 Olsen 1969: 53.

로, 그것들은 점점 더 보다 전통적인 성직자들로부터 비난의 십자포화를 받았다. 그 성직자들은 그런 수도회들을 탐욕의 죄에 빠졌다고 비난했다. 그렇다면 무엇을 해야 했을까?

정당한 가격과 타당한 이자에 관한 신학

분명히 사람들은 자기 노동의 산물을 공짜로 나눠주는 것을 생각하지 않는다. 그러나 그들이 청구하는 금액에는 제한이 없는가? 우리는 무언가에 대한 값을 요구하는 것이 죄악이 될 만큼 높지 않다는 것을 어떻게 확신할 수 있는가?

13세기에 글을 썼던 성 알베르투스 마그누스(Albertus Magnus)는 "정당한 가격"이란 단지 "상품이 판매되는 시점에서 시장에 의해 정해지는" 가치라고 주장했다.[108] 즉 가격이란 강압을 받지 않는 구매자들이 지불하고 싶어 하는 액수를 의미한다. 아담 스미스(Adam Smith)는 이런 정의에서 아무런 문제도 발견하지 못했다. 성 토마스 아퀴나스는 자기 스승의 말을 되울리는 한편 더 많은 단어를 사용하여 정당한 가격에 대한 자신의 분석을 다음과 같은 질문을 제기하는 것에서 시작했다. "어떤 이가 어떤 물건을 그것의 가치보다 더 높은 가격에 파는 것이 적법한 것인가?"[109] 아퀴나스는 먼저 "당신이 싸게 사고 비싸게 팔고 싶어 하는 것은" 자연스럽고 적법한 것이라는 아우구스티누스의 말을 인용함으로써 그 질문에 답한다. 다음으로 그는 적법한 거래에서 사기를 배제했다. 마지막으로 그는 가치는 사실상 객관적 가치가 아니라—"물건들의 정당

---

108 그의 *Commentary on the Sentences of Peter Lombard*에서 de Roover 1958: 422에서 인용함.
109 *Summa Theologica*.

한 가격은 절대적으로 명확하지 않다"—구매자가 오도되거나 강압을 받지 않는 상황에서 구매된 물건에 대한 구매자의 욕망과 판매자의 팔고자 하는 기꺼움 혹은 거리낌의 상관관계로 결정되는 것임을 인정했다. 공정하게 말하면, 가격은 주어진 순간에 모든 잠재적 구매자들에게 동일해야 했고, 따라서 가격에 차이가 있어서는 안 되었다. 아퀴나스가 시장의 힘을 존중했던 것은 기근으로 고통을 당하는 어느 지역으로 곡물을 가져오는 한 상인에 관한 그의 이야기에서 가장 잘 드러난다. 그 상인은 다른 상인들이 조만간에 그 지역으로 더 많은 곡물을 가져오리라는 것을 알고 있었다. 그가 곡물을 일반화되어 있던 높은 시장 가격으로 파는 것은 죄일까? 그는 구매자들에게 이제 곧 더 많은 곡물이 도착할 것이고 따라서 가격이 내려갈 것이라고 알려야 할까? 아퀴나스는 이 상인은 양심의 거리낌 없이 입을 다물고 현재의 높은 가격에 곡물을 팔 수 있다고 결론지었다.

아퀴나스는 대출 이자에 관해서는 유난히 혼란스러워했다. 그는 어떤 글에서 모든 이자는 고리대금의 죄라고 정죄했다. 다른 구절들에서는 대부업자들이 보상을 받을 자격이 있음을 인정했으나, 그들이 얼마나 많이 그리고 어째서 보상을 받아야 하는지에 대해서는 모호한 입장을 취했다.[110] 그러나 급속히 확대되는 상업 경제라는 현실에 의해 재촉을 당했던 아퀴나스의 많은 동시대인들 가운데 특히 교회법 학자들은 그렇게 조심스러워하지 않았고 오히려 이자 부과가 고리대금업이 아닐 수 있는 여러 가지 예외들을 발견하기 시작했다.[111] 예컨대 만약 토지처럼 어떤 생

---

110 Little 1978: 181.

111 Gilchrist 1969; Little 1978; Raftus 1958.

산성 있는 자산이 대출을 위한 담보로 제공된다면 대부업자는 대부 기간 동안 생산량 전부를 가져가면서도 그것을 대부금에서 차감하지 않을 수 있다.[112] 여러 다른 예외들에는 재판매를 위해 상품을 구매하거나 새로운 농지를 얻는 것과 같은 다른 상업적 기회를 위해 사용할 수 있는 돈을 갖고 있지 않은 대부업자에게 지불하는 비용이 포함되었다. 이윤에 대한 이런 새로운 기회들은 전적으로 정당하므로, 어느 대부업자가 그런 기회들을 단념하는 것에 보상하는 것은 정당하다.[113] 이와 같은 맥락에서 신용으로 구입한 상품에 이자를 물리는 것도 적절하다고 간주되었다.[114] 은행에 관해 말하자면, 은행들은 방금 언급한 경우들을 제외하고 확정된 이자율로 직접 대출을 하지 않았는데, 왜냐하면 그런 것은 "원금의 모험"이 없다는 이유 때문에 고리대금업으로 간주되었기 때문이다. 그 개념은 이자는 오직 사전에 수익 금액이 불확실하고 "모험"의 대상이 되는 경우에만 정당하다는 것이었다. 그러나 은행업자들은 얼핏 모험적인 것처럼 보이지만 사실은 전적으로 예측 가능한 수익을 갖고 있어서 대출을 구성하고 이자에 상응하는 것을 산출했던 방식으로 어음과 환어음 그리고 심지어 화폐를 거래함으로써 아주 손쉽게 이런 금지 조항들을 피할 수 있었다.[115] 따라서 사람들이 읽는 문서에는 고리대금이 죄라고 여전히 적혀 있었으나, 사실상 "고리대금"은 본질적으로 공허한 용어가 되었다.

그렇게 해서 적어도 13세기 말에 유력한 기독교 신학자들은 막 출현하고 있던 자본주의의 주된 측면들—이윤, 재산권, 신용, 대출 등

---

112 Gilchrist 1969: 67.
113 Hunt와 Murray 1999: 73.
114 Dempsey 1943: 155, 160.
115 De Roover 1946b: 154.

등—에 대해 충분한 논의를 마쳤다. 레스터 리틀(Lester K. Little)이 요약했듯이, "각각의 경우에 그들은 이전 세대까지 6세기 혹은 7세기 동안 만연했던 태도와 대조적으로 대체로 우호적이고 찬성하는 견해를 제시했다."[116] 자본주의는 믿음의 모든 족쇄로부터 완전히 그리고 최종적으로 해방되었다.[117]

그것은 놀라운 변화였다. 결국 그들은 세상으로부터 자신들을 분리시켰던 신학자들이었다. 그들 대부분은 청빈 서약을 했었다. 그들의 선배들 대부분은 상인과 상업 활동을 경멸했다. 만약 수도회들 안에서 금욕주의가 참으로 우세했었다면, 상업에 대한 그리스도인들의 경멸과 반대가 급진적으로 변화되는 것은 고사하고 누그러지는 것도 어려웠을 것이다. 이런 신학적 혁명은 세속적 의무에 대한 직접적인 경험의 결과였다. 그들의 참된 자선 활동에도 불구하고, 수도원의 행정가들은 자신들의 모든 부를 가난한 자들에게 주거나 자신들의 생산물을 원가로 팔려고 하지 않았다. 수도원 신학자들이 상업의 도덕성을 재고하게 한 것은 대규모 수도원들이 자유시장에 적극 참여한 것이었는데, 그것은 교회의 고위 성직자들의 현저한 세속성에 의해 부추겨졌다.

수도회에 속한 이들과 달리, 교회 내에서 높은 지위를 갖고 있던 소수의 사람들은 청빈 서약을 하지 않았고, 많은 이들은 방탕한 삶에 대한 분명한 취향을 드러냈다. 주교들과 추기경들은 고리대금업자들의 최우수 고객층에 속했다. 이것이 놀랄 일이 아닌 것은 교회의 고위직에 있는 거의 모든 이들이 교회의 세입으로부터 상당한 이익을 거둘 것을 기

---

116 Little 1978: 181.
117 Southern 1970b: 40.

대하면서 그들의 직위를 일종의 투자 형식으로 구매했기 때문이다. 실제로 남자들은 종종 이전에 그 어떤 교회의 직책도 맡은 적이 없는 상태에서, 때로는 안수를 받거나 심지어 세례를 받기도 전에 돈을 내고 주교직이나 추기경직에 임명될 수 있었다![118] 중세 교회의 이런 측면은 끊임없는 추문과 갈등의 근원이었다. 그것은 수많은 이단적 종파 운동들을 낳았고 결정적으로 종교개혁을 낳았다. 그러나 교회의 이런 세속적 측면들은 자본주의의 발전 과정에서 상당한 배당금을 지불했다. 교회는 그 길을 가로막지 않았다. 오히려 교회는 12세기와 13세기의 상업 혁명을 정당화했고 적극적인 역할을 감당했다.[119] 이런 일이 일어나지 않았더라면, 서양은 대부분 이슬람 국가들처럼 끝났을 것이다.

이슬람과 이자

쿠란은 빌린 돈에 대한 모든 이자(*riba*)를 정죄한다. 상품과 서비스의 교환에 따르는 이윤은 정당하다. 그러나 대출금을 빌려주고 갚는 것과 같은 돈의 교환은 오직 빌린 돈과 갚은 돈이 같을 때만 적법하다. 쿠란은 이렇게 전한다(2:275). "하나님은 거래는 허용하셨고 **이자**는 금하셨다."

　　기독교 세계처럼 중세의 무슬림들은 종종 이자를 받고 돈을 빌려주는 것에 대한 금지명령을 무시했으나 그것은 투자로서가 아니라 거의 전적으로 소비를 위한 자금을 대기 위해서였다.[120] 이는 이슬람 안에서 대

118　이에 대한 요약을 위해서는 Stark 2003a를 보라.
119　Lopez 1952: 289; 1976.
120　Rodinson 1978: 139.

부 활동이 신학적 재해석으로 이어지지 않고 **이자**가 공식적으로 악한 것으로 남아 있었던 이유를 설명해준다. 막심 로댕송(Maxime Rodinson)은 이슬람이 경제적 규칙들을 재고하지 않은 것은 엘리트들이 상업을 경멸했기 때문이고, 또한 국가의 간섭이 경제를 너무 많이 제약하고 왜곡한 까닭에 유럽에서 일어난 신학적 변화를 위한 압력 같은 그 어떤 것도 이슬람 안에서는 나타나지 않았기 때문이라고 주장한다. 실제로 이슬람의 엘리트들은 의심할 바 없이 자신들의 채권자들을 잠재적인 종교적 위험에 빠뜨리고 강탈을 통해 자신들의 채무를 해결할 수 있는 합법적인 기초를 갖는 쪽을 선호했다. 아무튼 오늘날에도 이슬람 사회 안에서 은행들은 고리대금업의 절대적 금지에 대한 극도로 성가신 해결책[121]이라는 수단으로만 존재한다. 그것은 대출의 대가로서 주어지는 보상으로 정의되어 있다. 이자의 금지에 대한 빈번한 현대적 해결책에는 은행들이 자기들이 상업 대출을 해주는 이들과 사업적 파트너십을 맺는 것이 포함된다. 이 경우에 은행은 대출금을 빌려준 액수 이상으로 돌려받지 못하는 반면, 그들의 대출에 대한 보상(이자)은 공유된 이윤으로부터 나온다. 또 다른 책략은 대출 서비스에 막대한 수수료를 부과하는 것이다. 그럴지라도 석유로 인해 창출되는 막대한 부는 국내의 경제 발전 기금으로 쓰이기보다는 대부분 서구의 투자에서 피난처를 찾아왔다. 이자에 대한 종교적 반대는 억압적인 체제의 탐욕과 결합해 이슬람 안에서 자본주의가 발흥하는 것을 막았고, 지금도 그러고 있다. 이성의 승리는 아직 달성되지 않았다.

현대에 이르는 길은 그것이 제우스의 이마로부터 튀어나오지 않았

---

[121] Esposito 1980; Mills와 Presley 1999; Saeed 1996; Udovitch 1970.

던 것만큼이나 르네상스 기간에 갑자기 열리지 않았다. 서양 문명은 로마의 몰락 이후 여러 세기에 걸쳐 점진적으로 일어났다. 이른바 암흑기는 물질적 측면과 지적 측면 모두에서 심원한 계몽의 시기였다. 그것은 도덕적 평등이라는 기독교의 교리와 결합함으로써 정치적·경제적·개인적 자유에 기초한 완전히 새로운 세계를 창조했다.

제3장

폭정과 자유의 "재탄생"

서양의 성공은 초기 자본주의를 위해 안전한 피난처를 제공할 수 있는 자유로운 사회의 발전 여하에 달려 있었다. 이 문제에서도 기독교는 고전 시대의 철학자들이 그렸던 그 어떤 것도 넘어서는 민주주의를 위한 도덕적 기초를 제공하면서 핵심 역할을 감당했다.

이 장은 폭정이 어떻게 경제 발전을 질식시키는지를 살피는 것으로 시작한다. 이어서 폭군들을 비난하고 인간의 도덕적 평등을 주장하는 기독교의 기본적인 교리들을 살필 것이다. 이런 기독교 교리들은 우리가 유럽의 여러 지역에서 비교적 독립적인 공동체들이 출현하는 것과 초기의 자유의 정도가 어떻게 신흥 상인, 상업, 노동 그리고 종교 단체들이 협치에서 상당한 목소리를 내도록 허락했는지를 살필 때 활기를 띨 것이다.

명령 경제

독재 국가들은 보편적 탐욕을 낳는다. 통치자들이 자기들이 다스리는 자들로부터 강제로 최대치를 거두는 일에 집중할 때, 그들의 백성들 역시 현저하게 탐욕스러워지며, 자신들의 노동의 결과를 소비하고 축적하고 숨기거나 자기들이 할 수 있는 것만큼 생산하지 않음으로써 그 상황에 대응한다. 그리고 어떤 이들이 생산성을 발휘할 때조차 결국 그들의 노력은 자신들의 통치자들이나 풍요롭게 만들 것이다. 그로 인한 결과는 그 사회의 삶의 수준이 그 사회의 잠재적 생산 능력보다 훨씬 아래의 수준에 머물게 되는 것이다.

10세기 말에 중국 북부에서 철강 산업이 발전하기 시작했다.[1] 1018년에 제련소들은 한 해에 당시로서는 믿기 어려운 3만 5천 톤 이상의 철을 제련하고 있었던 것으로 추정된다. 그로부터 6년 후 제련소들은 한 해에 10만 톤 이상의 철을 제련했다. 이것은 정부가 주도한 일이 아니었다. 오히려 개인 사업자들이 철에 대한 강력한 수요와 쉽게 채굴할 수 있는 광석과 석탄 공급이 제공하는 기회를 잡았던 것이다. 제련소와 주조 공장들이 운하망과 항행 가능한 강들을 따라 늘어서 있었으므로 철은 쉽게 먼 시장까지 옮겨질 수 있었다. 곧 이런 새로운 중국의 철강 산업체들은 막대한 이윤을 거두고 제련소와 주조 공장들을 확장하기 위해 막대한 금액의 재투자를 시작했다. 그로 인해 생산량이 계속해서 급속하게 늘어났다. 대규모의 철 공급은 철제 농업 도구들을 만들어냈고, 이어서 그것은 식량 생산을 급속하게 증진시켰다. 요약하자면, 중국은 자본주의를 발전시키고 산업 혁명에 돌입하기 시작했다. 하지만 그 후에 그 모든 것이 시작되었을 때 그랬던 것처럼 갑자기 중단되었다. 11세기 말에는 오직 소량의 철만 생산되었고, 그로부터 얼마 안 되어 제련소와 주조 공장들은 폐허가 되어 버려졌다. 도대체 무슨 일이 일어났던 것일까?

결국 황궁의 고관들이 몇몇 평민들이 제조업을 통해 부자가 되었고 농민 노동자들을 고임금을 주고 고용하고 있음을 알아차렸다. 그들은 그런 활동이 유교적 가치와 사회의 안녕에 위협이 된다고 여겼다. 평민들은 자기들의 위치를 알아야 한다. 오직 엘리트만이 부유해야 한다. 그런

---

[1]   Hartwell 1966, 1967, 1971; McNeill 1982.

까닭에 그들은 철에 대한 국가의 독점을 선포하고 모든 것을 압류했다. 그리고 그것으로 모든 것이 끝났다. 윈우드 리드(Winwood Reade)가 요약했듯이, 수 세기에 걸친 중국의 경제적·사회적 침체의 이유는 분명하다. **"재산이 안전하지 않다.** 이 한 구절에 아시아의 모든 역사가 들어 있다."[2]

똑같이 놀라운 예 하나가 유럽인들이 오토만의 함대를 격파했던 레판토 해전(1571)의 여파 속에서 나타난다.[3] 승리한 기독교인 선원들은 여전히 바다에 떠 있거나 좌초한 터키의 선박들을 약탈하던 중에 오토만의 사령관 알리 파샤(Ali Pasha)의 기함 술타나에서 막대한 양의 금화를 발견했다. 몇몇 다른 무슬림 제독들의 갤리선에서도 거의 같은 양의 금화들이 발견되었다. 빅터 데이비스 핸슨(Victor Davis Hanson)이 설명했듯이, "은행 시스템이 없는 상태에서 자기가 술탄의 심기를 상하게 할 경우 재산을 몰수당할 것을 두려워하고 늘 세금 징수원들로부터 그것을 지키는 일에 신경을 곤두세웠던 알리 파샤는 자신의 막대한 개인 재산을 레판토까지 가져갔다."[4] 알리 파샤는 농업 잉여물을 숨기는 하찮은 농부가 아니라 상류층 엘리트였고 술탄의 누이와 결혼까지 한 사람이었다. 그런 사람이 안전한 투자처를 찾을 수 없었고 집에 돈을 두고 올 수도 없었다면, 다른 이들이 어떻게 그보다 더 잘하기를 바랄 수 있겠는가?

독재 국가들에서 진보가 느리고 고르지 않은 것은 놀랄 일이 아니다. 국가에 의해 몰수될 위험에 처해 있는 것은 알리 파샤의 것과 같은 휴대용 재산뿐만이 아니다. 가치 있는 그 무엇이라도—땅, 곡물, 가축, 건물, 심지어 아이들까지—임의대로 빼앗길 수 있었다. 그리고 중국의 철

---

2   Reade 1925: 108.
3   Beeching 1982; Hanson 2001.
4   Hanson 2001: 262.

강업계의 거물들이 배웠듯이 그것은 종종 **빼앗긴다**. 더 나쁜 것은 전제적인 국가가 그렇게 빼앗은 부에서 생산을 증대하기 위해 거의 아무것도 투자하지 않고 오히려 그것을 다양한 과시의 형태로 소비할 뿐이라는 점이다. 이집트의 피라미드, 튈르리궁(파리의 옛 왕궁—역주), 타지마할 등은 모두 억압적 통치에 대한 아름다운 기념물로 건축되었다. 그것들에는 생산적 가치가 없었고 불행과 결핍이라는 값을 치렀을 뿐이다. 바로 이것이 전제적인 국가들의 경제 시스템이 "명령 경제"(command economy)[5]라고 알려지게 된 이유다. 그런 시스템 안에서 시장과 노동은 자유롭게 기능하도록 허락되기보다 명령되고 강요된다. 그리고 국가의 주된 목적은 부에 대한 강탈과 소비다.

명령 경제는 가장 이른 시기의 국가들과 함께 시작되었고 세계의 많은 곳에서 지금도 계속되고 있다. 실제로 명령 경제는 여전히 열렬한 지지자들을 끌어모으고 있다.[6] 그러나 명령 경제는 삶의 가장 기본적인 경제적 사실을 무시한다. 그것은 바로 **모든 부는 생산으로부터 나온다**는 것이다. 부는 재배되거나, 파내거나, 잘라내거나, 사냥하거나, 길러지거나, 조작되거나 혹은 다른 방식으로 생산되어야 한다. 한 사회에서 생산된 부의 양은 단지 생산에 관련된 사람들의 숫자에만 의존하는 것이 아니라 그들의 동기와 생산 기술의 효율성에도 의존한다. 부가 지독한 세금과 강탈에 대한 지속적인 위협에 종속될 때 제기되는 도전은 생산적이 되는 것이 아니라 부를 **지키는** 것이다. 이 원리는 단지 부자들에게만이 아니라 오히려 아주 적은 것을 가진 이들에게 훨씬 더 위력적으로 적용된다. 그리고

---

5 Grossman 1963.
6 몇몇 고집 센 마르크스주의자들은 여전히 "자유 시장 사회(a free market society)가 아니라 시장에서 자유로운 사회(a market-free society)"라는 슬로건을 퍼뜨리고 있다.

바로 이것이 명령 경제의 실질적인 저생산성의 이유를 설명해준다. 소수의 사람들을 부유하게 만드는 과도한 세금에 직면할 경우, 자유로운 농민들조차 자신들의 수확량을 늘리기보다는 작물의 일부를 숨기는 데 훨씬 더 많은 신경을 쓰게 되고, 강요된 노동을 하는 이들—그들이 노예이든 매년 일정 기간 무료 노동을 제공하라는 요구를 받는 농민이든—은 가급적 적게 일하는 정도만큼만 유익을 얻을 수 있다. 부유하고 강력한 이들에 관해 말하자면, 대개 그들은 연관된 위험과 불리한 조건에도 불구하고 계속해서 간신히 경제를 유지하는 이들을 비웃는다.

829년에 비잔티움의 테오필로스 황제(829-842 재위)는 아름다운 상선 한 척이 콘스탄티노플 항구로 진입하는 것을 보았다. 그는 측근들에게 그 배의 소유자가 누구인지 물었다. 그는 그 배가 자기 아내의 것이라는 말을 듣자마자 분개했다. 그는 아내에게 으르렁거리며 말했다. "하나님이 나를 황제로 만드셨는데, 당신은 나를 선장으로 만들려는 것이오!" 그리고 그 배를 즉각 불태우라고 명령했다. 수 세기에 걸쳐 비잔틴 역사가들은 테오필로스가 이런 행위를 한 것을 칭송했다.[7] 고전 시대의 철학자들도 그렇게 했을 것이다.

아리스토텔레스는 상거래를 자연스럽지 않고, 불필요하며, "인간의 덕"과 일치하지 않는다고 비난했다.[8] 따라서 그는 광장(*agora*)은 시장이 아니라 그저 모임의 장소가 되어야 한다고 주장했다. 그것은 "아무런 상품도 없는 장소가 되어야 하고, 또한 노동자나 농부 혹은 기타 그런 부류의 사람들은 행정관에 의해 소환되는 경우가 아니라면 들어오도록 허락

---

7   Lopez 1976: 65-66.
8   Lewis 2002: 69.

되어서도 안 된다."[9] 또한 아리스토텔레스는 교환은 오직 구속력 있는 사회적 관계를 지닌 사람들 사이에서만 일어나야 하며 마치 가치가 색깔이나 무게처럼 상품 안에 내재되어 있는 것처럼 항상 상호적 가치 안에서 일어나야 한다고 주장했다.

아리스토텔레스는 광야에서 외치는 소리가 아니었다. 그의 견해는 고대 그리스 안에서 인습적인 것이었다. 노동은 노예들을 위한 것이고 상업은 시민이 아닌 자들의 것이었다. 시민들이 땅에 투자했을 때조차, 핀리(M. I. Finley)에 따르면, 그들이 그렇게 한 까닭은 "이윤의 극대화가 아니라 지위에 대한 고려" 때문이었다. 핀리는 대출을 포함해 투자에 관한 그 어떤 원래의 그리스어 자료들에서도 "과시적인 소비와 값비싼 정치적 의무를 위해 비교적 큰 규모로 돈을 빌리는 것에 대한 굉장한 증거"와는 대조적으로 토지의 개선이나 제조업에 대한 그 어떤 언급도 존재하지 않는다고 보고했다.[10]

비록 로마의 엘리트들이 종종 상업에 가담하고 서로 이자를 받고 돈을 빌려주기는 했으나,[11] 상업에 관한 그들의 태도는 아리스토텔레스의 그것과 훨씬 많이 닮아 있었다. 콘스탄티우스(Constantius, 317-361)가 선포한 법이 언급하듯이, "아무도 가장 낮은 상인, 환전업자, 하급 장교 또는 일부 서비스의 하급 요원, 직무에 필요하지 않은 사람, 그리고 온갖 추악한 이익으로 지원을 받는 그 어떤 직급이나 지위도 누리려고 하지 말라."[12] 플루타르코스(Plutarch)에게 문제는 상업의 도덕적 지위가 아니

---

9   Finley 1970: 21-22에서.

10 Finley 1970: 23.

11 Andreau 1999.

12 MacMullen 1988: 61에서.

라 필요 및 실제적 문제들과 관련된 **모든** 활동이 "비열하고 천박하다"는 것이었다.[13] 그리고 키케로는 조롱을 섞어서 "작업장에는 고귀한 것이 아무것도 없다"라고 썼다.[14]

따라서 로마의 몰락은 비극적인 역행이 아니었다. 그 제국이 우세했더라면, 우리가 "서양 문명"이라고 부를 만한 것이 아무것도 없었을 것이다. 로마가 여전히 통치했다면, 유럽은 야만적인 명령 경제라는 곤경에 처해 있었을 것이고, 그 어떤 종류의 작은 혁신도 없었을 것이며, 세계의 나머지 지역은 아마도 유럽이 15세기와 16세기에 그것을 발견했을 때의 상황과 거의 같았을 것이다. 제국은 진보의 적이다!

하이에크(F. A. Hayek)는 다음과 같이 설명했다. "강력한 국가의 성취를 문화적 진화의 정점으로 표현하는 역사가들의 관례적인 공식보다 사람들을 오도하는 것은 달리 없다. 그것은 종종 그런 진화의 끝을 표현했다." 특히 그는 "자본주의—그리고 유럽 문명—의 확장은 그 기원과 존재 이유를 정치적 무정부 상태에 둔다"라고 지적했다.[15] 유럽에서 억압적인 제국적 구조가 득세하지 않았던 곳에서는 종종 상인과 제조업자 그리고 노동자 길드를 포함하는 다양한 내부의 이익 집단들에게 매우 반응적 경향을 보이는 작은 정치적 단위들이 출현했다. 지리는 유럽의 분열에서 중요한 역할을 했다. 물론 그것은 정치 이론의 진화나 민주적 체제의 수립에 직접적인 영향을 주지는 않았다. 중세 역사의 여러 다른 부분들에서처럼, 기독교 신학은 정치적 자유와 연관된 실험을 위한 지적 기초를 제공했다.

---

13   *Life of Marcellus* 17:3-4.
14   Childe 1952: 53.
15   Hayke 1988: 33.

오늘날에는 평등에 관해 아주 많은 글이 저술되고 있다. 그러나 그런 글들은 거의 예외 없이 전적으로 "결과의 평등"(equality of outcomes)과 관련되어 있다. 소수 인종 우대 정책은 바람직한가? 조세 정책에는 분배의 정의가 포함되어야 하는가? 오래전부터 어떤 의미에서 인간이 평등**하다**거나 평등할 **자격이 있다**고 말할 근거가 있는지에 대해 많은 것이 쓰였다.[16] "이 명제는 대부분 자명한 것으로 간주된다. 입증이 시도되는 곳에서 그것은 아무런 실체도 더하지 않는다."[17] 그러나 인류 역사 대부분의 기간에 그리고 세계의 여러 곳에서 이것은 자명하지 않다! 오히려 대부분의 시간과 장소에서 평등에 대한 믿음을 드러내는 그 어떤 표현도 조롱을 불러일으켰다. 서양에서조차 분별력 있는 이는 모든 사람이 능력과 근면 혹은 성품의 측면에서 동등하다고 주장하지 않는다. 가정되는 것은 선행하는 **도덕적 평등**(moral equality)이 존재한다는 것이다. 법 앞의 평등 및 여러 다른 형태의 평등권을 보장하는 서양의 정치적·법적 관습에 영향을 끼친 것은 도덕적 평등에 대한 믿음이다.

결과의 평등에 관한 논쟁에 참여하는 자들이 도덕적 평등이라는 가정의 기원에 관심을 가질 경우, 그들은 대개 그것을 18세기 계몽운동 기간이나 그보다 나중에 글을 썼던 "세속의" 정치 이론가들에게서 찾는다. 그리고 많은 이들은 그것을 간단하게 "자유주의" 덕분인 것으로 여기는 것에 만족한다.[18] 또한 많은 이들은 존 로크의 17세기 작품을 현대 민주

---

16   이에 대한 탁월한 논의를 위해서는, Waldron 2002를 보라.
17   Pennock 1944: 859.
18   Dworkin 1977; Howard와 Donnelly 1986.

주의 이론의 주된 출처로 여기며 존경을 표한다. 그들은 로크가 자기 이론 전체의 기초를 도덕적 평등에 관한 기독교의 교리들에 두고 있음을 분명하게 표현했음을 조금도 의식하지 않는 것 같다.[19] 미국의 탄생에 관해 대부분의 교과서가 제시하는 설명은 종교적 측면을 세심하게 무시한다. 마치 독립선언문의 이 구절을 일군의 회의주의자들이 쓰기라도 했던 것처럼 말이다. "우리는 다음과 같은 사실을 자명한 진리로 받아들인다. 즉 모든 사람은 평등하게 태어났고, 창조주는 몇 개의 양도할 수 없는 권리를 부여했으며, 그 권리 중에는 생명과 자유와 행복의 추구가 있다."

몇몇 중세 유럽 국가들에서 있었던 민주주의의 "재탄생"을 새롭게 회복된 고대 그리스 철학의 영향 탓으로 돌리는 것으로도 충분하지 않을 것이다. 고전 시대의 세계(그리스-로마)가 민주주의의 예들을 제공하기는 했으나, 그것들은 엘리트의 평등을 넘어서는 평등에 관한 그 어떤 일반적인 가정에도 근거하지 않았다. 그리스의 다양한 도시 국가들과 로마는 선출된 집단에 의해서 다스림을 받을 때조차 막대한 수의 노예들에 의해 유지되었다. 그리고 고대 그리스와 로마로부터 물려받은 노예제도를 제거한 것이 기독교였듯이, 서구의 민주주의 역시 그것의 본질적인 지적 기원과 적법성을 그리스-로마의 유산이 아니라 기독교의 이상에 두고 있다. 그 모든 것은 신약성경과 더불어 시작되었다.

예수는 도덕적 평등이라는 혁명적 개념을 말뿐 아니라 행동으로 분명하게 밝혔다. 그는 거듭해서 주요한 지위의 경계들을 무시했고, 사마리아인, 세리, 부도덕한 여자, 거지 그리고 다양한 다른 버림받은 이들을 포함하여 죄인이라는 낙인이 찍힌 자들과 교제함으로써 영적 포괄성에

---

19 Waldron 2002.

대한 신적 승인을 제공했다. 그리고 바울이 다음과 같이 훈계한 것은 바로 그런 정신 안에서였다. "누구든지 그리스도와 합하기 위하여 세례를 받은 자는 그리스도로 옷 입었느니라. 너희는 유대인이나 헬라인이나 종이나 자유인이나 남자나 여자나 다 그리스도 예수 안에서 하나이니라."[20] 이런 일은 어떻게 가능했을까? 바울이 그리스도인 노예들이 없어야 한다거나 여자들이 남자들과 동일한 권리를 가져야 한다고 말하는 것 같지는 않다. 그가 의미하는 것은 세속적 불평등에도 불구하고 가장 중요한 의미에서는, 즉 하나님 앞에서와 오는 세상에서는 불평등이 없다는 것이다. 실제로 바울은 노예 주인들에게 그들의 노예들을 잘 대우하라고 권면하면서 바로 이 점을 경고했다. "이는 그들과 너희의 상전이 하늘에 계시고 그에게는 사람을 외모로 취하는 일이 없는 줄 너희가 앎이라."[21] 이 진술에서 바울은 신약성경의 다른 많은 구절들이 그렇게 하듯이 예수가 예시했던 하나님 앞에서의 평등이 사람들이 이 세상에서 서로를 어떻게 다뤄야 하는지에 대해 함의를 갖는다는 것을 분명하게 밝힌다.

그렇게 해서 패턴이 형성되었다. 극도로 지위를 의식하는 로마 세계 안에서 초기 그리스도인들은 인류에 대한 보편주의적 개념을 받아들이려고 노력했다. 이 패턴은 3세기의 기독교 신학자 락탄티우스(L. Caecilius Firmianus Lactantius)가 자신의 주목할 만한 책 『거룩한 원리』(*Divine Institutes*)에서 쓴 것을 통해 완벽하게 설명된다.

정의의 두 번째 요소는 **평등**이다. 나는 이것을…다른 이들을 자신과 동등하

---

20   갈 3:27-28.
21   엡 6:9.

게 다루라는 의미로 이해한다.…사람에게 존재와 생명을 주시는 하나님은 우리 모두가 평등해지기를 바라셨다.…그러나 어떤 이는 다음과 같이 말할 것이다. "당신의 공동체 안에 부자와 가난한 자, 노예와 주인이 있지 않은 가?" "이 사람과 저 사람 사이에 아무런 구별이 없다는 것인가?" 그렇지 않다! 우리가 서로를 "형제"로 대하는 이유는 바로 이것, 즉 우리가 서로 동등하다고 믿기 때문이다. 인간의 가치는 육체적 측면이 아니라 영적 측면에서 측정되므로 우리는 우리의 다양한 육체적 상황을 무시한다. 노예들은 우리에게 노예들이 아니다. 오히려 우리는 그들을 우리의 영적 형제, 즉 하나님께 헌신하는 동료 노예로 대하고 다룬다. 부 역시 구별의 근거가 아니다. 그것이 선행의 탁월함을 위한 기회를 제공하는 경우를 제외하고 말이다. 부자가 되는 것은 **소유**의 문제가 아니라 정의라는 과업을 위해 부를 **사용**하는 문제다.…그러나 비록 우리의 겸손한 태도가 우리를, 즉 자유인과 노예를 그리고 부자와 가난한 자를 서로 동등한 존재로 만들지만, 사실 하나님이 만드시는 구분이 존재한다. 그것은 바로 덕의 구분이다. 즉 더 정의로운 것이 더 높은 것이다. 만약 정의가 열등한 자들과 동등하게 행동하는 것을 의미한다면, 그때는 비록 그것이 한 사람이 다른 이를 능가하는 형식의 **평등**이지만 그는 스스로 단지 자기보다 열등한 자들과 동등한 자로서가 아니라 그들보다 못한 자로서 행동함으로써 하나님 앞에서 훨씬 **더 높은** 위엄 있는 자리를 얻게 될 것이다.…만약 우리 모두가 한 분이신 하나님에 의해 영혼과 삶과 영을 얻는다면, 우리는 형제 곧 육체적 형제가 아니라 영혼의 형제로서 더 가까운 형제가 아니고 무엇이겠는가?[22]

---

22 *Divine Institutes*, O'Donovan and O'Donovan 1999: 52-54에서 발췌. 강조는 원저자의 것임.

여기서부터 각 개인이 정당한 이유 없이 침해당해서는 안 되는 권리, 즉 법 앞의 평등과 개인의 집과 재산의 안전에 관한 권리를 갖고 있다는 교리들에 이르기까지의 거리는 아주 짧았다. 물론 그런 교리들은 독재자들에게는 아주 혐오스러운 것이었다.

재산권

성경은 사유 재산권을 당연한 것으로 여기면서 종종 도둑질이나 사기 같은 침해 행위를 비난한다. 그럴지라도 성 암브로시우스를 비롯해 초기 교회의 교부 중 몇 사람은 사유 재산권을 마지못해 받아들이면서 하나님은 애초에 모든 것이 공동으로 소유되기를 바라셨고 사유 재산은 단지 은혜로부터의 멀어짐 때문에 존재하게 되었으며 따라서 죄의 산물일 뿐이라고 주장했다. 그러나 성 아우구스티누스는 사유 재산을 자연적 조건으로 여겼다. 그 이후 몇 세기 동안 이것은 일반적인 견해가 되었다. 11세기 말에 익명의 노르만인(Norman Anonymous)이라고 알려진 작가는 자신의 34개의 영향력 있는 소책자 중 하나에서 사유 재산은 인간의 **권리**라고 썼다. "하나님은 동일한 흙으로 가난한 자와 부자를 만드셨다. 우리가 '내 재산, 내 집, 내 종'이라고 말하는 것은 인권에 속한다."[23] 한 세기 후에 아이기디우스(Giles of Rome)는 통치자들에게 사유 재산을 옹호할 의무를 지웠다. "이 점에서 정의를 행하는 것, 그래서 아무도 서로의 몸이나 재산을 해치지 않고 모든 시민과 모든 충실한 사람이 그 자신의 재물을 즐길 수 있게 하는 것이야말로 세속 권력의 의무가 될 것이다."[24] 아이

---

23   O'Donovan과 O'Donovan 1999: 256에서 발췌.
24   Ibid., 368.

기디우스 동시대인인 파리의 요한(John of Paris)은 사유 재산이 민간의 질서를 유지하는 데 필요하다고 주장했다. "만약 물건들이 무조건 공동으로 소유된다면, 사람들 사이에 평화를 유지하는 일은 쉽지 않을 것이다. 재산의 사적 소유가 제도화된 것은 이런 이유에서였다."[25]

거의 같은 시기에 성 알베르투스 마그누스는 사유 재산이 존재하는 것은 "사람의 편리함과 유용성"을 위해서라고 말했다.[26] 토마스 아퀴나스는 자신의 막대한 권위를 그런 입장에 덧붙이면서 "사적 소유는 합법적일 뿐 아니라 필요하다"라고 단언했다. 그는 사유 재산이 공동선에 기여한다고 지적함으로써 이런 진술을 정당화했다. "첫째, 모든 사람은 공동으로 소유하는 것들, 즉 그것에 대한 책임이 다른 사람에게 맡겨지는 것들에 대해서보다 자신이 사적으로 책임을 맡은 것들에 더 깊은 관심을 기울이기 때문이다. 둘째, 인간의 일은 각 사람이 스스로 이행해야 할 고유한 책임을 갖고 있을 때 보다 효율적으로 조직되기 때문이다. 셋째, 모두가 그 자신의 것에 만족할 때 평화를 이룰 보다 큰 기회가 존재하기 때문이다."[27] 마지막으로 아퀴나스는 사유 재산은 비록 신율로 명령된 것은 아니지만 자연법과 일치한다고, 즉 이성을 통해 유래한 것으로서 인간의 본성 안에 내재한다고 지적했다.

물론 몇몇 수도회들이 가난을 칭찬하는 것을 감안할 때, 아퀴나스조차 사유 재산이 존재해서는 안 된다는 개념에 대한 모든 지지를 소멸시킬 수는 없었다. 그러나 1323년에 교황 요한 22세는 프란체스코회의 주장, 즉 예수가 모든 것을 공동으로 소유해야 한다고 주장했으며 인간은

---

25 Ibid., 408.

26 Little 1978: 176에서.

27 *Summa Theologica* II: 66:1-2.

오직 가난을 포용함으로써만 참으로 그리스도를 모방할 수 있다는 주장을 이단적인 것으로 정죄했다.[28] 그리고 공식적인 가톨릭주의에 관한 한 그것이 다였다. 비록 공동의 이상은 세속적인 것이든 종교적인 것이든 급진적인 교리들 안에 살아남아 있었지만 말이다.

기독교 신학자들은 단지 적법한 사유 재산에 만족하지 않았다. 사유 재산권의 논리적 의미에 대한 추구는 오컴의 윌리엄(William of Ockham)과 다른 신학자들이 그것은 주권자가 부과하는 법률들에 **선행하는 권리**이므로 통치자들은 자기들이 다스리는 이들의 재산을 빼앗거나 임의적으로 묶어두어서는 안 된다는 결론을 내리도록 이끌었다. 주권자가 사유 재산을 침해할 수 있는 것은 오직 "그가 공공의 안녕이 사익보다 우선한다는 것을 알게 될 때"뿐이다. 그러나 "그는 자신의 임의적 판단으로 그렇게 해서는 안 된다."[29]

오컴이 이 글을 쓴 것은 주교들 및 기사단장들 모두를 포함해서 영국의 귀족들과 교회의 고위 성직자들의 연합이 1215년에 존 왕에게 마그나 카르타(Magna Carta)에 서명하도록 강요했던 직후였다. 마그나 카르타의 첫 번째 조항은 "영국의 교회는 외세의 간섭에서 영구히 자유로우며, 그 권리를 온전히 누리고 그 특권을 침해받지 아니할 것을 확인한다"였다. 다음 몇 개의 조항은 재산권에 관한 길고 상세한 목록으로 이루어졌고 왕에 의한 모든 형태의 탈취를 금했다. 그리고 13항은 "런던시는 그것의 오래된 자유(liberties)와 무관세(free customs)를 누릴 것이고… 다른 모든 도시와 마을 및 항구 등도 그들의 모든 자유와 무관세를 누릴

---

28 Moorman 1968: 307-19; Southern 1970a: 54-55.
29 Shepard 1933: 25-26에서.

것"을 보장했다. 여기서 "관세"(customs)는 사회적 관습(social conventions)이 아니라 수입 관세(import duties)와 세금(taxes)을 가리킨다. 40항은 다음과 같이 확언한다. "모든 상인은 전쟁 기간을 예외로 하고 부당한 통행세 없이…안전하게 영국에 입항하고, 영국으로부터 출항할 권리를 가진다." 61항에서 왕은 귀족들이 "25인의 귀족을 선임하여 그들에게 우리가 이 헌장으로 그들에게 부여한 평화와 자유를 온 힘을 다해 지키고 또한 지켜지도록 해야 한다"고 동의한다. 그렇게 해서 영국의 상원이 만들어졌다. 마지막으로 62항에서 왕은 모두를 즉 자기에게 이 모든 양보를 강요하는 일에 관여한 "성직자와 평신도"를 용서한다. 그렇게 해서 십자가와 칼이 서로 힘을 합쳐 국가를 길들이기 시작했고 영국인들에게 그때까지 유럽 대륙에서 알려졌던 그 어떤 것도 훨씬 넘어서는 정도로 개인적 자유와 안전한 재산권을 부여했다.

국가와 왕들에 대한 제한

무함마드는 예언자였을 뿐 아니라 국가의 지도자였다. 그 결과 이슬람은 늘 종교와 정치적 규율의 혼합을 이상화했고, 또한 술탄들은 늘 칼리프(caliph)라는 칭호를 가졌다. 버나드 루이스(Bernard Lewis)가 말했듯이, "[무함마드와 그의 후계자들은] 기독교 세계에 속한 교회들에 상응하는 혹은 심지어 약간 닮기라도 한 그 어떤 기관도 만들지 않았다."[30] 즉 그들은 국가와 분리된 이슬람을 만들지 않았다. 또한 루이스는 옳게도 교회와 국가의 분리라는 개념은 "심원한 의미에서 기독교적이다"라고 단

---

30   Lewis 2002: 99.

언한다.[31] 대부분의 다른 문명에서 종교는 대개 국가의 한 측면이었기 때문에 통치자들은 종종 신으로 간주되었다. 로마의 많은 황제가 자기들을 신이라고 주장했다. 파라오들도 마찬가지였는데, 그들이 매일 개입하지 않는다면, 태양이 떠오르지 않을 것이라고 생각되었다.

교회와 국가의 분리는 예수에 의해 명시되었다. "그런즉 가이사의 것은 가이사에게, 하나님의 것은 하나님께 바치라."[32] 기독교가 로마의 원로원 계급의 신앙으로 시작되었더라면, 아마도 그것은 다른 방향을 취했을 수도 있을 것이다. 그러나 여러 세기 동안 때때로 박해받는 아웃사이더들의 집단으로서 고난을 당했던 교회는 국가를 온전하게 받아들이지 않았다. 비록 몇몇 교부들이 모든 종교적 경쟁자들에 대한 국가의 억압이라는 토대 위에서 독점적 지위를 기꺼이 누렸고 한결같이 국가에 대한 교회의 우월적 권위를 선포했다고 하더라도, 대체로 그들은 정치 권력을 세속의 통치자들에게 맡기는 것에 만족했다. 그러나 어느 도시가 주교의 저택을 중심으로 성장했을 때, 때때로 그 주교는 대공-주교(prince-bishop)의 역할을 감당했다.

그러나 비록 바울이 그리스도인들은 세속의 통치자들이 아무리 악하더라도 박해의 위협이 더는 그들 위에 어른거리지 않는다면, 계명을 어기라는 명령을 받지 않는 한, 늘 그 통치자들에게 복종해야 한다고 주장했을지라도, 기독교 신학자들은 점점 더 국가의 도덕적 권위에 대해 비판적이 되었다. 아우구스티누스는 자신의 책 『하나님의 도성』(The City of God)에서 국가가 질서정연한 사회를 위해 꼭 필요하기는 하나 그것은

---

31   Lewis 2002: 96.
32   마 22:21; 또한 막 12:17과 눅 20:25.

여전히 근본적인 정당성을 갖고 있지 않다고 밝혔다.

> 왕국은 큰 강도들이 아니고 무엇인가? 강도들은 작은 왕국들이 아니고 무엇인가? 그 무리 자체는 사람들로 이루어진다. 그 무리는 한 사람의 두목의 권위에 따라 다스려진다. 그것은 연합한 이들의 규약에 의해 한데 묶인다. 약탈물은 합의한 원칙에 따라 나뉘진다. 만약 방종한 이들의 가입으로 인해 이런 악이 어떤 지역을 확보하고, 거주지를 확정하며, 도성들을 장악하고, 사람들을 굴복시킬 정도로 커지면, 그것은 아주 분명하게 왕국이라는 이름을 취한다. 왜냐하면 그것에 명확하게 실체가 부여되는 것은 탐욕의 제거를 통해서가 아니라 벌을 받지 않는 것을 더함으로써이기 때문이다. 사실 그것은 사로잡혀온 해적이 알렉산드로스 대왕에게 준 적절하고 참된 답이었다. 왕이 그에게 무슨 의도로 바다에서 해적질을 하느냐고 묻자 그는 거침없이 이렇게 답했다. "당신이 온 세상을 빼앗으면서 의도하는 것과 같습죠. 그러나 저는 작은 배로 그렇게 하기에 해적이라고 불리고, 당신은 큰 함대로 그렇게 하기에 황제라고 불릴 뿐입니다."[33]

이런 "충격적인 리얼리즘"[34]은 종종 아우구스티누스의 독자들을 놀라게 하고 충격에 빠뜨렸다. 그러나 그 작가의 굉장한 권위를 감안할 때 이런 견해는 그 이후의 기독교적 정치 감수성을 형성했다. 기독교 작가들은 국가를 향상시키거나 혹은 심지어 군주들을 배제하기 위한 제안들을 비난할 수 없었다. 그 방향으로의 지극히 중요한 발걸음에는 왕들의 "신적

---

33 *City of God*: 4권 4장.
34 Deane 1973: 423.

권한"이라는 개념에 대한 격렬한 거부가 포함되었다. 비록 때때로 그런 주장들이 왕들에 의해 제기되었을지라도, 그것들은 교회에 의해 비준되지 **않았다.**[35] 더 나아가 교회는 왕권의 세속성을 확언함으로써 세속 권력의 기초와 권리와 규칙의 상호작용을 살펴보는 것을 가능하게 만들었다. 14세기 말에 존 위클리프(John Wycliff)는 만약 왕들이 하나님에 의해 선택되고 신권을 통해 다스린다면, 그때 하나님은 폭군들의 죄를 지원하고 승인하시는 게 틀림없다고 지적했다. 위클리프에게 그것은 "신성모독적인 결론"이었다.[36] 따라서 폭군들을 폐위하는 것은 죄가 아니었다.

이것은 한 세기 전에 아퀴나스에 의해 비록 마지못해서였기는 하나 이미 인정된 바 있었다. 아퀴나스는 자신의 『왕권에 관하여』(*On Kingship*)에서 너무 자주 더 나쁜 폭군이 나타난다는 사실을 포함하여 폭군을 제거하기 위해 행동하는 것에 따르는 수많은 위험에 대해 경고한 후에 다음과 같이 썼다. "왕을 제공하는 것이 특정한 군중의 권리에 속한다면, 그 왕이 폭군이 되어 그의 왕권을 남용할 경우, 동일한 군중이 그 왕을 폐위하거나 그의 권력을 제한하는 것은 부당하지 않다." 그러나 아퀴나스는 "왕에 의해 다스림을 받는 군중이 폭군의 손에 떨어지지 않게 하는 계획은 신중하게 이루어져야 한다"고 조언했다.[37] 그리고 바로 그것이 유럽의 다양한 작은 국가들에서 군중이 수행하기 시작한 것이었다. 유럽인들은 폭군에 대한 저항을 신학적으로 정당화하는 것에 더해 상속받은 분열로부터도 유익을 얻었다.

35　Southern 1970b: 37.

36　O'Donovan과 O'Donovan 1999: 492에서 발췌.

37　*On Kingship*: 1권 6장.

유럽의 분열

로마는 본질적으로 지중해를 둘러싸고 있는 해안 제국이었다. 사실 카이사르(기원전 100-44)는 해협을 건너 영국을 식민지로 삼았다. 그러나 그곳에서조차 하드리아누스(재위 117-138)는 북부의 사나운 부족들을 고립시키기 위해 벽을 세워야 했다. 대륙에서도 거의 같은 일들이 발생했다. 로마인들은 라인강을 거의 건너지 않았고, 도나우강까지 모험을 하거나 자주 그것을 넘어서지 않았다. 군대가 전적으로 그 지역에 육로로 침입하고 그들의 통치를 유지해야 했다면, 스페인과 레반트(Levant, 근동의 팔레스타인과 시리아, 요르단, 레바논 등이 있는 지역—역주)가 로마의 일부가 되었을지는 확실하지 않다. 여하튼 서부 유럽의 대부분은 로마에 의해 통치되지 않았다. 지리적인 장애와 문화적인 장애가 제국의 범위를 제한했다.

그동안 유럽의 정치적 분열에 관해서는 많은 글이 쓰였다. 그러나 그런 글들에서, 비록 우리가 유럽의 모형 지도를 들고 자리에 앉아 자의식적 "국가주의"를 유지하는 지역들을 잘 그려낼 수 있음에도, 지리의 문제는 거의 고려되지 않는다. 실제로 중세 유럽 "국가들"에 관한 지도는 놀라울 정도로 5천여 년 전 유럽의 수렵 채취 문화에 관한 지도처럼 보인다.[38] 그 이유는 예컨대 중국이나 인도와 달리 유럽은 하나의 거대한 평원이 아니라 산들과 빽빽한 숲으로 둘러싸인 다수의 비옥한 계곡들로 이루어져 있고, 그 계곡들 각각이 종종 어느 독립된 국가의 핵심적인 지역의 역할을 하기 때문이다.[39] 지리적 장벽이 소통을 제한하는 모든 곳에서는 늘 문화적 다양성이 나타난다. 유럽의 문화적 다양성은 또한 수많

---

38 Waterbolk 1968: 1099.
39 Jones 1987: 105-6.

은 서로 다른 "야만족의" 이주의 물결로 인해 증가되었다. 따라서 그런 의미에서 유럽의 분열은 문화적인 동시에 자연적이다.

유럽의 다양성은 수많은 아주 **작은** 정치적 단위들을 낳았다. "소국들"(statelets)은 그런 단위들을 가리키는 적절한 용어가 될 수 있다. 파리와 런던을 둘러싸고 있는 것과 같은 소수의 커다란 평원들만이 얼마간 큰 정치적 실체들을 유지했고, 나머지 국가들 대부분은 작은(small)과 아주 작은(tiny) 사이에서 다양한 규모로 존재했다. 14세기 유럽에는 약 1천여 개의 독립된 소국들이 존재했다.[40] 이런 확산은 몇 가지 매우 중요한 결과를 낳았다. 첫째, 그것은 약한 통치자들을 만들어내는 경향을 보였다. 둘째, 그것은 창조적 경쟁을 낳았다. 셋째, 그것은 사람들에게 자유나 기회의 측면에서 더 적합한 환경을 찾아 떠날 기회를 제공했다.[41] 그 결과 이런 소국 중 일부는 고도로 대응적인 정부(responsive government)를 발전시키기 시작했다. 이 이야기는 9세기에 북부 이탈리아에서 시작된다.

상업과 이탈리아의 대응적인 체제의 수립

공화국 시대에는 독재자들이 로마를 다스리지 않았다. 따라서 유럽에서 대응적인 정부들이 처음으로 재등장했을 때, 그것들이 이탈리아에서 나타난 것은 적절한 일이었다. 비록 기독교 신학이 대응적 체제의 수립을

---

40 Ibid., 106.
41 Chirot 1985: 183.

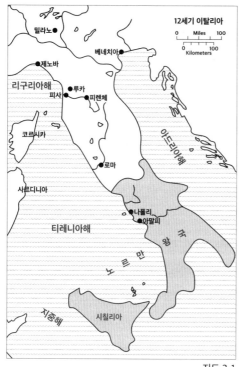

위한 도덕적 기초를 제공
했을지라도, 그런 이상들
은 오직 기독교 세계의 일
부 지역에서만 성취되었
다. 어째서 이 특별한 중
세의 이탈리아 도시 국가
들이 그런 이상들을 성취
했던 것일까? 두 가지 주
된 요소가 있었다. 첫째는
제국과 교황과 비잔틴의
야망을 물리칠 수 있었던
그들의 능력 및 그들 자신
의 **독립**을 이룩하고 유지
할 수 있었던 그들의 능력
이었다. 둘째는 그들이 서

지도 3-1

로 잘 어울리는 이익 집단들 사이에서 **정치 권력의 분산**을 낳았던 외국
무역을 급속하게 확장시키면서 보여준 리더십이었다. 그런 집단 중에는
귀족과 군인 그리고 성직자들뿐만 아니라 상인과 은행가 및 제조업자 그
리고 노동자들의 길드들도 있었다. 이런 발전을 살펴보는 가장 흥미로운
방법은 북부 이탈리아에 있는 4개의 커다란 도시 국가들인 베네치아와
제노바와 피렌체 그리고 밀라노의 사례들을 살펴보는 것이다(지도 3-1을
보라).[42] 이 지역의 다른 수많은 작은 도시 국가들에서도 유사한 발전이

---

42   Lopez 1976: 99.

이루어졌다.

아래는 이탈리아에서 자본주의가 발흥한 것에 관한 설명이 아니라 이런 도시 국가들이 어떻게 해서 상대적으로 민주적인 체제를 수립했는 지에 관한 설명이다. 이런 설명이 필요한 까닭은 민주적인 체제야말로 자본주의의 발전을 위한 필수적 전제조건이었기 때문이다. 산업과 상업 에 관한 일들에 대한 몇 가지 언급들 역시 포함되어야 하는 것은 정치적 자유의 성취를 위해서는 그것들이 필수적이었기 때문이다.

베네치아

베네치아는 수십 개의 섬들로 이루어진 늪 같은 미로에 자리 잡고 있어 서 방어하기가 쉬웠던 선원들의 연안 마을로 시작되었다. 568년에 롬바 르드족의 이탈리아 침략은 본토로부터의 급속한 이주를 낳았다. "부유한 이들이 그들에게 딸린 이들과 함께 최대한 그들의 재산을 많이 가져갈 수 있는 석호 지대로 거주지를 옮겼"기 때문이다.[43] 놀라운 자연 장벽으 로 보호될 뿐 아니라 방해받지 않고서 바다에 접근할 수 있었던 그 성장 하는 도시는 그것을 자기들에게 복속시키려는 롬바르드족의 모든 노력 을 제압할 수 있었다. 실제로 바다에 접근할 수 있었던 베네치아는 자신 을 동로마 제국 혹은 비잔틴 제국의 한 지역이라고 주장할 수 있었다. 이 것은 그들에게 동로마와 거래할 때 비잔티움의 통행료나 관세를 면제받 는 등 여러 가지 상업적 이점을 제공해주었다. 그러나 거리와 점점 커지 는 해상력 때문에 베네치아에 대한 비잔티움의 주권은 기껏해야 명목상 의 것에 불과했다. 프랑크족이 롬바르드족을 대체하면서 이탈리아의 많

---

43   Lane 1973: 4.

은 지역의 통치자가 되었던 810년에, 그들은 또한 베네치아를 포함해 해안 지대를 정복하려고 시도했다. 그러나 늪지와 석호들은 그들에게는 너무 벅찼다. 게다가 비잔티움의 황제가 자신의 영토를 지키기 위해 함대를 파견했다. 이로써 비잔티움에게 베네치아는 서방의 주요한 거점으로서 아주 중요한 도시가 되었고, 이슬람이 북아프리카와 함께 스페인, 시칠리아 그리고 이탈리아의 발가락을 포함하는 그 지역 전체에 무역 네트워크를 발전시켰을 때 더욱 중요해졌다. 그럼에도 베네치아에 대한 비잔티움의 통치는 곧 버려질 수밖에 없었던 편의상의 허구에 불과했다.

그렇게 해서 적법하게 귀족의 지위에 대한 주장을 했으나 소작료를 통해 자신들을 지원해줄 시골 땅을 갖고 있지 않았던, 그로 인해 상업에 종사할 기회로 포착하고 아마도 베네치아를 무역만으로 살아가는 최초의 사회로 만들었던 많은 가족들로 가득했던 한 도시가 출현했다.[44] 처음에 그것은 순전하고 단순한 무역이었다. 왜냐하면 베네치아는 중요한 물품들이나 그것들과 연관된 원자재 중 어느 것도 생산하지 않았고 다른 곳에서 모은 소금과 곡물과 옷감 그리고 금속 등의 화물을 북아프리카와 근동으로 보내고, 그곳에서 비단과 향료를 가져와 그것들 대부분을 다시 이탈리아의 다른 도시들과 북부 유럽으로 수출했기 때문이다. 그러나 결국 베네치아의 무역상들이 자신들의 사업 기회에 대해 생각해보았을 때, 만약 자기들이 단순히 중개자가 아니라 자신들의 수출품의 실제적 생산자가 된다면 지금보다 훨씬 더 많은 돈을 벌게 되리라는 것이 분명해졌다. 예컨대 어째서 북유럽의 모직물만 팔아야 하는가? 어째서 양모를 수입해 그들 자신의 모직물을 만들어서는 안 되는가? 그리고 어째서 오직

---

44 Lopez 1967: 129.

양모만 팔아야 하는가? 놀라운 속도로 베네치아는 대규모의 그리고 아주 큰 이익을 남기는 모직 산업을 발전시키고 모직물과 면직물과 명주를 생산하기 시작했다. 일단 그런 길로 들어서자 베네치아는 아주 빠르게 주요한 제조업자가 되었고, 안경, 염료, 창유리, 불어서 만드는 유리 제품, 크리스털, 접시, 철, 동, 보석, 구두, 무기, 대마 밧줄, 가죽 제품 등을 생산하기 시작했다. 이와 같은 산업화는 이미 상당한 정도의 민주주의를 누리던 공동체 안에 독립적인 권력 중심지들을 크게 확장시킴으로써 중대한 정치적 결과를 낳았다.

샤를마뉴(Charlemagne, 742-814, 재임 중에 이탈리아를 정복하고 비잔틴 제국의 황제에 대항하는 서로마 제국의 황제가 되었다—역주) 시대 이후 베네치아는 공국(公國)이 되었고 총독이라고 알려진 공작에 의해 다스림을 받았다. 그러나 베네치아는 몇 가지 점에서 대부분의 다른 공국들과 달랐다. 첫째, 그 총독은 세금이나 지대를 통해 부양되지 않았고 상업에 적극 참여함으로써 그 자신의 부를 쌓았다. 중세기의 금전적 투자에 관한 지금까지 알려진 가장 이른 시기의 언급은 총독 주스티니아노 파르테치파지오(Giustiniano Partecipazio)의 유언장에서 나타난다. 그가 829년에 죽었을 때, 그의 재산에는 "만약 그것들이 바다로부터 안전하게 돌아온다면, 그에 해당하는 금화[*solidi*]" 1천 2백 파운드가 포함되어 있었다.[45] 둘째, 다른 공국들과 다르게 비록 때때로 아들들이 그들의 부친들의 뒤를 잇기는 했으나 총독의 지위는 세습되지 않았다. 베네치아의 전통에 따르면, 최초의 총독조차 "공민"에 의해 선출되었고, 베네치아인들은 가장 이른 시기부터 상당한 정치적 자유를 누렸다. 이것이 사실이든 아니든, 신뢰할

---

45 Wickham 1989: 90

만한 기록까지 거슬러 올라가 살펴보면, 총독은 공민에 의해 선출되었다. 그리고 비록 베네치아의 모든 거주자가 그 공민에 포함되었던 것은 아니지만, 그들 중 상당수가 포함되었고, 그들 모두는 각자의 재산과 군사적 책임 혹은 사업체를 갖고 있는 사람들이거나 성직자들이었다. 그리고 시간이 흐르면서 공민은 그 도시의 급속한 산업적 성장으로 인해 다양한 공예 및 무역 길드들을 포함하면서 점점 더 포괄적인 집단이 되었다. 그러는 동안 선출된 의회들이 점점 더 권위를 갖게 됨에 따라 총독의 권력은 점차적으로 줄어들었다. 그런 의회들은 나중에 "코뮌"(commune)이라고 알려지게 된 것이 되었다. 코뮌은 투표권을 가진 시민들의 집단과 그들에 의해 선출된 집행부 및 입법자들로 이루어졌다.

베네치아는 이탈리아에서 코뮌을 발전시킨 최초의 도시 국가가 아니었다. 아마도 그 영광은 피사에게 돌아갈 것이다.[46] 그러나 12세기 중반에 베네치아의 코뮌은 다섯 개의 관리 층을 지닌 채 아주 잘 가동되고 있었다.[47] 이 피라미드의 정점에는 총독(doge)이 있었다. 그는 선출된 종신직 최고 행정가였으나 제왕과 같은 허식은 허락되지 않았고, 그의 권력은 그의 직무에 관한 선서에 의해 신중하게 제한되었다. 총독 밑에는 공작 의회(Ducal Council)가 있었다. 그 의회는 베네치아의 지리적 영역을 대표하는 6명의 공작들로 구성되었다. 그 의회의 구성원들은 1년 임기로 봉사하도록 선출되었고 임기를 마친 후 2년간 직무에서 떠나지 않은 상태로는 재선출될 수 없었다. 그 위원들은 총독과 지속적으로 그리고 밀접하게 협의하면서 일했다. 총독은 중요한 결정과 관련해 그들의 동의

---

46   Waley 1988: 35.

47   Lane 1973: 95-101; Nicholas 1997: 248-55.

를 얻어야 했다. 그 의회 밑에는 40인회(Forty)와 원로원(Senate)이 있었다. 40인회는 일종의 고등법원이었고, 원로원은 특별히 상업 및 외교 정책의 문제에 관심이 있는 60명의 남자들로 구성되었다. 40인회와 원로원은 대의회(Great Council)에 의해 (때로는 선임을 통해 그리고 때로는 제비뽑기를 통해) 선출되었다. 또한 대의회는 함대의 사령관들을 선출했다. 보통 1천 명 이상이었던 대의회의 구성원들은 투표권을 가진 수 천 명의 베네치아인들 전체로 구성된 총회(General Assembly)에서 선출되었다. 총회는 부정기적으로 모여서 기본적인 법령의 제정과 새로운 총독의 선출을 비준했다. 1071년에 어느 총독이 죽었을 때, "석호들 전체로부터 베네치아인들을 실은 수많은 배들이 모였고",[48] 그들 중 어떤 이도 땅에 발을 딛지 않은 채 새로운 총독이 합의 추대되었다.

초기에는 다양한 분야의 엘리트들만이 베네치아의 정치에 참여할 수 있었지만, 시간이 흐르면서 특히 베네치아가 주요한 무역항뿐 아니라 주요한 제조업의 중심지가 되면서, 참정권이 확대되었다. 이것이 이루어졌던 주요한 메커니즘은 길드, 즉 특정한 공예나 거래에 참여하는 이들이 모여 만든 협회나 조합의 구성을 통해서였다. 길드는 중세 유럽 전역에서 나타났고, 종종 표준 요금이나 임금을 부여하고 특정한 사업 분야에 대한 가입을 통제하는 역할을 했다. 어떤 길드들은 법률가들이나 의사들로 이루어졌는데, 때로는 매춘부들도 그들 나름의 길드를 구성했다. 서부 유럽의 많은 곳에서처럼 베네치아에서도 수많은 길드가 유리 부는 직공(glassblower), 약제상, 보석 세공인, 재단사, 모피 상인 그리고 오르간 제작자 같은 고도의 기술을 가진 장인들을 대표했을 뿐만 아니라 백정과

---

48   Lane 1973: 91.

빵 굽는 사람, 이발사, 돛 꿰매는 사람들처럼 훨씬 더 일상적인 일을 하는 이들 역시 그들 나름의 길드를 갖고 있었다. 또한 길드는 다양한 상점 주인의 집단을 한데 엮었다. 잘 조직되고 재정적 자원을 지녔던 길드들은 중요한 정치적 세력이 되어 각 의회에 자신들의 대표를 보낼 수 있었고, 그로 인해 일반 대중이 정부 안에서 중요한 목소리를 낼 수 있게 되었다. 이것에 **종교 단체들**, 즉 종교적 헌신이라는 특색을 지니고 있으나 현대의 친목 단체들처럼 상호 부조도 제공하는 평신도 단체들의 영향이 더해졌다. 이런 종교 단체 중 일부는 같은 직업을 가진 이들에게 국한되었으나, 다른 것들은 부자든 가난하든 좋은 평판을 지닌 누구에게나 열려 있었던 것처럼 보인다. 어떤 경우에도 길드와 종교 단체들은 도시 인구 중 많은 이들을 효과적으로 동원했고, 민주적인 국가라는 맥락 안에서 상당한 정치적 영향력을 얻었다.

베네치아와 다른 중요한 중세 이탈리아의 도시 국가들은 현대적 기준으로 보자면 중간 규모의 마을들이었다. 1000년에 베네치아는 약 3만 명의 인구를 갖고 있었고, 네 개의 큰 도시 중 다른 셋은 그보다 훨씬 더 작았다.[49] 모두가 다른 모든 이를 알았다. 당시의 여론은 아주 투명했고 종종 쉽게 합의에 도달했다. 이것은 상대적으로 열려 있는 정치 제도와 결합해 베네치아가 상당한 정도의 자유와 대응적 협치를 유지할 수 있게 했다. 이 모든 것의 비결은 빠르게 성장하는 경제였는데, 그것은 몇 사람의 큰 부자들을 낳았을 뿐만 아니라 상당한 재산을 가진 많은 가문도 만들어냈고, 거의 모든 이에게 이전에는 꿈도 꾸기 어려웠던 부를 가져다주었다.

---

[49] Bairoch 1988.

제노바

리구리아해 상단 부분 이탈리아의 서부 해안에 위치한 제노바는 유럽의 주된 해상 권력의 거점 자리를 두고 베네치아에 도전했다. 베네치아처럼 제노바 역시 오래된 로마의 도시가 아니었다. 그 도시는 좁은 해안선에 위치한 아주 좋은 항구 때문에 생겨났는데, 북쪽과 동쪽으로는 험준한 산 때문에 고립되었으나 바다로부터는 물론이고 서쪽이나 남쪽으로부터도 육로로 쉽게 접근할 수 있었다. 그로 인해, 지리가 베네치아를 본질적으로 처음부터 독립적으로 만들었던 반면, 제노바는 한동안 롬바르드족에 의해 지배되었고 그 후 934-935년에는 무슬림 침략자들에 의해 약탈을 당했다.[50] 로마로부터 프랑스와 스페인에 이르는 최적의 육상로가 이 좁은 해안선을 따라 지나갔기에, 제노바의 핵심적 위치는 그것을 지중해 서부의 우세한 항구로 만드는 역할을 했다(지도 3-1을 보라). 중요한 요인은 남부 이탈리아와 시칠리아의 항구들에도 곧 적용되었던 상황, 즉 프랑스와 스페인 해안에 위치한 잠재적 경쟁 도시들이 지역의 독재자들, 즉 "무거운 공물을 모으고 그들을 자신의 싸움에 끌어들였던 봉건 영주나 왕"[51]으로 인해 어려움에 빠져 있었다는 점이다. 대조적으로 제노바는 베네치아처럼 그 자체의 코뮌을 통해 다스려졌다. 그러나 제노바는 베네치아와 달리 비잔티움으로부터 아무런 직접적인 지원도 받지 않았다. 오히려 때때로 제노바인들은 그들에게 게르만 통치를 강요했던 신성 로마 제국의 여러 황제의 도전에 맞서 싸워야 했다. 그로 인해 제노바는 자주 로마와 동맹을 맺어 효과적으로 황제를 교황과 맞서게 했다. 마침내 제

---

50 Epstein 1996: 14.
51 Lopez 1976: 101.

노바는 한 세기 이상의 갈등과 대결 끝에 대규모 해전에서 피사를 물리침으로써 지중해 서부에서 더 이상 아무런 도전을 받지 않는 강자의 자리에 올랐다.

처음에 제노바는 로마의 원로원이라는 전통 안에서 귀족들의 의회를 통해 다스림을 받았다. 그리고 로마에서 그랬던 것처럼 의회는 독재연합에 의해 인수되었다. 이것은 두 차례의 내전을 낳았다. 내전은 1164년부터 1169년까지 그리고 다시 1189년부터 1194년까지 계속되었다. 어떤 전쟁에서도 승자가 나타나지 않았다. 각 편이 거의 난공불락의 성들을 갖고 있었기 때문이다. 그러나 이런 갈등으로 발생한 막대한 비용은, 특히 그 갈등이 상업을 방해하고 해외 식민지들에 대한 상실로 이어졌을 때, 양편 모두 어떤 지속적인 정치적 해결책을 찾아내야 유익을 얻으리라는 것을 분명하게 알려주었다.[52] 비록 제노바가 택한 정치 체계가 특이해 보이기는 하나, 그것은 현대의 게임이론과 완전히 일치했고, 잘 작동했다!

포데스테리아(*podesteria*)라고 불리는 그것은 일종의 도시 관리자 조직(city-manager setup)이었다. 매해 그 도시 국가는 제노바 사람이 아닌 집정관(*podestá*)을 고용해 그 도시의 군사령관이자 수석 판사이자 정치 행정가로 삼았다.[53] 비록 선출된 귀족들의 의회가 집정관을 선택하고 정책과 목표들을 설정하기는 했으나, 그의 임기 동안에 집정관은 최고의 권위를 지녔고 한 무리의 군사들과 몇 사람의 판사들을 데려올 수 있었다. 제노바의 통치자로 일하는 해에 집정관과 그의 군대 혹은 판사들은 제노

---

52 Grief 1994: 280.
53 Ibid., 282.

바 사람과 결혼하거나, 지역의 부동산을 구매하거나, 그 어떤 상업적 거래에도 개입할 수 없었고, 임기가 끝나면 몇 년간은 제노바를 떠나 있어야 했다. 이런 시스템이 작동했던 것은 집정관이 그 자신의 군대를 갖고 있어서였다. 그는 제노바의 어느 파벌과 힘을 합쳐서 다른 파벌을 물리칠 수 있었다. 집정관의 독재를 방지할 수 있었던 것은 그가 혼자서는 다른 파벌을 물리칠 만한 충분한 군대를 갖고 있지 않아서였다. 이 시스템은 아주 잘 작동되었으므로 이탈리아의 다른 코뮌들에 의해서도 채택되었다.[54]

지역의 이익이나 의무로 인한 방해를 받지 않는 정직한 정부를 지닌 제노바는 황금기로 들어섰다. 1191년부터 1214년까지 제노바의 무역은 매년 6% 증가했다. 그 세기 말에 제노바는 이탈리아 북부의 도시 국가 중에서 가장 부유했고, 밀라노와 베네치아가 그 뒤를 이었다.[55] 1293년에 제노바는 해상무역만으로 거의 4백만 제노바 파운드의 수입을 올렸다. 이것은 프랑스 왕실 국고의 연간 총소득의 10배에 해당되는 것이었다.[56]

제노바의 정부 체계는 1257년에 수정되었다. 그해에 길드와 여러 단체들이 일으킨 반란은 보다 큰 민주주의를 낳았다. 의회의 구성원은 32명으로 확대되었다. 도시의 각 구역에서 4명씩 선출되었는데, 그 4명으로 이루어진 각 단위는 귀족과 "공민" 사이에서 동등하게 나뉘었다. 그 후에 코뮌은 1년 임기의 외부인 집정관 대신 의회에서 10년 임기로 선출된 "카피타노 델 포폴로"(capitano del popolo)에 의해 운영되었다. 이런 식으로 제노바는 보다 반응적인 국가로 진화하면서 평민들에게 보다

54 Waley 1988.
55 Grief 1994: 284.
56 Lopez 1964: 446-47.

큰 정치적 영향력을 부여했는데, 그런 사실은 최초의 카피타노로 선출된 남자가 굴리엘모 보카네그라(Guglielmo Boccanegra)라는 이름을 가진 부유한 평민이었던 것을 통해 입증된다. 그의 선출은 보다 민주적인 체제의 설립을 위한 기초가 제노바의 급속히 발전하는 상업 경제였음을 암시한다. 아마도 12세기 초에 1만 명 정도의 거주자들을 갖고 있던 작은 도시였던 제노바는 1250년에는 약 5만 명의 인구를 가진 유럽에서 가장 큰 도시 중 하나가 되었다.[57] 베네치아의 경우처럼, 제노바에서 부와 성장을 낳은 것은 단지 무역만이 아니었다. 또한 제노바는 그것이 수출했던 상품 대부분을 직접 만들어낼 정도까지 산업화되었다.[58]

피렌체

그동안 피렌체에 관해서는 말도 안 되는 허튼소리들이 수없이 많이 쓰였다. 그 도시가 레오나르도 다 빈치와 미켈란젤로를 가졌던 것을 찬양하는 것에 만족하지 못했던 많은 이들이 피렌체가 암흑기로부터 탈출하는 길을 이끌었다는 터무니없는 주장을 해왔다. 야코프 부르크하르트(Jakob Burckhardt, 1818-1897)는 그런 견해를 대중화시킨 것 때문에 오랫동안 칭송을 받았다. 그의 책 『이탈리아 르네상스의 문명』(The Civilization of the Renaissance in Italy)에서 부르크하르트는 피렌체가 "가장 고양된 정치적 사상"과 세계에서 "최초의 현대적 국가라는 이름을 받을 만한" 정부를 낳았던 것을 찬양했다.[59] 부르크하르트는 사상가들과 관련해서 물론 단테, 마키아벨리, 페트라르카, 보카치오 같은 놀라운 이름들을 거론할 수 있

---

57 Russell 1972; Chandler와 Fox 19074.

58 Epstein 1996.

59 Burckhardt [1860] 1990: 65.

었다. 그러나 그는 마치 자신이 예술을 문명으로 착각했던 것처럼 "예술 작품으로서의 국가"(The State as a Work of Art)라는 장에서 정치철학이 정치적 현실보다 훨씬 더 참되다고 주장했다. 그리고 부르크하르트 자신이 잘 알았듯이, 현실은 자주 쓰라리고 피비린내 나는 정치적 혼란을 수반했다. 그럼에도 피렌체는 모직과 비단을 제조하는 주요한 중심지가 되면서 자본주의의 생산력을 보여주는 기념비적인 도시가 되었다. 그리고 13세기에 이르러 피렌체의 은행들은 서부 유럽 전역에 지점들을 개설했다.

원칙적으로 피렌체는 공화국이었다. 코뮌은 그 기초를 1천여 명에 이르는 구성원들로 이루어진 의회(parlamento)에 두고 있었다. 의회는 매년 모여서 정책을 정하고, 세금을 부과하며, (보통) 다음 해의 집정관을 임명했다. 그 과정은 종종 구엘프(Guelfs, 교황의 지지자들)나 기벨린(Ghibellines, 신성 로마 제국 황제의 지지자들)이 권력을 강탈함으로써 방해를 받거나 왜곡되었다. 1282년에 피렌체의 추기경과의 협력을 통해 새로운 제도가 채택되었는데, 그것은 의회에 상당수의 길드의 대표자들을 추가했다.[60] 8년 후에 이런 권력의 확장은 시민들을 귀족들의 학대로부터 보고하고 실제로 몇 백 명의 귀족과 그들의 친척들이 공직을 가질 권리를 박탈하는 법령을 통과시킴으로써 평민들에게 배당을 지급했다. 이런 규정을 시행하기 위해 1천 명의 남자들로 이루어진 민병대의 지원을 받는 새로운 관청이 만들어졌다.[61] 그로 인해 폭동이 발생하고, 집정관의 거처가 약탈당하며, 그 법령의 주된 발의자가 사형 선고를 받았으나 프랑스로 도망쳤다. 다시 한번 내전은 피렌체에서 삶의 정치적 현실이었다. 내

---

60 Burcker 1983: 248; Nicholas 1997.
61 Nicholas 1997: 308-10.

전은 구엘프와 기벨린이라는 귀족 파벌들 사이에서뿐 아니라 이런 두 파벌들과 평민들 사이에서도 벌어졌다. 마키아벨리(Machiavelli)는 자신의 『피렌체의 역사』(*Florentine Histories*)에서 이렇게 주장했다. "평민들과 귀족들 사이에 존재하는 엄중하고 자연스러운 적의—그것은 명령하고자 하는 후자의 바람과 복종하지 않으려 하는 전자의 바람으로 인해 야기된다—는 도시들에서 일어나는 모든 악의 원인이다."[62] 우리는 만약 마키아벨리가 피렌체의 소동과 끊임없는 정치적 음모들이 없는 도시에서 살았더라면 과연 그처럼 놀라운 정치적 작품들을 쓸 수 있었을까 의심하지 않을 수 없다.

어느 파벌이 다스리는지와 상관없이 정부 안에서 주요한 목소리를 내는 길드의 권리는 인정되었다. 실제로 14세기 말에 길드는 권력을 잡았고, 시그노리아(*Signoria*)라고 불리는 9명의 남자들로 이루어진 통치 기구를 만들었다. 그 9명 중 6명은 규모가 있는 길드들을 대표했고 2명은 소규모 길드들을 대표했다. 그리고 곤팔로니에레(gonfaloniere)라고 불리면서 그 도시의 기준 노릇을 하는 이가 그 기구의 의장을 맡았다. 시그노리아의 구성원들은 프리오리(Priori)라고 알려진 시민 단체에 의해 선출되었는데, 그들은 무작위 추첨을 통해 선택되었다. 그리고 그 모든 것을 통해 가장 격렬하게 분열되었던 파벌들조차 수많은 황금알을 낳고 있는 거위를 죽이지 않기 위해 연합했다. 상업은 장려되었고, 세금은 가벼웠으며, 통제는 없었다. 거기에는 필요한 일꾼들을 다른 지역에서 데려오는 것까지 포함되어 있었다.

15세기에 피렌체의 진정한 통치자들은 메디치 가문의 구성원들이

---

62 Machiavelli [1525] 1988: 105.

었다. 비록 그들이 조심스럽게 아주 낮은 정치적 위상을 지니고 모든 민주적인 형식들을 지켰을지라도 말이다.[63] 그럼에도 그들은 겨우 모면할 수 있었던 몇 차례의 반역과 쿠데타를 겪어야 했다. 메디치 가문이 토지의 상속자들이 아니라 상업을 통해 부를 얻었으며 이탈리아와 해외에 수많은 지점을 거느린 중세 유럽의 우수한 은행 중 하나를 설립하고 운영했던 것을 명심하라.[64] 피렌체의 통치자로서 그들은 사유 재산과 상업적·산업적 자유를 보호하는 데 적극적이었고 평민들의 이익에 대해서도 동정적이었다. 그러나 이런 상태는 무한히 지속될 수 없었고, 16세기에 메디치 가문은 피렌체의 경제적 쇠퇴를 주도한 폭군들이 되었다.

밀라노

밀라노는 북부 이탈리아를 가로지르고 산들에 맞서 아늑하게 자리를 잡은 커다란 평원 중간에 위치해 있다. 바다로부터 멀리 떨어져 있는 밀라노는 로마 시대 이후로 핵심적인 소통 중심지였는데, 그것은 알프스를 통과하는 주요한 협로들이 이곳에서 수렴했기 때문이다. 이런 위치야말로 밀라노가 로마 제국의 두 번째 도시가 되었던 주된 이유였다. 그러나 그 도시가 중세에 위대한 도시로 부상한 것은 그냥 주어진 것이 아니었다. 밀라노라는 로마의 도시는 452년에 훈족의 아틸라(Attila the Hun)에 의해 황폐해졌고 거의 한 세기 후에는 고트족에 의해 파괴되었다. 8세기에 밀라노는 샤를마뉴의 통치 영역에 포함되었고, 이로 인해 신성 로마 제국(카롤링 왕조의 후예로 간주된다)은 수 세기에 걸쳐 게르만의 통치를 주

---

63 Hibbert [1974] 2003.
64 Hale 1977; Hibbert [1974] 2003.

장하고 다시 주장하는 노력을 해야 했다.

그럼에도 그 도시는 놀라우리만큼 회복력이 강하고 강렬하게 기독교적이었다. 그 도시의 성벽 안에는 수십 개의 교회들이 있었고, 그 도시의 시장은 "성당의 경내에, 교회 앞에" 있었다.[65] 일요일의 판매는 금지되었으나, 다른 날에 교회는 상업에 대해 호의적이었다. 더 나아가 10세기 말에 정치 권력은 교황 다음이자 이탈리아에서 가장 강력한 교인이었던 대주교의 직무 아래로 통합되었다. 결과적으로 이것은 북부 이탈리아 대부분의 지역에서 정치적 삶을 크게 분열시키면서 서로 심각한 적의를 드러냈던 구엘프와 기벨린이라는 두 개의 파벌을 만들어냈다. 그리고 피렌체가 그랬던 것처럼 밀라노도 만성적으로 피비린내 나는 내전으로 고통을 겪었다.

대주교의 정치 권력은 "주교의 세습 영지 안에 성을 보유하고 그의 궁정 안에 머물던" 수령들에게 달려 있었다.[66] 그러나 1045년에 갈등이 발생했고 한 유력한 카피타노가 보다 민주적인 통치를 지지하는 사람들을 이끌었다. 그 후에 밀라노는 코뮌으로 조직되었고 급속하게 공화국으로 진화했다. 그 후 1186부터 밀라노는, 비록 여전히 대주교가 상당한 권위를 지녔고 종종 그것을 사용해 민주적인 제안을 하기는 했으나, 집정관에 의해 운영되었다. 1225년에는 보다 작은 규모의 상인들과 보다 큰 규모의 길드들이 권력을 공유할 수 있도록 참정권이 크게 확대되었다.[67] 그럼에도 그 도시는 몇 차례 자신의 삶을 지켜내기 위해 제국의 힘에 맞서 싸워야 했다. 더 나아가 외부의 위협은 상업보다는 대규모 시골 영지

---

65   Nicholas 1997: 46.
66   Ibid., 118.
67   Waley 1988.

에 기반을 둔 귀족들 사이의 내적 분열과 결합해서 밀라노를 민간의 질서를 부과할 수 있는 독재자들에게 취약하게 만들었다. 그런 독재자 중에는 특히 용병으로 이름을 떨친 스포르자(Sforza) 가문의 구성원들이 있었다(스포르자는 "힘"에 해당하는 이탈리아어다). 밀라노의 경제 문제를 위해서는 다행스럽게도 스포르자 가문의 사람들은 금융을 이해하는 현실주의자들이었고 그들의 통치 기간 내내 제조 능력에 대한 투자를 장려하고 상업적 이익에 대해 우호적이었다.

교회가 북부 이탈리아에서 민주주의를 옹호하고 지켜내기 위해 자주 적극적인 역할을 했음을 강조할 필요가 있다. 교회는 자주 그리고 명백하게 도덕적 평등을 주장했을 뿐만 아니라 참정권을 확대하기 위해 정치 영역 안으로 곧잘 들어가기도 했다. 앞서 언급했듯이, 밀라노의 대주교와 피렌체의 추기경은 길드들과 더불어 공동의 대의를 세웠다. 어느 쪽도 모종의 이상한 자유주의자들이 아니었다. 그들의 종교적 견해와 정치적 견해는 모두 상당히 전형적인 것이었다.

요약하자면, 자유로운 정신과 자유 시장에 관한 현대의 자유주의적 슬로건은 이런 이탈리아의 도시 국가들에게도 해당되는 것처럼 보인다. 그들의 상업적 혁명에는 자유가 필요했고, 그들의 정치적 혁명은 상업에 의존했다. 남부 이탈리아의 부정적인 사례는 이런 결론을 보다 크게 지지해준다.

남부 이탈리아에서 북부처럼 급속하게 발전하는 상업 중심지들이 나타나지 않았던 것은 한 가지 이유, 즉 억압 때문이었다. 북부의 4개의 큰 도시 국가들 및 그들의 여러 위성 도시들과 달리 남부 이탈리아의 도시들은 독립을 유지하지 못했고 결과적으로 그들을 무자비하게 착취하는 외부 독재자들의 통치에 종속되었다. 아말피의 경우가 특별히 안타깝고 시사적이다.

1000년에 아말피는 추정하기로 약 3만 5천 명의 인구를 가진 이탈리아에서 가장 큰 도시였을 것이다.[68] 로마의 남쪽 지중해 해변에 위치한 아말피는 당시에 해상무역의 주요한 중심지였다. 아말피는 아마도 8세기 중반에 있었을 그 도시의 설립 이후 북아프리카의 무슬림과 비잔티움을 포함하는 삼각형 패턴 안에 해상 여행과 상업을 결합시켰다. 아말피의 주민들은 먼저 곡물, 포도주, 과일 그리고 목재 같은 지역의 화물들을 모았다.[69] 그렇게 모은 상품들은 튀니지의 항구들에서 다양한 산물들과 금, 그리고 이집트에서는 향신료 및 금과 교환되었다. 이어서 그것들은 비잔티움으로 실려 갔다. 그곳에서 금은 동방의 다양한 사치품과 특히 제의(祭衣), 제대포(祭臺布) 그리고 향 같은 종교용 물품들을 얻기 위해 사용되었다.[70] 무역 상인들은 아말피로 돌아와서 이런 물품들을 팔아서 더 많은 지역 산물들을 구매하고 다시 새로운 항해를 시작했다. 이런 무역 시스템에는 위험한 것이라곤 아무것도 없었다. 처음부터 그것은

---

68 Chandler와 Fox 1974: 11.

69 Citarella 1968: 534.

70 Hutchinson 1902: 416.

"조직화 및 확고한 정치적·외교적 행동에 의해 뒷받침되는 일상적인 교류"를 보여주었다.[71]

그 질문이 제기되어야 한다. 어째서 나폴리가 아니었는가? 아말피보다 조금 더 북쪽에 위치하고 훨씬 더 좋은 항구와 상당한 해군력을 보유하고 있던 이 유명한 고대 로마의 도시가 어째서 남쪽의 신흥 도시를 무색하게 만들지 못했을까? 결국 키케로와 베르길리우스 모두 그곳에 체류했고, 네로가 무대에 데뷔한 것도 그곳이었으며, 심지어 9세기에 나폴리는 아마도 아말피보다 훨씬 더 컸을 것이다. "어째서 나폴리가 아니었는가?"라는 질문에 대한 답은 아주 간단하다. 나폴리는 귀족들의 많은 영지들을 지원하는 아주 크고 비옥한 배후지의 가장자리에 위치해 있었다. 그로 인한 결과는 상업적 모험을 위한 자유를 거의 허락하지 않는 고도로 계층화된 사회였다.[72] 이와 대조적으로 아말피는 배후지도 간섭하는 귀족들도 갖고 있지 않았다. 가장 이른 시기부터 그것은 상업이 주도하는 공화국이었다. 12세기가 시작될 즈음에 아말피의 상인들은 이탈리아의 외국 무역의 주역들이었다. 그리고 그것으로 끝이었다.

중세 유럽의 모든 역사는 바이킹 침입자들에게 많은 관심을 보였다. 그러나 정복자 윌리엄(William the Conqueror)이 노르만인이었다는 사실에 대한 부수적인 인정을 넘어서 남부로 와서 머물렀던 바이킹족들이 유럽 사회에 끼친 영향에 대해서는 거의 아무런 관심도 주어지지 않고 있다. 그런 바이킹족들 중에 로제르 기스카르(Roger Guiscard)가 있었다. 그는 1060년에 노르만 사람들로 이루어진 작은 무리를 이끌고서 시

71　Citarella 1968: 534.
72　Kreutz 1991: 87.

칠리아를 침공해 무슬림 반대파들을 물리치고 권력을 잡았다. 나중에 그는 이탈리아의 발가락 부분, 즉 시칠리아로부터 메시나 해협을 지나는 불과 80km 정도의 지역에 발판을 마련했다. 로제르의 아들은 자신을 시칠리아의 노르만 왕국의 왕 로제르 2세(Roger II)라고 불렀다. 자기 아버지처럼 현명하고 강력했던 그는 해협을 가로질러 자신의 세력을 구축한 후 1131년에 남부 이탈리아에 대한 침략을 감행했다. 곧 노르만인들이 이탈리아의 장화 끝에서 나폴리 북부까지 전 영토를 다스리게 되었다(지도 3-1을 보라).

로제르 2세는 당시로서는 매우 계몽적인 통치자였던 것으로 보인다. 그는 상업의 발전을 장려했고 심지어 시칠리아에서 실크 산업을 시작하기까지 했다. 그러나 그의 아들은 악한 왕 윌리엄(William the Bad)이라는 이름을 얻었다. 그는 방탕하고 사치스러운 삶을 살았고 그것을 위해 오랫동안 독재자들이 해왔던 것과 동일하게 강탈과 세금 부여로 비용을 지불했는데, 바로 그것이 아말피의 상업적 중요성을 종식시켰다.

그동안 몇몇 현대 역사가들은 노르만 왕국이 남부 이탈리아를 억압한 것을 가리켜 그런 억압이 다투기 좋아하는 공동체들에 평화를 가져왔다는 이유로 옹호해왔다. "그 왕국이 그것을 이루는 분파들로 분열되었다면, 그것은 자유로운 공동체들의 황금기를 촉진하지 못했을 것이고 오히려 끊임없는 지역적 갈등을 낳았을 것이다."[73] 아마도 그랬을 것이다. 그러나 독립된 북부 이탈리아 도시 국가들 사이의 만성적인 갈등은 상업적 황금기를 가로막지 않았다. 사실 상업적 의식은 자유롭고 독립적인 북부 공동체들 안에서 고도로 발전되었기 때문에 그 공동체들은 곧 고용

---

[73] Matthew 1992: 371.

된 군대에 의지해서 자신들의 모든 싸움을 수행하기에 이르렀고, 반면에 다른 모든 이들에게 그것은 일상적인 일이었다.

북부의 자유

비록 자본주의가 이탈리아의 도시 국가들에서 처음으로 활짝 꽃을 피우기는 했으나, 그것은 곧 북쪽으로 퍼져나갔다. 그러나 오직 충분한 자유가 있었던 곳으로만 퍼져나갔다. 잉글랜드를 제외하고, 이런 곳들은 심지어 소국들도 아니었고 단지 지역 영주들의 지배로부터 벗어나 겨우 대응적 정부를 발전시키던 작은 도시들에 불과했다. 이런 도시들이 결국 유럽의 자본주의를 발전시키는 주요한 중심지로서 이탈리아의 도시 국가들을 대체했으므로 그것들이 어떻게 자유를 얻었는지를 살펴볼 필요가 있다.

시골의 삶을 개별 기사들의 소규모 봉지들로부터 공작과 왕 그리고 황제들의 대규모 영지들에 이르는 부동산 피라미드로 조직했던 일련의 상호 의무 체계로서의 봉건제 안에는 도시를 위해 필요한 것들이 사실상 존재하지 않았다. 중세의 가장 이른 시기에 도시의 대다수 장소들(마을과 소도시 그리고 형성 중이던 대도시들)은 지역의 영주, 주교(공동체는 그의 저택을 중심으로 성장했다) 혹은 수도원에 의해 "소유되었고", 그 장소의 거주자들은 그 공동체의 터전이 되는 땅에 대한 임대료를 지불했다. 그 결과 건물들에 대한 소유권이 애매했다. 더 나아가 도시의 어느 장소에 해당하는 땅에 대한 소유권은 늘 그 지역의 영주와, 그 공동체가 그들의 영역 안에 속해 있던 멀리 있는 귀족이나 왕 사이에서 공유되었다. 이런 두 세력 간

의 틈을 이용해 도시들은 독립을 쟁취했다.[74]

무역은 도시의 활동이므로 도시들이 성장함에 따라 늘 부유한 상인들의 공동체들이 출현했고, 불가피하게 그들은 자기들의 공동체에 아주 적게 기여하거나 아무것도 기여하지 않은 외부인들이 자기들에게 세금을 물리고 명령을 하는 것에 분개했다. 그로 인해 그들은 자신들의 지역 통치자에 맞설 수 있는 강력한 상인 길드를 형성했다. 더 나아가 이런 상인 중 많은 이들은 같은 계급 출신이 아니었다. 그들은 새로운 기회에 재빨리 적응하고 상업의 발흥에서 주도적 역할을 했던 낮은 계급의 귀족들이었다.[75] 상인들이 단지 평민들의 무리가 아니었다는 사실은 마을들이 종종 지역의 통치자를 넘어서 보다 먼 곳에 있는 그보다 우월한 군주에게 성공적으로 호소하면서 매력적인 유인책을 통해 실질적인 독립을 얻어내는 기민한 전술을 사용할 수 있었던 이유를 설명해준다.

우선적인 유인책은 임대료였다. 어떤 도시들에서 이것은 지역 영주와의 협상을 통해서 이루어졌다. 많은 경우에 부유한 시민들은 도시의 땅을 매입했다. 다른 많은 경우 도시들은 먼 곳에 있는 군주가 그의 적들 특히 그의 밑에 있는 지역 영주들—그들 중 많은 이들이 귀족 겸 주교였다—에 맞서도록 지원하기 위해 군대를 양성하거나 고용했다. 많은 도시들이 주교의 본부(종종 로마 주둔군의 폐허에 설립되었다)로 시작된 센터를 중심으로 성장했기에 세속적 통치 역시 그의 손에 맡겨졌다. 초기에 게르만족의 왕들은 도시의 도전자들을 보다 완전하게 통제하기를 희망하면서 여러 주교직을 대공직으로 만들었다. 그러나 대공-주교(prince-

---

74 van Werveke 1963: 19-24.
75 Witt 1971.

bishop)의 역할에 내재된 모순들이 곧 교회와 군주제를 불화하도록 만들었다. 그리고 먼 곳에 있는 군주와 도시의 지도자들 사이에서 자연스러운 친밀감이 나타났다.[76] 예컨대 라인 지역의 주교 중 몇 명이 신성 로마 제국의 황제 하인리히 4세에게 도전했던 1073년에, 보름스의 시민들은 그들의 주교에게 등을 돌리고 그를 도시에서 내쫓은 후 하인리히를 지지했다. 하인리히는 이에 대한 감사를 표하기 위해 도시의 의회에 지역에 대한 권위를 부여했고, 그렇게 함으로써 보름스를 배타적으로 왕권에 충성을 바치는 독립된 도시로 만들었다. 보름스는 황제와의 유사한 거래가 북부 도시들을 중심으로 일어났을 때 나타난 자유 도시와 제국 도시들 중 최초였다. 최종적으로 그런 도시들은 85개나 되었다.[77] 이런 도시들은 자신들의 일을 아주 잘 통제했기 때문에, "도시의 공기는 자유를 가져온다"라는 표현이 단지 인기 있는 슬로건이 아니라 **법적** 격언이 되었을 정도다.[78]

이런 북부 도시들에서 자유는 먼저는 선출된 의회들에 의해서, 그리고 이어서 참정권의 점진적인 확대에 의해 실현되었다. 그리고 그 모든 것은 분명하게 종교적 토대 위에서 정당화되었다. 공동체라는 개념 자체가 이 시대의 도시 거주자들에게는 신성한 측면을 갖고 있었다. 그런 까닭에 15세기 초에 바젤의 시의회는 "모든 도시의 정부는 본질적으로 하나님의 명예를 높이고 지지하기 위해, 그리고 모든 불의를 금하기 위해 수립되었다"라고 주장했다.[79] 이런 정신을 지녔던 시의회들은 그들의 관

---

76 Nicholas 1997.
77 Moeller 1972: 41.
78 Rörig 1967: 27.
79 Moeller 1972: 46에서.

심을 학교나 거리 같은 세속적인 일에 국한시키지 않고 오히려 종종 지역 수도원들의 개선이나 거룩한 유물을 위한 사당의 설립 같은 종교적인 문제들에까지 개입했다.

마을과 도시들이 선출된 의회(councils)에 의해 다스림을 받아야 한다는 개념은 아마도 그 단어(concilium) 자체처럼 이탈리아로부터 수입되었을 것이다. 그러나 북부 도시들에서 민주주의는 이탈리아의 전형적인 정교한 구조로 이어지지 않았다. 상류층을 위한 민주주의가 먼저 나타났다. 그들은 자기들 가운데서 한 집단을 뽑아 정부 역할을 하게 했다. 이어서 참으로 대중적인 정부가 들어서기 전까지 다른 중요한 사회 집단들이 의회에 대표들을 내보냈다. 외부의 영주들이 그 도시의 거주자들에게 아무런 권리 주장도 할 수 없게 하려면 도시의 독립이 아주 중요했기 때문에 마을 안으로 들어온 그 어떤 농노라도 1년과 하루 동안 그 마을에 거주한 후에는 그의 영주에 대한 모든 봉건적 의무로부터 자유로워진다는 법이 확립되었다. 그렇게 그들은 자유롭고 상업을 중시하는 북부의 마을들과 도시들 안에는 더 이상 봉건주의가 존재하지 않는다는 것을 강조했다. 더 나아가 그런 상업적 도시들은 단지 지역 통치자들의 손아귀에서만 **벗어났던** 것이 아니다. 그런 많은 도시들이 지역의 귀족들보다 우월한 먼 곳에 있는 왕과 대공들로부터 인가를 확보한 상인들에 의해 자유로운 공동체로 **설립되었다.**

도시들이 먼 곳에 있는 군주에게 충성을 바치는 것은 양쪽 모두에게 바람직했다. 군주에게 마을들은 자신의 부하들과 관련된 모든 계획에 맞서는 귀중한 동맹자들이었고, 군주는 도시들에 그 지역의 간섭으로부터의 안전함을 제공해주었다. 지역의 영주들은 이런 도시들의 부에 대해 세금을 물리거나 그것을 몰수할 수 없었다. 또한 그들은 장거리 무역에 대해 관세 장벽을 세울 수도 없었다(마그나 카르타를 떠올려보라). 그들의 자치에 대한 값으로 도시들은 그곳의 거주자들이 스스로에게 부과한 세금 체계에 결코 간섭하지 않는 군주에게 적절한 수준에서 확정된 세금을 바쳤다. 이런 지역 세금은 주로 안전을 위해(예컨대 성벽을 세우고 유지하는), 그리고 공적 시장을 제공하고, 길과 부두를 개선하며, 어떤 곳에서는 정기적으로 대규모 무역 박람회를 개최하는 것을 통해 무역과 상업을 촉진하기 위해 사용되었다.

유럽의 일부 지역에서 자유의 "재탄생"은 세 가지 필수적 요소들의 결과였다. 그 세 가지 요소는 기독교적 이상, 작은 정치적 단위들, 그리고 그런 단위들 안에서 서로 잘 어울리는 다양한 이해 집단들의 출현이다. 세계의 다른 어느 곳에도 이런 사회들은 존재하지 않았다.

필요한 조건 중 마지막 요소가 마련되었으니 이제 자본주의의 발흥과 서구의 성공에 대해 살펴보아야 할 때다.

제2부 완성

제4장

이탈리아 자본주의의 완성

이성에 대한 믿음은 서구 문명의 가장 중요한 특성이다. 이 간단한 진술 안에 훗날 "자본주의"라고 알려지게 된 중세의 비즈니스 관행의 진화를 이해하는 열쇠가 들어 있다.

그 모든 것은 대규모 수도원 영지에서 시작되었는데, 그것은 수도사 들이 생계형 경제(subsistence economies)를 대체하고 급속하게 확장되는 거 래망에 아주 생산적이면서도 전문적으로 참여함으로써 자본주의의 탄생 에 기여했기 때문이다. 그렇다고 하더라도 수도원들 안에서 발전했던 종 교적 자본주의의 초기 형태는 주로 농업 생산과 약간의 대금업에 기반을 두고 있었다. 수도사들은 거래나 금융에 몰입하는 회사들을 만드는 데까 지는 나아가지 않았고 제조 회사들을 설립하지도 않았다. 그들이 한 일 은 이런 분명한 다음 단계들을 추구하는 민간 자본주의 기업들의 발흥으 로 이어진 비즈니스 모델을 제시한 것이었다. 그리고 이런 발전이 일어 난 것은 상대적으로 자유롭고 좋은 위치에 있었던 북부 이탈리아의 도시 국가들에서였다. 곧 이탈리아의 회사들이 서유럽 전역의 무역과 은행업, 그리고 조금 덜 한 정도로 제조업을 독점했다. 13세기와 14세기에 절정 에 도달했던 이탈리아의 상업력은 "멀리 잉글랜드, 남러시아, 사하라 사 막의 오아시스들, 인도 그리고 중국에까지 뻗어나갔다."[1] 따라서 이 장에 서 우리는 이탈리아인들이 자본주의를 어떻게 완성시켰는지, 그리고 그

---

1   Lopez 1952: 289.

과정에서 어떻게 방대한 금융 및 산업 제국을 세웠는지를 살필 것이다.

비록 우리가 2장에서 자본주의를 신중하게 정의하기는 했으나, 그것이 어떻게 나라들의 부를 변화시킬 수 있었는지에 대해서는 좀 더 많은 설명이 필요하다. 분명히 모든 부는 산출되어야 하기에 사회는 그 구성원들이 생산적이 될수록 그만큼 더 부유해질 것이다. 자본주의 경제는 다음과 같은 방식으로 생산성을 극대화한다. 자본주의 체제 아래서는 사유 재산이 안전하고 일이 강제되지 않으므로 사람들은 자신들의 생산과 관련해서 노력을 통해 직접 유익을 얻으며, 이것이 그들로 하여금 더 많은 생산을 하도록 동기를 부여한다. 자본의 소유자들(혹은 투자자들)은 증대된 생산으로부터 유익을 얻는다. 따라서 그들은 이윤을 재투자하고 미래의 생산을 증대시키기 위해 소비를 훈련하면서 더 큰 능력, 더 나은 기술 혹은 더 훌륭하게 동기가 부여되거나 더 많은 자격을 갖춘 노동력에 재투자할 것이다. 고용주들 사이의 경쟁은 임금과 이익을 증대시키는 결과를 낳는데, 그것은 노동자들이 그들의 소비를 증대시킬 수 있게 함으로써 그들에게 동기를 부여한다. 그리고 이번에는 자동차나 TV를 제조하는 이들이 그것들을 구매함으로써 시장이 확대되는 것을 돕는다. 자본주의 체제 아래서는 시장이 상대적으로 규제되지 않는다는 점을 감안할 때, 새로운 상업적 기회는 새로운 생산자들을 끌어들여 회사들 사이에 경쟁을 일으키고 그 결과 상품의 질은 높아지고 가격은 낮아지는 결과를 낳는다. 따라서 간단하게 자본주의의 "기적"은 이러하다. **시간이 지나갈수록 모두가 더 많은 것을 갖게 된다.**

이탈리아에서 자본주의가 발흥했던 주된 원인은 유럽의 대부분을 포함하는 세계 대다수 지역에서 경제적 진보를 억압하고 발목을 잡았던 탐욕스러운 통치자들로부터의 해방이었다. 비록 그들의 정치적 삶은 자주 혼란스러웠으나, 이런 도시 국가들은 자본주의에 의해 요구되는 자유를 유지할 수 있었던 참된 공화국들이었다. 둘째, 여러 세기에 걸친 기술적 진보가 자본주의의 발흥을 위해 필요한 토대를 놓았다. 특히 농업의 잉여물은 도시를 유지하고 전문화를 가능케 하는 데 필요했다. 게다가 기독교 신학이 장기적인 투자 전략을 정당화하는 미래에 관한 지극히 낙관적인 견해를 장려했다. 그리고 이 무렵에 신학은 자본주의의 토대가 되는 비즈니스 관행에도 도덕적 정당성을 제공했다. 그러나 위대한 "중세의 상업 혁명"[2]을 실제로 성취하기 위해서는 새로운 종류의 비즈니스 회사와 새로운 비즈니스 방식을 완성시킬 필요가 있었다.

합리적인 기업들

거래는 중세 유럽에서 고안된 것이 아니다. 석기 시대에도 그리고 아마도 그보다 훨씬 이전에도 거래하는 이들이 있었다. 유럽인들이 고안한 것은 상업이 "모험이 되지 않고"[3] 일상적이고 반복적이며 가급적 위험으로부터 자유로운 것이 되게 했던 거래에 대한 특별한 접근법이었다. 이것은 특별한 종류의 조직에 의해 성취되었다. 그것은 신뢰할 수 있는 규칙을 따라 만들어지고 운영되는 조직인 **합리적인 기업**이었다.[4] 그런 규칙들의 형성과 적용은 기업을 지속적인 모니터링에 종속시키는 정규적이고 지속적이며 신중하게 정의된 활동에 국한시킴으로써 촉진되는데,

---

2 Lopez 1976.
3 Lopez 1952: 334.
4 Weber 1961, 1958, 1946.

그런 모니터링을 통해 나온 결과들은 계산될 수 있고 또한 미래의 행동을 조정하는 데 사용될 수 있다. 이를 위해서는 모든 중요한 조치에 대한 서면 기록을 유지하고 완전한 회계 장부를 유지해야 한다. 결과에 대한 계산과 여러 활동에 대한 감독 및 조정에는 분명하게 정의된 권위의 경계와 단계들이 요구된다.[5] 높은 지위를 가진 자들은 회계와 같은 일들에서 상당한 양의 특별한 훈련을 받아야 할 것이고 그들의 성과는 주기적으로 평가될 것이다. 그로 인해 관리자들이 고용될 것이고 그들은 주로 장점을 기반으로 승진하게 될 것이다. 또 그들은 파트타임 아마추어가 아니라 그들의 사적 삶의 측면들에 대해서조차 설명해야 할 정도로 그들의 지위에 온전하게 헌신해야 할 것이다. 따라서 합리적인 기업이라는 맥락 안에서 자본주의의 완성을 위해서는 경영과 재무 관행뿐만 아니라 인사에 대해서도 "객관적" 접근법이 필요했다.

인사

민간 자본주의의 발흥과 관련된 진실을 이해하기 위한 출발점은 사람이다. 북부 이탈리아에서 자본주의적 기업들은 그들의 사람들을 어떻게 훈련하고, 선발하며, 장려하고, 감독했을까? 하나의 통계가 많은 것을 알려준다. 1338년에 피렌체에서는 학령 인구의 거의 절반이 학교에 다니고 있었는데,[6] 이 무렵은 유럽의 대부분 지역에 학교들이 존재하지 않았고 심지어 왕들도 상당수가 문맹이던 때였다. 베네치아, 제노바, 밀라노 그리고 이탈리아 북부의 다른 상업 도시들에서도 비슷한 수준의 학교 교육

---

5 Weber 1946: 197.
6 Spufford 2002: 30.

이 유지되었다. 따라서 "사업가 계층에 속한 이들 전부가…글을 알고 숫자를 알았을" 뿐만 아니라 대부분의 기능인과 장인들도 그러했음이 분명하다.[7] 학교의 효율성에 관한 한 가지 인상적인 척도는 이 시기에 나온 수많은 회계 장부, 일기, 편지 그리고 다른 문서들이 필체라는 측면에서 커다란 유사성을 보인다는 사실이다. 이것은 표준화된 교육을 입증하는 징표였다.

그렇다고 할지라도 그 상업적 회사들은 그 정도에 만족하지 않았다. 대부분의 경우에 그들은 "주판 학교"에 참석하면서 공부를 계속해나갔던 소년들을 고용했다. 소년들은 그 학교에서 계산대를 사용하는 방식으로 계산 능력을 높였고, 복리 계산법을 배웠으며, 기본적인 회계의 원리들을 익혔다. 이런 학교들은 13세기에 레오나르도 피보나치(Leonardo Fibonacci, 1170-1240, 이탈리아의 수학자로 유럽에 아라비아의 수 체계를 소개했다―역주)가 쓴 교과서의 출간과 광범위한 배포를 통해 자극을 받아 처음으로 나타났던 것으로 보인다. 피사의 레오나르도(Leonardo of Pisa)라고도 알려진 그는 수학의 역사에서 가장 위대한 수 이론가 중 한 사람이었다. 1202년에 그의 『산반서』(*Liber Abaci*, 주판에 관한 책이라는 뜻―역주)가 출간되었을 때 그것은 최초로 직업적인 수학자들의 영역 밖에서 힌두-아랍의 수들과 영(zero)이라는 개념이 활용될 수 있게 해주었다. 그것은 북부 이탈리아 전역에서 열렬하게 받아들여졌다. 그것이 로마의 수들을 사용할 때는 극도로 복잡했던 곱셈과 나눗셈을 위한 새롭고 효과적인 기법을 제공했기 때문이다. 사실 로마의 수를 사용하는 경우에는 덧셈과 뺄셈조차도 몹시 어려운 일이었다. 아마도 그의 참된 천재성을 보여주는 것은

---

7   Ibid., 1969.

피보나치가 단순히 산수를 추상적인 형태로 제시하지 않고 기본적인 산수 기법을 이익률과 이자를 계산하고, 가중치와 측정값을 변환하며, 파트너들 간에 이익 또는 비용을 나누는 것과 같은 주요한 사업적 관심사들에 적용함으로써 그것을 활용 가능하고 적절한 것으로 만들었다는 점일 것이다.[8] 교육의 효율성에 관해 말하자면, 위대한 경제사가 아르만도 사포리(Armando Sapori)는 아직 우리 곁에 남아 있는 중세의 수많은 회계 담당자들의 회계원장들에서 이루어진 계산들 모두를 점검하는 수고를 하고도 그것들에서 단 하나의 오류도 찾아내지 못했다. 더 나아가 그들의 현대 동료들과 달리 중세의 회계 담당자들은 "수천, 수십만 파운드에 달하는 거래에서도 수치를 반올림하지 않았다."[9] 예컨대 피렌체에 있던 바르티 회사는 총금액이 1,266,775파운드와 11실링에 이르는 막대한 경상 수지에 대해 보고한 적이 있다.[10]

　　주판 학교들은 북부 이탈리아 전역으로 급속하게 퍼져나갔다. 그리고 곧 모든 소년의 거의 절반이 문법 학교를 마친 후 그런 학교들에 등록했다. 1340년대에 이르러서는 피렌체에만 적어도 6개의 주판 학교가 있었고, 이탈리아의 주요한 자본주의의 중심지들 모두에서 그와 유사한 학교들이 번성했다. 이런 학교들이 단지 사무원과 회계 담당자들만 훈련시켰던 것이 아니었음에 유념하라.[11] 그런 학교의 졸업생들은 회사의 고위급 간부들이 되었고, 상대적으로 평범한 성공을 거둔 이들조차 아주 높은 수준의 급여를 기대할 수 있었다. 1335년에 피렌체에 있던 페루치 회

8　　Gies와 Gies 1969.

9　　Sapori [1937] 1953: 57-58.

10　　Ibid., 63.

11　　Hunt와 Murray 1999: 108-9.

사에 고용된 이들 중 절반이 "적어도 한 해에 금화 70플로린을 받았는데, 그것은 상당한 수입이었다."[12] 1400년경에 메디치 은행의 사무원들은 대체로 금화 100플로린을 받았는데, 그것은 좋은 집에서 살면서 하인들을 부리기에 충분한 금액이었다.[13] 회사들이 주판 학교의 훈련에 그토록 높은 가치를 두었기 때문에 그들은 그런 학교의 졸업생들을 구했을 뿐만 아니라 종종 신입 직원들을 그리로 보내 훈련을 시키기도 했다. 두 개의 주판 학교—하나는 피사에 있었고 다른 하나는 피렌체에 있었다—에 관한 기록은 그곳의 학생들이 11살에서 14살 사이의 소년들로 2년 동안 일주일에 6일씩 아침과 오후에 수업에 참여했음을 보여준다.[14] 어느 이탈리아인 사업가가 22살에 죽은 아들을 추억하며 쓴 글을 통해 상인을 양성하는 일에 관한 다음과 같은 통찰을 제공해주었다.

건강한 정신과 놀라운 독창성을 갖고 있었던 그 아이는 읽고 쓰는 법을 아주 빨리 배웠고 그런 능력으로 모든 이들에게 깊은 인상을 주었다. 그 후 그 아이는 놀라운 속도로 발전하면서 아주 짧은 기간에 문법 학교 과정을 마쳤다. 그 후에 그 아이는 주판을 배우기 시작했는데, 그것 역시 아주 빨리 배워서 익숙해졌다. [그 아이가 14살 때] 나는 그 아이를 학교에서 빼내 양모 사업에 투입했다.…회계 담당자로 승진했을 때 그 아이는 마치 40살쯤 된 것처럼 회계 장부를 잘 관리했다.…그 아이는 그 도시의 가장 성공적이고 실질적인 상인 중 하나가 되었을 것이다.[15]

---

12 Ibid., 198.
13 de Roover 1966: 45.
14 Swetz 1987: 21-23.
15 Sapori [1937] 1953: 61에서.

그런 상황은 15세기까지도 계속되었다. 어느 독일인 상인이 대학에서 수학을 가르치는 탁월한 교수에게 자기 아들을 교육시키려면 어디로 보내야 할지에 대해 물었을 때, 그는 덧셈과 뺄셈은 독일에서도 배울 수 있으나 나눗셈과 곱셈을 배우려면 이탈리아로 가야 한다는 말을 들었다. 얼마 지나지 않아 주판 학교는 저지대 국가들(Low Countries, 오늘날의 벨기에, 네덜란드, 룩셈부르크 그리고 프랑스 북부 지역 일부와 독일 서부 지역 일부가 이에 해당된다—역주)과 남부 독일 전역의 발전하는 자본주의 중심지들 모두에서 활발하게 퍼져나갔다. 그런 곳에서 그 학교들은 "이탈리아 학교들"이라고 불렸다. 뉘른베르크에서는 그런 학교들이 48개나 설립되었다.[16]

주판 학교 졸업생들에게 주어졌던 기회들은 북부 이탈리아의 회사들이 상당한 규모를 갖고 있었고 주로 모든 단계에서 친척들이 아니라 피고용인들을 스태프로 삼고 있었음을 분명하게 암시한다. 그 스태프들은 "최고 수준의 그리고 가장 명석한 이들로부터 뽑혔고…놀랍게도 주주 자신의 가족 출신은 거의 없었다." 예컨대 1300년대 중반에 페루치 회사에서 일하던 133명의 직원(어느 지사에서 근무하던 피고용인들) 중 "단지 23명만이…그 회사의 소유주들과 관련이 있었다.…가족 회사 안에 그 가족의 자손들이 그렇게 적었던 것은 그 회사 안에 족벌주의가 존재하지 않았음을 상쾌하게 보여준다. 상업은 아무리 가까운 친척이라 해도 유능하지 않은 이들의 손에 맡기기에는 너무나 중요했다."[17] 더 나아가 이런 초기의 합리적인 회사 중 상당수는 여러 개의 지점들을 갖고 있었다. 늦어도 1250년경에 루카의 라카르디 은행은 11개의 지점을 갖고 있었는

---

16   Swetz 1987: 17.
17   Hunt와 Murry 1999: 109.

데, 그중 하나는 멀리 더블린에 있었다. 그로부터 50년 후에 피렌체의 페루치 회사는 15개의 지점을 갖고 있었는데, 그중에는 런던 지사와 튀니지 지사가 포함되어 있었다.

이 시절에 "은행들"이 단순한 금융 기관이 아니었음을 기억하라. 당시에 은행들은 금융에 개입했던 것만큼이나 무역과 제조업에도 깊숙하게 개입하고 있었다. 만약 미국의 어느 은행이 제너럴 모터스를 합병한다면, 아마도 그 결과는 기능과 상대적 영향력이라는 측면에서 리카르디 은행에 버금가는 현대적 기업이 될 것이다.

수많은 지점 은행들은 샹파뉴 지역에서 열렸던 유명한 북부의 무역 박람회에 대응하기 위해서 나타났다. 당시 샹파뉴에서는 각각 6주간씩 지속되는 6개의 박람회가 주기적으로 열리고 있었다. 처음에는 북부 유럽과 이탈리아의 상인들이 이런 박람회에 모여서 다양한 상품들 특히 그중에서도 양모를 사고팔았다. 13세기 대부분의 기간에 북부와 남부 유럽 사이의 교역을 지배한 것은 바로 이 샹파뉴 박람회였다. 하지만 이후에 그 박람회들은 쇠퇴하기 시작했는데, 그것은 교역량이 커지면서 이탈리아인들이 이 박람회에서 저 박람회로 이동하는 대표자들을 보내기보다 그 지역에 영구적인 지점들을 설립하여 정기적으로 북부 유럽의 생산자들로부터 직접 물품을 구매하는 것이 훨씬 더 효과적이라고 판단했기 때문이다.[18] 플랑드르 지역의 지점들이 거둔 성공은 교회 사업을 추구하기 위해 로마에 설립된 지점들의 성공과 함께 주요한 기업들의 지점들의 확산으로 이어졌다.

비록 이런 회사들 중 상당수가 합명 회사(partnership, 모든 사원이 회

---

[18]   de Roover [1942] 1953.

사 채무에 대하여 직접·연대·무한의 책임을 지는 회사—역주)라고 묘사될 수 있을지라도, 본질상 그것들은 "합명 회사"라는 용어가 현대인의 귀에 전달하는 것보다는 주식회사들(stock companies)과 훨씬 더 많이 닮아 있다. 중세의 전형적인 상업적 회사는 부도가 나면 소유자들의 집단이 그 회사의 모든 부채에 대해 책임을 진다는 의미에서 합명 회사였다. 그러나 이런 회사들 대부분 그리고 모든 커다란 회사들은 그 기초를 "지분"에 두고 있었다. "각 지분의 소유자는 특정한 금액의 돈을 투자하고" 그의 혹은 그녀의(종종 여자들도 참여했다) 투자에 비례하는 "이윤 혹은 손실을 공유했다." 그런 회사들은 "회사 부칙, 회사 인감 및 일련의 회계 장부들을 갖고 있었다."[19]

게다가 소유와 경영의 분명한 분리가 있었다. 특히 2세대 들어와서는 많은 소유자가 단지 수동적인 주식 소유자들이었을 뿐이고 회사는 가장 자격이 있다고 간주되는 사람에 의해 운영되었다. 종종 이 사람은 소유주와 무관하게 지위를 통해 승진했거나 전형적인 현대적 스타일로 다른 회사로부터 영입한 사람이었다.[20] 중세의 경영자들은 조직표를 그리지 않았으나, 그들 대부분은 쉽게 그렇게 할 수 있었다. 회사들은 위계적으로 조직되었고, 권위와 책임의 범위는 아주 분명하게 이해되었다.

마지막으로 중세의 자본가들은 종종 자신들이 고용한 이들, 특히 보다 중요한 직책을 가진 이들의 개인적 도덕에 관심을 두었다. 코시모 데 메디치(Cosimo de' Medici, 1389-1464, 메디치가의 창시자)가 브뤼허에 메디치은행의 지점을 설립하기 위해 작성한 서면 파트너십 계약서는 그 회사

---

19   Hunt와 Murray 1999: 62.
20   Sapori [1937] 1953: 60.

를 운영할 주니어 파트너인 안젤로 타니가 그의 관사에서 여자들을 접대하거나, 도박을 하거나, 1파운드 이상의 가치가 있는 선물을 받아서는 안 된다고 명시했다.[21]

경영과 재무 관행

초기 이탈리아의 회사들은 그들의 경영의 기본적인 도구로써 아주 신중하고 상세한 기록들과 회계 장부들을 유지했다. 13세기 말에 복식 부기가 고안되었고 신속하게 채택되었는데, 이것은 복수의 회계 담당자들의 관여를 촉진했고 회사의 최신의 재무 상황에 대한 쉽고도 지속적인 접근, 그리고 특정한 사업에 대한 정확한 평가를 가능케 했다. 그러나 회사의 모든 일은 단일 입력 시스템과 할 수 있는 한 모든 것을 기록해두라는 다음과 같은 수 많은 격언들에 대한 준수를 통해 거의 완벽할 정도로 문서화되었다.

> 펜과 잉크를 아끼지 말라.
> 자신의 거래 내역을 기록하는 데 태만한 게으른 사람은 손해나 실수 없이 오래 살지 못한다.[22]

그러나 물론 자본주의에는 기록 보관 이상의 훨씬 더 많은 것이 있다. 여러 가지 다른 주요한 재무적 혁신이 필요했다.

거래가 더는 물물 교환을 기반으로 이루어지지 않을 경우, 지불과

---

21   de Roover 1946a: 39.
22   둘 다 Sapori [1937] 1953: 56에서.

관련된 문제가 제기된다. 이것은 장거리 교환의 경우에 특히 예민한 문제가 되었다. 문제는 돈이 아니라 중세 시대에 모든 돈이 값진 금속으로 이루어졌고 그중 대부분이 동전으로 주조되었다는 사실이다. 거래의 규모가 커지면서 종종 동전이 부족한 현상이 발생했다. 또 다른 문제는 동전들이 계속해서 그것들을 주조하는 이들에 의해 가치가 하락하고 있었다는 점이다. "구리와 납의 어두운 빛깔이 고운 금속의 반짝거림을 덮으면서"[23] 은화들은 불가피하게 점차적으로 가치를 잃었다. 그러나 피렌체와 제노바가 3.5g이 나가는 순전한 24캐럿짜리 금화(그것은 곧 플로린이라는 이름으로 알려졌다)를 만들어내 가치가 하락한 수많은 은화들을 대체했을 때조차 문제는 해결되지 않았다. 구매자로부터 멀리 있는 판매자에게까지 동전을 옮겨야 하는 필연적인 어려움 때문이었다. 먼저 동전은 아주 무거워서 상당한 양이 필요할 경우 심각한 운송상의 문제를 야기한다. 게다가 동전은 출처가 없는 까닭에 누가 되었든 그것을 소유하는 자에게 속한다. 이것이 현금을 옮기는 것이 지극히 위험한 일이 되었던 이유다. 한 가지 예를 들어보자. 1328년 여름에 교황 요한 22세가 롬바르디아에서 임무를 수행 중인 자신의 용병들에게 급료를 지불할 필요가 있었다. 그는 금화 60,000플로린을 자루에 넣어 짐승들 위에 실었다. 그리고 아비뇽에서 알프스를 지나 이탈리아까지 가는 그 금화를 보호하도록 150명의 기병대를 파견했다. 파비아 부근에서 교황의 호송대는 강도들의 매복 공격을 당했고, 강도들은 금화의 절반 이상을 탈취하고 기병대원 여러 명을 사로잡았다. 교황은 자신의 부의 많은 부분을 잃어버린 것에 더하여 포로들의 몸값을 지불해야 했다. 그러고도 그는 여전히 자

---

23   Lopez 1956: 219.

신의 군대에 지불해야 할 것이 있었다.[24] 현금의 이런 문제점들을 잘 알고 있던 상인들은 오래전부터 먼 거리에서도 종이로 자금을 이체하는 방법을 개발해왔다. 그리고 이런 이체를 가능하게 만들었던 회사들은 "은행"(banks)이라는 이름으로 알려지게 되었다. 은행들은 이탈리아에서 최초로 나타났다. 그리고 여러 세기 동안 여러 이탈리아 은행들과 그것들의 지점들이 국내와 국외 모두에서 자본주의의 핵심을 형성했다. 『케임브리지 유럽 경제사』(*The Cambridge Econoimc History of Europe*)는 14세기에 영업을 했던 173개의 주요한 이탈리아 은행들의 목록을 싣고 있는데, 거기에는 지점들은 포함되어 있지 않다. 그중 38개는 피렌체에, 34개는 피사에, 27개는 제노바에, 21개는 루카에, 18개는 베네치아에 그리고 10개는 밀라노에 있었다. 당시에 이런 도시들이 아주 작은 공동체들이었음을 기억하라.

중세의 은행은 환전으로부터 진화했다. "은행"이라는 단어 자체가 원래는 환전상의 탁자를 가리키는 것이었다. 수 세기 동안 시중에 유통되는 동전들의 다양성과 특정한 동전이 훼손되거나 가치가 절하되었던 정도의 차이는 부채 해결을 위한 자금의 액수를 헤아리는 문제와 관련해 전문화된 지식을 필요로 했다. 환전상들은 동전의 상대적 가치를 결정하는 중개자 역할을 했다. "이 20실링이 금화 1플로린과 동일한가, 혹은 공정하게 환전하려면 이런 실링 23개가 필요한가?" 환전상들은 자신들의 역할에 대해 요금을 물렸다. 이것이 오랫동안 그들이 고리대금업자라는 비난을 받는 원인이 되었다. 하지만 그들의 역할은 없어질 수 없었다. 시간이 흐르면서 환전상들은 고객을 위한 예금 계좌를 유지하기 시작했고

---

[24] Spufford 2002: 37.

돈을 바꿔줄 뿐 아니라 빌려주는 일까지 하면서 예금 은행이 되어갔다. 거기서부터 하나의 계좌에 정확한 금액을 넣고 다른 계좌로부터 그 금액을 공제하는 방식으로 두 고객 사이의 계산을 마무리하는 데까지는 얼마 걸리지 않았다.

다음으로, 지역 은행가들은 현대의 당좌 예금 계좌에서처럼 서로의 예금자들의 계좌에서 입금과 인출을 시작했다. 이런 식으로 아주 많은 금액도 동전 없이 이체될 수 있었다. 그런 이체가 아주 먼 거리에서 이루어질 경우 거기에는 환어음, 즉 특정한 개인이나 회사에 대해 지불을 승인하는 공증된 문서가 사용되었다. 예컨대 브뤼허에서 제노바로 실어 보낸 모직물에 대한 값을 치르기 위해 제노바에 있는 은행이 브뤼허에 있는 은행으로 환어음을 보내면, 브뤼허의 은행은 양모 회사 계좌의 대변에 이 어음을 기입하고 장부에는 제노바의 은행과 교환이 유효한 채권이라고 기록했다. 브뤼허 은행 측을 제외하고는 쓸모없는 종이 한 장에 불과한 그 환어음은 신속하게 그리고 안전하게 운송될 수 있었다. 이 교훈은 교회에서 잊히지 않았다. 주교들은 교황 요한의 실수를 되풀이하지 않고 로마로 자금을 송금하기 위해 환어음을 구입하기 시작했다. 1410년에 매년 바티칸으로 부가 흘러들어가는 것에 분개하고 있던 영국 하원은 영국에서 운영 중인 이탈리아의 은행들이 성직자들에게 환어음을 판매하는 것을 비난했다. 그리고 1499년에 하원은 외국 은행들에 상당한 액수의 세금을 부과했다.[25]

은행들은 계속적인 지불 송금을 통해 차변과 대변의 균형을 맞출 수 있었으나, 이 과정은 브뤼허에 있는 은행과 제노바에 있는 은행이 동일

---

25 Holmes 1960: 193.

한 은행의 지점들이었을 때 크게 단순화되고 가속화되었다. 그것이 이탈리아의 은행들이 이탈리아 상인들이 사업을 하는 모든 곳으로 퍼져나갔던 이유였다. 물론 유사한 방식으로 은행들은 종종 계정의 차변과 대변에 기입하는 방식으로 순전히 종이 거래를 통해 돈을 빌려주었다. 사실 환어음은 종종 지불인에 대한 은행 대출에 기초했다. 정확하게 언제 환어음이 고안되었는지는 분명하지 않다. 일부의 주장과 달리, 그것은 이슬람으로부터 유래하지 않았다. 이른 시기의 환어음의 예는 12세기 제노바에서 나온다.[26] 그러나 그것은 그 이전부터 사용되었을 가능성이 크다. 아마도 예금 은행들은 그보다 조금 더 일찍 나타났을 것이다.[27]

중세의 장거리 무역에는 수많은 위험이 따랐다. 특히 난파나 해적질로 인한 위험이 컸다. 초기 자본가들은 손실된 화물의 대략적인 비율을 신속하게 파악하고 이런 예상치를 사용해 화물의 노출을 분산시킴으로써 위험을 최소화했다.[28] 예컨대 어느 상인은 자신의 화물을 여러 척의 서로 다른 배에 분산시킴으로써 그중 어느 하나나 둘의 손실이 안전하게 도착한 다른 여러 화물로 인한 이익에 의해 상쇄되게 할 수 있었다. 셰익스피어의 희곡 『베니스의 상인』(*Merchant of Venice*)에서 안토니오는 다음과 같이 말한다. "다행스러운 일이네만, 내 상품들은 한 배에만 실려 있지도 않고, 또 한곳에만 위탁되어 있지도 않다네."[29] 마침내 어떤 이가 보다 나은 해결책을 발견했다. 화물을 여러 척의 배에 분산시키기보다 일정한 요금이나 보험료를 지불하고 투자자 집단으로부터 화물의 가치를 보

---

26 Hunt와 Murray 1999: 65.
27 Usher [1934] 1953.
28 Elder de Roover 1945.
29 1막 1장.

장받는 것이었다. 그 투자자들 각각은 서로 다른 여러 척의 배들에 소량의 금액을 거는 모험을 하는 이들이었다. 그렇게 해서 **보험**이 발명되었다. 다시 한번 말하지만, 이것이 언제 나타났는지는 아무도 확실하게 알지 못한다. 그러나 피렌체와 베니스에서 나온 회계 장부들에는 1300년대 초에 보험료를 납부한 것으로 보이는 자료들이 포함되어 있다. 그리고 그 세기가 끝나기 전에 "보험업자들"의 신디케이트 형성에 관한 많은 기록이 나타났다.[30] 예컨대 1396년에 14명의 투자자들은 만약 마요르카에서 베네치아로 가는 양모 화물이 도착하지 못할 경우 1,250플로린의 손해가 날 것이라고 추정했다. 그 위험에 대한 개별 보험업자들의 지분은 50에서 200플로린까지 다양했는데, 보험 신디케이트에 참여하는 자들은 200플로린 이상에 해당하는 책임은 거의 받아들이지 않았다.[31] 게다가 가장 큰 회사들 중 일부는 신디케이트 가운데 위험을 분산시키지 않고 스스로 보험업자가 되었는데, 그것은 그들이 평균의 법칙에 의존할 수 있을 만큼 많은 화물들에 동시에 위험을 분산시킬 만한 자원을 갖고 있어서였다. 그런 까닭에 일찍이 1319년에 바르디 회사는 샹파뉴에서 열린 박람회에서 구입한 옷감을 피렌체에 있는 한 선적 회사에 위탁해 피사로 보내면서 8.75%의 보험료를 추가했다.[32]

분명히 해두어야 할 것은 중세 자본주의의 주된 기관이 단지 은행이 아니라 **국제적인** 은행이었다는 점이다. 세 가지 요소가 국제적인 은행이 필요하도록 만들었다. 첫째는 중세의 거래가 국제적이었다는 사실이다. 양모 거래가 중요한 예다. 일찍이 양모는 영국에서 생산되어 플랑드르로

---

30 Spufford 2002: 32.
31 Elder de Roover 1945: 188.
32 Ibid., 181.

운송된 후, 그곳에서 옷감으로 만들어져 샹파뉴의 무역 박람회에서 이탈리아인 무역상들에게 팔리고, 이탈리아로 수송된 후 거기서 선적되어 지중해 시장들 특히 중동과 아프리카 북부 해안 지역으로 실려 갔다. 둘째는 그 시대에 교회가 가장 큰 금융 집단이었을 뿐 아니라 또한 아주 많은 금액을 빈번하게 그리고 정기적으로 이체하는 것이 필요했던 국제적인 조직이었다는 사실이다. 셋째, 유럽의 지리적 상황 자체가 국제적이었다. 왕국들이 커지고 특히 그들 간의 전쟁에 더 많은 비용이 듦에 따라, 귀족들은 종종 막대한 대출이 필요했고 이런 돈을 제공할 만한 재정적 자원을 지닌 대금업자에게 여러 가지 사업상의 특권과 독점권을 제공할 수 있었다.

그로 인해 재산을 이동시키고 왕국을 재정적으로 지원할 만한 자원을 지닌 큰 은행들의 형성에 유리한 환경이 조성되었다. 이런 은행들은 주요한 정치적·경제적 요충지에 지점들을 설립함으로써 국제적인 조직이 되었다. 그것은 은행들로서는 그런 식으로 자신들의 지점들을 다룸으로써 돈을 보내는 일에 따르는 위험을 최소화할 수 있었기 때문이다. 이점에서 이탈리아의 은행들은 압도적인 이점을 갖고 있었다. 그것들은 가장 이른 시기에 포괄적 서비스를 제공했던 은행들로 보이기 때문이다. 그리고 국제 무역에 대한 이탈리아의 지배는 이탈리아인들의 은행이 일찍이 곳곳에 지점들을 설립하고 그것을 통해 얻은 시장의 지위를 이용해 비이탈리아인 경쟁자들을 배제하도록 이끌었다. 교황이 이 시기의 많은 기간 동안 이탈리아에서 살았다는 것 역시 도움이 되었다. 대규모 이탈리아 은행들이 유지했던 지점들의 국제적인 네트워크 및 (주주들 사이의 복잡한 가족 및 재무 관계를 감안할 때) 이탈리아 은행이 종종 다른 이탈리아 은행을 신뢰할 수 있는 안정된 기반을 갖고 있었다는 사실 때문에 이탈리아 은행들은 통신을 통해 국제적인 금융 활동을 수행할 수 있게 되었다. 앞서 논했듯이 특정한 판매자가 특정한 구매자의 계좌에서 돈을 빼가도록 지시하는 환어음은 중세 상업의 활력소였고 이탈리아 은행업의 독점의 토대였다. 비록 때때로 유력한 지역민들이 이탈리아 은행 지점들에서 소액 주주가 되는 것이 허락되기는 했으나, 대부분의 지점에서 비이탈리아인들은 하인들로밖에는 고용되지 않았다. 가장 멀리 있는 지점들의 직원들조차 전적으로 이탈리아에서 고용되고 훈련된 이들이었다. 그리고 모든 사업은 이탈리아에서 수행되었다. 그 결과 지금까지 알려져 있는 한, 15세기에 이르기까지는 서부 유럽의 가장 작은 은행들조차 모두 다 이탈리아 은행들이었고, 비이탈리아계 은행은 확실하게 존재하지 않았다. 이 시대에 영국과 아일랜드의 모든 은행은 플랑드르의 은행들 모두가 그랬던 것처럼 이탈리아 은행의 지점들이었다는 것은 이미 알려져 있으며, 중세 프랑스와 스페인에도 오직 이탈리아 은행만 있었다는 것 역시 잘 알려져 있다.[33]

그러나 그렇게 국제화됨으로써 이탈리아 은행들은 대부분의 때와 장소에서 자본주의의 발흥을 가로막는 많은 위험과 마주하게 되었다. 국내적으로는 상대적으로 민주적이었던 도시 국가들에서 은행들은 대개 폭군으로부터 안전했고 탈취에 대한 위험도 없었다. 그러나 그들이 지점들을 설립한 다른 곳들의 사정은 그렇지 않았다. 그 결과 국제적인 이탈리아 은행들은 종종 아주 위험한 딜레마에 빠졌다. 한편으로 지역의 통치자들은 은행들이 자기들에게 대출을 거부할 경우 그들에게 회복하기 어려운 상처를 입힐 수 있었고, 반면에 은행들이 대출을 해줄 경

---

33   de Roover 1948; Hunt 1994; Kaeuper 1973; Lloyd 1982.

우 그들에게 이익이 될 만한 특별한 기회를 제공할 수도 있었다. 다른 한편으로 누구나 통치자들과 은행가들 사이에 존재하는 권력의 커다란 불균형이 그런 대출을 아주 위험하게 만든다는 것을 알았다. 브뤼허의 어느 이탈리아 은행의 매니저가 바르셀로나 지점에 있는 그의 동료에게 썼듯이, "위대한 영주들에게 휘말리고도 끝까지 상처를 입지 않을 사람은 아무도 없다."[34] 실제로 때때로 은행들은 상처를 입었다. 위대한 영주들이 대출금을 갚지 않기로 결정했기 때문이다. 가장 유명한 예로 1343년에 페루치 은행과 1346의 바르디 은행의 실패를 꼽을 수 있다. 그 은행들은 그 시대에 가장 큰 두 개의 은행이었다. 그 두 은행은 영국 왕 에드워드 3세에게 막대한 금액을 대출해 그가 백년 전쟁의 초기 자금을 대도록 도왔다. 비록 몇 년간 버틸 수 있기는 했으나, 이 강력한 이탈리아 은행들은 에드워드가 은행에 진 자신의 막대한 빚—그는 페루치 은행에 600,000플로린을, 바르디 은행에 900,000플로린을 빚졌다—을 갚지 않기로 했을 때 사실상 파산하고 말았다. 훗날 메디치 은행의 파산은 그 시대에 만성적으로 진행되었던 전쟁에서 패자에게 돈을 빌려주는 일이 갖고 있던 위험성을 보여주었다. 그러나 은행들은 리카르디 은행의 관리자들이 알게 되었던 것처럼 승자이자 아주 정직하고 명예로운 왕과 너무 깊숙이 관계한 것 때문에도 무너질 수 있었다. 13세기에 설립된 세 개의 이탈리아 "슈퍼컴퍼니들"(supercompanies)[35] 중 첫 번째로 간주되는 이 은행의 상황은 중세의 은행업이 얼마나 현대적이고 복잡하게 되었는지를 알려주는 데 도움이 될 것이다.

34　de Roover 1948: 88.
35　리카르디 은행, 바르디 은행, 페루치 은행.

리카르디 회사는 1230년대의 어느 시점에 주변의 더 큰 이웃들이 항상 탐을 냈던 피렌체 인근의 번성하는 상업도시 루카에서 설립되었다. 그 은행의 초기에 관해서는 알려진 게 거의 없다. 그러나 그 세기의 중반에 그것은 대규모 무역 박람회가 개최되던 샹파뉴 지방의 네 개의 마을뿐 아니라 로마, 님, 보르도, 파리, 플랑드르, 런던, 요크, 더블린 등에 지점을 설립했다. 리처드 카유퍼(Richard W. Kaeuper)는 그 회사에 대한 놀라운 설명에서 이렇게 말한다. "1,600km 이상의 나쁜 길, 빠른 시냇물, 산길, 그리고 서로 경쟁하는 몇 개의 정치적 관할권을 가로지르면서 합리적인 사업 활동을 조정하는 것은 결코 간단한 일이 아니었다." 리카르디는 "그들 자신의 택배업자들"이 전달하는 "끊임없이 계속되는 편지들"을 통해서 그렇게 했다. "우리는 스테판, 루비노, 보코가 전하는 편지들을 읽는다.…우리는 이런 이들이 계좌 뭉치, 교환 편지, 중요한 고객들에게 보내는 서신들의 사본, 그리고 회사의 편지들로 가득 찬 두툼한 주머니를 들고 나르는 모습을 상상할 수 있다."[36]

그런 편지 중 하나에서 루카에 있던 리카르디 본사는 샹파뉴 지점이 시에나에 있는 본시뇨리 은행의 파리 지점에 "아주 큰 돈"을 빌려주었고, 그 은행이 런던이나 더블린에 있는 리카르디 은행 지점에 그 돈을 갚겠다고 약속했다고 보고한다. 그 문제에 대해 질문을 받았을 때 본시뇨리 은행의 여러 대표자들은 "변명을 하면서 자기들은 과연 그 돈이 그곳[런던]이나 아일랜드에서 지급이 되었는지, 그리고 얼마나 지급이 되

---

[36] Kaeuper 1973; 1977: 164.

었는지에 관해 알지 못한다고 말합니다." 그 편지는 다음과 같이 계속된다. "그러므로 우리는 당신에게, 당신과 아일랜드에 있는 그 사람들 모두에게, 당신이 얼마나 많은 돈을 받았는지 그리고 언제 받았는지 우리에게 알려주시기를 부탁드립니다." 루카, 샹파뉴, 파리, 시에나, 런던 그리고 더블린! 은행업이 이보다 얼마나 더 국제적이 될 수 있겠는가?

리카르디 은행은 지리적 측면에서만이 아니라 재정적 측면에서도 규모가 컸다. 초기의 한 편지에서 루카에 있던 리카르디 본사는 자기들이 샹파뉴 박람회에서 320,000플로린이라는 놀라운 금액의 신용 한도를 갖고 있다고 추정했다. 앞으로 살펴보겠지만, 이것은 그들의 다른 자금 운용의 규모들과 일치하는 것이었다.

1272년에 런던 지점은 굉장한 성공을 거두면서 에드워드 1세의 왕실 은행이 되었다. 그들이 왕에게 제공한 것은 만성적인 재정 문제에 대한 매우 정교한 해결책이었다. 대부분의 다른 정부들과 마찬가지로 에드워드의 수입은 지대, 세금 그리고 관세의 정기적이고 매우 지속적인 흐름을 통해서 왔다. 그러나 왕은 자신의 정부와 가문을 유지하는 데 드는 통상적인 비용에 더하여 종종 아주 갑작스럽고 커다란 재정적 필요에 직면했는데, 그것들 대부분은 전쟁으로 인한 것이었다. 에드워드 1세는 웨일즈와 스코틀랜드를 상대로 전쟁을 벌였고, 프랑스에서는 그의 재산을 지키기 위해 싸워야 했다. 리카르디 은행은 그런 갑작스러운 재정적 필요에 부응하기 위해 왕에게 대출을 해주기로 동의했다. 그리고 그들은 그의 정기적인 수입의 흐름 중 일부를 인수함으로써 왕실의 재정을 합리화했다. 예컨대 그들은 보르도와 마르망드에서 거둔 관세 전부를 할당받았고, 마침내는 일체의 "유동 자산"에 대한 세금은 물론이고 영국과 아일랜드에서 수출되는 모든 양모와 가죽에 대한 관세를 거둬들였다. 그렇게 거둔 돈은 왕의 현재의 부채를 줄이기 위해 사용되거나 갑작스러운 미래의 필요에 맞서기 위해 축적되었다.

리카르디 은행은 왕실 은행 역할을 하는 동안(1272-1294) 에드워드에게 연평균 112,000플로린을 빌려주었다. 몇몇 역사가들은 그 은행이 왕에게 매년 부채의 17%에 대한 지불을 청구하고 당시 왕의 수입에서 그것을 원천 징수했다고 추정하고 있으나, 리카르디가 그런 일을 통해 얼마나 그리고 어떤 방식으로 직접적인 유익을 얻었는지는 분명하지 않다. 그러나 그들이 왕과의 관계를 통해 얻은 간접적인 유익이 막대했음은 아주 분명하다. 정부는 에드워드의 백성들로부터 미지급 부채를 회수하기 위해 애를 썼다. 1277년에 에드워드는 재무를 담당하는 남작들에게 "리카르디의 모든 채무자들을 소환해서 그들에게 만기 금액의 회수와 관련해 도움과 조언을 제공하라"고 지시했다.[37] 나중에 왕의 사법 장관들은 리카르디 은행에 진 빚을 징수하도록 배정을 받았다. 왕실 은행이 되는 것은 또한 리카르디 은행에 에드워드의 영토 안에서 굉장한 신용을 부여했다. 그리고 그 은행은 그 신용을 사용해서 주요한 대부업자가 되었고 생산자들로부터 직접 영국산 양모를 사들이는 장기적인 계약을 체결하는 등의 사업적 거래를 성사시켰다.

리카르디 은행은 왕실 은행이 되는 것에 더하여 교황과도 특별한 관계를 누리면서 종종 그에게 보낼 기금을 모아 그것을 로마로 넘겨주었다. 이것은 교황이 십자군 전쟁을 지원하기 위해 부과했던 특별세와 관련해 세 가지 양상을 띠었다. 이 돈은 십자군 전사들의 무리를 이끌었던 왕들 및 다른 위대한 영주들에게 배당되었다. 에드워드는 실제로 1270

---

37 Kaeuper 1973: 121.

년에 있었던 제9차 십자군 원정에 합류했다가 그의 아버지가 죽은 1274년에 돌아와 왕위에 올랐다. 다양한 이유로 교황은 이 자격을 갖춘 에드워드가 십자군을 위한 세금을 수령하는 것에 동의하지 않았다. 그리고 왕과 교황은 그 문제로 논쟁하면서 몇 해를 흘려보냈다. 그러는 동안에 그 기금은 리카르디 은행에 계속해서 쌓였고, 결국 그 금액은 500,000플로린을 넘어서기에 이르렀다.

1291년에 프랑스의 왕이 자신의 영토 내에 있던 이탈리아인들을 체포했고, 그로 인해 리카르디 은행은 아주 큰 액수의 벌금을 물어야 했다. 그와 동시에 교황이 마음을 바꿔 에드워드에게 십자군 기금을 제공했다. 물론 탁월한 사업가들이었던 리카르디의 은행원들은 그동안 교황의 돈을 금고실에 그냥 묵혀두지 않고 그것으로 도처에 투자해왔었다. 크게 놀란 그들은 현금을 마련하기 위해 허둥대야 했고, 이것이 그들을 매우 취약한 위치에 놓이게 했다. 그 후 1294년에 에드워드 1세와 프랑스의 미남왕 필립(Philip the Fair)이 가스코뉴에 대한 지배권을 얻기 위해 전장으로 나갔는데, 그것은 "그들의 후손들에 의해 계속된 백년 전쟁을 위한 총연습"이었다.[38] 그 전쟁 또한 리카르디 은행을 깜짝 놀라게 했다. 에드워드에게 교황의 자금을 제공하느라 이미 무리를 했던 은행은 에드워드가 해협 건너에 있는 군대를 유지하기 위해 필요로 했던 막대한 액수의 신규 대출을 제공할 수 없었다. 분개한 왕은 런던에 있는 모든 리카르디 은행원들을 체포하고, 그들의 모든 재산과 은행의 자산 일체를 압류한 후 그것들을 묶어서 해협 건너로 보냈다. 다른 왕들이었더라면 그들의 머리를 가져갔을 것이다.

---

38 Kaeuper 1077: 170.

그런 고통스러운 문제들에 더하여, 프랑스 왕이 다시 그의 지역에 거주하는 리카르디 은행원들을 체포했다. 그는 그들이 영국 왕 에드워드의 은행원들이라는 점에서 외국의 첩자들이라고 비난했다. 이것이 파리와 보르도 지점들에서 예금 인출 사태를 촉발했다. 마침내 1301년에 그 은행은 문을 닫았다. 그로 인해 그 은행과 관련된 모든 사람은 오랜 기간 지속되는 재정적 재앙을 겪어야 했다.

이탈리아의 자본주의적 회사들이 자선 사업에 헌신했던 것을 언급하지 않고서 그들의 재정 문제에 관한 논의를 마무리하는 것은 적절하지 않을 것이다. "예산을 작성하거나 수정할 때마다 회사 자본의 일부로 가난한 자들을 위한 기금이 마련되었다. 이런 자금은 가난한 이들을 대표하는 분이신 '우리의 선하신 주 하나님'의 이름으로 장부에 기재되었는데, 그 가난한 이들은 이런 식으로 회사의 파트너가 되었다. 배당금이 지불될 경우 예산에 비례하는 금액이 가난한 자들에게로 갔다."[39] 실제로 어느 회사가 청산될 경우 가난한 자들은 늘 자본에 대한 그들의 몫에 비례해서 채권자들 중에 포함되었다. 대부분의 회사들은 또한 작은 현금 상자를 유지했는데, 그 회사의 견습생들은 구호금을 요청하러 오는 모든 거지에게 그 상자에서 돈을 꺼내 나눠주는 일을 하도록 배정받았다. 이 모든 것은 이 회사들의 장부 및 회계 장부에 작성된 하나님께 바쳤던 빈번한 예산 외의 감사 예물과 맥을 같이했다.[40] 물론 이것들 모두가 "자선을 위한" 것으로 묘사될 수는 없다. "그분들이 우리를 대하셨던 것과 같은 방식으로 곧 우리가 모든 이들에게 베풀 수 있는 위치에 설 수 있도록

39   Sapori 1970: 23.
40   Ibid., 21-28.

하나님과 마리아 안에서 소망하자. 그동안은 우리가 입을 다물고 있는 것이 훨씬 더 적절하다."[41] 이것은 1291년경에 런던에 있던 리카르디 은행의 어느 회계 장부 관리자가 쓴 글이다.

이탈리아의 자본주의, "청교도주의" 그리고 검약

확실히 자본주의는 프로테스탄트 윤리에서 태어나지 않았다. 그것은 종교개혁보다 여러 세기 전에 이탈리아의 도시 국가들에서 만개한 상태로 나타났다. 사실 그동안 여러 경제사가들은 그와는 반대로, 즉 오히려 프로테스탄트 윤리가 자본주의로부터 태어났다고 주장해왔다.[42] 유감스럽게도 이런 역사가들은 그들의 관심을 16세기에 고정시켰다. 그것은 그들이 종교개혁이 발생한 이유가 급속하게 성장하는 상업 계층(부르주아)이 보다 개인주의적이고 덜 제도화된 종교적 선택지, 즉 기독교가 자본주의를 가능케 했지만 이어서 자본주의가 종교적 선호와 감성을 형성했다는 개념을 선호했기 때문임을 증명하고자 했기 때문이다. 자본주의가 어떤 종교적 함의를 갖고 있다면, 아마도 그런 함의를 살펴볼 더 나은 지점은 16세기의 혼란이 아니라 최초의 자본주의적 사회들이 될 것이다. 청교도주의나 프로테스탄트 윤리와 유사한 무언가가 이탈리아 북부의 도시 국가들에서 나타났는가? 그렇다. 이탈리아 북부에서 나타난 산업적 자본주의의 발흥은 강력하게 금욕적이고 원형적이며 청교도적인 종교 운동이

---

41   Kaeuper 1977: 169.
42   Brentano 1916; Fanfani [1934] 2003; Robertson 1933; Samuelsson [1966] 1993; Tawney 1926.

었던 후밀리아티(*Humiliati*, "겸손한 자들"[the humbled ones]에 해당하는 라틴어. 운동의 이름이면서 그 운동의 참여자들을 가리키기도 한다—역주)의 확산과 함께 이루어졌다. 게다가 이런 도시 국가들에서는 검약이라는 기준이 반복해서 법으로 제정될 만큼 일반적인 것이 되었다.

이탈리아의 청교도들

후밀리아티가 경건한 로마 가톨릭교회의 교인들이기는 했으나, 그들의 모임은 또 다른 수도회가 아니었다. 훗날의 청교도들처럼 그들은 주로 세속적 삶을 영위하기는 했으나 금욕적인 종교적 기준을 추구하는 사람들로 구성된 평신도 운동이었다.[43] 최종적으로 세 단계의 회원들이 나타났다. 첫 번째 단계는 전형적인 수도원 공동체를 유지했던 성직자들로 이루어졌다. 두 번째 단계는 공적인 맹세를 하지는 않았으나 공동생활 집단에 합류해서 정규적인 수도원의 그것과 같은 규칙들을 준수하며 사는 쪽을 택한 남자와 여자들로 이루어졌다. 이 두 단계는 단지 후밀리아티가 시작된 방식이었을 뿐 아니라 그 운동의 가장 크고 가장 영향력 있는 요소로 남아 있었던 세 번째 단계로부터 성장했다. 그 단계는 바로 평신도였는데, 그들 대부분은 결혼을 했고 "제한된 형태의 자발적 빈곤"을 실천했다.[44] 결국 이탈리아 북부에는 수천 아마도 수만 명의 후밀리아티가 있었다.

그들의 이름이 암시하듯이 후밀리아티 회원들은 겸손한 삶을 갈망했다. 그들은 하루에 두 끼 이상을 먹거나 좋은 옷을 입거나 하지 않았

---

43 Andrews 1999; Bolton 1983; Grundmann [1961] 1995; Moore 1994.

44 Bolton 1983: 63.

다. 대신 그들은 "가족들과 함께 살면서 내핍, 기도, 교제 그리고 육체노동"에 헌신하기로 서약했다.[45] 육체노동에 대한 약속을 이행하기 위해 많은 후밀리아티가 직공이 되었다. 다른 이들은 다양한 공예직에서 일했다. 그리고 어떤 이들은 계속해서 상인 노릇을 했던 것으로 보인다. 그러나 그들 전부는 자신들의 "잉여 수입" 모두를 가난한 이들에게 주기로 서약했다.[46]

후밀리아티는 12세기 어느 때에 밀라노에서 혹은 밀라노 주변에서 시작되었고 그곳으로부터 제노바를 포함해 북부 지역의 다른 자본주의 도시들로 퍼져나갔다. 그러나 그들의 중심지는 롬바르디에 있었다. 이런 도시들의 비할 데 없는 풍요가 이 운동의 탄생에 필수적이었던 것으로 보인다. 왜냐하면 후밀리아티 운동의 호소는 가난이 아니라 특권에 대한 반동이었기 때문이다. 몇 세대에 걸쳐 마르크스주의 학자들은 후밀리아티의 발흥을 부르주아 자본주의자들에 의한 착취에 대한 프롤레타리아의 저항으로 여기면서 상황을 거꾸로 해석했다.[47] 훗날 덜 교조적인 학자들은 자본주의가 후밀리아티를 낳는 데 핵심적 역할을 **했으나** 그들의 운동은 물질주의에 맞서는 부유한 사람들의 반동이었다고 확언했다. 기록들은 "부유한 시민들, 귀족들, 성직자들"과 다른 특권 계급의 사람들이 후밀리아티에 참여했음을 보여주지만, "'프롤레타리아'의 참여와 관련해서는 흔적이 존재하지 않는다."[48]

---

45 Moore 1994: 227.

46 Grundmann [1961] 1995: 71.

47 내가 아는 한, 이런 마르크스주의 문헌 전부는 이탈리아어로 쓰였다. 고전적 작품은 Andrews 1999, 1장에 요약되어 있는 Luigi Zanoni(1911)의 것이다.

48 Grundmann [1961] 1995: 71.

후밀리아티는 내핍을 받아들인 것이 아니라 그것을 **택했다.** 그들 대부분은 "글을 읽을 줄 알았고…귀족 출신들을 많이 포함하고 있었으며…[그들은] 자기들이 모방하고 싶어 하는 사람들에게는 터무니없어 보였을 것이기에 그들에게도 같은 정도로 현실적이었던 이 규칙을 적용하면서 스스로 '가난해지고 가난한 이들과 함께 살기로' 했다."[49] 이 모든 것은 중세 금욕주의자들의 전형적 모습이었다. 일반적으로 배를 곯아본 이들은 금식을 하지 않는다. 오히려 엄격한 신앙은 주로 (대개 세습된) 부와 물질주의에서 만족을 발견하지 못한 이들에게 호소한다.[50] 그러나 후밀리아티는 수도원의 성소 안으로 후퇴하기보다는 여러 세기 후에 청교도들이 그랬던 것처럼, 모든 그리스도인을 위한 새로운 삶의 방식을 세우려 했다.

물론 이탈리아의 자본가 중 압도적 다수는 후밀리아티에 가담하지 않았고, 그들의 후손들도 그랬다. 그럼에도 후밀리아티가 제시한 예는 이탈리아의 자본주의적 도시들에서 이루어지는 매일의 삶을 위한 새롭고 보다 제한적인 기준을 세우는 데 중요한 역할을 했다. 그것은 침울한 청교도주의와 프로테스탄트 윤리를 완전하게 예상하는 기준이었다.

검약

다음 격언에 대해 생각해보라. "돈은…허영심으로 전환되면 죽은 것이다."[51] 또한 그것이 단지 유명한 말이 아니었음을 고려하라. 오히려 그것은 베네치아에서 다양한 종류의 사치를 금하는 법률의 서문에서 가져온

---

49 Moore 1994: 227.
50 Stark 2003b.
51 Killerby 2002: 41에서.

말이다. 이런 법률은 **사치 규제법**이라고 알려져 있다. 그것은 평민들이 그들보다 나은 사람들처럼 옷을 입는 것을 막기 위한 수단으로 출발했다. 많은 곳에서 진홍색 옷이나 소매와 밑단의 검은 담비 장식 같은 것들은 상류층 귀족들에게만 허용되었다. 그런 법령의 의도는 부유한 평민들에 의해 제기되는 지위에 대한 위협을 제한하기 위함이었다. 그러나 자본주의적인 이탈리아에서 사치 규제법을 형성한 것은 계급이 아니라 **검약**이었다.

1300년경부터 과시적 소비와 사치스러운 삶의 방식을 금하는 여러 가지 사치 규제법이 이탈리아 북부의 도시 국가들 전역에서 채택되었다. 1299년부터 1499년 사이에 베네치아에서는 42개, (1281년부터 1497년 사이에) 피렌체에서는 61개, (1157년부터 1484년 사이에) 제노바에서는 19개, 그리고 (1343년부터 1498년 사이에) 밀라노에서는 5개의 서로 다른 사치 규제법이 채택되었다. 그런 법률들의 의도는 그것들의 서문에서 발췌한 다음과 같은 말들을 통해 분명하게 드러난다.[52]

도시의 남자들이…남자와 여자들을 위한 옷과 다른 다양한 장신구들을 위해 쓸모없이 지불해왔던 무겁고 부담스러운 비용을 없애기 위해(1334년)

시민들이 계속해서 지출하는 쓸모없는 비용을 피하기 위해(1342년)

여자들의 헛된 야심을 억제하고 쓸모없고 값비싼 그들의 옷 장식을 막기 위해, 우리는 이 가장 거룩한 법을 선포한다(1333년).

---

52   Ibid., 28-29, 36.

마지막 인용문에서 분명하게 드러나듯이, 도시 국가들이 이런 법률들을 채택했던 주된 이유는 부유한 남자들이 자신들의 수입을 아내들이 경박하게 소비하도록 내버려 두기보다 그것으로 재투자하기를 바랐기 때문이다. 화려한 옷을 입는 것이 불법이었던 곳에서 검소한 남녀들은 값싼 혹은 저평가 받는 옷 때문에 비난을 받지 않았다. 그 법이 집의 가구들에까지 확대되었을 때, 남편들은 돈을 저축하고 재투자할 수 있게 되었다. 더 나아가 법률은 무엇이 타당한지에 대한 통속적인 개념을 단지 반영만 하는 게 아니라 종종 그것을 형성하기도 한다. 이런 경우에 검약은 어떤 이가 사람들로부터 공적 존경을 얻게 해줄 수도 있다. 크리스토퍼 히버트(Christopher Hibbert)는 부유한 피렌체인들의 집에 관한 글을 통해 다음과 같이 전한다. "가장 부유한 가문에 속한 자들조차 평범한 나무 식탁과 가장 볼품없는 침대를 사용했다. 벽들은 대개 회반죽이 되어 있었다.… 바닥은 그냥 돌이었고, 갈대 매트 외에 다른 아무것도 깔려 있지 않았다. 닫힌 창문들은 대개 [유리가 아니라] 기름칠한 면직물로 만들어졌다."[53]

　　시간이 흐르면서 사치 규제법에 내포된 성별 간의 갈등이 점점 더 불쾌한 문제가 되었다. 1380년에 루카에서 채택된 한 법령의 서문에서 드러나는 유일한 우려 사항은 그런 법이 필요한 이유는 젊은 남자들이 아내에게 관습이 요구하는 "과도하게 많은 모피, 장신구, 진주, 화환, 벨트 그리고 다른 값비싼 물건들"을 제공하는 데 필요한 큰 금액을 제공할 수 없거나 제공하려고 하지 않아서 도시에서 결혼이 발생하지 않기 때문이라는 것이었다. 2세기 후에 파도바의 지역 유지들은 덜 외교적인 표현을 사용해 다음과 같이 말했다. "게으름을 통해 허영으로 가득 찬 여자들

53　Hibbert [1974] 2003: 21.

의 본성과 조건…그리고 새로운 유행과 과도한 장식을 위해 지출되는 해로운 비용 등이 파도바라는 이 가난한 도시를 더 큰 불행으로 이끌고 있다.” 계속해서 그들은 “하나님과 세상을 불쾌하게 하는 나쁜 예인 이 음탕하고 과도한 사치”를 비난했다.

그러나 이런 이탈리아의 도시 국가들이 사치 규제법을 반복해서 통과시켰다는 사실은 그런 법들이 전적으로 성공적이지 않았음을 알려준다. 아무도 하지 않는 일을 어째서 불법화시키겠는가? 분명히 많은 사람이 특히 베네치아와 피렌체에서 계속해서 사치를 추구했다. 그리고 아마도 그들은 공적 장소에서 그다지 조심하지도 않았을 것이다. 확실히 메디치가의 여자들은 누더기나 칙칙하고 덥수룩한 옷을 입지 않았다. 이탈리아의 도시 국가들에서 사치 규제법이 상대적으로 비효율적이었던 것은 이상할 게 아무것도 없다. 역사적으로 볼 때, 청교도적 기준을 추구하는 곳에서 상당한 정도의 불순응이 나타나는 것은 오히려 전형적인 일이다. 앞으로 살펴보겠지만, 청교도적이었던 암스테르담에서 대부분의 남자들은 렘브란트(Rembrandt)의 그림과 그 도시의 청교도적 리더십에도 불구하고 수수한 검정색 옷을 입지 않았다. 청교도적이었던 보스턴의 경우 1740년에 조지 휘트필드(George Whitefield)는 그의 일기에서 청교도임을 자인하는 이들 가운데서조차 “보석, 장식용 헝겊 조각, 화려한 옷차림은 여자들 사이에서 일반적이었다”고 적었다.

사치 규제법이 그렇게 자주 채택되었다는 것은 그것들이 공동의 문화를 반영했음을 의미한다. 그 법들이 그다지 잘 준수되지 않았다는 것은 입으로는 검소한 삶을 선호했던 많은 이들이 자신들을 그런 삶에서 제외시켰음을 암시한다. 이것은 종종 “윤리”와 관련해서도 마찬가지다. 미국인들은 안전한 운전을 강력하게 선호하며 고등학교 시절에 실질적인 운전자 교육을 요구한다. 그러나 대부분의 운전자들은 교통 법규를 위반한다. 비슷하게 벤저민 프랭클린(Benjamine Franklin)은 저축과 검약에 관한 그 자신의 강조에도 불구하고 자기 아내에게만 빼놓고 구두쇠가 아니었다.

어쨌거나 검약 문화가 이런 이탈리아의 도시들에서 자본주의의 발흥의 원인이 되었다거나 도움을 주었다고 주장하는 것은 잘못된 일이 될 것이다. 적어도 그런 주장을 하기 위해서는 문화가 상업을 앞서야 하는데, 사정은 분명히 그렇지 않았다. 자본주의는 후밀리아티가 출현하기 이전부터 혹은 도시들이 그 어떤 사치 규제법을 채택하기 이전부터 존재했다. 이런 현상들이 어떻게든 서로 연결되어 있다면, 아마도 그것은 초기 자본주의가 청교도주의의 한 형태와 검약의 윤리를 자극했다는 것뿐일 것이다. 그러나 아마도 더 중요한 것은 설령 이런 것이 자본주의에 대한 대응이었을지라도 그것은 **호의적인** 대응이 **아니었다.** 오히려 그것은 자본주의적 풍요에 **맞서는** 반동이었다. 우리가 살펴보겠지만, 암스테르담이 유럽 대륙의 자본주의의 중심지가 되었을 때, 그 도시의 청교도적 설교자들은 탐욕과 물질주의를 맹렬하게 비난했다. 아니다, 기독교가 자본주의의 발흥에 기여한 것은 청교도적인 혹은 프로테스탄트적인 교리들을 통해서가 아니다. 오히려 기독교는 직접적으로는 상업에 찬성하는 선언을 함으로써, 그리고 간접적으로는 개인주의와 자유를 부추김으로써 자본주의의 발흥에 기여했다.

이 지점에서 14세기에 유럽을 강타했던 커다란 인간적 비극과 그것이 자본주의의 발흥에 미친 영향에 대해 생각해보는 것은 적절한 일이다.

1347년에 근동으로부터 돌아오는 갤리선들이 이탈리아의 주요한 항구 도시들에 선페스트 균을 퍼뜨렸다. 제노바가 그 위험에 대한 경고를 받았을 때, 그 도시에 도착한 최초의 감염된 갤리선들은 "불화살과 갖가지 전쟁 기계 장치들의 공격을 받아 항구 밖으로 쫓겨났다."[54] 그러나 너무 늦었다. 1년 이내에 흑사병은 무역로를 따라 유럽 전역으로 퍼져나갔다.[55] 흑사병이 소멸된 1350년까지 전 인구의 1/3인 약 3천만 명이 죽었다. 끔찍한 비극이었다. 그러나 얄궂게도 그로 인한 경제적·정치적 영향은 아주 긍정적이었다. 생존자들과 그들의 자녀들은 흑사병 때문에 더 나은 삶을 살았다.[56]

흑사병의 초기 결과는 노동력의 부족이었다. 예상할 수 있는 일이지만, 임금이 급상승했고, 그로 인해 여러 왕과 의회들은 임금을 억제하기 위해 헛된 노력을 기울였다. 영국 의회는 1349년에 임금을 1346년 수준으로 동결하는 노동자 법령(Statute of Laborers)을 통과시켰다. 그러나 지주들은 여전히 노동자들과 싸워야 했고 자신들이 제시하는 금액에 여러 가지 비현금 유인책들을 더하는 방식으로 쉽게 법을 피해 나갔다. 그런 유인책들에서 고임금보다 훨씬 더 중요한 것은 자유와 선택의 문제였다. 그것은 많은 수의 농노들이 자유 소작인이 되는 결과를 낳았다. 그리고 아마도 그로 인해 소작인들에게는 훨씬 더 큰 동기가 부여되었을 것이기 때문에 농업 생산성은 (훨씬 더 적어진 인구를 감안할 때) 수요보다 훨씬 적

---

54 Ziegler 1971: 17.
55 Nicholas 1999.
56 Hunt와 Murray 1999; Miller 1963.

게 감소했다. 그리고 한동안은 실질적인 잉여물이 식량 가격을 떨어뜨렸다. 이어서 이것이 도시의 성장을 추동했다. 그리고 14세기 말에 서구 유럽은 도시 지역에서 흑사병으로 인한 사망률이 시골 지역에서보다 훨씬 더 높았음에도 불구하고 실질적으로 흑사병 이전보다 훨씬 더 도시화되었다. 초기 자본주의에서 가중 중요한 것은 평균적인 유럽인들의 구매력이 크게 상승한 것이었다. 이전보다 훨씬 적은 사람들이 있었다. 그러나 그들은 상품들을 위해서는 훨씬 더 좋은 시장이었다. 영국의 양모에 관한 통계가 이 놀라운 사실에 대한 통찰을 제공한다. 흑사병의 여파로 대륙으로 수출되던 영국산 옷감의 양이 1349년과 1350년에는 거의 2/3수준으로 떨어졌고, 1353년에도 여전히 그 수준에 머물렀다. 그러나 1354년에 다시 흑사병 이전 수준의 수출이 달성되었다. "그리고 그 이후 4년 동안 [양모 수출 사업은] 흑사병 이전보다 훨씬 더 번성했고…10년 내에 두 배로 성장했다."[57] 그렇게 해서 흑사병 직후에 유럽 전역의 공장들은 전보다 훨씬 더 분주해졌고, 운송 시스템은 최대한으로 가동되었으며, 은행의 회계원장들은 놀라운 수입을 보여주었고, 많은 곳에서 평범한 사람들이 그들의 부모들은 꿈도 꾸지 못했던 정도의 삶의 수준을 누렸다. 자본주의는 성장하고 퍼져나가고 있었다.

　　이탈리아의 자본주의가 만들어낸 경제적 기적은 너무나 분명해서 모르고 지나칠 수가 없을 정도였다. 유럽 북부에서 이탈리아로 여행하는 이들은 믿기 어려운 부와 생산성에 관한 이야기들을 가지고 돌아갔다. 이탈리아의 "식민지" 회사들이 지역의 산업과 상업을 인수하고 재조직해서 수익성이 아주 좋고 효율적인 회사들을 만들었기 때문에 플랑드르,

---

57   Gray 1924: 17-18.

잉글랜드, 그리고 라인강 변의 여러 도시의 거주민들은 이런 기적을 보기 위해 단지 그 지역을 둘러보기만 하면 되었다. 머지않아 그 지역민들은 그들 자신의 자본주의적 회사들을 설립했고, 그로 인해 부는 더 이상 이탈리아나 유럽 북부의 이탈리아인 거주지들에 국한되지 않고 널리 퍼져나갔다. 그 후 수 세기 동안 자본주의는 서구의 가장 귀중한 비밀로 남아 있었다.

제5장

자본주의의 북상

자본주의를 최초로 북부 유럽으로 가져간 것은 모직물이었다. 로마 시대에도 플랑드르의 마을들은 세계에서 가장 좋은 모직물을 만들어내는 곳으로 유명했다. 10세기에 플랑드르의 모직물은 아마도 유럽에서 제조되었던 다른 어느 생산물보다도 많은 수입을 올렸을 것이다. 플랑드르의 옷감은 11세기에 시작된 샹파뉴 지역의 대규모 무역 박람회에서 거래되는 중요한 품목이었다. 그곳에서 주요한 구매자들은 지중해 연안 전 지역에 되팔 상품을 찾는 이탈리아의 상인들이었다. 결국 이탈리아인들은 유럽 북부 지역에 은행 지점들을 세웠다. 그리고 계속해서 박람회에 의존하기보다는 정기적으로 직접 지역 생산자들로부터 모직물을 구매하는 쪽으로 방향을 전환했다. 그들이 지역 상황에 익숙해졌을 때, 은행들은 플랑드르의 모직 "산업"이 소규모 직조 공장들과 가정을 기반으로 한 삯일꾼들로 이루어진 체계적이지 않은 미로나 다름없다는 사실이 제공하는 놀라운 기회를 인식했다. 이탈리아인들이 이런 수많은 소규모 생산자들을 효과적인 경영과 계획 그리고 마케팅을 할 수 있는 몇 개의 커다란 회사의 하청업자로 삼았을 때 그들은 생산성과 효율성 측면에서 엄청난 이득을 올릴 수 있게 되었다.

플랑드르로 자본주의를 가져온 이탈리아인들은 곧 그것을 북쪽에 있는 네덜란드로 가져가면서 자신들의 사업 범위를 모직물 제조로부터 여러 다른 생산품과 산업으로 확장했다. 그러는 동안 이탈리아 은행들은 또한 영국에서도 그들의 자본주의적 마술을 행했다. 거기서도 그들은 모직 산업으로부터 시작했다. 영국에서 자본주의의 급속한 확산은 수 세기에 걸친 놀라운 산업 성장의 출발점이 되었는데 바로 그것이 훗날 영국이 세계적 제국이 되기 위한 경제적·군사적 기초를 놓았다. 물론, 만약 이런 지역들이 이미 상당한 정도의 자유를 누리고 있지 않았더라면, 아마도 그런 이들에게는 아무것도 일어나지 못했을 것이다.

플랑드르의 모직 도시들

중세의 플랑드르(Flanders, "침수된 땅"을 의미한다)는 저지대 국가들의 남서쪽 지역에 속한 강력한 공국이었고, 대략 오늘날의 벨기에와 네덜란드 남부에 해당한다(지도 5-1을 보라). 이탈리아의 은행들이 도착하기 전에, 옷감 제조 "회사들"은 주로 한 사람의 직공이 소유한 고작 서너 개의 베틀을 갖춘 작은 가게들이었다.[1] 주주들은 존재하지 않았고, 이익은 대부분 소비되었을 뿐 재투자되지 않았다. 그리고 회사들은 아주 작은 상태로 남아 있었다. 합명 회사는 오직 특정한 단기 벤처 사업을 위해서만 만들어졌다. 그리고 이런 회사들은 무역에 종사하지도 않았다. 그들은 자신들의 옷감 외에는 아무것도 팔지 않았고 대개는 가장 가까운 마을 회관에서 구매자들에게 그것을 팔았는데, 그 구매자들은 그 지역의 무역 박람회 중 하나에서 그것을 되팔았다. 직조 회사들의 활동이 조금이라도 조정되고 조직화되어 있었다면, 그것은 모든 소유자-운영자들이 속한 지역 상인-직조공의 길드를 통해서였다. 그리고 그것이 문제였다. 여러

---

1   Hunt와 Murray 1999: 39.

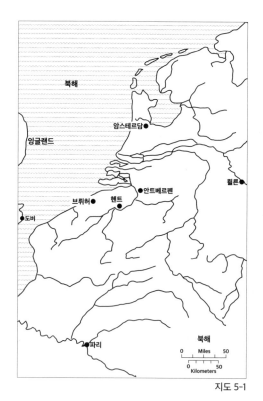

북해

잉글랜드

암스테르담●

쾰른●

브뤼허● ●안트베르펜
●핸트

●도버

●파리

북해

0   Miles   50

0   Kilometers   50

지도 5-1

세대 동안 플랑드르의 모직 산업 분야에서 자본주의가 발전할 수 없었던 것은 그곳에 자유가 없었기 때문이었다.

정기적인 면허 비용에 대한 대가로 지역의 통치자로부터 전폭적인 지원을 받으면서 여러 마을과 도시들에서 억압적인 카르텔로 운영되던 상인 직공 길드들은 전체 산업을 협소하게 제한하고 자신들의 정책에 순응하지 않는 이들에게 아주 심각한 벌을 내릴 수 있었다. 예컨대 인기 있는 주홍색 염료의 배합 공식을 변경하는 사람은 "105파운드의 엄청난 벌금 혹은 그 벌금을 내지 못할 경우 오른손을 잃는 형벌에 처해질 수 있었다."[2] 길드의 규칙은 개별 회사들이 소유할 수 있는 베틀의 수를 대개 다섯 개 이하로 국한시킴으로써 회사들의 규모를 아주 작게 유지시켰다. 가격은 통제되었고 흥정은 허락되지 않았다. 그로 인해 증진된 효율성이 제공하는 그 어떤 유익도 제한되었다. 직조공 길드 역시 노동 시간을 정했고 모든 회사들이 그것

---

2   Carus-Wilson 1952: 389-90.

에 따를 것을 요구했다.[3]

임금 역시 길드에 의해 정해졌고, 고용된 직조공들뿐 아니라 (소유자들을 제외한) 그 업계에 속한 모두에게, 즉 양털 세탁자, 소모공, 방적공, 염색업자, 축융공, 양털 깎는 사람 그리고 다른 이들 모두에게 엄격하게 적용되었다. 비록 생활비의 변동을 반영해 임금이 오르내리기는 했으나, 그 비율은 전적으로 경영진에 의해 통제되었다. 오직 자신의 가게를 가진 직조공들만 길드에 속할 수 있었기 때문이다. 회사에 따라 임금의 차이가 나는 것은 허락되지 않았다. 그리고 고임금을 위한 모든 형태의 집단적 흥정은 길드에 의해서뿐 아니라 대개는 지역의 법에 의해서도 금지되었다. 놀랄 것도 없이 이것은 종종 혹독하고 피비린내 나는 시민들 사이의 분쟁으로 이어졌고, 때로 그것은 공동체의 정치적 자유와 독립을 위험에 빠뜨리기도 했다.

11세기에 플랑드르 북부의 모직 산업은 급속하게 확장되기 시작했다. 부분적으로 그것은 인구의 증가 때문이었다. 또 다른 요소는 국제 무역의 급속한 팽창이었다. 그것은 이탈리아인들에 의해 유지되었던 샹파뉴 박람회를 통해서였는데, 그곳에서 이탈리아인들은 모직물을 구입한 후 남쪽으로 가져가 수출했다. 그러나 지방 자치 형태의 자유 역시 그것 못지않게 중요했다. 이것은 이런 도시들이 민주적이었다는 의미가 아니다. 비록 그들이 의회에 의해 다스려지고는 있었으나, 그 의회에서는 오직 엘리트 계층—주로 가장 부유한 상인들—만이 자기들을 대표하는 자를 의회에 파견할 수 있었다. 그러나 이런 도시들의 경제적 발전을 위해서는 이들 공동체들이 지역 귀족들의 통제에서 벗어나 대신 우리가 앞장

---

3   Carus-Wilson 1952: 386.

에서 논의했던 것처럼 그들의 내부 문제에 관여하지 않는 플랑드르 공작이나 신성 로마 제국 황제 같은 멀리 있는 통치자들에게 세금을 바치는 것만으로도 충분했다. 유감스럽게도, 그들의 내부 문제가 피비린내 나는 시민들 사이의 소란으로 바뀌었을 때, 때때로 멀리 있던 주군들이 그 일에 개입해달라는 요청을 받았다. 그리고 그로 인해 어떤 도시들은 독립을 잃었고 그와 더불어 경제적 성공도 함께 잃었다.

어떤 중요한 의미에서 모직업을 주된 산업으로 하는 마을들 몇 개를 파괴하고 나머지 마을들의 존재를 위협했던 것은 그 마을들의 풍요였다. 생산이 증가하고 이익이 커짐에 따라, 아주 부유한 상인 계급과 그들이 고용한 숙련된 장인들 사이에서 사회적 긴장이 점점 더 고조되었다. 처음에 이런 긴장은 추가적인 길드들의 조직으로 이어졌다. 직조공 길드, 염색업자 길드, 축융공 길드 등등이 나타났다. 이런 각각의 길드들은 작업 규칙을 명시해 시행하고, 동업 조합에 대한 입회를 제한하며, 임금과 작업 조건을 정하려고 시도했다. 길드와 더불어 반대할 수 있는 힘이 생겼다. 곧 마을마다 장인들은 격렬한 봉기에 가담했다. 그들은 때로는 부유한 이들의 집과 재산을 약탈하면서 "계급 없는" 공동체를 조직하려 했다. 종종 이런 반란 정권은 그 수명이 짧았다. 대개 그것들은 평등이 달성하기 어려운 것으로 판명되었을 때 내부 갈등으로 인해 무너졌다. 때때로 그들은 성공적으로 진압되었다. 그러나 거의 언제나 생명과 재산의 손실이 아주 컸다.[4] 그로 인해 "외부인들에게 '플레밍'(Fleming, 플랑드르 사람을 일컫는 용어―역주)이라는 단어는 종종 '혁명적인'과 동의어가 되었

---

4   Nicholas 1987; TeBrake 1993.

다."[5] 거의 한 세기에 걸쳐 간헐적인 폭발이 이어진 후 1290년에 플랑드르에서 대혁명이 일어났다. 여러 마을과 도시들에서 소상인들과 그들의 길드들이 장인 길드들과 힘을 합쳐 공동의 목적을 세우고 플랑드르 백작에게 지원을 호소했다. 백작은 그 호소에 응답했다. 그러나 얼마 가지 않아 반란자들의 편을 들었던 백작의 실제 동기가 이런 도시들에 대한 절대적인 주권을 되찾는 것이었음이 분명해졌다. 지역의 자율권에 대한 손실 가능성에 직면한 소상인들은 장인들에게 등을 돌렸고,[6] 그렇게 해서 반역은 실패하고 말았다. 그러나 몇몇 마을과 도시들에서 엘리트들은 프랑스 왕에게 도움을 호소했다. 그 역시 그런 호소에 우호적으로 응답했으나, 그것 또한 그가 플랑드르의 주인이 되고자 했기 때문이었다. 그는 곧 플랑드르 남부를 병합하는 데 성공했으나, 프랑스 군대의 침입은 플랑드르 북부 지역에서 연합 전선이 나타나도록 자극했다. 그들은 단단하게 결집해 1302년 코르트레이크 전투에서 프랑스 군대에 놀라운 패배를 안겨주었다. 그 승리는 플랑드르 북부 지역을 프랑스의 지배로부터 구해냈을 뿐 아니라, 또한 그 북부 지역 도시들에 보다 더 민주적인 통치가 나타나도록 만들었다. 그 이후 브뤼허, 헨트, 안트베르펜 같은 도시들에서 장인 길드들은 정치 문제에 실질적인 영향력을 행사했다. 그리고 번영이 되돌아왔다.

대조적으로 플랑드르 남부 지역에서 상업은 높은 세금, 수입과 수출 관세, 그리고 프랑스 왕실에 의한 다른 형태의 착취 및 정치적 억압으로 인해 정체되었다. 곧 릴, 두에, 오르쉬, 베튄 그리고 캉브레 등에는 더 이

---

5   Murray 1970: 29.
6   Carus-Wilson 1952: 400.

상 중요한 모직 산업이 존재하지 않게 되었다. 실제로 플랑드르 남부에서 억압과 악화되는 경제의 결합은 수많은 직물 제조업자들이 이탈리아로 이주하도록 만듦으로써 북부의 산업에 더 큰 해를 끼쳤다. 이탈리아에서 직물 제조업자들은 따뜻한 환영을 받았고 모직 산업을 시작하는 것에 대한 대가로 많은 특권을 얻었다. 예컨대 1265년에 파도바에서 제정된 한 법령은 "직물을 만들기 위해 이 도시로 온 외국인들은…모든 통행료와 관세 그리고 나중에는 개인세까지도" 면제되었다.[7]

프랑스의 억압이 플랑드르의 수많은 직물 제조업자들이 그들의 기술을 남쪽 이탈리아로 가져가게 했던 반면, 플랑드르 북부의 새로운 자유는 수많은 남부 지역 기업들이 그들의 기술을 북쪽으로 가져가게 했다. 그리고 그들은 그들과 함께 자본주의를 가져왔다.

자본주의가 플랑드르 북부로 오다

프랑스가 남쪽에 있는 왈롱 지역을 합병한 후, 플랑드르 북부가 유럽 모직 산업의 중심지가 되었다. 모직 산업은 특히 브뤼허, 헨트 그리고 안트베르펜 같은 도시들에 집중되었다. 영국으로부터 양모를 수입하고 모직물을 팔아 이탈리아로부터 무역 상품을 수입하는 것이 플랑드르를 제조업뿐 아니라 재정적 거인으로 만들었다. 지역 길드들의 가장 억압적인 영향을 극복하는 데 성공한 후, 회사들은 성장하면서 자본주의의 주된 특징들을 드러내기 시작했다. 그러나 이 자본주의는 플랑드르에 고유한

---

7   Ibid., 392.

것이 아니었다. 그것은 상인과 직공들의 길드를 위해 양모를 수입하고, 양모를 옷감으로 만드는 데 필요한 모든 공정을 통합하며, 그에 필요한 모든 하청업자들을 고용하고, 그 후 그것을 시장의 상황에 기초해서 수출하는 등 모직 산업 전체를 통합했던 잘 관리되는 회사들로 대체한 기업가들에 의해 수입된 것이었다. 초기에 이루어진 "시장 중심적" 혁신은 곧 플랑드르 지역이 비싸고 사치스러운 모직물에 더하여 엄청난 매출 증가로 이어졌던 보다 저렴한 제품들을 생산하기 시작한 것이었다.

이런 "플랑드르의" 기업가들은 이탈리아인들이었다. 그리고 그들의 회사들은 이탈리아의 지점 은행들이었다. 북쪽에서 순환되던 박람회에서 계속 옷감을 구매하는 것에 만족하지 않았던 이탈리아의 은행들이 정기적으로 직접 옷감을 구매하기 위해 유력한 모직 산업 중심지들에 영구적인 지점들을 세웠던 것을 기억하라. 그 후 은행들은 길드 시스템의 비효율성을 재빨리 인식했고, 자기들이 업계를 직접 관리함으로써 이익을 크게 증진시킬 수 있으며 또한 수요에 맞춰 생산도 훨씬 더 잘 조절할 수 있다는 것을 알게 되었다. 모직 산업을 조직하고 옷감을 해외로 내다 파는 것에 더하여, 이탈리아의 은행들은 다른 모든 곳에서 모든 형태의 무역 제품들을 수입해서 팔았다. 물론 그들은 돈을 빌려주고 환어음을 발행하기도 했다. 곧 "이탈리아 상인들의 거래와 신용만이 베틀들을 계속해서 움직이게 했다."[8]

브뤼허
이탈리아인들이 플랑드르에서 계속 베틀이 작동하게끔 했던 것은 분명

---

[8]   de Roover 1948: 9.

한 사실이다. 그러나 플랑드르의 베틀은 이탈리아의 은행업에도 아주 중요했기 때문에 브뤼허에 지점을 갖고 있지 않은 그 어떤 회사(은행)도 대단치 않았다고 말하는 것 역시 그와 동등하게 정확한 말이 될 것이다. "수퍼 컴퍼니들" 셋 모두가 마치 그들의 고향에서 하듯 브뤼허에서 사업을 벌였고, 1세기 후 메디치 은행의 사정도 마찬가지였다. 사실 브뤼허의 메디치 은행은 그것의 모든 지점 중에서도 가장 큰, 아마도 피렌체에 있는 본사보다도 큰 자본을 갖고 있었다.[9]

그런데 어째서 그들은 면직물을 제조했을까? 플랑드르의 빈약한 토양이 곡물을 기르기보다는 양떼를 먹이는 데 훨씬 더 적합했기 때문이다. 더 나아가 플랑드르의 양떼는 고급 양모를 생산했다. 그리고 양떼 목장이 넓게 퍼져 있었기에 초기의 직물 산업 역시 작은 마을들에 널리 분산되어 있었다. 그러나 머지않아 플랑드르의 직조공들은 점점 더 그들의 것보다 훨씬 우월한 영국산 양모에 의존하게 되었다. 그로 인해 모직 산업은 외국 무역을 지탱할 만큼 충분한 자본을 지닌 회사를 갖고 있던 보다 큰 공동체들에 집중되었다. 그런 도시 중 으뜸이 브뤼허였는데, 특히 그 도시에 이탈리아의 은행이 들어오면서 그렇게 되었다.

이것은 브뤼허가 제조를 주업으로 하는 마을이 되었다는 뜻이 아니다. 오히려 그 도시는 무역과 교통에 의존해 살았다. 영국으로부터 수입되는 거의 모든 양모가 브뤼허로 왔고 그곳에서 헨트 같은 내륙의 직조 마을로 보내진 후,[10] 거기서 완성된 모직이 되어 수출을 위해 브뤼허로 되돌아왔다. 더 나아가, 이탈리아의 선박들이 출현하기 전에는 플랑드르

---

9 de Roover 1963: 84.

10 Van Houtte 1966: 30.

의 보트들(대개 브뤼허에 정박했다)이 해협에서 상업적 운송을 지배하고 있었다. 제노바와 베네치아의 선박들이 등장했을 때, 그것들은 브뤼허에서 향신료와 비단 그리고 다른 남부의 상품들을 내리고 모직물을 실었다. 이런 전략적 위치 덕분에 브뤼허(그 이름은 "부잔교"[landing stage]를 의미한다)는 북유럽의 지배적인 재정 및 무역 중심지가 되었다. 정확하게 언제 그렇게 되었는지를 말하는 것은 불가능하다. 하지만 제노바가 1291년에 지브롤터 해협을 지키던 무슬림 함대에 맞서 승리를 거둔 후 수년 이내에 브뤼허와 제노바 사이의 정기적인 항해가 시작되었다. 여름에 몇 차례 갤리선을 통한 운송이 발생하기는 했으나 대부분 그 항해에는 대형 둥근 선박이 이용되었다. 브뤼허는 이 모든 상업 활동에 부응하면서 큰 도시가 되었다. 1340년에 그 도시에는 약 4만 명의 거주자들이 있었는데, 1500년에 그 수는 9만 명까지 치솟았다.[11]

지적했듯이, 플랑드르의 최초의 상업적 발전은 주로 이탈리아인들의 업적이었다. 왜냐하면 오직 이탈리아인들만이 필요한 비즈니스 방법을 습득했기 때문이다.[12] 또 그들은 브뤼허뿐 아니라 플랑드르의 다른 전략적 장소들에 지점 은행들을 설립하면서 자기들의 이익을 보호하고 증진하기 위한 놀라운 조약들을 협상을 통해 체결했다. 이것은 그들에게 상당한 거래상의 이점들은 물론이고 그들을 지역 공동체로부터 법적으로 분리시키는 치외 법권을 제공해주었다. 플랑드르의 새로운 백작들이 거듭해서 다시 확인해주었던 이런 조약들의 전형적인 조항들은 (1) 은행의 자산을 강탈하는 백작의 법적 자격을 금한다는 것, (2) 이탈리아의 은

---

11   Russell 1972; de Roover 1948.

12   de Roover 1948: 12.

행원들이 빚 때문에 체포되어서는 안 된다는 것, (3) 이탈리아 선박이 항구에 정착하는 동안 배의 선장이 그의 승무원들을 징계할 권리를 지역의 실력자들이 어떤 식으로든 침해해서는 안 된다는 것, (4) 공무원들이 이탈리아의 은행원을 플랑드르에서 추방하고자 할 경우, 그가 그의 재산을 처분할 수 있도록 8개월의 유예 기간이 제공되어야 한다는 것, (5) 백작과 합의한 것을 넘어서는 추가적인 지역적 의무들이 부과되어서는 안 된다는 것 등이었다. 하지만 이것은 이탈리아인들에 대한 일방적인 혜택이 아니었다. 1395년에 이탈리아인들은 그들의 모든 선박이 브뤼허에서 멈출 것이고 더 멀리 영국으로 가기 전에 그곳에서 그들의 상품을 판매를 목적으로 내놓을 것이며 그렇게 함으로써 그 상품을 거절할 최초의 권리를 브뤼허의 상인들에게 제공하리라는 데 합의했다. 브뤼허시는 이탈리아인들에게 금화 9,500프랑을 지급함으로써 그 거래의 매력을 높였다.[13]

비록 이탈리아인들이 플랑드르 백작과 맺은 조약에 의존하기는 했으나, 플랑드르 지역의 주요한 도시들은 나름의 상당한 독립과 그 시대로서는 놀라울 정도의 민주주의를 누렸는데, 특히 프랑스 침략자들에 대항한 연합 전선이 결과적으로 참정권을 크게 확장한 이후에 그러했다. 그로 인해 이 지역에서 제조업과 상업은 자본주의의 발전을 허락하고 꽃피우는 데 필요한 압류로부터의 자유와 안전을 얻었다. 당시에 이 지역이 이탈리아인들에게 지배되고 있었으므로 플랑드르의 초기 자본주의에 식민지적 측면이 없었던 것은 아니지만, 그럼에도 분명하게 그것은 참된 자본주의였다. 더 나아가 15세기에 이르러 그 지역의 상업에 대한 이탈리아인들의 헤게모니는 지역민들이 그들 자신의 회사를 경영하는 데 필

---

13   Ibid., 14-16.

요한 상업적 기술을 습득함에 따라 점차 쇠퇴했다. 사실 그 지역 최초의 거래소(bourse, 이 단어는 "교환"을 의미한다)—현대적 증권 거래소의 선구자 격—는 1453년에 플랑드르의 상인들에 의해 브뤼허에서 시작되었다. 이 최초의 거래소에서는 그 어떤 회사의 주식도 팔리지 않았다. 오히려 그 것은 투자자들이 환어음과 저당 증서 같은 상업적 서류들을 사고팔기 위해 모이는 시장 같은 것이었다.

여러 세기 동안 이탈리아인들이 플랑드르의 상업의 열매를 거둬들 였는데, 그것은 지역민들이 상업적 기술에 대한 충분한 지식을 갖고 있지 못해서였다. 이 기간에 브뤼허 항은, 만약 이탈리아의 선박들이 없었 더라면, 활기 없는 작은 항구로 남아 있었을 것이다. 그러나 플랑드르 사람들은 곧 스스로 사업을 하는 방법과 자기들이 여러 세기에 걸쳐 이해한 것을 활용하는 방법, 즉 좋은 모직물을 짜내는 방법을 배웠다.

헨트

무역과 금융 분야에서 브뤼허가 보여준 리더십에 필적하는 것이 있었다. 제조업 분야에서 헨트가 보여준 리더십이 그것이었다. 브뤼허의 수출업 자들은 헨트의 마을 회관에서 열리는 옷감 시장을 후원했다. 그리고 헨트의 수입업자들은 브뤼허에 도착하는 배들에서 양모, 포도주, 곡물, 가죽 등의 화물을 구매했다. 이런 무역은 헨트가 리브 운하를 통해 브뤼허와 연결되어 있었기에 촉진되었다. 그러나, 비록 이탈리아의 은행들이 브뤼허의 상인들이 서신에 기초해 장거리 무역에 참여하는 것을 가능케 했을지라도, 헨트에는 그런 은행들이 없었기 때문에 직접적이고 개인적 인 접촉이 없는 상태에서 그 두 도시 사이에서 물건을 사거나 파는 것은 어려웠다. 이런 장애가 그나마 견딜만 했던 것은 브뤼허와 헨트 사이를 오가는 여행이 겨우 12시간 정도밖에 걸리지 않았기 때문이다.[14] 그래서 이 도시 출신의 사업가들은 종종 저 도시의 여인숙에서 정기적으로 숙박했다. 그럼에도 지방 법원들은 대금을 받지 못한 판매자와 상품에 만족하지 못하는 구매자들이 제기한 소송들 때문에 고생을 해야 했다.

헨트에서 옷감을 만드는 일은 로마 시대부터 시작되었을 것이다. 하지만 그것은 10세기 후반에야 처음으로 입증되었고 그때조차 그것은 아주 작은 규모였을 것임이 분명하다. 왜냐하면 1100년에 그곳의 인구는 채 5천 명이 안 되었기 때문이다. 그 후 수출 시장이 활기를 띠기 시작했다. 1340년에 헨트의 인구는 거의 5만 6천 명에 이르렀는데,[15] 그중 2/3 이상이 모직 산업에 종사하고 있었다. 흑사병이 유럽 대부분의 도시에서 수많은 사람을 죽였던 1340년대 말에 헨트는 예외가 되었던 것으로 보인다. 하지만 그 도시는 바로 그 무렵에 정치적 혁명 때문에 큰 고통을 당했고 그로 인해 많은 이들이 죽고 직조공들은 선거권을 빼앗겼으며 그들 중 많은 이들은 다른 곳으로 이주했다. 이것은 1360년대에 몇 차례 발발했던 전염병과 결합해 헨트의 인구를 절반으로 줄였다. 비록 헨트의 모직 사업은 유럽의 모든 산업처럼 흑사병으로 야기된 즉각적인 수요의 감소 때문에 어려움을 겪었지만, 그 도시는 곧 (노동력의 부족을 반영하는 고임금 덕분에) 개인들의 구매력이 현저하게 증가했고, 더 적은 수의 사람들에게 더 많은 것을 판매하는 것이 가능해졌을 때 나타난 수요의 증대에 대응하기에는 직조공들의 수가 너무 부족했다. 그로 인해 많은 "정기적인 고객들이 모직을 얻기 위해 다른 곳을 찾기 시작했고",[16] 그것이 이탈

---

14   Nicholas 1987: 183.
15   Russell 1972: 117.
16   Nicholas 1987: 291.

리아의 도시 국가들에서 섬유 산업이 부상하도록 더 큰 자극을 주었다.

그렇다고 할지라도, 헨트의 시민들은 계속 물레질을 하고, 베를 짜며, 축융을 하고, 염색을 했다. 서서히 상업적인 이익이 다시 생겨났고 헨트의 모직 산업이 부활했다. 그러나 헨트는 더 이상 한 가지 산업에 묶여 있는 도시가 아니었고, 더는 자본주의적 회사들이 부족하지도 않았다. 헨트는 곧 철강, 종 주조, 솥 제작, 금과 은의 세공, 가죽 마감 처리, 모피 가공, 구두 제작 그리고 양복업 등에서 번성하는 기업들을 발전시켰다. 길드는 여전히 이런 산업들을 통제하는 일에서 중요한 역할을 했으나 오직 작업장 단계에서만 그렇게 했을 뿐이다. 재정, 생산 목표 그리고 마케팅은 세련된 자본가들에 의해 운영되는 보다 큰 회사들에 의해 통제되었다. 그리고 브뤼허가 계속해서 무역과 해운을 통해 번성했던 것처럼, 헨트 역시 그 지역 전체에서 상품—그 도시가 생산한 상품과 그것이 다른 곳으로부터 운송해온 상품—을 유통하기 위한 내부 교역 중심지로서 자신의 역할을 확대했다. 그렇게 하는 과정에서 헨트는 북쪽으로 안트베르펜까지 흐르는 스헬더 강변에 있는 자신의 위치를 이용했다.

안트베르펜

북부 유럽에서 고도로 발전한 자본주의를 발견하기 위해서는 안트베르펜 한 곳만 살펴봐도 충분하다. 그 도시는 15세기 말에 "유럽에서 가장 부유했고 아마도 가장 유명한 도시"[17]였으며, 중세 이탈리아의 여행가이자 작가였던 루도비코 귀치아르디니(Ludovico Guicciardini)가 묘사한 바에 따르면 "베네치아를 능가했다." 안트베르펜의 항구를 통과하는 무역

---

17   Murray 1970: 3.

량은 그 이전 역사의 어느 곳에서 알려진 어떤 것보다도 훨씬 더 많았다. "그 이후로 세계의 모든 중요한 상업 국가들의 무역을 그렇게까지 집중시켰던 시장은 결코 없었다."[18]

포르투갈인들이 1493년에 아프리카를 돌아 동인도에 이르는 항로를 발견한 것이 안트베르펜을 보다 중요한 무역의 중심지로 만들었다. 왜냐하면 포르투갈의 왕이 아시아로부터 리스본에 도착하는 거의 모든 것(주로 향신료, 특히 후추)을 배에 실어 안트베르펜으로 보냈기 때문이다. 그것은 부분적으로는 그곳에 조직되어 있던 기업조합(syndicates)이 종종 배가 여전히 이동 중에 있는 동안에 모든 화물을 구매할 준비가 되어 있었기 때문이었다. 그런 식으로 기업조합은 향신료에 대한 단기 독점권을 얻어 비싼 가격을 유지할 수 있었다. 영국인들은 자신들의 모직 수출을 관리하면서 유사한 전략을 사용했다. 그들은 자신들의 모든 모직물을 안트베르펜으로 실어 보내고 그곳에서 그것들을 조금씩 분배하면서 이윤을 극대화했다. 동유럽에서 나오는 많은 양의 금속 특히 구리도 마찬가지였다. 전에는 베네치아가 주된 직판장이었으나, 16세기가 시작될 즈음에 뱃짐은 주로 안트베르펜으로 몰렸고, 거기서 세계의 나머지 지역으로 퍼져나갔다.[19]

그렇다 하더라도 그리고 비록 그 도시 안에 상당한 산업 부분이 있기는 했을지라도, 안트베르펜의 참된 전문 분야는 금융이었다. "거의 한 세기 동안…이 코즈모폴리턴적인 도시는 알려진 세계의 자금 시장을 배타적으로 통제해왔다.…유럽에서 모든 중요한 대출에 대한 협의는 이곳

---

18 Ehrenberg [1928] 1985: 234.
19 Ibid., 233-35.

에서 이루어졌다."[20] 예컨대 1519년에 푸거 회사의 지점은 카를 5세(최근에 스페인의 왕이 되었으나 헨트에서 나고 자랐다)가 신성 로마 제국의 황제로 선임될 수 있도록 그에게 금화 50만 길더가 넘는 금액을 대출해주었다.

안트베르펜은 아주 빠른 속도로 권력과 영광의 자리에 올랐다. 그뿐만 아니라 여러 면에서 그것은 자연의 행위기도 했다. 1375-1376년에 그리고 다시 1406년에 격렬한 태풍이 플랑드르 해안을 강타하면서 거대한 파도와 조수를 일으켜 항구의 깊은 곳을 훑어냈고 그로 인해 "커다란 항해용 선박들이 처음으로 안트베르펜 항에 닿을 수 있었다."[21] 반면에 자연은 브뤼허가 바다에 접근하는 것을 방해하고 있었다. 수 세기 전에 태풍이 즈윈강을 통해 브뤼허에 항구를 제공했던 것을 떠올려보라. 유감스럽게도 그 강에는 모래가 쌓이기 시작했고, 준설 작업에도 불구하고 결국 배들은 브뤼허에서 점점 먼 곳에서 뱃짐을 부려야 했다. 1450년대에 실제로 항해용 선박들은 슬루이스에 정박해 그들의 화물을 흘수가 얕은 바지선에 실었고, 그 바지선은 강을 따라 약 11km를 거슬러 브뤼허까지 견인되었다. 당연히 이러한 장애는 안트베르펜으로의 교통 변화를 장려했는데, 이에 부응해 안트베르펜은 하역 속도를 높이기 위해 크레인을 갖춘 거대한 항구 시설을 건설함으로써 새로 얻은 자연 항구를 강화했다. 게다가 안트베르펜은 스헬더강 입구에 있다는 장점을 갖고 있었다. 그 강은 프랑스에서 발원해(에스코강) 릴, 투르네 그리고 헨트를 통과해 바다에 이르렀고, 오랫동안 내륙의 수상 교통을 위한 주요한 동맥 역할을 해왔다.

---

20 Wedgewood 1961: 142.
21 Hunt와 Murray 1999: 233.

정치 역시 안트베르펜의 출현에 중요한 역할을 했다. 브뤼허와 플랑드르 북부의 다른 도시들이 수십 년에 걸쳐 야만적인 내전과 프랑스에 의한 합병을 막기 위해 전쟁을 치르는 동안 안트베르펜은 평화롭게 남아 있었고 그로 인해 많은 상인, 특히 외국 상인들이 브뤼허와 헨트를 포기하고 안전을 위해 안트베르펜으로 이동했다. 그 결과 13세기에 조용한 작은 마을이었던 안트베르펜은 아마도 10만 명의 인구를 가졌을 커다란 도시로 변모했다. 16세기 초에 그 도시의 거주자 중 많은 이들은 외국인이었다.[22] 외국인들이 그 도시에 도착했을 때, 그들은 자유와 관용에 푹 빠져 있는 도시를 발견했다. 브뤼허는 "중세의 [대부분의] 다른 도시들에 만연했던 제약과 비교할 때 자유로웠으나, 안트베르펜에서 외국 상인들이 누렸던 절대적인 자유와 비교한다면, 브뤼허는 중세적인 듯 보인다."[23] 예컨대 브뤼허에서 호텔과 하숙집들은 거의 모든 중세의 마을과 도시들에서처럼 당국에 의해 조밀하게 제정된 "여러 엄격한 규정들"에 종속되어 있었으나, 안트베르펜에는 그런 규정들이 없었다. 누구든 비용만 지불할 수 있다면 원하는 방을 얻을 수 있었다. 상업과 관련해서는 사실상 아무런 제약이 없었다. 안트베르펜의 외국인 상인들이 펠리페 2세에게 보낸 메모는 이렇게 전한다. "그들 말로는 상인들에게 주어진 자유가 이 도시가 번창하는 원인이라는 것을 아무도 논박할 수 없다고 합니다."[24]

(스페인의 억압이 시작되기 이전에) 독립적이었던 북부의 모든 도시처럼 먼 곳에 있는 어느 귀족—공작이나 후작—이 이 도시의 명목상의 통

---

22 Chandler and Fox 1974.
23 Ehrenberg [1928] 1985: 236.
24 Ibid.

치자로 인정되었다. 그리고 안트베르펜에서 그를 대표하는 이는 집행관 (schout)이었는데, 그는 범죄가 발생할 경우 왕을 대리해서 나타났다. "사실상 안트베르펜은 자유로운 코뮌이었고", 그것은 세 단계의 대표자 집단에 의해 통치되었다.[25] 가장 위에는 행정에 대한 책임을 맡은 두 명의 시장이 있었다. 그들은 치안판사단(College of Magistrates)에 의해 선출되었는데, 그 기구는 다른 시장들에 더하여 18명의 시의회 의원들(skepyns), 재무관, 사무관 그리고 변호사로 구성되었다. 치안판사단은 광의회(Broad Council)에서 선출되고 조언을 받았는데, 그 의회는 모든 전직 의원들, 그 시의 12개의 구역 각각에서 선발된 2명 한 조의 대표자들(wijickmasters), 그리고 역시 12개의 주요한 길드들 각각에서 선발된 2명 한 조의 대표자들로 이루어졌다. 집행관이 한 무리의 군대를 통솔하기는 했으나, 이 12개 구역 각각은 또한 나름의 군사들을 갖고 있었다. 이런 장치 덕분에 고도의 개인적 자유와 안전한 재산권이 유지될 수 있었다.

비록 자본주의가 안트베르펜에서 새로운 정점에 도달한 것처럼 보이기는 했으나, 그것은 단지 규모의 문제였을 뿐 혁신은 아니었다. 거기에 사용된 모든 금융적·상업적 기술들은 잘 알려져 있었다.[26] 안트베르펜에서 일어난 것은 훨씬 더 크고 국제적인 규모의 자본주의였다. 따라서 브뤼허에서 최초의 거래소(bourse)가 나타났던 반면, 이 자본주의적 기관은 곧 안트베르펜에서 새로운 고지에 도달했다. 사실 안트베르펜에는 두 개의 거래소가 있었다. 하나는 영국 상인들에 의해 통제를 받았고 원자재를 전문적으로 다뤘다. 모든 국가의 상인들이 "아침과 저녁 특정한

---

25 Murray 1970: 32.
26 Limberger 2001.

시간에 영국인 거래소로 갔다. 그곳에서 그들은 모든 언어를 사용하는 중개인들—그곳에 그런 이들은 아주 많았다—의 도움을 받으며 주로 온갖 종류의 원자재들을 사고 팔면서 사업을 했다."[27] 결국 영국인 거래소의 활동 중 많은 부분은 짧게는 한 시간 혹은 길게는 몇 달에 걸친 가격 변동을 예측하면서 선물(先物)을 사고파는 데 투여되었다. 오늘날에도 그렇지만, 원자재의 선물 거래는 매우 위험했고 놀라울 정도로 다양한 시스템을 만들어냈다. 가장 인기 있는 시스템 중 일부는 점성술에 기초를 두고 있었다. 영국인 거래소에 더하여 안트베르펜 거래소는 환어음, 저당 증서, 합스부르크가를 비롯해 여러 정부와 통치자들이 발행한 단기 채권 같은 금융 관련 서류들을 전문적으로 다뤘다. 거래자들은 그 두 거래소에 국적을 따라 모이는 경향이 있었다. "안트베르펜 거래소는 큰 세상의 각 부분이 그곳에서 하나가 되는 작은 세상처럼 보였다."[28] 사실 안트베르펜의 초기 자본가들은 외국인이었고, 그들 중 다수는 폭력의 발발을 피해서 브뤼허를 떠난 이탈리아인들이었다. 비록 그들이 곧 지역민들과 합류하기는 했으나, 그 상업 공동체는 그 도시의 광대한 무역 네트워크가 스페인과 포르투갈은 물론 유럽 남부와 동부로부터 기업가들을 끌어들임으로써 계속해서 점점 더 코즈모폴리턴적인 것이 되어갔다.

이 모든 것은 종교개혁 이전에 달성되었다. 안트베르펜은 심원하게 가톨릭적인 공동체, 즉 "부유한 사람들이 많은 것을 기부했던 교회들과 종교 단체들의 도시"[29]였음에도 말이다. 프로테스탄티즘이 등장했을 때 그것은 주로 숙련되지 않은 노동자들과 인근의 농부들을 모았다. 반면에

---

27   Ehrenberg [1928] 1985: 238.
28   Ibid.
29   Murray 1970: 34.

"자본가의 가족들은 대부분 교회에 충성하는 상태로 남아 있었다."[30] 프로테스탄트 윤리에 관한 주장들에 관해서는 이쯤 해두자. 얄궂게도, 안트베르펜과 플랑드르 지역 대부분에서 자본주의를 파괴한 것은 종교개혁이었다. 그 문제에 관해서는 다음 장에서 살펴볼 것이다.

암스테르담으로

16세기 말에 암스테르담은 유럽의 주된 항구와 금융 중심지로서 안트베르펜을 대체하고 있었다. 그것은 대부분 부전승으로 그렇게 되었다. 안트베르펜의 경제가 전쟁과 스페인 점령자들에 의해 파산했기 때문이다. 스페인 점령자들은 안트베르펜의 민주적 관행들을 파괴했고 금융과 상업 기관들을 먹어치웠다.

　　암스테르담이 항구 역할을 할 수 있었던 것은 놀랍다. 왜냐하면 배들이 그 얕은 항구 안으로 들어가려면 커다란 진흙 둑을 통과해야 했기 때문이다. 15세기 내내 이것은 암스테르담에 취항하는 배들을 작고 상대적으로 바닥이 평평하게 유지함으로써 달성되었다. 비록 네덜란드가 계속해서 영국의 배들에 비해 흘수가 얕은 배들을 선호하기는 했으나, 16세기에 네덜란드의 배들은 진흙 둑을 넘어서 오기에는 너무 크고 흘수도 너무 깊었다. 그 시대의 준설 기술은 그렇게 거대한 장벽을 제거할 수 없었고, 그런 까닭에 항구는 "물을 채워 배 밑에 묶는 거대한 드럼통인 선박 낙타[ships camels]를 사용하며 사업을 계속해나갔다. 선박 낙타에서

30　Ibid.

물을 퍼내 말리면 그것들이 선박을 들어 올려 둑을 건너 미끄러지게 할 수 있었다. 이런 임시변통 시스템은 135년간이나 지속되었다."[31]

암스테르담이 서유럽의 대표적인 항구와 금융 중심지로서 안트베르펜의 자리를 차지했을 때, 그것은 프로테스탄트 도시였다. 그러나 이런 사실이 프로테스탄트 윤리에 대한 지지를 의미한다고 주장하는 것은 그보다 수 세기 앞섰던 가톨릭적 자본주의뿐 아니라 그 자본주의가 대부분 안트베르펜과 플랑드르에서 탈출하면서 그들의 회사와 그것을 운영하는 정교한 기술을 가져왔던, 대부분이 가톨릭 신자들이었던 피난민들의 엄청난 이주를 통해 암스테르담에 유입되었다는 사실을 무시하는 것이다.[32] 1585-87년에 아마도 150,000명의 피난민이 북쪽으로 왔을 것이다. 헨트와 브뤼허의 인구와 마찬가지로 안트베르펜의 인구가 절반으로 줄어든 것을 보면 그렇게 추측할 수 있다. 물론 이들 모두가 암스테르담으로 온 것은 아니었다. 그들 중 어떤 이들은 네덜란드의 다른 도시들에 정착했고, 많은 이들은 독일과 영국으로 이주하기 전에 잠시 머물렀을 뿐이다. 그러나 1600년대 초에 암스테르담의 10만 명의 거주자 중 1/3은 새로 도착한 외국인들로 이루어져 있었다. 놀랄 것도 없이, 네덜란드의 새로운 직물 산업이 빠르게 발전했는데, 그것들 대부분은 그 땅에 새로 온 이들에 의해 소유되고 운영되었다. 동일하게 포르투갈의 향신료 상인들이 신속하게 그들의 유통 센터를 안트베르펜에서 암스테르담으로 옮겼다. 그리고 암스테르담은 라인강에 접근이 가능했기에 그 도시는 곧 독일로부터의 수입과 수출을 지배했다.

---

31   Ibid., 6.
32   Israel 1998: 308.

그럼에도 부피가 큰 상품들은 여전히 중요했다. 네덜란드는 발트해 지역에서 곡물, 목재, 소금, 광석 그리고 포도주의 운송을 오랫동안 지배해왔다. 암스테르담이 새로운 상업 중심지로 떠오르면서 이런 무역은 호황을 누렸다. 예컨대 1590년과 1600년 사이에 네덜란드의 해운 회사들은 영국의 회사들을 대체해 모스크바 대공국 무역의 수송 회사가 되어 정기적으로 스칸디나비아반도 상단부를 돌아 러시아의 아르한겔스크 항까지 운항했다.[33] 네덜란드의 회사들이 부피가 큰 화물들에 대해 사실상의 독점권을 갖게 된 이유는 낮은 가격 때문이었다. 그들은 아주 커다란 화물들을 수용할 수 있는 제한된 흘수를 지닌 아주 넓은 배들을 건조했다. 그들은 상대적으로 적은 수의 승무원들로 운항할 수 있었고, 배의 상당한 공간을 무기 배치에 사용하지 않았다. 또한 그들은 배를 만드는 재료를 위한 비용을 크게 낮췄다. 따라서 영국 회사들과 비교할 때, 그들은 낮은 인건비로 그리고 선박에 대한 투자 비용도 아주 낮은 상태에서 배 한 척당 훨씬 많은 화물을 운반할 수 있었다. 영국 회사들은 자신들의 상선들을 포함해 그들의 선박들이 지닌 전투 능력에 우선권을 주었는데, 그것은 그 배들의 화물 수용 능력을 크게 줄였고 그것들을 특별히 해적들이 노리는 가볍고 작은 사치품들을 수송하는 "사치스러운 무역"에 적합하게 했다. 해적들은 솔통나무, 밀 혹은 염장 청어 같은 화물들에 관심이 없었다. 그래서 네덜란드의 선박들은 영국 상선의 특징을 이뤘던 속도, 많은 승무원 혹은 상당한 양의 대포들이 필요하지 않았다. 네덜란드인들은 또한 영국인들보다 배를 훨씬 더 싸게 만들 수 있었다. 왜냐하면 영국인들은 선체를 만들기 위한 현지 목재는 충분히 공급받았지만, 돛대

---

33 Ibid., 312.

와 배의 여러 다른 중요한 부분들에 필요한 크고 곧은 소나무가 많이 부족했기 때문이다. 바사르 대학의 저명한 해군 역사학자인 바이올렛 바버(Violet Barbour)는 다음과 같이 설명한다. "목재, 송판, 판자, 삼, 아마, 송진 그리고 타르 등의 값이 네덜란드보다 영국에서 훨씬 더 높았다. 이런 높은 가격은 선박 건조 비용에 반영되었고, 건조 비용은 운임률에 반영되었다. 영국 상인들은 목재와 다른 재료들을 싸게 수입할 수 없었기 때문에 배를 싸게 건조할 수 없었고, 배를 싸게 건조할 수 없었으므로 싸게 수입할 수 없었다."[34] 아주 단순하게 부피가 큰 상품들을 운송하는 일에서 영국의 선박들은 너무 비쌌고 너무 작은 양밖에 운반할 수 없었다.

그동안 많은 작가가 프로테스탄트 윤리의 대표적인 예로 네덜란드의 칼뱅주의와 자본주의를 연결시켜왔다. R. H. 토니(Tawney)는 그것을 이렇게 표현했다. "즐거움을 경멸하고, 노동에서 엄격하며, 기도를 쉬지 않고, 절약하고 번성하는 자신들과 자신들의 소명에 대한 점잖은 자긍심으로 가득 찬 격렬한 노고가 천국에 수용될 만하다고 확신하는, 진지하고 열정적이며 경건한 세대, 즉 그들의 경제적 성공이 그들의 강철같은 프로테스탄티즘만큼이나 유명했던 네덜란드의 칼뱅주의자들 같은 사람들."[35] 누군가 이 말의 요점이 의심스럽다면, 그는 렘브란트가 묘사한 네덜란드의 부르주아에 속한 이들의 엄숙한 표정과 그들이 입고 있는 침울한 옷차림을 살펴보기만 하면 된다. 그러나 그것은 사실이 아니었다! 그 시절에도 암스테르담은 아주 자유분방했고 활짝 열려 있었다. "시민 귀족과 성직자들의 엄숙한 옷차림은 낮은 계급 사람들의 화려한 의복과 원

---

34 Barbour 1930: 267.
35 Tawney 1926: 211.

주민과 외국인 할 것 없이 멋쟁이들이 착용했던 깃털이 달린 화려한 옷들과 날카롭게 대조되었다."[36] 사실 칼뱅주의 설교자들은 안식일에 사업장이나 술집의 문을 닫게 할 수조차 없었다. 그 도시가 경제적 정점에 이르렀을 때, 암스테르담의 유력한 자본가 중 많은 이들은 여전히 가톨릭 신자로 남아 있었고, 다른 많은 이들은 공공연하게 자신들을 무종교적 "자유주의자들"이라고 고백했다.[37] 물론 외국에서 온 이들 중 일부는 칼뱅주의를 받아들였다. 왜냐하면 그것이 그 도시의 공식적 신앙이었기 때문이다. 그리고 한동안 네덜란드 정권은 종교적 불순응주의자들에게 몇 가지 장애를 부과했다. 그로 인해 루터교 신자, 메노나이트 신자 그리고 로마 가톨릭 신자들은 네덜란드 공화국의 몇몇 부문에서 직책을 맡을 수 없었고, 로마 가톨릭 신부들은 특정한 장소에 출입할 수 없었다. 그럼에도 여전히 그 나라 대부분의 지역에는 로마 가톨릭 신자들이 많았다. 암스테르담에서 "유력한 시민 중 상당수"[38]는 로마 가톨릭 신자로 남아 있었다. 상당한 정도로 "네덜란드 무역의 확장과 상업적 정신의 발전은 칼뱅주의 교회 때문이라기보다는 그것에도 불구하고 이루어졌다.…네덜란드의 칼뱅주의는 자본주의 정신의 작동에 반대되었고…칼뱅주의 네덜란드는 상업적 네덜란드와는 거리가 아주 멀었다."[39]

처음부터 암스테르담의 상업적 명성은 그것의 독립만큼이나 도전을 받았다. 몇 세대에 걸쳐 네덜란드 공화국은 그 나라를 스페인령 네덜란드의 일부로 만들고자 하는 스페인 사람들의 반복적인 시도를 싸워서 물

---

36 Murray 1970: 7.
37 Pollman 1999; Israel 1998; Murray 1970; Robertson 1933.
38 Israel 1998: 381.
39 Robertson 1933: 173.

리치고 프랑스인들의 탐욕적인 책동을 피해야 했다. 그 후에 그들은 자신들의 무역과 식민지를 유지하기 위해 영국인들과 싸워야 했다. 물론 결국 그 작은 네덜란드 공화국은 성공하지 못했다. 놀라운 사실은 그것이 그렇게 오랫동안 중요한 역할을 할 수 있었다는 것이다. 여러 세기 동안 네덜란드는 스페인과 프랑스의 공격을 성공적으로 막아냈고 심지어 영국과는 오래도록 교착 상태에 있을 정도였다. 네덜란드의 힘이 마침내 증발한 것은 그 나라가 30년 동안 네폴레옹 제국의 일부로 있을 때였다. 그 기간에 영국이 네덜란드의 식민지 대부분을 빼앗았다.[40] 그러나 처음부터 끝까지 자본주의는 풍차와 제방들이 그것의 지형을 형성했던 것만큼이나 완전하게 네덜란드의 상업적 지형을 형성했다.

영국의 자본주의

플랑드르와 네덜란드에서 경제가 호황을 누리는 동안 자본주의는 영국에서도 확고하게 자리를 잡았다. 여기에도 자본주의는 플랑드르에서처럼 이탈리아의 반식민주의 형태로 도달했다. 이탈리아의 은행들은 13세기에 영국(과 아일랜드)에서 급증했다.[41] 이것은 1215년에 서명된 마그나 카르타(Magna Carta)에서 인정된 사실이다. 마그나 카르타는 외국 상인들이 그 나라에 들어와 방해받지 않으면서 그들의 사업을 할 권리를 보장했다. 13세기가 시작될 즈음 런던에는 몇 세기 후에 아시아에서 서구 식

---

40   O'Brien 2001: 15.
41   Lloyd 1982.

민주의자들이 만든 것과 아주 유사한 외국 상인들의 거주지가 있었다. 그러나 여기서 "**반식민주의**"(*semicolonialism*)라는 단어가 적절한 것은 영국에서 외국인 상인들은 오직 왕의 뜻을 따라 활동했을 뿐 군사적 압력이란 지원을 받지 않았기 때문이다. 해협 뒤에 안전하게 있던 영국은 주요한 서구의 강대국 중 하나가 되었고 곧 프랑스에 있는 자신의 재산을 지키기 위해 100년 전쟁을 수행했다.

또한 영국은 풍부한 수력뿐 아니라 특별히 생산적인 농업과 막대한 광물 자원이라는 축복을 받았다. 그로 인해 영국이 외국인 회사들 및 그들의 생산품에 비우호적인 세금과 관세를 물리고 자국의 회사들이 갖게 된 점점 더 효과적인 경쟁력을 바탕으로 그들과 맞서면서 자신들의 사업에 뛰어드는 것은 시간문제였을 뿐이다. 그렇다고 할지라도 영국의 자본주의를 보다 크게 자극한 것은 봉건주의의 쇠퇴와 정치적 자유의 현저한 증가였다. 마그나 카르타에서 분명하게 드러났듯이 영국의 상인들은 이탈리아 남부와 플랑드르 왈롱 지역의 초기 자본가들과 달리 안전한 사유 재산권과 자유 시장을 누렸다. 더 나아가 대륙의 경우와 달리 영국의 산업체들은 사람들로 붐비고 비싸고 독립적인 몇 안 되는 도시들에 떼를 지어 모일 필요가 없이 시골 지역과 작은 마을들에서도 런던에서 누렸던 것과 동일한 정치적 자유를 누릴 수 있었다. 그 결과 영국의 산업체들은 현저하게 분산되었다. 그러나 아마도 그보다 중요한 것은 자유와 재산의 안전함이 발명과 혁신에 박차를 가했던 것인데, 그로 인해 영국의 산업체들은 유럽의 경쟁자들보다 훨씬 뛰어난 기술을 발전시키거나 활용했다. 산업 혁명은 전혀 혁명(revolution)이 아니었고, 영국에서 아마도 11세기부터 시작된 발명과 혁신의 **진화**(evolution)였다.

플랑드르의 경우에서처럼 영국에서 자본주의는 먼저 모직물 무역에 대한 대응으로 나타났다. 그리고 영국 자본주의의 초기 발전은 거의 전적으로 이 단일한 산업 안에서 이루어졌다. 따라서 자본주의가 어떻게 영국의 모직 산업을 변화시켰는지를 면밀하게 살피는 것은 영국의 산업적 자본주의의 발흥에 관한 가장 흥미로운 관점을 제공해줄 수 있다. 아래서 우리는 영국이 목재 전력에서 석탄으로 이동하는 과정에서 자본주의의 이러한 초기 교훈이 어떻게 활용되고 정교해졌는지를 살펴볼 것이다.

양모에서 모직으로

이 이야기의 기본적인 윤곽은 표 5-1에서 분명하게 드러난다(여기서 모든 수치는 반올림되었다). 13세기에 영국은 사실상 플랑드르와 이탈리아 두 곳처럼 대륙의 모직 산업에 종사하는 거대한 양떼 목장이었다. 영국의 옷감 수출은 아주 하찮았으므로 세금에 대한 아무런 기록도 존재하지 않을 정도다. 그러나 양모 수출은 1278-1280년에 연평균 17,700자루에서 14세기의 처음 10년 동안 연평균 34,500자루 혹은 9백만 플리스(fleece[양모 한 뭉치를 가리키는 말—역주], 표준적인 양모 자루에는 약 260플리스의 양모가 들어갔다)로 급등하고 있었다.[42] 그 세기 중반에 모직물에 대한 최초의 통계가 나왔다. 1347-1348년에 연평균 수출량은 4,400필(疋, 한 필은 약 25m)이었다. 이 기간에 양모에 대한 수출 관세의 부과는 민간에 위탁되었기 때문에 당시의 양모 수출에 관한 기록은 남아 있지 않다. 그러나 다음 10년간의 연평균은 33,700필이었거나 그세기 말의 수준보다 조금 낮았다. 그 이후 옷감 수출이 급등했고 반면에 양모 수출은 그에 상응해 감소했

42　Carus-Wilson과 Coleman 1963: 13.

다. 그 세기 말에 영국은 옷감 31,700필을 수출했고 양모는 겨우 13,900
자루만 수출했다. 1543-1544년에 모직물의 연평균 수출량은 137,300필
에 이르렀고, 양모 수출은 겨우 1,200자루에 불과했다.

표 5-1. 영국의 양모 수출(1279-1540년)

년	옷감의 평균 수출량(필)	양모의 평균 수출량(자루)
1278-80	-	17,700
1281-90	-	23,600
1301-10	-	34,500
1347-48	4,400	-
1351-60	6,400	33,700
1401-10	31,700	13,900
1441-50	49,400	9,400
1501-10	81,600	7,500
1531-40	106,100	3,500
1543-44	137,300	1,200

카루스 윌슨과 콜맨, 1963을 토대로 구성했음

이 표는 영국의 양모 산업의 발흥에 관한 세 가지 중요한 특성 중 두 가
지를 보여준다. 하나는 영국의 옷감 제조 회사들의 발전이었다. 둘째는
최고의 영국산 양모가 외국인 직조공들의 손에 들어가지 않도록 하기 위
해 특별히 고안된 세금과 수출 관세의 부과였다. 드러나지는 않았지만,
놀랄 것도 없이, 영국인들이 그들의 양모 대부분을 수출하는 동안 그들
의 옷감 대부분은 수입했다. 1333-1336년에 옷감 수입은 연평균 10,000
필이었다. 물론, 영국의 모직 산업이 성장했을 때 수입은 덜 이루어졌고,

따라서 1355-1357년에 수입된 옷감의 수량은 연평균 6,000필로 떨어졌다.[43] 이런 세 가지 흐름이 계속되면서 영국은 결국 세계 모직 시장을 완벽하게 지배하게 되었다.

영국의 모직 제조업은 상대적으로 작은 규모로 시작되었으나 그 지역 양모의 우수성을 이용해 고급 제품의 생산을 전문화했다. 13세기 초에 부유한 유럽인들은 오직 영국의 옷감만을 구매했는데,[44] 그중 최상품은 종종 주홍색으로 염색이 되어 유럽의 왕실에 의해 애용되었다.

비록 영국의 모직 수출량이 여전히 작기는 했으나, 베네치아인들은 1265년에 영국의 모직물에 대해 우려했고 결국 그것에 특별 수입 관세를 부과했다. 그로 인해 베네치아의 상인들이 영국의 모직물에 부과한 가격은 그들이 동방에서 그리고 이슬람과 교역했던 이탈리아산 모직물들과 비교해 크게 높아졌다. 영국의 왕은 이 교훈을 잊지 않았고, 10년 후 그는 영국산 양모에 수출 관세를 부과했다. 물론 이것은 영국의 옷감 제조업자들이 우월한 영국산 양모를 플랑드르와 이탈리아의 옷감 제조업자들보다 훨씬 싼 값에 살 수 있고 완성된 옷감을 해외에 더 싸게 팔 수 있음을 의미했다. 모직들에는 아주 적은 금액의 수출 관세가 부과되었고, 처음에 이 관세는 외국 상인들에게만 국한되었다. 수출 관세가 영국 상인들에게 적용되었을 때, 그것은 아주 적당한 비율로 유지되었다. 그로 인해 외국과의 경쟁에서 보호를 받고 최고의 양모에 점점 더 배타적으로 접근할 수 있게 된 영국의 모직 산업은 결국 우월성을 얻었고 그것을 여러 세기 동안 유지했다.

---

43 Gray 1924.

44 Carus-Wilson 1952: 374.

그러나 거기에는 단지 최고의 양모와 정부의 우호적인 세금 정책의 혜택을 누리는 것 이상의 것이 있었다. 이탈리아의 모직 산업이 그 지역을 뒤덮었던 유혈 시민 폭동을 피해 플랑드르에서 탈출했던 상당수의 숙련된 장인들의 이민으로 유익을 얻었던 것처럼 영국도 마찬가지였다. 1271년에 헨리 3세는 "'모직물 관련 일을 하는 모든 이들은 남자나 여자 할 것 없이 다른 나라뿐 아니라 플랑드르 출신도 우리의 영역 안으로 들어와 옷감을 만들 수 있다'고 선언했다. 또 그는 그들에게 5년간 세금을 면제해주었다."[45] 1337년에 에드워드 3세는 이런 혜택을 플랑드르의 옷감 제조업자들에게까지 확대했고 심지어 사람들을 파견해서 그들을 데려오기까지 했다. 그때 영국으로 온 이들은 직조공과 축융공 그리고 염색업자들만이 아니었다. 몇몇 사업가들이 자신들의 회사, 즉 그들의 일꾼들 및 다른 모든 것과 함께 영국으로 건너왔다. 이들은 단순히 플랑드르에서 도망치려 했던 것이 아니다. 그들은 영국이 제공하는 보다 큰 자유, 정치적 안정, 낮은 임금 그리고 훌륭한 원자재 등에 끌렸다. 무엇보다도 그들은 우월한 기술 때문에 얻을 수 있었던 고임금과 이익에 끌렸다.

아마도 영국 모직 산업의 가장 두드러진 특징, 즉 영국의 여러 다른 산업들이 이어서 모방했던 특징은 분산이었다. 영국에는 플랑드르나 심지어 이탈리아의 그것과 유사한 "모직" 도시들 같은 것이 존재하지 않았다. 비록 영국의 모직 회사들은 대륙 어디에서나 발견되는 것만큼 규모가 컸으나, 그것들은 시골 전역에 흩어져 있었다. 그것은 기술적이고 정치적인 이유에서였다.

45   Ibid., 415.

13세기의 산업 혁명

1941년에 엘레노라 카루스 윌슨(Eleanora Carus-Wilson)은 아주 초기부터 영국의 모직 산업은 도시 지역으로부터 마을과 농촌 지역으로 빠르게 옮겨갔다고 지적했다. 어째서였을까? 몇 가지 요소들이 연관되었으나 수력식 축융 공장들이 아주 중요한 역할을 했으므로 카루스 윌슨은 그녀의 유명한 논문에 "13세기의 산업 혁명"이라는 제목을 붙였을 정도다.

축융(縮絨)은 좋은 옷감을 생산하는 중요한 단계다. 베틀에서 옷감이 나올 때, 그것은 아주 헐렁하다. 축융 과정은 옷감을 물(보통은 "백토"라고 불리는 천연 점토 세제를 포함하고 있다)에 담근 후 그것을 아주 격렬하게 때리는 과정이 포함된다. 축융이 적절하게 이루어지면, 옷감은 축융 이전 크기의 절반으로 줄어들면서 직물이 더 단단하고 강해진다. 축융은 또한 옷감에서 기름기를 제거하고 그것을 "펠트화"(felts, 천을 부드럽게 만드는 공정을 가리키는 용어—역주)함으로써 옷감의 표면이 훨씬 더 부드럽고 유연해지게 한다.[46] 전통적으로 세 가지 축융 방법이 사용되었다. 물에 잠긴 옷감을 발이나 손으로 혹은 곤봉으로 두드리는 것이었다. 폼페이에서 나온 벽화는 거의 벌거벗은 축융공이 여물통에 서서 여물통 측면을 붙잡고 옷감 위에서 발을 구르는 모습을 보여준다. 이런 전통적인 방법은 플랑드르, 이탈리아 그리고 한동안 영국에서도 계속해서 사용되었다. 그 후 어느 시점에 새로운 방법이 도입되었다. 드럼통에 부착되어 크랭크를 통해 돌아가는 두 개의 나무망치가 높이 들어 올려졌다가 여물통에 있는 옷감을 내리쳤다. 비록 그 과정이 여전히 사람의 근력에 의존하기는 했지만 말이다. 놀라운 발전은 어떤 이가 그런 장치를 물레방아(아

---

46   Carus-Wilson 1941: 40.

마도 곡물을 갈기 위해 만들어졌던)에 걸었을 때 나타났다. 그 결과 종종 몇 사람의 축융공을 고용할 필요가 있을 정도로 육체적으로 매우 힘들었던 일이 이제는 일련의 망치들이 아주 많은 양의 천을 빠르게 축융할 수 있도록 관리하는 한 사람의 운영자를 통해 기계적으로 이루어질 수 있었다. 축융기의 중요한 변형은 삼베 분쇄기였다. 그것은 아마포를 짜는 데 사용할 섬유를 제거하기 위해 동일한 망치 배열을 사용해서 아마 줄기를 분쇄했다.

카루스 윌슨은 축융기(fulling mill)의 발명은 "18세기에 방적과 직조의 기계화만큼이나 [모직 산업을 위한] 결정적인 사건이었다. 그러나 우리는 축융기가 언제 어디서 그리고 누구에 의해서 발명되었는지 알지 못한다"라고 지적했다.[47] 어떤 역사가들은 축융기가 11세기에 처음으로 나왔다고 주장하고, 어떤 이들은 그것이 12세기까지는 나오지 않았다고 말한다. 그러나 13세기에 축융기는 아주 일반화되었고 그것이 영국의 산업을 혁명적으로 바꾸면서 유럽을 뒤로 밀어냈다. 그리고 모직 산업이 물이 많은 시냇가에 위치한 마을과 시골 지역들을 두드러지게 선호한 것은 바로 이 축융기 때문이었다.[48] 그런 위치는 몇 가지 추가적인 이점을 갖고 있었다. 흐르는 물은 옷감에서 과도한 염료를 씻어낼 필요가 있었던 염색업자들에게도 아주 유용했다. 더 나아가 시골 지역에 위치하는 것은 회사들이 억압적인 길드의 규정을 피하고, 마을이나 도시들에 의해 강요된 것보다 훨씬 낮은 세금을 지불하며, 또한 생활비 역시 많이 낮았으므로 일꾼들에게 낮은 임금을 지불하는 것을 가능케 했다. 그 결과 면직물

---

47   Carus-Wilson 1952: 409.
48   Bridbury 1982; Gray 1924; Miller 1965.

회사를 운영하는 자본가들은 도시를 피하고 작은 읍과 마을들에 가게를 세웠다.[49]

이런 일이 어째서 유럽에서는 일어나지 않았을까? 그것은 유럽에서는 오직 도시들에만 충분한 자유가 존재했고 또한 그곳에서만 산업을 유지하는 데 충분할 만큼의 재산권을 확보할 수 있었기 때문이다. 유럽의 시골 지역에서는 여전히 봉건주의가 우세했고, 모두가 지역 영주의 탐욕을 두려워해야 했다. 그러나 영국에서 자유와 안전은 어디에서나 확보되어 있었고, 따라서 "'도시의 공기가 자유를 만든다'라는 속담은 영국인들에게는 거의 의미가 없었다.···적어도 산업계 지망자들에게는 그러했다."[50] 따라서 중세 영국의 산업가들은 플랑드르, 네덜란드 그리고 이탈리아에 있는 자신들의 경쟁자들이 어쩔 수 없이 그래야 했던 것처럼 사람들로 붐비고, 비싸며, 무질서하고, 더러운 도시들—그중 대부분은 수력을 갖고 있지 않았다—로 몰려들 필요가 없었다. 다음과 같은 것이 유사한 영국 속담이 될 수 있었을 것이다. "시골의 공기가 돈을 만든다." 그렇다고 영국 시골의 옷감 제조업체들이 작고 세련되지 못한 회사들이었던 것은 아니다. 오히려 축융기에는 꽤 많은 자본의 투자가 필요했고, 시골의 회사들은 그들이 있는 곳이 하청 업체의 가용성을 최소화했기 때문에 일정한 규모의 노동력을 유지해야 할 필요가 있었다.

축융이 국제 시장에서 영국의 옷감에 상당한 이점을 안겨주었음을 지적할 필요가 있다. 물론 대륙의 옷감 제조업자들 역시 옷감을 축융했다. 그들의 조상들도 여러 세기 동안 그렇게 했었다. 그러나 대륙의 옷

---

49 Carus-Wilson 1952: 422.
50 Ibid.

감 제조업자들은 오직 그들의 옷감 중 **일부**에 대해서만 축융을 했다. 이 것은 질적으로 큰 희생을 수반했다.[51] 축융하지 않은 옷감으로 만든 옷은 비를 맞으면 크기가 줄어들어 망가졌다. 옷감을 축융하지 않았던 까닭은 축융기의 부족 때문이었다. 손이나 발로 하는 축융은 지나치게 노동 집약적이고, 시간이 많이 소요되며, 힘이 아주 많이 들었다. 축융기가 없을 때 요구되는 축융공들의 수는 직조공들 수의 거의 절반에 이를 것이라고 예측되었다. "반면에 축융기를 돌리는 축융공은 혼자서 직조공 40명 내지 60명이 생산하는 것을 마무리할 수 있을 것이다."[52]

영국인들은 축융기의 이점을 충분히 활용함으로써 이익을 얻기만 했던 것이 아니다. 이것은 섬유 산업의 기계화의 첫 단계였다. 축융기가 나타난 직후에 직물들을 쌓아 올리는 기모기가 등장했다. 이어서 1589년에는 편직기, 그다음에는 플라잉 셔틀(flying shuttle[반자동식 기계적 위입 장치―역주], 1733), 다축 방적기(1770), 회전 방적기(1779) 그리고 역직기 (1785) 등이 연이어 등장했다. 이 모든 발명품은 분노한 노동자들의 저항과 마주쳤다. 그러나 1776년에 제임스 와트(James Watt)가 처음으로 실질적인 증기 기관을 발명했을 때, 그것들은 여러 다른 기계적 장치들과 더불어 서로 연결되기를 기다리고 있었다! 기술적 혁신은 영국 자본주의의 특징이었다.

마지막으로, 분산과 상대적으로 자유로운 자본주의는 더 멋지고 매력적인 제품을 생산함으로써 예기치 않은 방식으로 영국 모직 산업이 국제적으로 우위를 점할 수 있게 해주었다. A. R. 브리버리(Bridbury)가 지

---

51 Usher 1966: 270.

52 Ibid., 269.

적하듯이, 영국 모직 산업의 성공을 설명하기 위해서는 더 좋은 양모나 더 낮은 가격을 거론하는 것만으로는 충분하지 않다. 강조되어야 하는 것은 "솜씨와 기술…이런 옷감들에 대한 이국적인 염색 그리고…그들의 작품들에서 나타나는 디자인과 색상의 미묘한 조화…보다 국제적으로 유행할 옷감을 만들기 위한 탐구"[53] 등이다. 유럽 섬유 산업의 중심지들에서 길드들은 종종 색상과 디자인에 관해 무작정 전통을 강조했다. 작품을 만드는 이들이 함께 모여 서로의 작품에 대해 충분히 알게 될 때 독창성은 대개 발현될 기회를 잃고 만다. 스타일과 품질 면의 보다 큰 변화는 영국의 분산된 모직 산업에서 나타날 가능성이 컸다. 그곳에서 디자이너들은 서로의 어깨너머를 볼 수 없었기 때문이다. 더 나아가 그들의 자본주의적 경영자들이 거의 간섭을 받지 않고 자유롭게 생산을 조절할 수 있었던 것은 다양한 제품들에 대한 호의적인 피드백이 생산에 신속하게 반영될 수 있었다는 것을 의미했다. 현대적 용어로 영국의 모직 산업은 "시장 중심적"이었다.

비록 모직 산업은 영국이 국제적인 상업적 우위를 점유하기 위한 최초의 기반이기는 했으나, 영국이 세계 최초의 진정한 산업 국가가 된 것은 모직 산업에서 얻은 교훈을 다른 기회들에 적용함으로써 가능했다. 다음으로 중요한 단계는 석탄을 동력으로 하는 산업의 발흥, 즉 자본주의와 기술적 혁신 사이의 역동적 연관성을 밝히는 데 도움이 되는 발전이었다.

---

53 Bridbury 1982: 103.

석탄 동력

나무는 어떤 용도로 사용하기에도 열등한 효율을 보여주는 저급한 연료다. 그러나 고대에 지구상에서 사람이 거주하는 대부분의 지역에서 그것은 상대적으로 풍부했고 손쉽게 사용할 수 있었다. 대조적으로 석탄은 훨씬 우월한 연료이지만 훨씬 덜 사용되었다. 그리고 표면에 드러난 석탄층이 소모되었을 때, 그것은 얻기가 점점 더 어려워졌고 운송하는 비용도 아주 비쌌다. 그래서 고대인들은 건물에 난방을 하고 요리를 하며 빵을 굽는 일뿐 아니라, 야금에 벽돌, 유리, 비누, 소금, 도자기를 만들고 심지어 술을 만드는 일에서도 거의 전적으로 나무와 목탄에 의존했다. 장작 불이 만들어내는 낮은 온도는 이런 제품들의 품질에 심각한 제한을 가했다. 예컨대 대부분의 무기와 갑옷은 청동과 황동으로 만들어졌는데, 그 이유는 이런 재료들이 상대적으로 낮은 온도에서 녹는 연질 금속들의 혼합물이었기 때문이다. 철이 이런 목적을 위해 훨씬 우수하다는 것은 잘 알려져 있었다. 하지만 그것은 아주 높은 온도를 요구했다. 그것은 목탄의 열기로 두드려 펼 수 있을 만큼 유연해질 수는 있으나, 부을 수 있을 정도로 녹지는 않았다.

　12세기에 런던은 아주 빨리 성장하기 시작했고, 화목의 가격 역시 가까이 있는 자원들이 소진되면서 높아지기 시작했다. 한 세기 후에 나뭇값은 런던의 많은 가정에 어려움을 안길 정도로 급속하게 높아졌다. 1270년대에 런던에서 8km 정도 떨어진 햄스테드에서 화목 1백 다발은 20펜스에 팔렸다. 런던에서 약 32km 떨어진 서리에서 "1280년대와 1330년대에 사이에 화목 값은 약 50펜스였다."[54] 한편으로, 1180년경

---

[54]　Galloway, Keene 그리고 Murphy 1996: 449.

에 런던의 일부 산업이 뉴캐슬로부터 수로로 석탄을 수입하기 시작했는데, 이 석탄의 가격은 화목이 점점 더 비싸질 때 아주 조금 올랐을 뿐이다. 더 나아가 이 영국의 석탄은 품질이 아주 좋았고 나무보다 파운드 당 훨씬 더 많은 열을 냈다. 석탄과 나무 사이의 가격차가 좁혀졌을 때 산업용 열을 필요로 했던 더 많은 회사들이 석탄 쪽으로 갈아탔다. 영국에서 석탄이 갖고 있던 경쟁력 있는 가격은 부분적으로 채광과 수송의 기술적 향상을 반영했다. 그러나 더 넓게 보자면, 증대되는 석탄 시장이 그런 기술의 발명과 채택을 **촉발했다.** 게다가 수력이 모직 사업을 시냇가 부근으로 밀집하게 했던 것처럼 나무에서 석탄으로의 변경은 많은 산업이 탄광 부근으로 모여들게 했다. 그 결과 "여러 산업에서 기업의 규모가 크게 증대되었다."[55]

고품질의 석탄이 풍부했던 영국에서조차 지하에 매장된 광층(鑛層)을 찾아낼 필요가 있음이 곧 입증되었다. 광층을 탐지하기 위한 쇠막대(boring rod)가 발명되었다. 노천 채굴이 아닌 지하 채굴을 위해서는 종종 갱도를 가득 채운 물을 제거할 필요가 있었다. 로마인들은 양동이 부대를 통해 손으로 물을 퍼내는 방식으로 침출을 다뤘다. 영국인들은 수력이나 바퀴를 돌리는 말을 통해 다양한 방식으로 펌프질을 하는 것으로써 그 문제를 다뤘다. 유사하게 영국인들은 양수 펌프와 동일한 방식으로 구동되는 환기 팬을 통해 갱도를 통해 신선한 공기를 아래로 내려보냈다.[56] 이런 기술들은 대륙에서도 사용되었다. 그리고 어떤 기술들은 대륙에서 유래하기도 했다. 그러나 영국인들은 그것들을 보다 광범위하게 이

---

55 Nef 1934: 102.
56 Reynolds 1983: 77-79.

용했다. 그들의 탄광들이 훨씬 더 큰 규모로 운영되었기 때문이다.

탄광 산업이 마주한 또 다른 문제는 석탄이나 광석 같은 무거운 짐들을 어떻게 운송하느냐 하는 것이었다. 엘리자베스 1세 통치 말기에 남부의 노팅엄셔에서 이름이 알려지지 않은 발명가들이 해결책을 발견했다. 그들은 훗날 트램(tram) 혹은 트롤리(trolley)라고 알려진, 말이 끄는 마차를 지지하는 금속 레일을 깔았다. 두 가지 기술이 사용되었다. 하나는 마차 바퀴에 플랜지(flange, 가장자리)를 붙여서 그것들이 궤도 위에 머물게 한다는 점에서 현대적인 철로와 같은 것이었다. 두 번째 것은 "판로"(plateway)라고 알려진 것으로 마차 바퀴를 인도하기 위해 철로에 덧붙여진 플랜지를 포함하고 있었다. 처음에는 판로가 선호되는 방법이었다. 왜냐하면 마차가 선로 끝에 도달했을 때 표준적인 바퀴들을 지닌 마차는 선로에서와 마찬가지로 무난히 이동할 수 있었기 때문이다. 그러나 전자의 방식이 훨씬 더 비용이 적게 들었다. 그 경우에는 플랜지를 철로 전체에 붙이지 않고 마차 바퀴에만 붙이면 되었기 때문이다. 플랜지가 달린 바퀴의 사용을 촉진하기 위해 철로가 종종 광산으로부터 제련소 같은 인근 공장까지 혹은 바지선이 기다리고 있는 수로까지 확장되었다. 철로의 커다란 장점은 마찰을 크게 줄여서 훨씬 작은 동력만으로도 짐을 옮길 수 있게 한다는 것이었다. 철로 위에서 움직이는 마차는 동력이 제거될 경우 포장된 도로 위에서 움직이는 마차보다 다섯 배는 더 굴러간다.[57] 따라서 한 마리의 말은 길에서보다 철로에서 훨씬 더 무거운 짐을 끌 수 있다. 그렇게 해서 증기 기관이 나타나기 오래전에 영국의 대다수 산업 지역에는 확장된 철로 시스템이 존재했다. 그러니 기관차가 영국에서 발

---

57 Shedd 1981: 477.

명되고 영국이 철로의 발전에서 세계를 선도했던 것은 놀랄 일이 아니다. 사실 제임스 와트의 고정 엔진의 실용성과 신뢰성이 입증된 후 확장된 말이 끄는 철로 시스템은 기관차의 완전함을 요구했다.

앞서 언급했듯이, 철을 제대로 제련하고 쇳물을 생산하려면 석탄이 필요했다. 이것은 강한 열을 얻기 위해 수력 풀무를 사용하는 용광로를 발명함으로써 크게 촉진되었다. 용광로 자체가 아주 컸다. 벽의 두께가 1.5m내지는 1.8m 정도로 두꺼웠다. 유럽에서 몇몇 용광로는 일찍이 15세기부터 사용되었다. 그러나 그것들이 영국에서 널리 채택된 것은 16세기 중반에 이르러서였다. 영국인들은 곧 이 기술을 벽돌을 굽는 가마에 변형해 사용했다. 그러나 그보다 훨씬 더 중요한 것은 그 안에서 칼리와 모래로부터 유리가 만들어지는 진흙 도가니를 밀폐하는 법을 발견한 것이었다. 그로 인한 결과는 곧 영국의 대부분의 가정이 창문에 유리를 끼울 수 있을 정도로 다량의 유리를 값싸게 만들어내는 능력을 갖게 된 것이었다. 이런 점에서 유리 제조는 전형적인 것이었다. 높은 품질과 낮은 비용을 초래한 생산의 획기적인 발전으로 인해 시장은 영국 제품들에 의해 계속해서 확장되고 지배되었다. 16세기 초에 영국은 대륙에서 주조되는 황동과 청동 무기들보다 훨씬 값이 싸면서도 철로 주조되고 훨씬 큰 사정거리와 신뢰성을 지닌 유럽에서 가장 우수한 대포들을 제조하고 있었다. 스페인의 무적함대와 전투를 벌였을 때, 영국의 함선들은 수적으로 열세였으나, 스페인의 함대들은 무기에서 뒤졌다.

자본주의는 영국의 산업화에 필수적이었다. 수력 펌프를 통해 건조하게 유지되고 철로 시스템이 갖춰진 환기가 잘 되는 광산들을 유지하기 위해서는 아주 많은 금액의 투자와 세련된 경영이 필요했다. 기계식 풀무를 갖춘 정교한 용광로를 지닌 제련소들은 주먹구구식으로 운영되지 않았다. 그것은 자본 집약적인 활동이었고 믿을 만한 대규모 노동력이 필요했다. 그래서 모직 산업의 아주 이른 시기부터 영국의 회사들은 점점 커지고 복잡해졌다. 그리고 놀랍게도 이 추세는 전염병, 전쟁 혹은 정치적 소동에 의해서도 거의 영향을 받지 않았다.

그러나 영국의 자본주의가 그렇게 발전할 수 있었던 것은 오직 영국인들이 비길 데 없을 정도의 자유를 누렸기 때문이었음을 인식할 필요가 있다. 가장 오래된 개인의 자유라는 전통을 지닌 나라가 발명과 산업이 번성하는 나라였던 것은 우연의 일치가 아니었다.

서구의 성공을 가능케 한 것은 발명이었다. 크고, 믿을 만하며, 잘 무장하고, 빠른 배들이 유럽인들이 무사히 세계 전역을 여행할 수 있게 해주었다. 나침반, 지도 제작 기술, 정확한 시계 그리고 망원경 등은 그들이 길을 찾을 수 있게 해주었다. 효과적인 화기는 그들이 얻고자 하는 어느 곳이나 지배할 수 있도록 해주었다.

그렇다고 할지라도, 서구의 성공을 유지했던 것이 오직 물질적 발명만은 아니었다. **문화적 발명들**이 훨씬 더 중요했다. 특별히 효과적인 집단적 행동을 조직하고 동기를 부여하기 위한 이상과 방법들 같은 것이 그러했다. 방법과 이상들은 자본주의의 근본적인 측면들이다. 그것들은 진보와 이성에 대한 믿음에 기반한 합리적인 사업 기술들이다. 자유 역시 그저 사회를 감싸고 있는 어떤 분위기가 아니다. 그것은 사람들이 그것을 믿고 또한 그것을 유지하기 위한 방법을 개발할 때만 존재한다.

군사력은 단지 무기와 숫자의 함수가 아닐 수도 있다. 코르테스(Hernán Cortés, 16세기에 아즈텍 제국을 정복한 인물—역주)와 피사로(Francisco Pizarro, 잉카 제국을 정복한 인물—역주) 같은 무모한 신세계 모험가들이 겉보기에 불가능해 보였던 일들에서 성공한 것은 단지 그들에게 무기가 있어서만이 아니었다. 그들이 성공할 수 있었던 것은 오직 그들의 군대가 잘 훈련되었고, 그들의 장교들이 역시 잘 훈련되었기 때문이며, 또한 수십 명에 불과한 정복자들이 수천 명의 아즈텍인이나 잉카인들에게 포위되었을 때조차 그들은 하나님이 자기들에게 승리를 주시리라고 믿었기 때문이었다.

마지막으로 여러 세계 종교들과 달리 기독교는 방랑하는 성직자들과 흩어져 있는 독립된 신전들이 제공하는 민간 신앙의 집합체가 아니다. 가장 이른 시기부터 그것은 분명한 신조를 지닌 잘 조직된 회중들에 의해 유지되었다. 비록 종종 추한 갈등으로 이어지기는 했지만, 그것은 서구가 안팎 모두에서 거둔 성공에서 중요한 역할을 했던 역동적인 선교와 고도의 개인적 헌신을 낳기도 했다.

유감스럽게도, 심오한 문화적 발명들조차 쉽게 깨진다. 그래서 16세기 동안 전쟁, 억압, 종교적 갈등 그리고 탐욕스러운 독재자들이 유럽의 자유와 자본주의의 지도를 다시 배열했다.

제6장

"로마 가톨릭교회의" 반자본주의: 스페인과 프랑스의 압제

우리는 자본주의가 어떻게 이탈리아에서 시작되어 플랑드르, 네덜란드, 그리고 영국으로 퍼져나갔는지를 살펴보았다. 그러나 17세기가 밝았을 때, 이탈리아와 플랑드르에서 자본주의는 거의 사라졌고, 유럽에서 가장 큰 지상 병력을 가진 두 나라인 스페인과 프랑스는 민주주의나 프로테스탄티즘에 대해서보다도 자본주의에 대해 더 호의적이지 않았다. 그 나라들은 세금을 부과하고, 약탈하며, 상업을 규제해서 사실상 정지 상태로 만드는 폭군들에 의해 통치되는 견고한 로마 가톨릭 사회들이었다. 반면에 자본주의는 영국과 네덜란드에서 번성했는데 두 나라는 공히 뚜렷하게 프로테스탄트적이었다.

그러니 어떤 이들이 자본주의가 뿌리 깊은 로마 가톨릭 사회에서 유래되었다는 사실을 무시한 채 서둘러 그것이 오직 프로테스탄트적 상황 안에서만 번성할 수 있다고 결론을 내리는 것은 놀랄 일이 아니다. 그렇다고 할지라도, 자본주의가 프랑스와 스페인 모두에서 시들었고 스페인이 플랑드르와 이탈리아의 도시 국가들에서 자본주의를 말살했다는 사실은 아주 흥미롭다. 유럽의 어느 지역에서 자본주의가 발흥한 것에 관한 모든 논의는 그것이 적절한 것이 되려면 다른 지역에서 그것이 나타나지 않았거나 쇠퇴한 것에 대해서도 설명해야 한다. 대체로 스페인은 아마도 그 나라가 신세계에서 갖고 있던 부, 그 나라의 군사력, 그리고 그 나라의 외국에 대한 침략 때문에 보다 중대한 문제를 제기한다. 그러나 프랑스의 역할 역시 주목할 필요가 있다.

이 장의 주제는 3장에서 설명되었다. 즉 전제적인 국가는 탐욕스러우며 경제적 발전으로 이어질 수 있는 부의 많은 부분을 삼켜버린다는 것이다. 그러나 전제적인 국가들이 약하다고 가정하는 것은 잘못이다. 명령 경제(command economies)는 종종 그들의 자원의 큰 부분을 아주 강력한 군사력을 유지하는 데 사용한다. 이것은 유럽의 상당수 지역에 스페인의 통치를 강요했던 스페인 제국의 크고, 효과적이며, 사나운 군대에 의해 입증된다. 프랑스의 왕들 역시 유럽의 다른 어느 나라보다도 큰 인력을 동원해 아주 인상적인 군대를 전장으로 내보냈다. 결국 이런 수적 우세가 나폴레옹이 일시적으로나마 스페인을 포함해서 유럽의 많은 지역에 프랑스의 통치를 강요할 수 있게 해주었다. 프랑스의 농민들은 네덜란드나 영국의 농민들과 비교할 때, 비참한 빈곤 속에서 살고 있었음에도 말이다.

그러나 우리는 이런 의문을 가질 수 있다. 만약 자본주의가 유럽의 성공에 그토록 중요했다면, 스페인과 프랑스는 어떻게 그것과 경쟁할 수 있었을까? 그것은 단순히 그들이 큰 나라들이어서가 아니었다. 그랬더라면 중국과 인도가 세계를 지배했을 것이다. 한 가지 중요한 요소는 프랑스와 스페인 모두 진보와 이성에 대한 온전한 믿음을 가진 기독교 사회였으며, 또한 그 두 나라의 많은 국민이, 비록 스스로 그렇게 할 수 있거나 하려고 하지는 않았을지라도, 새로운 기술을 인정하고 경제적 진보의 열매를 받아들이는 데 빨랐다는 사실이다. 따라서 스페인의 무적함대가 영국을 향해 항해를 시작했을 때, 비록 그들의 함선에 실려 있는 것 중 스페인에서 온 것은 오직 승무원들뿐이었을지라도—모든 식량, 무기 그리고 심지어 함선들 자체도 다른 곳에서, 즉 대부분 자본주의적 공급자들로부터 수입한 것들이었다—그것은 실로 가공할 만한 함대였다. 게다가 프랑스와 스페인의 수많은 기업가는 자신들의 탐욕스러운 국가가 부과한 극심한 제약 속에서도 자신들이 할 수 있는 최선을 다해 자본주의를 모방했고 종종 놀라울 정도의 성과를 거뒀다. 그럼에도 만약 영토에 대한 스페인이나 프랑스의 야욕이 승기를 잡았더라면, 앞으로 보게 되겠지만, 유럽은 정체되었을 것이다. 다행히 자본주의는 살아남았고 유럽의 진보는 계속되었다. 작은 나라 네덜란드가 스페인의 제국적 야망을 좌절시키고, 영국의 해군이 최초로 스페인의 무적함대를 견뎌내고 나중에는 나폴레옹을 파멸로 몰아넣었기 때문이다. 이 모든 것이 자본주의 때문이었을까? 아마도 그랬을 것이다.

1492년: 퇴보하는 스페인

17세기 초부터 서구의 역사가들은 "스페인의 쇠퇴"를 설명하기 위해 엄청난 노력을 기울여왔다. 1673년에 영국의 여행가 프랜시스 윌러비(Francis Willughby)는 스페인이 역경을 맞이한 것은 "1. 나쁜 종교, 2. 폭압적인 종교 재판, 3. 수많은 창녀, 4. 불모지나 다름없는 토양, 5. 국민들이 웨일스인이나 아일랜드인들처럼 비참하리만큼 게을렀던 것, 6. 유대인과 무어인들의 추방, 7. 전쟁과 식민" 때문이었다고 썼다.[1] 40년 후에 스페인 주재 피렌체 대사는 "이곳의 빈곤은 심각하다. 그리고 나는 그것이 국가의 질 때문이라기보다는 노력하지 않는 스페인 사람들의 성격 때문이라고 믿는다. 그들은 자기네 왕국에서 나는 원료들을 다른 나라로 보내

---

[1] Kamen 1978: 26에서.

고 그 나라들에서 제조된 것을 다시 구매할 뿐이다"라고 지적했다.[2]

아주 이른 시기의 스페인 작가들조차 스페인이 페르디난드와 이사벨라의 통치기에 누렸던 황금기로부터 쇠락하는 것을 한탄했다. 1600년에 페드로 페르난데스 나바레테(Pedro Fernández de Navarrete)가 말했듯이, "이 훌륭한 군주들은 스페인을 그것이 그때까지 알았던 행복과 위대함의 최고 상태로 올려놓았고, 스페인은 쇠퇴가 시작될 때까지 그 상태에 머물렀다." 그의 그런 관점은 이후로도 계속되었다. 저명한 학자 J. H. 엘리어트(Elliot)가 1961년에 요약해서 말했듯이, "스페인의 쇠퇴에 관한 그 어떤 설명도 일반적으로 받아들여지고 있는 17세기 스페인의 역사를 실질적으로 바꿀 수 있을 것처럼 보이지 않는다. 왜냐하면 누가 그것을 섞든 카드는 언제나 동일하기 때문이다."[3] 그러나 그 후에 헨리 카멘(Henry Kamen)이 완전히 새로운 갑판을 만들었다. **스페인은 상승한 적이 없기 때문에 쇠퇴한 적도 없다!**[4]

통념에 대한 카멘의 놀라운 개정은 스페인과 스페인 제국 사이의 중대한 차이를 드러낸다. 스페인 제국은 헨트에서 성장한 합스부르크가 사람인 카를 5세가 복잡한 왕실 결혼을 통해 스페인의 왕위에 오르고, 그 후 신성 로마 제국의 황제 선거 비용을 대기 위해 야코프 푸거(Jakob Fugger, 독일의 은행가)에게서 돈을 빌리며, 그렇게 함으로써 스페인과 그 신생 신세계 식민지들과 함께 저지대 국가들의 일부와 독일의 주요 부분들을 자신의 통치에 복속시킴으로써 나타났다. 그 제국은 신세계에 있는 거점을 제외하고는 스페인의 확장이나 정복에 의해 세워진 것이 아니라

---

2   Cipolla 1994: 238에서.
3   둘 다 Kamen 1978: 24-28에서 인용함.
4   Kamen 1978, 2002.

왕조적인 제국이었다. 이후 제국에 대한 스페인의 기여는 주로 군사의 모집과 신세계로부터 금과 은을 가져오는 것으로 이루어졌다. 이런 막대한 양의 정화(正貨)는 서구 유럽 전역에 인플레이션을 초래했고, 프랑스, 프로테스탄트 독일 군주들, 다양한 이탈리아인, 네덜란드인 그리고 영국인들과 맞서 싸우는 잘 준비된 대규모의 군대를 유지하기 위한 자금이 되었다. 그러나 신세계의 부는 매우 낙후된 봉건 국가로 남아 있던 스페인에 아무런 중대한 유익도 가져다주지 않았다. 스페인의 후진성이 더는 제국의 웅장함에 의해 가려지지 않게 되었을 때, 그것은 더 나은 시대로부터의 쇠퇴로 잘못 인식되었다.

이탈리아와 네덜란드에서 자본주의를 파괴한 것은 스페인이 아니라 스페인 제국이었다. 제국에 의해 초래된 혼란에 관해 설명하기 위해서는 페르디난드와 이사벨라의 통치를 받던 황금기에 스페인의 경제적·사회적·정치적 상황을 묘사하는 것이 도움이 될 것이다.

콜럼버스가 항해를 시작한 1492년에 "스페인"은 거의 존재하지 않았다. 그것은 카스티야와 아라곤이라는 두 개의 독립된 왕국이 아주 최근에 그리고 거의 명목상으로 합쳐진 나라에 불과했다. 오늘날에도 많은 이들은 자신들을 스페인 사람이라기보다는 카스티야 사람 혹은 아라곤 사람으로 여긴다. 그리고 아마도 이것은 1492년에 이 두 왕국에 속한 모든 이들—거기에는 그 두 명의 왕실 부부까지 포함된다—에게도 마찬가지였을 것이다. 이사벨라의 카스티야는 인구 620만 명과 영토의 2/3를 가진 훨씬 더 중요한 왕국이었다. 그녀가 아라곤에 대해 상대적으로 약한 왕권을 갖고 있던 페르디난드와 결혼했을 때, 그들은 자신들의 왕국을 "통합해서" 스페인 왕국을 만들었다. 그 새로운 나라는 총인구가 약

720만 명에 이르렀는데, 그것은 당시 프랑스 인구의 절반 수준이었다.[5] 처음부터 그 왕실 부부는 유명인들이었다. 너무나 인기가 있어서 1480년 이후 귀족들의 입법 기관인 카스티야 의회는 거의 모이지 않았고 왕권에 제약을 가하지도 않았다. 이후에 의회는 자신들이 카를 5세가 부과한 막대한 세금 인상을 거부할 수 없음을 알게 되었다. 그로 인해 카스티야는 절대주의 국가로 되돌아갔다. 아라곤에 있던 의회는 계속해서 지방세에 대해 얼마간 영향력을 행사했다. 그러나 아라곤은 강아지의 뭉툭한 꼬리였을 뿐이다.[6]

1482년에 페르디난드와 이사벨라는 그라나다 경계에 있는 알하마에 대한 공격을 감행했다. 그 도시는 이베리아반도 남쪽 해안에 있는 무어인(무슬림)의 도시로서 삼면이 카스티야 왕국에 둘러싸여 있었다. 그 도시는 곧 함락되었고, 일련의 길고 유사한 공격 끝에 그라나다는 1492년 1월 2일에 스페인 군대에 항복했다. 소위 무어인들에 대한 스페인의 재정복은 스페인 인구에 수십만 명의 무어인들을 포함시켰으나, 그것은 왕권에 대해 미미한 양의 부만을 늘렸을 뿐이다.[7] 그리고 전쟁은 매우 큰 비용이 들었기 때문에 승리는 아주 심각한 손실을 초래했다. 새로운 수입원에 대한 필요가 콜럼버스를 재정적으로 지원하기로 한 결정에서 중요한 역할을 했다. 콜럼버스는 그 왕실 부부가 그라나다를 의기양양하게 방문하고 돌아온 후 몇 주 내에 항해를 시작했다.

그라나다를 얻기 위해 치른 비용은 다가오는 일에 대한 불길한 전조였다. 제국의 전쟁 비용은 다음 세기에 스페인에서 막대한 경제적 손실

---

5   Russell 1958.
6   Elliot 1966; North와 Thomas 1973.
7   Elliot 1966: 49.

을 초래했다. 그렇게 초래된 손실은 스페인을 단지 제조된 제품들뿐 아니라 충분한 식량을 위해서도 수출에 의존하는 빈곤한 농민 국가에 머물게 했다.

스페인의 농업은 메마른 땅과 "메스타"(Mesta)라고 알려진 아주 이상한 제도 때문에 방해를 받았다. 스페인의 양들은 영국의 양들만큼은 아니지만 다른 지역의 양들보다는 훨씬 나은 고품질의 양모를 생산했다. 그 결과 스페인의 주된 수출품은 양모였다. 그리고 스페인은 점차적으로 플랑드르와 이탈리아의 면직 산업을 위한 양모의 출처로서 영국을 대체해나갔다. 메스타는 수백만 마리의 이동하는 양떼를 유지할 수 있는 왕실이 내준 특권을 지닌 양 소유자들의 집단이었다. 그들은 양들을 몰고 스페인을 가로지르면서 "북쪽에 있는 여름 목초지로부터 남쪽에 있는 겨울 목초지로, 그리고 그 후에는 반대로" 다시 북쪽으로 가서 봄을 지내면서 그들이 가는 곳에서 풀을 뜯어 먹게 했는데, 이것은 넓은 지역을 망라하는 그들의 이동 경로에서 농사를 짓는 것을 불가능하게 했다.[8] 땅 소유자들과 갈등이 발생할 경우에 왕은 경제에서 양모 수출보다 더 중요한 것은 아무것도 없다는 이유로 늘 메스타 편을 들었다. 그렇게 해서 메스타에 대한 정부의 보호가 농업에 대한 투자를 크게 위축시켰다.[9] 이것은 스페인이 곡물과 다른 식자재를 대량으로 수입하도록 만들었다.

지리 역시 하나의 스페인 국가를 통합하거나 국내에서 상업을 하는 것을 어렵게 만들었다. 거친 산맥들은 (웰링턴이 나폴레옹 전쟁 기간에 증명해주었듯이) 쉽게 방어할 수 있는 고립된 영토를 만들었으나, 바로 그 동일

---

8 Ibid., 33.
9 North와 Thomas 1973: 130.

한 자연적 장벽이 상업적 운송을 크게 위축시켰고 "가격을 끔찍할 정도로 높였다."[10] 예컨대 리스본에서 향신료를 구매하는 값보다 그것을 리스본에서 톨레도까지 운송하는 비용이 훨씬 더 비쌌다.

제조업에 관해서 말하자면, 스페인은 제조업이라고 할 만한 것을 갖고 있지 않았다. 그나마 있었던 것들 대부분은 아메리카에서 유입된 금과 은으로 인해 수입에 더 크게 의존하게 되면서 금세 소멸되고 말았다. 스페인은 토착 상인 계급을 키우는 일에서도 크게 발전하지 못했다. 스페인의 상업 활동은 외국인들—대부분은 이탈리아인이었다—의 손에 달려 있었다. 이것은 "이달고"(hidalgo)라고 알려진 유력한 스페인 시민들 사이에서 오만함의 근원이 되었다. 제조업과 상업은 열등한 국민과 나라들을 위한 것이었다. 그러니 다른 이들이 스페인을 위해 수고하게 하라! 바로 그것이 이달고가 문제를 대하는 방식이었다.[11] 따라서 제국이 북부 유럽을 지배하고 있는 동안 스페인 자체는 봉건주의에 고착되어 있었다. 그나마 생산적인 이들은 주로 젊은 남자들이었으나 대부분 귀족 출신이었던 그들은 전문적인 군인이 아니고서는 가난에서 벗어나기가 어려웠다. 이 잘 훈련되고, 오래도록 복무하며, 잘 준비된 스페인 군사들은 유럽에서 가장 두렵고 강력한 전사들이었다. 그러나 그들은 스페인이 아니라 제국을 위해서 싸웠다. 그들의 승리는 고향에서 멀리 떨어진 곳에서, 저지대 국가들에서, 이탈리아에서, 라인강 변에서 이루어졌다. 그리고 그들에게 급료를 지불할 수 있는 수단은 대서양을 가로질러 수천 km 떨어진 곳에서 왔다.

---

10   Elliot 1966: 120.
11   Cipolla 1994: 239.

16세기에 절정에 이르렀을 때 스페인은 필리핀에서 오스트리아까지 큰 대자 모양으로 누워 있는 광대한 제국을 다스렸다. 그 제국에는 아메리카, 네덜란드, 독일의 많은 부분, 튀니스, 사르디니아, 시칠리아, 이탈리아의 대부분 그리고 이베리아반도 전체가 포함되었는데, 나중에 거기에 포르투갈, 나바라, 루시용이 덧붙여졌다. 이처럼 광대한 지역을 보호하고 통제하기 위해 제국은 유럽 전역에서 모집한 약 20만 명에 이르는 정규군을 유지했는데, 그중 상당수는 스페인뿐 아니라 아일랜드, 플랑드르, 이탈리아 그리고 독일로부터 왔다. 이 제국 군대는 로마의 몰락 이후 유럽 최초의 장기적으로 복무하는 상비군 중 하나였다.

그러나 스페인은 이런 훌륭한 군사들을 무장시킬 수 없었다. 스페인은 무기 공장을 갖고 있지 않았고, 화약을 만들지 못했으며, 대포는 물론이고 포탄조차 제조하지 못했다. 1572년에 긴급하게 포탄이 부족했을 때, 펠리페 2세는 이탈리아로 서신을 보내 즉시 두 명의 이탈리아인 포탄 제조 기술자를 마드리드로 보내달라고 요청했다. 왜냐하면 "여기에는 포탄 만드는 법을 아는 이가 한 사람도 없었기" 때문이었다.[12] 이것은 아무 소용이 없었다. 1588년에 거대한 스페인 함대가 영국을 향해 항해를 시작했을 때, 그 함대의 모든 총과 포탄은 비스킷을 포함해서 배에 있는 다른 모든 것들처럼 수입되었다. 배에 없었던 것은 지도였다. 스페인에는 지도 제작자가 없었다(마드리드에 대한 최초의 거리 지도는 네덜란드에서 출간되었다). 그래서 해협의 해안 지형을 아는 수로 안내인들을 찾아오라는

---

12   Kamen 2002: 169.

명령이 떨어졌다. 스페인에서는 한 사람도 찾을 수 없었다. 메디나 시도니아 제독은 그의 함대를 이동시키기 위해 프랑스의 수로 안내인에게 의존해야 했다.[13] 물론 함선 역시 스페인에서 건조되지 않았다.

제국이 갖고 있었던 혹은 가진 것처럼 보였던 것은 부였다. 이런 부의 원천은 셋이었다. 첫째, 황제는 끔찍할 정도로 높은 세금을 부과했다. 예컨대 카스티야에서 세금은 유럽의 다른 어느 곳에서보다도 무거웠다. "1590년까지 풍년에 농부들의 [총]수입의 1/3이 세금으로 소비되었다."[14] 제국의 다른 모든 지역에 부과되는 세금의 수준은 카스티야에서보다는 약간 낮았다. 둘째, 교회의 수입으로부터 막대한 세금을 걷었다. 프로테스탄트 통치자들은 교회 재산을 수용함으로써 굉장한 부를 얻었다. 스페인 제국이 이런 "탐욕스러운 이단들"을 물리치기 위해 싸우고 있었음을 감안할 때, 교황은 자신의 수입을 나누라는 압력에 맞설 수 없었다. 그렇게 해서 카를 5세는 자신의 통치 영역 내에 있는 교회에 바쳐진 모든 십일조의 1/3을 얻었고, 교회 재산에 세금을 부과할 수 있었으며, 교회가 소유한 부의 다른 조각들을 얻었다.[15] 아무도 면제되지 않았으므로 십일조는 특별히 소중했다. 반면에 스페인의 모든 이달고 계급과 같은 여러 큰 집단들은 제국의 세금으로부터 면제되었다.

마지막으로, 그리고 무엇보다도 제국은 페루와 멕시코에서 막대한 양의 금과 은을 수입하는 것으로, 또한 아시아로부터 향신료와 비단을 가져오는 보물선들을 호위하는 것으로 돈을 마련했다. 1500년과 1650년 사이에 금 180t 이상 그리고 은 16,000t 이상이 신세계로부터 세비야로

---

13   Ibid., 160, 171.
14   Parker 1970: 188.
15   Elliot 1966: 197-98.

들어왔다.[16] 이런 수입 때문에 유럽의 은 공급량은 세 배로 늘어났고 금 공급량 역시 약 20% 정도 증대되었다.[17] 그러나 수입에 대한 과도한 의존 때문에 이렇게 형성된 부는 스페인에 거의 머물러 있지 않았다. 베네치아의 대사가 지적했듯이, "인도에서 오는 금은 마치 지붕 위로 비가 내리는 것처럼 스페인으로 온다. 그것은 그 위에 쏟아졌다가 어디론가 흘러간다."[18] 상당한 양이 제노바로 흘러갔다. 스페인에 거주하는 많은 제노바 상인들이 스페인 상업의 많은 부분(아마도 대부분)을 통제했다.[19] 훨씬 많은 부가 군인들에게 급료를 지급하고, 지역 행정을 위한 재원을 제공하며, 동맹들을 지원하기 위해 제국 전역으로 분산되었다. 또한 특별한 과업을 위해 막대한 금액이 소요되었다. 영국에 맞서도록 파견된 무적함대를 유지하기 위한 직접적인 비용은 금화 1천만 두카트 이상이었는데, 이것은 제국의 연간 총예산의 두 배였고 엘리자베스 여왕의 수입보다 여러 배나 많은 것이었다.

그렇다고 할지라도 황실의 부는 참으로 엄청난 부채를 고려한다면, 대부분은 환상이었다. 그것은 페르디난드와 이사벨라와 더불어 시작되었다. 그들은 결코 자신들의 예산을 균형 있게 유지하려고 하지 않았다. 그래서 카를 5세는 왕으로 즉위하면서 그들이 남긴 상당한 액수의 빚을 떠안았다. 카를은 신성 로마 제국의 황제직을 얻기 위해 야코프 푸거에게 금화 50만 길더 이상을 빌리는 것을 시작으로 이 빚을 정확하게 제국적인 규모로 확대했다. 그러나 이것조차 양동이에 떨어진 물 한 방울

---

16 Kamen 2002: 287.
17 Elliot 1966: 180.
18 Cipolla 1965: 36에서.
19 Pike 1962.

에 지나지 않았다. 그의 통치 기간에 카를은 유럽의 은행들로부터 5백 건 이상의 대출을 받았는데, 그 대출 금액은 약 2천 9백만 두카트에 이르렀다.[20] 1556년에 그의 아들 펠리페 2세가 왕위에 올랐을 때 이 금액 중 많은 부분은 여전히 상환되지 않은 상태였고, 이듬해에 그는 파산을 선언했다. 그럼에도 불과 5년 후 제국의 빚은 다시 치솟아 연간 총예산의 25%에 해당하는 140만 두카트가 대출금에 대한 이자로 지불되었다.[21] 더 나쁜 것은 1565년에 제국이 저지대 국가들에게 진 빚만 5백만 두카트에 이르렀고, 이자 지급과 고정된 통치 비용을 합하면 연간 25만 두카트의 추가 적자가 발생했던 것이다.[22] 제국 전체에서도 동일한 패턴이 나타났다. 빚이 모든 것을 지배했다. 1570년대 전반기에 펠리페 2세의 세입은 평균 연간 550만 두카트였던 반면, 그의 총지출은 종종 거의 그 액수의 두 배에 이르렀으며 그 빚에 대한 이자만 연간 2백만 두카트가 넘었다.[23] 1575년에 다시 펠리페가 약 3천 6백만 두카트에 이르는 자신의 모든 빚에 대한 책임을 부인했을 때 아무도 놀라지 않았다. 그러나 그렇게 함으로써 그는 네덜란드에서 자신의 정권을 무일푼 상태에 남겨두었다. 그의 총독이 불평했듯이 "왕이 자신에게 금화 1천만 개가 있음을 발견하고 그것을 이리로 보내고자 할지라도 그는 이 파산으로 인해 그렇게 할 방법을 갖고 있지 않다."[24] 그것을 배편으로 보내는 것은 너무 위험했다. 불과 몇 년 전인 1568년에 스페인은 알바 공작의 군사들에게 급료를

---

20   Kamen 2002: 89.
21   North와 Thomas 1973: 129.
22   Parker 1970: 75.
23   Ibid., 85.
24   Ibid., 86.

지불하기 위해 두카트가 들어 있는 155개의 상자를 실은 네 척의 작은 연안 무역선을 안트베르펜으로 몰래 보내려고 했었다. 그러나 그 배들은 영국인들에게 빼앗겼고 상자에 들어 있던 현금 대부분은 엘리자베스 여왕의 금고 속으로 들어가고 말았다.[25] 돈을 편지나 환어음으로 보내는 것 역시 불가능했다. 왜냐하면 네덜란드에는 그만한 금액을 지불할 수 있는 스페인 은행이 더 이상 존재하지 않았고, 다른 은행들은 스페인의 신용을 존중하지 않았기 때문이었다. 결국 제국은 1596년부터 다시 여러 차례 계속된 파산과 싸우느라 제때에 군대에 보낼 돈을 마련하지 못했고 그로 인해 네덜란드 북부의 많은 지역을 잃어야 했다.

제국은 페르디난드와 이사벨라 시절부터 계속해서 돈을 탕진했다. 결국 펠리페 2세는 자신의 긴 통치 기간 중 거의 매일 왕궁에 있는 자신의 책상에 앉아 자신의 광대한 영토 전역에 있는 관리들에게 편지를 쓰거나 그들이 보내온 편지들을 읽으면서, 계좌의 균형을 맞추려고 헛되이 노력하면서, 끊임없이 새로운 대출을 구하고 상환을 연기하려고 하면서, 그리고 어째서 하나님이 자신의 탄원을 무시하시는지 의아해하면서 보내다가 마침내 이 잔인한 사실과 마주하게 되었다. 사망하기 직전인 1598년에 그는 프랑스와 평화 조약을 체결했고 스페인과 네덜란드 사이의 관계를 끊기 시작했다.

이것은 영국과 네덜란드를 유럽의 주요한 경제 세력으로 남겨두었다. 그 두 나라 각각은 진전된 단계의 자본주의를 성취했고 나름의 식민 제국을 건설하는 과정 중에 있었다. 이제 그들은 이탈리아나 플랑드르로부터 제기되는 그 어떤 심각한 경쟁과도 마주치지 않았다.

---

25 Read 1933.

이탈리아의 도시국가들이 한때 선진 자본주의의 요람이었으나 16세기 말에는 더 이상 주요한 경제 세력이 아니었다. 무슨 일이 일어난 것일까? 많은 일이 있었다. 그들의 본거지인 지중해 시장에서 영국과 북유럽이 제기했던 극도로 공격적인 경쟁, 이슬람의 공격으로 인한 중동 지역 상거래의 일부 상실, 축소된 자유와 불확실한 재산권이라는 결과를 가져온 과두정치로의 표류 등. 그러나 결정타는 스페인 제국의 확장에 의한 것이었다.

그 모든 것은 시칠리아와 사르디니아가 1295년에 아라곤 왕에 의해 복속되었을 때 시작되었다. 2세기 후 그 두 나라는 페르디난드와 이사벨라가 카스티야와 아라곤을 통합했을 때 스페인의 일부가 되었다. 그 후 1504년에 프랑스와 카스티야 군대 사이에 10년에 걸친 전쟁이 있었고, 그 후에 교황령의 이탈리아 남부 모든 지역으로 이루어진 나폴리 왕국이 아라곤에 합류했다. 카를 5세가 1516년에 스페인의 왕이 되었을 때 이탈리아의 이 큰 덩어리가 그의 것이 되었다. 그러나 그는 더 많은 것을 원했다. 이런 잠재적 위협에 대응하기 위해 프랑스, 베네치아, 밀라노 그리고 바티칸이 1526년에 스페인의 확장에 반대하는 코냑 동맹(League of Cognac)을 결성했다. 그러나 카를이 1527년에 스페인의 노련한 군사들과 게르만 용병들을 이끌고 교황과 맞섰을 때 그 동맹은 종이호랑이임이 밝혀졌다. 유감스럽게도 카를은 늘 그랬던 것처럼 자금의 부족 때문에 한동안 그의 군대에 급료를 지불하지 못했다. 그로 인해 아무런 저항 없이 로마에 입성했을 때 군사들은 대열을 무너뜨리고 "약탈, 살상 그리고 방화"를 일삼았다.[26] 비록 카를이 로마 약탈에 대해 가장 깊은 유감을 표명하기는 했으나, 이것은 언급되어야 하는데, 바로 그 사건이 유럽 전역에 알려졌으므로 그와 그의 아들 펠리페는 더는 교황으로부터 공개적인 반대에 직면하지 않았다. 오히려 바티칸은 제국의 자금을 위한 기꺼운 그리고 실질적인 근원이 되었다.

물론 프랑스 역시 북부의 도시 국가들에 대한 계획을 갖고 있었다. 1499년에 루이 12세가 **밀라노**를 장악했다. 14년 후에 밀라노에서 프랑스의 통치는 폐지되었고 스포르차 가문(Sforzas)이 주도권을 잡았다. 그들은 1515년에 스팡스가 마리냐뇨 전투에서 그들을 물리친 후에야 축출되었다. 1529년에 프랑스는 스포르차 가문이 권력을 회복하는 것을 내용으로 하는 새로운 조약을 체결했다. 그러나 1535년에 밀라노는 스페인 제국의 일부가 되었다. 5년 후 카를 5세는 자신의 아들 펠리페를 밀라노의 공작으로 임명했다. 1706년까지 계속된 스페인의 통치 아래서 경제는 정체되었고 곧 밀라노는 놀랄 만한 과거를 지닌 또 하나의 침체된 공동체가 되었다.

제노바에 관해 말하자면, 그것은 1396년에 프랑스의 통치에 굴복했다. 이것은 몇 차례 밀라노에 의한 통치기와 함께 1528년까지 간헐적으로 계속되었다. 그해에 유명한 제노바의 제독 안드레아 도리아가 프랑스를 섬기는 일을 중단하고 카를 5세와 동맹을 맺었다. 이것이 제노바의 문제들에 대한 프랑스의 영향력을 종식시켰고 스페인에서 제노바의 은행과 상인들의 지위를 크게 강화시켰다. 그러나 그것은 제노바에 높은 세금, 편파, 독점 그리고 때때로 몰수에 대한 유혹에 빠지는, 그리고 스페

26　Kamen 2002: 61.

인의 통제에 복속된 과두 정부를 강요했다.

피렌체는 메디치가를 대공으로 인정함으로써, 그리고 메디치가를 유럽의 주요한 왕실들과 연결해주었던 화려한 결혼의 그물망을 통해 독립을 유지하고 있었다. 그러나 그들의 뛰어난 조상들과 달리, 이 메디치가 사람들은 자기들이 겨우 접촉만 할 수 있었던 선출된 집단을 통해 다스리는 것에 만족하지 않았다. 오히려 그들은 주제넘게 스스로 군주인 체했다. 이것이 결국 공화주의자들의 반대를 불러일으켰다. 1529년에 그 도시는 자신의 주인들에 맞서 반역을 일으켰다. 메디치가는 도움을 호소했고, 그 호소에 부응해 스페인 군대가 교황의 군대와 힘을 합쳐서 그 도시를 포위했다. 11개월 후에 (미켈란젤로를 포함해) 도시를 방어하던 자들이 항복했다. 1년 후 카를은 자신의 이복 누이 마가렛을 새로 복원된 공작과 결혼시켰다. 그때부터 피렌체는 비록 엄밀하게 따지자면 독립된 공국이지만 제국의 통제를 받았다. 피렌체에서 자유는 기억에 불과한 것이 되었고 자본주의는 시들었다.

베네치아는 이탈리아의 주요한 도시 국가 중 유일하게 스페인에 굴복하지 않은 나라였다. 그러나 삼면이 스페인 소유지에 둘러싸여 있던 베네치아 역시 과두정치에 빠져들었고 그 후 과도한 세금과 규제라는 과정을 거쳐 영국과 경쟁할 능력을 잃고 이어서 점차적으로 네덜란드에서 그리고 심지어 홈그라운드인 지중해 시장에서조차 경쟁력을 상실했다. 그것은 언급할 만한 가치가 있는 교훈적인 이야기다.

1500년대 초에 베네치아인들은 여전히 훌륭한 유리 산업을 지배하고 있었다. 그들의 직물들은 여전히 사치스러웠고, 스페인산 양모는 이제는 얻을 수 없게 된 영국산 양모에 대한 적절한 대체물로 입증되었다. 그들의 거울은 타의 추종을 불허했다. 그들의 비누, 레이스, 도자기도 마찬가지였다. 그리고 납 활자를 주조하는 비밀 기술을 사용하는 베네치아의 인쇄기는 세계 최고 수준이었다. 상황은 그보다 더 좋을 수 없었다. 그러나 50년 후에 베네치아의 경제는 엉망이 되었고 계속해서 급속하게 쇠락하고 있었다.

베네치아의 쇠락의 첫 번째 국면은 그 도시의 가장 소중한 마스터 장인 중 일부가 그들의 기업 비밀을 갖고 떠났을 때 나타났다. 그들 대부분은 영국으로 갔다.[27] 예컨대 베네치아의 실력 있는 유리 제조업자들은 영국에서 하루에 그들이 고향에서 1주일간 벌 수 있는 것보다 많은 금액을 벌었다. 그들은 영국인들이 값싼 유리 제작에 대한 지배권을 급속하게 확장시키면서 유리 제조 시장에서 경쟁력을 갖출 수 있게 했다.

영국인들이 외국의 장인들에게 뇌물을 주어 이민을 오도록 하고 또한 자신들의 상품을 배에 실어 멀리 지중해 연안 시장까지 보내 경쟁하게 해야 했던 상황에서 그들이 어떻게 가격 경쟁력을 유지할 수 있었을까 하는 문제가 제기된다. 이 문제는 영국인들이 동일한 혹은 우월한 품질의 상품을 훨씬 **낮은 가격**에 팔아서 베네치아와 다른 경쟁자들을 압도했음을 인식할 때 훨씬 더 매력적인 것이 된다! 여러 세기 동안 유럽의 모든 자본가는 가능한 한 최고의 값을 물리면서 "비싸게 팔기"라는 원칙을 고수했다. 그러나 "경제적 사고에서 근본적인 출발점에 있던" 영국의 자본가들은 "경쟁력과 가격에 관해 새로운 방식의 사고를 [채택했고]… 가능한 한 싸게 [팔기로 했다]."[28] 즉 그들은 잠재적 이익을 계산할 때 **규모**를 고려했다. 그리고 그렇게 했을 때 자기들이 특히 베네치아와 다른

---

27   Rapp 1975: 518.
28   Supple 1964: 147.

이탈리아의 산업체들에 맞서 추종을 불허하는 가격 경쟁력을 갖고 있음을 깨달았다.

이런 경쟁력의 원인 중 하나는 낮은 생산비였다. 이것은 부분적으로는 낮은 임금, 방대한 기계화 그리고 기술 혁신에 대해 매우 수용적인 보다 잘 조직되고 운영되는 회사들 덕분이었다. 대조적으로 베네치아는 여러 무역과 장인 길드들에 확고한 지지를 보냈고, 이것이 결과적으로 임금을 크게 높여 놓았으며 기술 혁신을 위한 모든 노력을 가로막았다. 예컨대 영국인들이 활 염색법(bow dyeing method, 심홍색이 아니라 주홍색 빛깔이 나게 하는 염색법으로 활에 처음으로 사용되었다—역주)을 발견해 옷감 염색 비용을 2/3 수준으로 줄인 후에도, 베네치아의 모직 회사들은 그 방법을 택하는 것이 금지되었다. "이 일화는 비용 절감을 위한 노력이 정부에 의해 거부되었던 수많은 경우 중 전형적인 것이었다."[29] 게다가 영국인들은 저렴한 모직 같은 저품질 상품을 위한 대량 판매 시장을 발견했다. 여기서 거두는 이익은 곧 사치품 판매를 통해 얻은 이익을 크게 초과했다. 그러나 베네치아인들은 이런 시장에 진입하는 것이 금지되었다. 정부는 탁월한 제품에 대한 그 도시의 명성을 유지하는 것이 훨씬 더 중요하다고 여겼다.

그렇다고 할지라도, 시장에서 베네치아의 상품 가격을 결정하는 데 훨씬 더 중요한 역할을 한 것은 세금이었다. 정부는 상품에 대해 과도한 그리고 점점 증대되는 세금과 관세를 부과했다. 1588-1630년 기간에 모직 산업에 대한 베네치아의 세금은 평균적으로 옷감 판매 금액의 40% 이상이었다. 여기에는 원자재에 대한 수입 관세, 모든 제조된 상품에 대

29　Rapp 1975: 518.

한 다양한 세금 그리고 수출 관세가 포함되었다. 수입 관세 하나만으로도 영국은 그들의 모직물 가격을 베네치아보다 15%나 낮게 책정할 수 있었다.[30] 그리고 영국에서는 낮은 생산비와 함께 기업들에 대한 세금이 아주 낮았고 수출 관세는 최소로 부과되었기 때문에 영국의 상인들은 베네치아 상품의 절반 가격을 책정하고도 종종 굉장한 이익을 얻을 수 있었다. 물론 베네치아의 상인들은 정부에 세금을 줄이고 비용을 절감할 수 있는 기술을 도입하는 것을 허락해달라고 설득하기 위해 무진 애를 썼다. 유감스럽게도, 독재자들이 황금알에 손을 대기 시작하면 거위는 곧 요리가 된다.

1635년에 콘스탄티노플에 파견된 베네치아의 관리는 다음과 같이 썼다. "영국인들은 콘스탄티노플 시장에 남아 있는 작은 상거래에서 우리 민족을 내모는 데 열중하고 있습니다."[31] 그러나 베네치아의 자본주의를 매몰시킨 것은 영국인들이 아니라 베네치아 국가였다.

중세 이탈리아의 영광에 관해서는 이쯤 해두자.

스페인령 네덜란드

저지대 국가들에서 자본주의는 종교개혁보다 훨씬 이전에 나타났기 때문에 네덜란드의 자본주의의 원천으로 칼뱅주의를 꼽는 것은 이치에 맞지 않는다. 그보다는 칼뱅주의가 스페인의 통치하에 머물러 있던 네덜

---

30 Ibid., 510.
31 Rapp 1975: 510에서.

란드의 일부 지역에서 자본주의를 파괴하는 원인이 되었다고 말하는 편이 더 정확할 것인데, 그것은 전적으로 펠리페 2세가 모든 종교적 관용을 거부하고 어떤 역사가들이 "80년 전쟁" 혹은 다른 역사가들이 "네덜란드 혁명"이라고 부르는 것에 대한 몇 가지 적절한 해결책을 무산시켰기 때문이었다. 그렇다고 할지라도, 이것은 종교 전쟁이라기보다는 정치적·경제적 자유에 대한 전쟁이었다. 그것은 네덜란드의 칼뱅주의자들과 로마 가톨릭 교도들이 종종 스페인에 맞서 연합했으며 칼뱅주의자들이 네덜란드에서 결코 다수파가 아니었다는 사실에 의해 입증된다. 그러나 이 전쟁과 관련해서 우리의 주된 관심은 스페인령 네덜란드에서 자본주의가 파괴된 것에 있다. 그 목적은 안트베르펜에 대한 간략한 사례 연구를 통해 적절하게 달성된다.

안트베르펜의 파멸

1555년에 카를 5세는 그의 아들 펠리페를 네덜란드의 통치자로 삼았다. 그 무렵에 안트베르펜은 국제적인 자본주의의 버팀대, 즉 세계의 상업과 금융의 중심지였다. 35년 후 그 도시는 인구의 절반 이상을 잃었고 항구는 네덜란드의 봉쇄로 인해 텅텅 비었다. 그 도시는 스페인 군대에 의해 강탈과 약탈을 당했다. 그리고 그 도시의 상업과 금융에 종사했던 회사들은 모두 달아났다. 그들 대부분은 암스테르담으로 갔다.

안트베르펜에서 종교개혁은 아주 빨리 일어났다. 루터가 성문에 95개 조항을 못 박기도 전에 안트베르펜에서는 플랑드르어로 번역된 성경이 인쇄되었고 그 도시의 번성하는 인쇄 산업은 바티칸 참사회의 잘못을 지적하는 글들을 도시 전체에 퍼뜨리고 있었다. 또한 안트베르펜은 루터파 순교자들을 배출하는 일에서도 앞장섰다. 1522년에 아우구스티누스파 수도사들이 그 도시에서 쫓겨났다. 그들은 주로 독일로 도망쳤는데, 그곳에서 그들은 과거 자신들의 아우구스티누스파 동료 수도사였던 마르틴 루터에게 합류했다. 이듬해에 브뤼셀에서 안트베르펜 출신의 두 명의 아우구스티누스파 신부들이 루터의 사상을 퍼뜨린다는 이유로 화형을 당했다. 의심할 여지 없이 그로 인해 많은 이들이 이단에 관한 모든 생각을 포기했다. 그러나 또한 많은 이들은 그렇지 않았다. 루터주의, 재세례파 그리고 그 후에 칼뱅주의는 계속해서 지지자들을 얻었다. 더 나쁜 것은 거친 종교적 무관용이 특히 귀족 계층에 속한 많은 가톨릭 신자들을 소외시켰던 것이다. 이런 부정적 감정은 종교적인 박해자들이나 시민 생활과 관련된 박해자들이 모두 스페인 사람들이었고 희생자들은 플랑드르 사람이나 네덜란드 사람들이었다는 사실로 인해 강화되었다. 이런 분열은 급진적 칼뱅주의자들이 반격을 시작했던 1566년에 더욱 악화되었다.

"성상 파괴 운동"(Beeldenstorm)에는 교회 내의 모든 종교적 이미지와 장식들을 철저하게 반대하고 자신들의 믿음을 따라 행동하면서 로마 가톨릭교회로 뛰어들어가 모든 예술 작품과 장식을 파괴했던 떠돌이 급진적 칼뱅주의자들의 무리가 포함되어 있었다. 그동안 네덜란드 남부 전역으로 퍼져나갔던 이 성상 파괴의 광란의 원인을 많은 직물공의 이탈과 식량 가격의 갑작스러운 상승 때문으로 설명하려는 많은 노력이 있었다. 그러나 만약 그렇다면, 오직 교회들만 공격을 받았다는 사실을 어떻게 설명할 것인가? 공무원들이나 시청에 대한 공격이 없었던 이유는 무엇이며, 가게와 식료품점들이 약탈당하지 않았던 것은 또 무슨 이유인가?[32]

---

[32] Israel 1998: 148.

성상 파괴 운동은 8월 21일에 안트베르펜에 이르렀다. 성상 파괴자들은 큰 무리의 환호하는 군중을 이끌고 행진했으나 아무런 저항도 받지 않았다. "그 도시에 있던 42개의 교회 전체가 약탈당했다. 성상들, 그림들, 그리고 다른 물건들이 거리에 내동댕이쳐졌고, 헌금 접시들이 도난당했다. 그 일은 밤에도 햇불 아래서 계속되었다."[33] 그러나 에스코리알(Escorial, 스페인 왕의 궁—역주)에서는 환호성이 울리지 않았다. 펠리페 2세는 세 번째 알바 공작(Duke of Alba)인 페르난도 알바레즈 데 톨레도를 통해 네덜란드를 엄중하게 통치해야 할 때가 왔다고 판단했다. 알바 공은 1만 명의 군대(그리고 말을 탄 수백 명의 매력적인 "창녀들")의 선두에 서서[34] (이제 스페인의 한 지방이었던) 밀라노를 출발해 알프스의 협로들을 통과하여 당시 "스페인로"(Spanish Road)라고 알려졌던 라인 계곡으로 들어선 후 성상 파괴 운동이 안트베르펜을 강타했던 날로부터 정확하게 1년 하루가 되던 8월 22일에 브뤼셀에 도착했다. 이어서 피의 숙청이 시작되었다. 알바 공이 얼마나 많은 성상 파괴주의자들을 체포했는지는 분명하지 않다. 왜냐하면 그의 분노는 이단보다는 반역을 향하고 있었기 때문이다. 그는 모든 형태의 지방 주권에 대한 선호를 반역으로 규정했다. 따라서 아무도 안전하지 않았다. 심지어 견고하게 가톨릭 신앙을 고수했던 귀족들마저 그러했다. 그들 중 상당수가 반역죄로 참수되었다.[35] 알바 공이 저지른 잔인한 행위의 주된 결과는 오랑주 공 윌리엄(William of Orange)을 포함해 상류층 전체를 반대편으로 몰아간 것이었다.

한편 급진적 칼뱅주의자들은 바다에서 무시무시한 반대를 시작했

---

33   Ibid.
34   Kamen 2002: 178.
35   Israel 1998: 156-57.

다. "바다 거지들"(Sea Beggars, 괴[Gueux]라고도 알려져 있다)은 1568년에 브레더로드의 공작 헨드릭과 네덜란드의 독립을 염원하는 여러 프로테스탄트 귀족들에 의해 결성되었다. 네덜란드 총독에게 종교적 관용을 호소했을 때 그들은 거지라고 조롱을 당했다. 그리고 자신들의 탄원이 거부되었을 때 그들은 바로 그 이름을 명예로운 호칭으로 취했다. 그들은 곧 모여서 네덜란드와 플랑드르 해안에서 거의 아무런 방해를 받지 않고 복잡한 물길을 헤치고 나아갈 수 있는 아주 빠르고 작으며 흘수가 낮은 전투용 배들로 함대를 꾸렸다. 그들의 급습은 알바가 큰 규모의 수비대를 주요한 항구들에 배치하도록 만들었다. 그중에는 안트베르펜이 포함되어 있었는데, 알바는 그곳에 아주 큰 규모의 요새를 세웠다. 그러나 스페인 군대는 조선소 지역을 얼마간 보호할 수 있었으나 해상 공격에 대해서는 속수무책이었다. 그리고 바다 거지들은 곧 안트베르펜과 다른 네덜란드 남부의 항구들을 효과적으로 봉쇄했다. 그로 인해 수출입 업체들의 이탈이 시작되었다.

1572년에 알바 공이 새로운 그리고 부담스러운 세금을 부과한 것으로 인해 야기된 급속하게 퍼져나가는 분노의 여파 속에서 바다 거지들은 항구들을 공격만 한 것이 아니라 그것들을 취하고 유지했다. 첫 번째 것은 브릴 항이었으나 수주 내에 다른 항구들도 탈취되었고, 지역민들은 보트로 실어온 반란군으로 수비를 강화했다. 물론 이것은 전쟁이었다. 알바는 1573년에 하를렘을 점령하면서 일련의 포위 공격을 진행해나갔다. 그해 말에 알바의 지위는 돈 루이스 데 레케센스(Don Luis de Requesens)에게 이양되었다. 그는 펠리페의 지시를 받아 북쪽으로 가서 협상 타결을 시도했다. 회담은 지지부진했다. 종종 회담의 참가자들은 합의를 위한 기초를 찾아냈으나, 그들의 노력은 매번 프로테스탄트에게는 관용이 있을 수 없다는 이유로 펠리페에 의해 거부되었다.

그러는 동안 펠리페는 자신의 군대에게 급료를 지불하는 것을 무시했다. 11월에 제국 군대는 반란을 일으켰다. 한 무리의 군사들이 몇 개의 작은 마을들을 약탈한 후 당시에 여전히 제국의 충성스러운 전초 기지였던 안트베르펜에 이르렀다. 이어진 것은 "스페인의 분노"(Spanish Fury)라고 알려졌다. 수천 명의 사람이 죽었다. 큰 고통 없이 죽은 사람은 거의 없었다. "스페인 군인들이 팔과 다리를 묶어 남자들을 매달았고 여자들은 머리를 묶어 매달았다. 그들은 사람들에게 채찍질했고 재산을 숨겨둔 곳을 실토하게 하려고 그들의 발바닥을 불로 지졌다."[36] 젊은 여자들은 비명을 지르며 새로 만들어진 요새로 끌려갔다. 아무도 안전하지 않았다. 가난한 자들(그들은 내줄 돈이 없다는 이유로 죽임을 당했다)은 물론이고, 심지어 성직자들도 제단의 성배와 헌금 접시를 포함하여 귀중한 물품들을 어디에 숨겨두었는지 실토하도록 강요받았고 심지어 고문당하기도 했다.[37] 푸거 회사의 금융업자는 그때 안트베르펜의 상인 공동체가 최소한 2백만 크라운의 금화와 은화를 잃었다고 추산했다.

군대가 떠난 후, 안트베르펜은 편을 바꿔 프로테스탄트의 우트레흐트 동맹(Union of Utrecht)에 가담하면서 네덜란드 남부의 저항 중심지가 되었다. 안트베르펜의 선박들은 이제 바다 거지들에 의해 봉쇄되기보다는 보호를 누렸다. 여전히 그 공동체의 상업적 삶은 심각하게 축소되어 있었다.

1578년에 파르마의 공작 돈 알레산드로 파르네세가 레켄세스를 대

36　Wegg 1924: 202-3.
37　Ibid.

신해서 네덜란드의 총독이 되었다. 파르마 공은 뛰어난 장수였다. 그는 네덜란드의 반역을 진압하기 위한 정복 전쟁을 재개했다. 거기에는 안트 베르펜에 대한 몇 차례의 성공하지 못한 공격이 포함되었다. 파르마 공은 1584년에 심기일전해서 그 도시를 포위했다. 1년 후 그 도시는 함락되었고 안트베르펜은 다시 스페인에 의해 장악되었다. 그러나 그것은 더이상 스페인에게 많은 것을 안겨주지 않았다. 다시 한번 그것은 봉쇄로인해 바다로부터 차단되었다. 그리고 다시 한번 프로테스탄트는 불법화되었지만, 이번에는 그들에게 그곳을 떠날 4년의 시간이 주어졌다. 하지만 대부분은 그렇게 오랫동안 그곳에 머무는 모험을 하지 않았다. 그로인해 이미 크게 줄어들어 있던 안트베르펜의 인구는 표 6-1에서 볼 수있듯이 다시 한번 급속하게 줄어들었다. 이민자들은 그곳에 남아 있던자본주의와 함께 그곳을 떠났다.

표 6-1 안트베르펜 성쇠기의 인구 상황

1437	20,000
1480	33,000
1526	55,000
1555	100,000
1584	(파르마 공에 의한 함락)
1585	80,000
1589	42,000

림버거, 2001 그리고 판 로이, 1981에서 재구성

싸우는 네덜란드인들

그들 대부분은 북쪽에 있는 암스테르담으로 자본주의를 가져갔다. 경제 사가들은 암스테르담의 경제적 붐이 파르마 공이 안트베르펜을 함락시켰던 1585년에 시작된 것으로 여긴다. 그때 암스테르담에는 자유와 관용이 있었다. 세금을 거두기 위해서는 시민들의 승인을 얻어야 했다. 라인강과 뫼즈강에 대한 접근의 용이성은 네덜란드가 부유하고 매우 활발한 발트해 무역을 주도할 수 있게 해주었다. 한때 안트베르펜으로 모여들었던 외국, 특히 영국의 상인들과 무역업자들이 이제 암스테르담으로 모여들었다.

네덜란드가 이전에 대서양에서 개간되어 세워진 나라였다면, 이제 그 대양은 뛰어난 방어용 수벽을 제공함으로써 그 나라를 구해냈다. 고국에서 그리고 고국을 위해 싸우면서, 그들 자신이 제조한 무기를 사용하면서, 호황을 누리고 있는 상업 경제에 의해 자금을 지원받으면서, 바다와 충실한 영국의 동맹국에 방해받지 않고 접근하면서, 네덜란드인들은 계속해서 그리고 좀 더 싸울 만한 여력이 있었다. 그들에게 맞서기 위해 스페인 제국은 외국에서 제조한 무기를 사용하고 주로 해외에서 제공된 아주 비싼 외국 군대에 의존했다. 스페인이 바다에 대한 통제권을 잃었기 때문에, 모든 것은 알바 공의 대군이 그랬던 것처럼 스페인로를 따라 육로로 와야 했다. 그리고 그 모든 비용은 엄청났다.

1580년대가 시작되었을 때, 상황은 펠리페 2세에게 유리하지 않게 진행되었다. 네덜란드는 거듭된 맹공에도 불구하고 제거되지 않았다. 그 후 1585년에 영국 여왕 엘리자베스 1세는 네덜란드의 대의 명분을 지원하기 위해 그녀의 작지만 효율적인 군대—레스터 백작이 지휘하는 6,350명의 보병과 1,000명의 기병대—를 네덜란드로 파견했다. 또한 엘리자베스는 스페인 선박들—특별히 동양과 아메리카 대륙으로부터 오는 보물선들—에 대한 습격에 필요한 자금을 대기 위해 조직된 주식회사들에서 주식을 구매했다. 상황을 더 악화시킨 것은 프랑스가 계속해서 스페인에 맞서 공모하면서 언제라도 뒤를 칠 준비를 하고 있었던 것이다. 스페인으로서는 무언가를 해야만 했다. 펠리페 2세와 그의 고문들은 무엇보다 먼저 그 상황에서 영국을 제거하기로 결정했다. 그들은 자신들의 무적대군을 해협을 가로질러 수송하고, 엘리자베스가 자신들에 맞서 소집할 수 있는 비정규군을 압도하며, 그녀를 로마 가톨릭 군주로 대체하려 했다. 그리고 그것은 그렇게 될 것이다.

그것은 놀라운 계획이었다. 만약 영국 역시 독재자에 의해 통치되었더라면, 그 계획은 성공했을 것이다. 하지만 그것은 기술이 만발하고, 기업가들이 양성되며, 여왕이 헌신된 자본주의자였던 "상점 주인들의" 자유로운 나라와 맞서는 일이었다.

무적함대

1587년에 스페인은 영국 침공을 위해 필요한 대규모 함대를 모으기 시작했다. 그들의 계획은 무적함대가 북쪽의 영국 해협 안으로까지 항해해 들어가 자신들에게 맞서는 영국 함선들에 큰 상처를 줌으로써 브뤼허와 다른 항구들로부터 파르마의 노련한 군인들을 실어 나르는 바지선과 작은 배들로 이루어진 대규모 선단을 보호하는 것이었다. 파도를 타면서 다가오는 모든 적을 공격할 준비가 된 기병대를 그들의 말들과 함께 운반할 수 있는 바지선들을 위한 특별한 준비가 착착 진행되었다. 무적함대를 위한 주된 집합 항구들은 (지브롤터 해협 서쪽에 있는) 카디스와 리스본—포르투갈은 1581년에 스페인에 합병되었다—이 될 것이었다.

스페인의 의도를 완벽하게 이해하고 있었던 영국인들은 스페인 함대를 파괴하기 위해 급습을 감행하기로 했다. 그것은 "엘리자베스가 직접 개입한 모든 징후"[38]를 지닌 계획이었다. 영국군의 지휘관은 스페인 함대에 대한 과감하고 파괴적인 공격으로 유명한 프랜시스 드레이크 경이었다. 비록 그가 엘리자베스가 총애하는 인물 중 하나이기는 했으나, 드레이크는 영국의 해군 장교가 아니었다. 영국과 자유 기업이 친화력을 유지하고 있어서 민간인들이 여왕의 함선들을 지휘할 수 있었다. 그리고 실제로 영국의 전투 함대들은 종종 왕실 소유의 배와 민간인들이 소유한 배들의 혼합이었다. 드레이크 경은 영국의 다른 노련한 뱃사람들처럼 여왕과 맺은 파트너십 계약에 따라 움직이는 사략선(privateer)을 이끌고 전투에 참여해 명성을 얻었다. 유럽 대륙에서 그 노련한 뱃사람들은 해적으로 간주되었다.

드레이크는 그 도시들의 항구가 아직 싸울 준비가 되어 있지 않은 배들로 빽빽하게 채워진 것을 발견하기를 희망하면서 카디스와 리스본 모두를 칠 계획을 세웠다. 그의 함대의 구성은 전쟁에 대한 참으로 자본

---

38   Mattingly 1962: 88.

주의적인 접근법과 영국 상인 함대의 독특한 특성에 관한 많은 것을 알려준다. 드레이크는 자신이 소유한 강력한 배 4척으로 시작했다. 그러자 엘리자베스가 그녀의 최고 수준의 왕실 갤리언선(galleons, 15-19세기의 전투 및 무역용 대형범선—역주) 4척을 드레이크의 휘하로 보내고 그에게 런던의 상인들이 동의하는 만큼 많은 상선을 모집해 그의 함대를 꾸릴 권한을 부여했다. 상선들이 전투용 함대에 무슨 소용이 될 수 있었을까? 만약 그것들이 대륙의 상인들을 위해 항해하는 넓고, 깊으며, 소규모의 화력을 무장하고, 다루기 어려운 배들이었더라면, 아무 소용이 없었을 것이다. 그러나 영국의 상인들은 전투용 배들을 만들었고 가볍고 가치 있는 상품들을 위해 부피가 큰 화물들을 포기함으로써 이런 배들의 상업적 결함을 극복했다. 또한 그들은 보호를 위해 호송대를 거느리거나 해적에 대비해 보험을 들지 않음으로써 이득을 얻었다. 그렇게 해서, 대륙의 상선들은 그저 보급품이나 나르고 화공선(火攻船, 폭발물을 실어 적선 사이로 띄워 보내는 배—역주) 역할이나 하는 것으로 전투 함대를 지원할 수 있었던 반면, 주요한 영국의 상선들은 전선에서 자기 자리를 지킬 수 있도록 건조된 우수한 해군의 예비 전력이었다. 그것들은 속력을 내기 위해 좁은 바닥을 갖고 있었고, 반면에 선체는 포열 갑판을 제공하기 위해 수면 위에서 최대 넓이로 펼쳐졌다. 바이올렛 바버(Violet Barbour)가 지적했듯이, 대형 영국 상선과 왕실 군함을 구별할 수 있는 유일한 방법은 배의 형태나 포구의 수 혹은 삭구 장치에 근거한 것이 아니라 오직 "그 배에 주어진 장식에 의해서"였다.[39] 여왕의 배들은 아주 많은 소용돌이 장식과 조각물들 그리고 늘 하나의 인상적인 선수상(船首像)을 갖고 있었던 반

---

39 Barbour 1930: 263.

면, 상인들은 그런 것들에 대해 검소한 접근법을 취했다. 그런 까닭에 상선들은 드레이크에게 커다란 군사적 가치가 있었다. 그리고 그는 레반트 회사와 연관된 런던의 상인들에게 자기에게 배 9척에 더하여 정찰과 통신 및 해안 활동을 위한 다수의 호위함과 함재정을 제공해달라고 설득했다. 상인들은 순전히 애국적 동기에서 그 일에 참여했던 것이 아니다. 드레이크의 함대는 사실상 하나의 주식회사로서 임관했던 것이고, (여왕을 포함해) 참여자들은 그 항해에 "민간의 상업적 벤처의 특성 중 일부"[40]를 제공하면서 그 원정을 통해 얻은 모든 귀한 것들과 약탈물에서 자신들의 몫을 받게 되어 있었다.

함대가 1587년 4월 29일에 카디스에 도착했을 때, 모든 것은 드레이크가 희망했던 대로 흘러갔다. 항구는 배들로 붐볐다. 스페인 함선들에는 대부분 승무원들이 없었다. 그리고 많은 경우 대포와 돛을 갖고 있지 않았다. 드레이크는 항구 안으로 돌입해 약 30척의 배들을 침몰시켰다. 그리고 노획한 배들을 이끌고 다시 항구 밖으로 나온 후 그것들을 영국으로 보냈다. 이어서 드레이크는 세인트 빈센트 곶으로 항해한 다음 그곳에 자신의 함대를 위치시켜 스페인의 해안 무역을 방해하고 리스본으로 가려는 소함대들을 가로챘다(그는 그 함대들이 일단 놀라움에서 벗어나면 공격하기에는 너무 강하다고 판단했다). 다시 그는 스페인 함대에 큰 피해를 입히고 많은 상품과 보급품들을 탈취했다.[41] 이것은 계획된 무적함대의 엄청난 규모에 비하면 사소한 타격이었지만, 무적함대의 항해를 다음 해로 연기하도록 만들기에 충분했다. 드레이크는 이 모든 것을 유념하면서

---

40   Mattingly 1962: 88.

41   Marcus 1961: 89.

엘리자베스의 간첩단 단장인 프랜시스 월싱햄(Francis Walsingham)에게 이렇게 썼다. "영국에서 강력하게 그리고 주로 바다 쪽에서 준비하시오!"[42]

다음 해에 무적함대가 출항했을 때, 스페인의 계획에 내포된 몇 가지 심각한 결함들이 드러났다. 영국 함대는 사실상 패배할 수가 없었다. 왜냐하면 그것은 전통적 방식으로 싸우는 것을 거부했기 때문이다. 민첩한 영국 함선들은 보병들이 갑판과 갑판을 넘나들며 싸울 수 있도록 적선에 가까이 가기보다는 멀리 떨어진 상태에서 그들의 강력한 현측 대포들에 의존해 싸웠다. 스페인 함선들은 영국 선원들을 칼로 무찌르고자 하는 열의로 들끓는 군사들로 가득 차 있었다. 그러나 그들의 대포들은 무게와 수에서 결격 사유가 있었고 곧 화약과 탄환도 떨어지고 말았다. 본토에서 가까운 곳에서 싸우고 있었기 때문에 해안에 모인 군중은 종종 싸움의 상황을 볼 수 있었고, 그로 인해 영국 함선들은 계속해서 거룻배로 실어오는 화약과 실탄을 재공급받았다.

그렇다고 할지라도, 무적함대는 영국 해협을 따라 올라가면서 꽤 잘 싸웠고 그로 인해 파르마 공이 기다리고 있던 플랑드르 해안을 통과할 즈음에는 여전히 강력한 해군이었다. 그러나 그때 두 번째 주요한 전략적 결함이 드러났다. 무적함대는 바지선 소함대가 해안에서 나올 경우에는 그것을 보호할 수 있었다. 실제로 그것은 영국 함대가 갑판을 마주 대고 싸우기 위해 가까이 다가오도록 만들 수도 있었다. 그렇다면 어째서 파르마 공의 노련한 군인들은 다가오지 않았던 것일까? 그것은 네덜란드의 바다 거지들이 플랑드르를 봉쇄하고 있었고 그들의 배들이 무적함대가 접근할 수 없는 얕은 해안을 따라 항해할 수 있었기 때문이다. 네덜

---

42 Mattingly 1962: 109에서.

란드의 저항에 맞서 바지선들이 몰려나올 경우, 바다는 곧 익사하는 스페인 군인들과 기수 없는 기병대의 말들로 가득 차게 될 것이었다.

그렇게 해서 군대는 해안에 주저앉았고 무적함대는 영국의 장거리 포로 두들겨 맞으면서 계속해서 북쪽으로 나아갔다. 결국 해협을 통과해 스코틀랜드의 북쪽에 이른 무적함대는 서쪽으로 방향을 틀어 아일랜드 주위를 돌아 리스본으로 돌아가기로 결정했다. 그러나 바로 그때 무서운 폭풍이 다가왔고 스페인 함선 수십 척이 아일랜드 연안에서 좌초되었다. 여러 주에 걸쳐 시체들이 아일랜드 해변으로 떠밀려 왔다.

무적함대에 최악의 피해를 입힌 것이 폭풍이었다는 것은 그 두 해군에 관해 많은 것을 알려준다. 영국 해군의 건조 공법은 매우 훌륭했고 영국의 선원들은 아주 숙달되었으므로 45년에 걸친 엘리자베스 여왕의 통치기 동안 "영국의 함선 중 단 한 척도 파선되지 않았던 반면, 같은 기간에 스페인 해군의 소함대 전체가 바다에 압도되었다."[43]

허물어지는 제국

비록 무적함대의 패배가 스페인의 자부심에 큰 충격이 되기는 했으나, 세비야나 에스코리알에 틀어박혀 있는 그 누구도 그것을 결정적 패배라고 인식하지 않았다. 오히려 펠리페와 그의 고문관들은 함대를 재결성해 다시 싸울 계획을 세웠다. 그렇게 해서 9년 후 스페인은 영국에 맞서 두 번째 무적함대를 파견했다. 약 1백여 척으로 구성된 함대는 그해의 폭풍이 일던 때인 10월에 출항했다. 이번에 영국군은 사전 경고를 얻지 못했고 그들의 함대 대부분은 항구에서 유지 보수를 받고 있었다. 그러나 나

---

43 Marcus 1961 : 84.

홀 후에 이 두 번째 무적함대는 바다에서 강풍을 만났다. 다시 한번 스페인의 선박들은 항해에 적합하지 않음이 입증되었고, 선원들은 "미숙하고 훈련을 받지 않은" 것처럼 보였다. 폭풍이 지나간 후 "최고의 함선 중 일부를 포함해 선박 전체의 1/3이 침몰하거나 산산이 부서져 가까운 해변가 모래사장에 처박혔고, 수천 명의 군인이 사라졌음이 드러났다."[44] 그렇다고 할지라도, 1602년에 스페인은 아일랜드에 군대를 상륙시킬 수 있었다. 그러나 수에 밀리고 지원을 제대로 받지 못했던 그들은 곧 항복하고 말았다.

하지만 스페인 제국주의의 훨씬 더 중요한 패배는 다른 곳에서 일어나고 있었다. 1594년에 네덜란드인들은 카리브해로 침투하기 시작했다. 또 그들은 1595년에 동인도를 식민지화하기 시작했다. 영국인들 역시 곧 같은 일을 시작했고, 1605년에 그들은 서인도 제도의 바베이도스에 대한 지배권을 주장했다. 신세계는 더는 아무런 경쟁 없이 스페인의 것이 되지 않았다. 또 그것은 더 이상 무제한적인 은의 출처도 아니었다. 더 깊은 광맥을 찾아야 할 필요가 발생하면서 채굴 비용이 아주 크게 상승했기 때문이다. 게다가 아메리카 대륙에서 스페인의 수입품에 대한 수요는 급격하게 떨어졌다. 문제는 스페인의 식민지 사람들이 스페인의 경제를 근본적으로 재창조했다는 데 있었다. 이제 그들은 그들이 오랫동안 고국으로부터 수입해서 사용하던 것과 동일한 수준의 곡물, 포도주, 기름 그리고 거친 천들을 스스로 생산했다. 오랫동안 아메리카 대륙과의 무역을 통해 번성했던 스페인 상인들은 곧 자신들이 공급 과다 상태에 있음을 알게 되었다. "스페인이 생산한 상품들은 아메리카 대륙에서 선호되지 않았다. 아

---

44   Ibid., 121.

메리카가 원하는 상품들은 스페인에서 생산되지 않았다." 1590년대부터 스페인은 미국 식민지들의 경제에서 점점 덜 중요해지기 시작했다. 그리고 네덜란드와 영국의 침입자들의 활동이 더욱 활발해졌다.[45]

물론 스페인 제국은 급사하지 않았고 싸움을 멈추지도 않았다. 1590년에 그리고 그다음 해에 다시 네덜란드에 있던 제국의 군대가 남쪽을 향해 돌아섰고 프랑스를 상대로 성공하지 못한 정복 전쟁을 벌였다. 그리고 곧 이 동일한 북부 지역의 군대들은 30년 전쟁의 소용돌이에 휩쓸렸다. 그러나 경제적으로나 군사적으로 들려오는 소식은 계속해서 나빠졌다. 1596년에 제국은 다시 한번 파산을 선언했고, 이어서 1607년, 1627년, 1647년 그리고 1653년에도 그러했다. 1638년에 프랑스는 라인강 변에 있는 브라이자흐 요새를 함락시키면서 이탈리아로부터 네덜란드로 가는 스페인로를 봉쇄했다. 그 후 스페인 군대와 보급품은 오직 바다를 통해서만 네덜란드에 닿을 수 있었고 영국과 네덜란드 해군 모두에게 공격을 받았다.

이 시기에 조류는 돌이킬 수 없을 정도로 바뀌어 사람들은 "스페인의 쇠퇴"를 설명하는 논문을 출간하기 시작했다. 그러나 쇠퇴한 것은 제국이었다. 스페인은 일어선 적이 결코 없었다. 더글라스 노스(Douglas C. North)가 자신에게 노벨 경제학상을 안겨준 책에서 설명했듯이, 스페인의 "경제는 정치적 지배를 위한 시도를 하는 내내 중세적 상태에 머물러 있었다. 스페인령 네덜란드에서처럼 스페인이 정치적 영향력을 유지했을 때 그 지역의 경제는 시들었다."[46]

---

45 Elliot 1966: 289.
46 North와 Thomas 1973: 131.

프랑스 역시 상대적으로 덜 발전한 나라였다. 100년 전쟁의 분열적인 트라우마를 겪은 이후 고도로 중앙집권적이고 절대주의적인 체제가 나타났다. 역사가들이 "구체제"(Old Regime)라고 부르기를 선호하는 이 새로운 체제는 곧 놀라울 정도로 크고 원칙이 없는 관료주의를 유지했다. 왕은 경쟁자가 없는 과세권을 갖고 있었고 그 권력은 입법부의 그 어떤 통제도 받지 않았다. 예상할 수 있듯이, 농업과 상업 모두에 대한 세금은 감당할 수 없는 수준으로 높아졌다. 게다가 국가가 길드와 협력해서 산업과 발명을 과도하게 규제했으므로 자본주의는 거의 존재하지 않았다.

절대주의 국가 만들기

스페인처럼 프랑스도 상대적으로 최근에 생긴 나라였다. 여러 세기 동안 그 영토의 상당 부분은 영국 왕에게 속해 있었고 나머지는 상대적으로 우월한 주권을 지닌 여러 단위에 나뉘어 속해 있었다. 100년 전쟁이 끝난 1453년에 프랑스가 된 지역의 고작 절반만이 프랑스 왕의 영토였다. 부르고뉴, 브르타뉴, 프로방스 그리고 프랑스의 중심에 있는 거대한 부르보네 같은 주요한 공작령들은 여러 작은 지역들과 함께 모두 왕의 영토 밖에 있었다. 그 모든 것을 하나로 합치는 데는 1461년부터 50년 이상에 걸쳐 세 명의 프랑스 왕들—루이 11세, 샤를 8세 그리고 루이 12세—의 통치가 필요했다. 그러나 물론 지역 방언과 심지어 지역 언어가 그랬던 것처럼 아주 강렬한 지역주의가 만연했다. 그리고 이것은 늘 얼마간 정치적 문제를 야기하기는 했으나 또한 대표 기관의 힘을 분산시킴으로써 중앙 국가의 권력을 크게 강화시키기도 했다.

일찍이 10세기부터 국회가 종종 프랑스의 문제에서 중요한 역할을 감당했다. 987년에 위그 카페(Hugh Capet)가 귀족, 성직자 그리고 마을들을 대표하는 이 기관에 의해 왕으로 선출되었다.[47] 국회는 1302년에 파리에서 모였을 때 삼부회(États généraux)라는 이름을 택했다. 비록 삼부회가 "100년 전쟁을 성공적인 결말에 이르도록 하는 데…중요한 역할"[48]을 감당하기는 했으나, 그 후 곧 그것은 쓸모 없게 되었다. 루이 11세가 1468년에 한 번 그것을 소집했다. 그것은 1483년에 소년 왕 샤를 8세를 영접하기 위해 다시 한번 모였다. 그 후 그것은 1560년까지 다시 모이지 않았다. 1614년에 한 번 더 모였을 때 삼부회는 "굴욕적으로 해산되었고, 1789년에야 다시 모였는데",[49] 이는 프랑스 혁명을 막기 위한 최후의 노력이었다.

삼부회가 거의 모이지 못했던 것은 왕의 방해 때문만은 아니었다. 프랑스 전체를 위해 국회를 유지하려는 노력은 언제나 왕뿐 아니라 거기에 참여할 자격이 있는 이들에 의해서도 훨씬 더 격렬하게 저항을 받았다. 당시에 프랑스는 서부 유럽 국가 중 가장 큰 면적을 갖고 있었다. 그로 인해 많은 이들이 삼부회 모임을 위해 오기에는 거리가 너무 멀었고 비용이 너무 많이 들었기 때문에, 특히 자신들의 지역적 관심사가 서로 공통점이 거의 없는 대다수의 외부인들에 의해 무시되었으므로 반대했다. 이에 대응해 프랑스의 왕들은 작은 지방 영지들을 직접 다루기 시작했고 전국적인 조직을 유지하려는 노력을 중단했다. 그러나 물론 모든 특정한 지역의 영지는 왕에 비해 아주 약한 위치에 있었다. 그런 까닭에

---

47 Myers 1975.
48 Ertman 1997: 91.
49 Wesson 1978: 138.

국가의 권력은 사실상 제어되지 않았다. 더 나아가 루이 14세가 솔직하게 말했듯이, 왕이 곧 국가였다("L'état, c'est moi"). 그러나 이 절대주의적 국가의 가장 중요한 측면은 누구의 동의도 구하지 않은 채 과세할 수 있는 왕의 능력이었다.[50]

과세

일단 절대주의 국가가 확립되자 세금을 부과하는 자들이 국가가 제공하는 선물의 주된 수혜자일 때 늘 그렇게 하듯이, 프랑스의 세금은 곧 터무니없을 만큼 높아졌다. 그렇다고 할지라도, 프랑스 왕은 점차적으로 점점 더 깊이 빚 속으로 빠져들어 갔다. 세금이 1년에 최대 2억 리브르까지 걷혔을 때조차 왕은 20억 리브르의 빚을 졌다.[51] 그 빚 중 일부는 프랑스가 군대에 아주 많은 돈을 썼기 때문이다. 왕이 성공하지 못한 확장주의 정책을 고집스럽게 추구하지 않았더라면 이 비용은 크게 줄어들었을 것이다. 그러나 전제적 통치 아래서는 불가피해 보이는 것처럼, 매년 그중 엄청난 금액이 궁정 생활을 위해 소비되었다. 추정컨대 루이 14세 치하에서 국가가 걷은 세금 중 적어도 6%는 베르사이유 궁정의 번쩍거리는 호화로움을 위해 소비되었다.[52] 왕의 친척과 친구들의 거대하고 비생산적인 계층 구조를 지원하기 위해서도 훨씬 더 많은 세금이 소비되었다. 그리고 아마도 부패한 관리들이 그보다 훨씬 많은 세금을 먹어치웠을 것이다. 리슐리외 추기경은 루이 8세 치하에서 프랑스의 실질적인 통치자로, 그리고 거듭된 암살 음모를 이기고 살아남은 것으로 유명했다. 그러

---

50 North와 Thomas 1973; Wesson 1978.
51 De Vries 1976: 203.
52 Root 1994: 39.

나 아마도 그는 그를 왕보다 더 부유하게 만들어준 부패에 대한 그의 탁월한 재능 때문에 동등하게 유명했어야 했을 것이다. 그의 후계자인 마자랭 추기경은 그보다 훨씬 더 부자였다.[53]

　프랑스의 기본적인 세금은 타유(taille)라고 알려진 재산세였다. 그것은 모순과 면제가 엉망으로 뒤엉킨 세금이었다. 성직자와 귀족은 자신들의 땅에 대해 세금을 물지 않았다. 마을들은 전체적으로 세금을 지불했는데 종종 그들에게 과세하기 위한 평가는 인구가 증가하거나 감소하지 않았다고 가정한 채 이루어지는 "지난날의 유물"이었다.[54] 게다가 프랑스는 다양한 상품들에 세금을 부과했다. 가장 큰 세입원 중에는 소금, 포도주, 술, 담배, 초 그리고 비누 등이 있었다. 마지막으로 프랑스는 카피테이션(capitation)이라고 알려진 인두세를 거뒀는데, 그 금액은 어떤 이가 스물두 개의 신분 중 어디에 할당되느냐에 달려 있었다. 처음에는 재산세의 경우와 마찬가지로 성직자와 귀족들은 인두세에서 면제되었다. 그러나 1695년 1월 18일에 다음과 같은 포고로 인해 상황이 바뀌었다. "우리의 신민은 그의 상태와 조건에 상관없이 누구도 인두세에서 면제되지 않는다." 따라서 "성직자, 귀족, 관리 그리고 특권 도시의 거주자들은… 이제 직접세를 지불하는 일에서 농민의 무리와 합류하게 되었다." 현대적 관점에서 이것은 공정한 일인 것처럼 보인다. 그러나 당시 이런 조치로 감정이 상한 엘리트들은 그것에 대해 특별히 불만을 가졌는데, 그것은 그들로 하여금 무의식적으로 혁명을 일으키는 데 도움이 된 국가에 정치적 도전을 지원하도록 이끌었다.

53　Ibid.

54　De Vries 1976: 200.

짓누르는 듯한 세금의 부담이 프랑스인의 삶에 끔찍한 혼란과 해로운 책략들을 야기했다. 이것은 농민들 사이에서 가장 분명하게 드러났다. 그들은 세금에 의해 그들에게 부과된 부정적인 유인(incentive) 때문에 낮은 수준의 생산성에 만족했을 뿐 아니라 실제보다 훨씬 더 가난한 것처럼 위장했다. 그리고 이런 가식을 유지하기 위해 프랑스 농민들은 생산성 향상을 위한 가시적 수단들에 투자하지 않았다. 아담 스미스(Adam Smith)는 프랑스 농부들이 세금 때문에 "좋은 말이나 황소들의 무리를 갖는 것을 두려워하고, 그들이 할 수 있는 가장 초라하고 가장 한심한 도구들로 경작하려고 한다"고 지적했다. 대조적으로, 볼테르(Voltaire)는 영국을 방문하는 동안 프랑스를 향해 글을 쓰면서 영국의 농부들이 "내년에 세금이 올라갈 것을 걱정해 그들의 가축 수를 늘리거나 지붕을 타일로 덮는 것을 두려워하지 않는" 것에 대해 놀라움을 표현했다.[55]

비록 프랑스의 거의 모든 사람이 실질적으로 지나치게 많은 세금을 부과받기는 했으나, 프랑스의 산업과 상업에 대한 가장 파괴적인 영향은 세금 그 자체로부터가 아니라 "특권"에 대한 판매로부터 왔다. 왕실의 허가 없이는 사실상 모든 것이 금지되었다. 어떤 이가 광산 사업을 시작하기를 원할 경우, 왕은 그 땅의 소유자가 누구인지와 상관없이 지표면 밑에 있는 모든 광물에 대한 권리를 주장했다. 따라서 프랑스 어디에서든 무언가를 채굴하기 위해서는 왕실의 면허를 취득할 필요가 있었다. 훨씬 더 놀라운 것은 그런 면허를 취득한 광산 회사는 누구의 부동산에서든 광물을 찾을 수 있었고, 광맥을 발견한 후에는 땅 주인에게 아무런 비용도 지불하지 않고 채굴할 수 있었으며, 그 어떤 제약도 없이 광산에

55 두 인용문 모두 Root 1994: 62에서.

접근할 수 있었다는 점이다.[56] 그런 까닭에 사유 재산의 문제가 아주 심각해졌다. 어떤 이가 향신료를 수입하려고 할 경우 그는 왕에게서 특별 면허를 구입해야 하고 오직 그 목적을 위해 왕에게 면허를 얻은 배만 사용해야 한다. 비록 왕이 때때로 어느 특정한 상업 활동에 대해 복수의 면허를 팔기는 했으나 프랑스 상업의 주된 기초는 왕에게서 구입한 독점권이었다.

면허를 구입한 이는 여전히 그 특정 벤처 사업에 필요한 창업 및 운영비 모두를 대야 했다. 그리고 말할 것도 없이 국가와 밀접한 관계를 맺고 있는 이들은 원하는 면허를 얻는 일에서 아주 유리했다. 그 결과 귀족층이 프랑스의 산업을 지배했다. 1771년에 금속 산업에 투자했던 601명 중 305명이 귀족이었고 55명이 성직자였다.[57] 종종 독점권을 낳았던 왕실 면허와 관련된 제한 때문에 국내에는 상업적 경쟁이 거의 없었다. 또한 거의 모든 프랑스 제품이 국내 시장에서 판매되고 높은 수입 관세로 인해 생산자들이 외국 제품으로부터 보호받았기 때문에 국외로부터의 직접적인 경쟁도 거의 없었다.[58] 왕은 독점권을 선호했다. 어느 회사의 활동이나 자산의 어느 측면에 과세해야 하는지를 판단하고 그 후 아주 많은 회사로부터 그런 세금을 거두는 일은 어려웠지만, 어떤 활동에 참여하는 배타적 면허를 판매한 후 그 면허에 대한 갱신료를 거두는 일은 간단했기 때문이다. 그래서 왕은 분쟁이 발생하면 거의 언제나 길드 편을 들었다. 그들이 면허 갱신료와 길드의 공직에 대한 판매를 통해 수익성이 높고 정기적인 세입의 근원이 되었기 때문이며, 또한 각 사업장이

---

56   Miskimin 1984: 108.

57   Taylor 1964: 496.

58   North와 Thomas 1973: 123.

나 길드 구성원 개개인에게 무언가 다른 것에 근거해 세금을 매기는 것보다 각 길드에 구성원의 수에 근거해서 연간 비용을 물리는 것이 훨씬 더 쉬웠기 때문이다.

같은 이유로 왕은 결국 그런 세금들을 피할 수 있는 좋은 위치에 있던 공무원과 관료들에게 세금을 부과하려고 시도하기보다는 그런 지위들 전체를 파는 쪽에 의존했다.

관료제

혁명 이전의 프랑스는 거대한 관료제를 유지했다. 어떤 관료의 지위는 아주 큰 권력과 중요성을 지닌 자리였다. 반면에 어떤 것은 "아무런 의무도 없는 쓸모없는 자리였다."[59] 그러나 역사가들은 그 모든 것은 판매용이었다는 점에서—재임중인 모든 이들은 그들의 자리를 그들의 선임자들로부터 구매했다—"부패한 공직"(venal offices)이라고 불렀다. 게다가 각각의 공무원들은 왕에게 그 직위와 관련해서 공표된 연간 수입(대부분 대중에게 부과된 수수료에서 나온 것이다)에 근거한 연간 수수료(droit annuel)를 지불해야 했다. 이런 공표 내용들은 "악명 높게 저평가되어 있었다."[60] 그렇다고 할지라도 프랑스 혁명 직전에 프랑스에는 수만 명에 이르는 부패한 공무원들이 있었는데, 아마도 그 숫자는 성인 남자 인구 전체의 2내지 3%에 이르렀을 것이다.[61] 그들 중 대부분은 아무 일도 하지 않았다. 나머지 대부분은 정부의 조직을 방해하고 오도하는 데 한몫을 했다.

부패한 공직으로부터 나오는 합법적인 이득은 그것을 위해 치른 비

---

59   Ibid., 122.

60   Taylor 1967: 477.

61   Ibid.

용을 감안하면 아주 작았다. 보다 수익성이 있는 직위 중 일부는 1년에 투자 대비 5% 정도의 이익을 얻었고, 1-2% 범위 내에서 좀 더 얻었을 수도 있다. 그리고 많은 이들은 자기들이 그 거래에서 돈을 잃으리라는 것을 잘 알면서도 공직을 사들였다. 그렇다면 그런 공직의 매력은 무엇이었을까? **지위**였다! 프랑스 사회는 "위신에 대한 열광에 휘말려 있었다." 공무원이라는 명성을 얻는 대가로 많은 이들이 "낮은 수익과 자본 손실에 만족하려 했다."[62] 그 결과는 좋지 않은 정부였다. 많은 이들이 자신들의 의무에 대해 매우 무지했다. 많은 이들이 오직 자신의 친구들 혹은 더 강력한 자들의 이익을 위해서만 행동했다. 그리고 그들의 직위가 매물이었던 것처럼, 그들 역시 그러했다.

완고한 길드들

여러 세대 동안 완고한 길드들이 유럽의 일부 지역 특히 프랑스에서 자본주의를 질식시켰다는 것이 인정되었다. 그 후 12세기 중반에 길드가 자본주의에 대해 끼친 해로운 영향들이 선한 것으로 재해석되었다.[63] 마르크스주의 학자들과 그들에게 동조하는 많은 이들은 길드가 자신들의 구성원들을 탐욕스러운 자본가들의 착취─그것이 부적절한 급여였든 새로운 작업 방식을 통한 대체였든 간에─로부터 보호했던 초기 형태의 노동조합이었다고 강조했다. 길드의 규칙들이 사회를 열등한 상품들로부터 보호했다는 것도 믿음의 조항이 되었다. 모든 이들이 전통적인 수작업 방식이 기계나 조립 라인에 의해 성취될 수 있는 것보다 나은 품질을

---

62 두 인용 모두 Taylor 1967: 479에서.
63 이에 대한 아주 영향력 있는 예와 요약을 위해서는 Thrupp 1963을 보라.

낳는다고 여겼다. 그리고—주장은 다음과 같이 계속되었다—만약 이것이 자본주의적 산업의 발흥을 방해했다면, 그것은 그만큼 더 좋은 일이었다. 왜냐하면 모든 이들이 자본주의를 사회 정의의 적으로 알고 있었기 때문이다.

어찌 된 일인지, 자유롭고 독립적인 노조가 자본주의화된 사회에만 존재했다는 사실은 중요하지 않은 것처럼 보였다. 또한 프랑스 혁명을 일으킨 이들이 행한 첫 번째 일이 모든 길드를 파괴하는 것이었다는 것 혹은 소련에서는 실질적인 노동조합이 불법이었다는 것은 종종 언급조차 되지 않았다. 이런 학자들은 낡은 방식의 수작업이 대개 열등한 상품들을 만들어냈다는 것과, 길드의 규칙들이 인위적으로 높은 가격과 생산적이지 않은 경제를 강요함으로써 다른 모든 이들을 착취했다는 것을 이해하지 못했다. 다행스럽게도, 현실이 시작되었고 사회 정의의 엔진으로서의 길드에 관한 환상은 대부분 소멸되고 말았다. 당연히 길드들은 종종 노동자들의 이익을 위해 일했고 때로는 독재자들과 과두정치의 지배자들에 맞서는 것을 돕기도 했다. 그러나 적어도 그만큼 자주 압제적인 국가와 손을 잡았고 상업은 물론 자유에 대해서도 장벽 노릇을 했다. 확실히 그것은 혁명 직전 프랑스의 상황이었다.

산업 공무원들(그들은 길드 지도자들이 그랬던 것처럼 그들의 지위를 국가로부터 샀다)의 지원을 받으면서 프랑스의 길드들은 제조 과정과 경영의 모든 측면에 극도로 상세한 제약을 가했다. 예컨대 프랑스에서 옷을 염색하기 위해서는 317개의 규정을 따라야 했다. 실제로 모든 옷은 제조 과정 내내 길드의 관계자들에 의해 거듭해서 검사를 받았다.[64] 더 나아가

---

64 North and Thomas 1973: 126.

왕의 칙령에 의해 강화된 길드의 규정들은 발명과 혁신을 저해했다. "혁신은 관습에서 벗어나는 것을 허용하지 않는 생산 과정에 대한 세밀한 규정에 의해 어디서든 질식되거나 금지되었다."[65] 예컨대 베네치아의 섬유 길드가 영국의 활 염색법의 채택을 금했던 것처럼 그것은 프랑스에서도 금지되었다.

또한 길드의 규칙들은 회사를 아주 작게 유지했다. 예컨대 직조 회사는 "6대 이상의 베틀"을 가질 수 없었다. 그것은 "진취적인 제조업체가 생산에 대해 너무 많은 통제권을 갖는 것을 방지하기 위한 조치"였는데,[66] 그들이 그렇게 한 이유는 작은 회사들은 대개 자본 집약적 혁신을 추구할 수 없었기 때문이다. 게다가 프랑스처럼 길드가 강력했던 곳에서 노동자들은 회사가 아니라 길드에 의해 고용되었다. 1751년에 릴에서 어느 기업가가 직접 노동자들을 고용하려고 했을 때, 그 도시의 위원회는 "릴에서는 [제조업자들이] 직접 자기들 밑에서 그리고 자기들을 위해 일하는 일꾼들을 갖는 것이 허락된 적이 없다. 그것은 늘 길드의 리더들에게 속한다"[67]고 판결하면서 그것을 금했다. 지금처럼 그때도 이런 관행은 회사가 믿을 수 없는 혹은 비효율적인 노동자를 해고하거나 우수한 노동자에게 상여금을 제공하는 것을 어렵게 만들었다. 마지막으로 길드는 종종 국가의 관료제와 결탁해 상품의 판매 가격을 정했는데, 그 가격은 시장의 구매력에 대한 아무런 고려 없이 높은 임금과 높은 세금을 지불할 수 있을 만큼 높았다.[68]

---

65 Ibid., 126-27.
66 Bossenga 1988: 695.
67 Ibid.
68 North and Thomas 1973: 127.

이와 같은 관행들이 베네치아에서 자본주의를 말살하도록 도왔다. 또 그것들은 프랑스에서 가장 기초적인 자본주의 이외에 그 어떤 것도 발전하지 못하도록 막았다.

프랑스의 "자본주의"

자본주의는 다음 세 가지 요소에 의존한다. 안정적인 재산권, 자유로운 시장, 그리고 자유로운 노동. 프랑스는 이 세 가지 모두에서 매우 부족했다. 국가는 재산권을 팔거나 무시할 수 있는 특권으로 여겼다. 시장에는 왕실의 규정과 면허로 인한 제약이 너무 많아서 회사들은 기회가 있는 지역으로 자유롭게 이동할 수조차 없었다. 독점권의 판매는 많은 시장을 폐쇄했고 효율성을 위한 유인이나 노력을 제거했다. 그리고 길드의 힘이 자유로운 노동을 크게 제약했다. 개인이 새로운 기회를 추구하는 것은 아주 어려웠고 회사들이 그런 기회를 제공하는 것 역시 동등하게 어려웠다. 프랑스의 상업적이고 산업적인 경제는 대부분 기존의 시장에 국한된, 강탈에 종속된 그리고 길드 외에는 노동자들을 고용할 수 없는 면허를 가진 회사들로 구성되었다. 이런 상황에서 프랑스에 자본주의와 관련된 그 어떤 흔적이라도 존재했다면 그것은 놀라운 일일 수밖에 없다.

사실 특별히 광업과 야금 분야에서 합리적인 회사와 유사한 무언가가 존재하기는 했으나, 프랑스의 상업은 모든 독재 체제의 고전적인 경제적 약점으로 인해 방해를 받았다. 그 약점이란 부가 무언가를 위한 도구가 아니라 우월한 지위를 보증하는 증표로 보인다는 것이었다. 프랑스의 많은 투자자는 아무런 수입이나 의무도 갖고 있지 않은 관직을 열심히 구매했던 것만큼이나 상업 혹은 산업 기업들에 투자하는 것을 매우 꺼렸다. 그런 일을 자신들의 품위를 떨어뜨리는 것으로 간주했기 때문이다. 그런 일에 투자한 대부분의 사람들은 자신들의 자본을 인출해서 그런 투자에 대한 수익률이 매우 낮음에도 불구하고(종종 1%였고, 5% 정도는 거의 없었다), 그것을 토지, 도시 재산, 부패한 공직 또는 연금 같은 그럴듯한 것에 넣고 싶어 했다. 그러나 그런 투자에는 사실상 아무런 위험도 따르지 않았다.

프랑스에서 그럴듯한 투자는 귀족에 의해 정의되었다. 다른 이들이 그들이 내린 정의를 받아들였던 것은 그들이 열렬하게 사회적 지위를 추구했고 이미 높은 지위를 가진 이들이 규칙을 정해놓은 게임에 참여하는 것 외에는 다른 선택의 여지가 없었기 때문이다. 그 결과 그들은 상업에 대한 투자를 통해 5%나 그 이상의 수입을 얻으려 하기보다 2% 미만의 수익을 내는 땅을 기꺼이 매입했다.[69] 땅이나 도시 부동산을 소유한 자들은 세금을 감면받았을 뿐 아니라 비록 그들이 귀족이 아니었더라도 **중요한 사람**이라는 자격을 얻었다. 아베 코예(Abbé Coyer)가 1756년에 슬퍼하며 설명했듯이, "상인은 자신의 경력에서 영광을 느끼지 못하며, 만약 그가 프랑스에서 **무언가**가 되는 일에서 성공하고자 한다면, 그는 그 경력을 포기해야 한다. 이것은…많은 피해를 준다. **무언가**가 되기 위해 귀족 중 많은 이들에게는 아무것도 남아 있지 않다."

사람들이 선호하는 상황은 소작농들이 지불하는 임대료로 살아가는 것이었다. 그리고 적절하다고 간주되는 태도는 더 많은 수입이 필요하거나 그것을 원할 경우 농업 생산성을 높이는 것이 아니라 임대료를 높이는 것이었다. 놀랍지도 않게, 1788년에 현대 화학의 아버지라고 불리는 앙투안로랑 드 라부아지에(Antoine-Laurent de Lavoisier)가 신중하게 수행한

---

69   Taylor 1967: 473.

평가에 따르면, 영국의 농부들은 프랑스의 농부들보다 거의 세 배나 더 생산적이었다. 왜냐하면 프랑스의 농부들은 자본을 통한 개선에 재투자하지 않았기 때문이다.[70]

동일한 재투자의 부족이 프랑스의 산업을 방해했다. 참으로 자본주의적인 경제에서라면 재투자되었을 막대한 금액이 허투루 소비되거나 적절하게 귀족적인 형태의 부로 전환되었다. 왜냐하면 프랑스에서는 사람들이 부를 얻는 기본적인 동기가 신사처럼 사는 것이었기 때문이다.[71] 베버는 프랑스가 "자본주의 정신"을 결여하고 있었다고 적절하게 주장할 수 있었다. 실제로 상업적 자본을 높은 지위를 제공하는 투자로 전환하는 것은 너무나도 보편화되어서 프랑스 혁명 직전에 프랑스 부의 80% 이상은 상업이나 산업이 아니라 땅, 건물 그리고 부패한 공직에 투자되었다.[72]

물론 조지 테일러(George Taylor)가 적절하게 주장했듯이 저자들이 그런 산업에 관한 예들을 제공할 때 "늘 동일한 이름들이 거명되"[73]기는 했으나, 프랑스에도 얼마간의 산업이 존재했다. 하지만 그런 예들 대부분은 별다른 중요성을 갖고 있지 않았다. 금속 세공술은 늘 이 시대 프랑스의 유력한 산업으로 인용된다. 그러나 실제로 그것의 결과물은 "미미하고, 분산되어 있으며, 품질은 나쁘고, 매우 비쌌다.…[그리고 그중 어느 것도] 진짜 강철이 아니었다." 이에 대한 한 가지 이유는 이 시대에 프랑

---

70 Ibid., 476.
71 Ibid., 485.
72 Ibid.
73 Taylor 1964: 493.

스인들이 석탄을 거의 채굴하지 않았다는 것이다.[74] 영국, 네덜란드 혹은 오랫동안 고통을 당하고 있던 이탈리아의 도시 국가들과 비교할 때, 프랑스의 산업들은 작고, 후진적이며, 거의 인정을 받지 못했다. 같은 이유에서 그 나라의 자본주의에 대해서도 동일한 말을 할 수 있을 것이다.

그렇다면 도대체 현대의 프랑스는 어디에서 왔을까? 하나의 폭정을 다른 폭정으로 대체한 프랑스 대혁명으로부터는 아니었다. 프랑스인들의 한 세대를 전쟁으로 인한 사상자로 만들었던 또 다른 폭군인 나폴레옹으로부터도 아니었다. 역설적으로 현대의 프랑스는 나폴레옹 시대 이후에 약하고 불안정한 정부로부터, 그리고 번성하는 자본주의적 경제에 둘러싸였던 상태로부터―특히 독일 공국들의 군도로부터 새롭고 무서운 대국(大國)이 집결되고 있던 북쪽에서 그러했다―일어섰다. 마침내 야심에 찬 프랑스 기업가들은 참된 자본주의자가 되기 위해 필요한 자유를 얻었다.

프랑스와 스페인에서 자본주의를 방해하고 이탈리아와 네덜란드 남부에서 그것을 억압한 것은 로마 가톨릭교회가 아니라 폭정이었다. 역설적이지만, 아마도 역사상 그 어떤 군주도 카를 5세와 그의 아들 펠리페 2세보다 더 양심적이고, 정직하며, 열심히 일하지 않았을 것이다. 그들은 자신들의 통치 기간에 스페인 제국을 세웠고 80년 이상 그것을 통치했다. 그들은 거의 매일 일찍 일어나 그 광대한 제국을 다스리느라 분주하게 일했다. 만약 그들이 건달이거나 난봉꾼이었다면, 그들은 자신이 책임을 지고 있던 경제에 해를 덜 입혔을지도 모른다. 대조적으로 프랑스의 왕들은 상대적으로 게으르고 훨씬 덜 성실했다. 그리고 그들의 정권

---

74 Goubert 1997: 56.

아래에서 프랑스는 경제 발전 면에서 스페인보다 더 잘했다. 이것은 무엇보다도 큰 역설이다. 전제적 통치를 고려할 때, 만연한 정부의 부패는 정직하고 헌신적인 폭군들 아래서는 존재하지 않는 정도의 자유를 제공한다.

제7장

신세계의 봉건주의와 자본주의

매년 수많은 불법 이민자들이 멕시코로부터 미국으로 들어오는 이유를 설명하기 위해서는 깊은 통찰이 필요하지 않다. 고통스러운 빈곤에서 벗어나 북아메리카(Norteamericano)의 풍요에 참여하기 위한 기회를 찾고자 하지 않을 사람이 있겠는가? 리오그란데강(미국과 멕시코를 통과하는 강—역주) 북쪽의 신세계가 경제력이라는 측면에서 결국 유럽조차 무색케 했던 이유를 설명하는 데도 아주 큰 통찰이 필요하지 않다. 그것은 라틴 아메리카가 스페인을 재창조했던 반면, 북아메리카는 영국을 모델로 삼았기 때문이다.

최초의 영국인 정착지가 뉴잉글랜드(New England)라고 불리고 최초의 스페인 식민지들이 뉴스페인(New Spain)이라고 알려진 것은 상징적인 것 이상이었다. 영국의 식민지 개척자들인 북아메리카인들은 상당한 자유와 자본주의적 경제를 물려받았다. 대조적으로 라틴 아메리카의 스페인 식민지 개척자들은 억압적이고 비생산적인 봉건주의를 물려받았다. 두 대륙 모두 그리스도인들에 의해 식민지화되었다. 남쪽은 로마 가톨릭교도에 의해 그리고 북쪽은 주로 프로테스탄트에 의해. 그러나 그것은 중요한 종교적 차이가 아니었다. 중요한 것은 라틴 아메리카의 로마 가톨릭교회가 정치적으로 그리고 대중적 지지라는 측면에서 현저하게 약했다는 것이었는데, 이것은 법적 독점이라는 지위로 인해 오랫동안 가려져왔던 사실이다. 대조적으로, 북아메리카에서 발전했던 광범위한 다원주의와 그것이 교단들 사이에서 촉발했던 경쟁은 타의 추종을 불허할 만한 종교적 헌신과 문화적 영향을 낳았다. 그리고 북아메리카의 모든 경쟁하는 교단들은 정부의 지원에 의존하기보다는 국가와 거리를 유지하는 법을 배웠고 또한 정직, 근면, 절약, 자립의 미덕을 설교하면서 각자 독립적인 교육 제도에 막대한 투자를 했다.

이상하게도 그동안 북아메리카와 남아메리카의 경제적 발전의 차이에 관한 많은 문헌에서 종교와 스페인의 식민주의 유산의 문제는 마땅히 그래야 할 만큼의 주목을 받지 못했다. 사실 그동안 라틴 아메리카의 작가들은 너무 자주 자신들의 곤경의 원인 대부분을 북아메리카의 식민주의에 두면서 자기들의 스페인적 유산에 깊이 내재된 영향—경제적인 것뿐 아니라 종교적이고 정치적인 것까지도—을 무시해왔다.[1] 이 이야기의 중요한 측면들은 여전히 언급되어야 한다. 그것에 대해 언급하는 것은 우리가 앞선 장들에서 발전시켰던 주장들에 대한 확대와 재적용을 허락한다. 즉 진보와 이성에 대한 기독교적 신앙이 정치적 자유와 자본주의의 생산적 에너지와 합쳐져 북아메리카의 식민지들을 경제적 거인으로 만들었다.

물론 브라질은 스페인의 식민지가 아니었고 토르데시야스 조약(1494)에 의해 포르투갈에 제공되었다. 그러나 포르투갈은 1580년에 알바 공이 이끈 침략—그것은 스페인의 펠리페 2세를 (혼란스럽게도) 포르투갈의 펠리페 1세로 만들었다—이후 거의 한 세기 동안 스페인의 지배를 받았다. 비록 1668년에 독립국 포르투갈의 왕권이 다시 세워지기는 했지만, 포르투갈은 스페인과 아주 흡사했다. 둘 다 봉건적인 로마 가톨릭 왕국이었고, 둘 다 봉건적인 로마 가톨릭 식민지들을 세웠다. 따라서 우

---

1   Amin 1976; Cardoso와 Faletto 1978을 보라. 또한 Frank 1967, 1972를 보라.

리가 여기서 브라질을 별개의 경우로 다뤄야 할 이유는 없다.

기독교: 두 개의 종교 경제

종교는 단지 개인적 헌신의 문제가 아니다. 또한 그것은 개인과 다양한 종교 단체의 회원 자격을 기준으로 완전하게 이해되지도 않는다. 종교는 언제나 사회 안에 존재하며 주로 국가가 종교적 표현과 조직에 부과하는 상황에 의해 형성된다. 이런 현실을 완전하게 포괄하기 위해 "종교 경제"(religious economy)라는 용어가 도입되었다.[2] 종교 경제는 어느 한 사회 안에서 계속되는 모든 종교 활동으로 구성된다. 현재의 그리고 잠재적인 종교적 추종자들의 "시장", 추종자들을 끌어모으거나 유지하고자 하는 하나 혹은 그 이상의 단체들 그리고 그런 단체들이 제공하는 종교 문화 등으로.

어느 사회에서든 늘 개인의 종교적 취향은 아주 다양하기에, 또한 단 하나의 "회사"(firm)가 강렬한 종교적 상품과 느슨한 종교적 "상품" 모두를 제공할 수는 없기에, 만약 그 자체의 장치들에 맡겨진다면, 모든 종교 경제의 정상적인 상황은 다원주의가 될 것이다. 그 안에서 서로 뚜렷하게 구별되는 일련의 종교적 기업들은 다양하게 세분화된 시장에 호소한다. 그러나 그것은 높은 수준의 종교적 자유를 필요로 하므로 정상적인 종교 경제는 일반적이지 않았으며 적어도 일신교의 범위 내에서는 그러했다. 오히려 그동안 종교 경제는 대개 독점 기업을 강요하거나 국가 교회에 보

---

2   Stark 1983, 1985; Stark와 Finke 2000.

조금을 제공함으로써 혹은 다른 종교 집단들이 경쟁하는 것을 어렵게 만듦으로써 시장을 제한하는 국가의 규제들로 인해 왜곡되어왔다.[3] 그러나 종교가 독점화된 종교 경제 안에서 시들해지는 것은 단지 너무 많은 이들이 자신들의 종교적 취향이 서비스를 받지 못한다고 여기기 때문만이 아니라 상업적 독점의 경우에서처럼 독점적 종교 기업들이 게으르고 비효율적이 되기 때문이다. 대조적으로 종교는 자유 시장 안에서 번성한다. 그곳에서는 여러 종교 집단이 추종자들을 얻기 위해 경쟁하고 에너지나 호소력이 부족한 회사들은 길가에서 쓰러지고 만다. 지금은 이런 결론을 지지하는 아주 많은 연구 문헌들이 존재하며,[4] 역사적 기록이 두 개의 아메리카 대륙 간의 비교에서만큼 적절하게 그런 결론에 들어맞는 곳은 달리 없다. 유럽인들의 정착은 북미보다는 중미와 남미에서 훨씬 빨리 시작되었으므로 우리의 이야기는 라틴 교회로부터 시작된다.

포획된 독점권

로마 가톨릭 국가에서 교회와 국가의 관계에 관한 논의는 대개 교회의 힘을 강조한다. 정치적 인물들은 늘 독재적인 정책과 봉건적 사회 구조를 선호하는 주교들에게 머리를 숙이는 것으로 묘사된다. 그러나 이것은 프로테스탄트 역사가들에 의해 대중화된 공상의 산물이다. 교황은 스페인을 침략하지 않았고 마드리드를 약탈하지도 않았다. 16세기에 이탈리아를 침략하고 로마를 약탈한 것은 스페인 왕 카를 5세였다.

교회와 국가의 상대적 권력에 관한 훨씬 더 정확한 관점은 종교개혁

---

3 Stark와 Finke 2000; Stark 2001.

4 이에 대한 요약을 위해서는 Stark와 Finke 2000을 보라.

과 왕실의 이해타산—여러 왕과 군주들이 가톨릭 신자로 남아 있거나 프로테스탄티즘을 수용할 때 얻는 상대적 지분—을 살피는 것을 통해 얻을 수 있다. 헨리 8세는 영국의 가톨릭 주교들과 수도회 수장들을 물러나게 함으로써 막대한 이익을 챙겼다. 게르만의 여러 대공은 물론이고 노르웨이와 덴마크의 왕들도 마찬가지였다. 왕과 대공들은 계속해서 지역의 주교들이 교황에게 큰 금액을 보내고 교회가 자기들의 영역 안에서 세금을 내지 않는 막대한 지역을 소유하도록 허락하기보다는 스스로 프로테스탄트 신자가 됨으로써 십일조에 대한 권리를 주장할 수 있었다. 또한 그들은 교회의 영지를 수용함으로써 자신들의 자산과 귀족 지지자들의 자산을 크게 늘릴 수 있었다.[5]

그러나 다른 왕과 대공들은 종교개혁에 가담해도 얻을 것이 거의 없었다. 왜냐하면 그들은 이미 교황에게 자신들에게 아주 유리한 여러 조건을 부과해놓았기 때문이다. 예컨대 1516년(마르틴 루터가 자신의 95개 조항을 못 박기 1년 전)에 교황 레오 10세와 프랑스 왕 프랑수아 1세가 서명한 볼로냐 협약은 왕에게 프랑스 교회의 고위직 전체에 대한 임명권을 부여했다. 거기에는 10명의 대주교, 82명의 주교, 수백 개의 수도원과 소수도원과 수녀원의 원장들 전체가 포함되었다. 왕은 이런 임명을 통해 교회의 재산과 수입에 대한 완전한 통제권을 얻었다. 오웬 채드윅(Owen Chadwick)이 말했듯이, "그가 교회의 돈을 원했을 때 그가 사용하는 방법은 일탈적인 것일 필요조차 없었다."[6] 그럼에도 스페인 왕은 바티칸과 훨씬 더 좋은 조건의 거래를 했다. 15세기 말에 페르디난드와 이사벨라는

---

5   Stark 2003a: ch. 1.
6   Chadwick 1972: 26.

모든 중요한 교회 직책에 대한 임명권뿐 아니라 성직자와 교회 재산에 세금을 부과할 권리까지 얻어냈다. 더 나아가 그들은 교황에게 사전에 왕실의 동의를 얻지 않은 채 스페인과 스페인의 영지들에서 교회의 칙서나 법령을 반포하는 것은 불법이라는 것에 동의하도록 만들었다. 스페인 왕에 대한 교회의 종속은 카를 5세 치하에서 훨씬 더 심해졌다. 무엇보다도 교황은 그가 교회에 바쳐진 십일조(많은 이들이 왕실이 부과하는 세금으로부터 면제되던 때에도 십일조로부터는 아무도 면제되지 않았다)의 1/3을 취하는 것에 동의했다.

이런 합의는 스페인과 프랑스를 가톨릭 국가로 유지하는 데 중요한 역할을 했다. 그러나 그것들은 교회를 상대적으로 국가에 종속되게 만들었다. 곧 이것은 교황이 신세계에서 노예제도의 도입을 막고자 했을 때 무서운 결과를 야기했다.

6세기에 이미 교회가 노예제도에 반대하기 시작했고 10세기 말에 교회가 유럽의 대부분 지역에서 노예제도를 어렵게나마 제거했던 것을 상기하라. 그런데 1430년대에 들어와 스페인이 카나리아 제도를 식민지로 만들고 그곳의 원주민들을 노예로 삼기 시작했다. 이런 소식을 들은 교황 에우제니오 4세는 즉각 「오래 전부터」(Sicut Dudum)라는 제목의 칙서를 반포했다. 교황은 에둘러 말하지 않았다. 그는 관련된 모든 사람에게 파문에 대한 위협을 가하면서 자신의 칙서를 수령한 날로부터 15일 이내에 "성별에 상관없이 카나리아 제도에 거주했던 모든 사람이 이전에 가졌던 그들의 자유를 회복하도록" 명했다. 그리고 "이런 이들은 완전히 그리고 영구적으로 자유롭게 되어야 하며 그 어떤 돈도 강요하거나 받지 말고 놓아주어야 한다."[7] 그러나 교황의 칙서는 무시되었고, 그의 뒤를 이은 두 명의 후계자들의 칙서도 그러했다.

스페인과 포르투갈이 신세계를 성공적으로 침략한 것과 함께 원주민들에 대한 노예화는 계속되었고 얼마 후 아프리카로부터 노예들이 점점 더 대규모로 수송됨으로써 가속되었다. 노예제를 지지하는 이들 중 어떤 이들은 노예들은 "이성적인 피조물"이 아니라 "동물들"의 일종이기에 노예제는 교회의 가르침에 대한 위반이 아니라고 주장했다. 교회는 그런 주장을 인정하려 하지 않았다. 1537년에 교황 바오로 3세는 신세계의 노예제에 맞서는 세 개의 칙령을 반포했다(그것들은 최근까지도 역사가들에게 무시되었다). 교황은 자신의 최초의 칙서에서 "인디언들은 실제로 참된 인간들이다." 따라서 "우리의 사도적 권위로써 [우리는]…그 동일한 인디언들과 **모든 다른 사람**—비록 그들이 신앙 밖에 있을지라도—이 그들의 자유나 소유물을 빼앗겨서는 안 되고…노예로 전락해서도 안 되며 그와 반대로 일어나는 것은 무엇이든 무효로 간주되어야 한다고 선포하고 선언한다." 두 번째 칙서에서 교황은 노예제에 가담하는 모든 이들에게 그들의 "지위, 신분, 상태 혹은 계급"과 상관없이 파문의 형벌을 내렸다.[8]

비록 이런 칙서들에 대한 착취적 반대는 계속되었으나, 교회의 반대는 결국 인디언들에 대한 노골적인 노예화를 종식했다. 그러나 교황의 칙서가 아프리카로부터 노예가 유입되는 것을 막지는 못했다. 분명히 오랫동안 스페인 식민지들은 아프리카의 노예들을 사용하는 일에서 영국과 프랑스에 한참 뒤졌다. 후자의 두 세력의 섬 식민지들은 노예를 기반

---

7 Panzer 1996: 8에서.

8 Panzer 1996: 19-21. 강조체는 내가 덧붙인 것임.

으로 하는 농장 경제로 빠르게 변모하고 있었다. 그러나 비록 신세계에서 노예제의 규모가 점점 커짐에 따라 교회가 계속해서 그것에 대한 반대를 재확인하기는 했으나, 그것은 종교적 고려 때문이 아니라 경제적 접근법의 차이 때문이었다. 1639년에 파라과이 예수회의 요청으로 교황 우르바노 8세는 노예를 매매하거나 소유하는 모든 자를 파문했던 바오로 3세의 형벌을 재확언하는 칙서를 반포했다.

바오로 3세의 칙서와 마찬가지로 노예제에 대한 우르바노의 반대 역시 효과가 없었고 거의 주목을 받지 못했다. 로마의 반대는 많은 지역의 주교들에게서 지지를 얻지 못했다. 그 주교들 모두는 스페인 왕에 의해 임명된 자들이었다. 스페인과 신세계에서 왕실의 동의 없이 노예제에 반대하는 칙서나 모든 형태의 교황의 진술들을 반포하는 것이 불법이었다는 것도 떠올려보라. 우르바노 8세의 칙서가 리우데자네이루에서 예수회 사제들에 의해 불법적으로 공적으로 읽혔을 때, 그것은 폭도가 지역의 성직자 단체들을 약탈하고 많은 사제들에게 부상을 입히는 결과를 낳았다. 산토스에서는 예수회의 주교 총대리가 그 칙서를 발표하려고 했을 때 또 다른 폭도가 그를 짓밟았다. 노예제에 계속해서 반대하면서 분명하게 진전되고 성공적인 인디언 공동체를 세우기 위해 애썼던 예수회는 1767년에 신세계로부터 야만적으로 추방당했다.[9]

그럼에도 스페인령 아메리카에서 주교들은 전적으로 영향을 받지 않을 수 없었다. 그들은 인디언들에 대한 노예화가 그들을 기독교로 회심시키려는 노력을 방해한다는 것을 스페인 법정에 호소함으로써 1542년에 인디언들의 노예화를 금하는 "새로운 법"(New Laws)을 얻었는데, 이

---

9 이에 대한 완전한 설명을 위해서는 Stark 2003a: ch.4를 보라.

법은 대체로 지켜졌다. 얼마 후 아프리카 노예의 상당수가 신세계의 스페인 지역 안으로 들어왔을 때, 주교들은 스페인 법정이 노예제의 실제 상황을 크게 완화시키는 스페인 흑인 관리법(Código Negro Español)을 수락하도록 만들었다.[10] 이러한 조치들 모두는 "시민과 종교 당국 사이에 격렬한 갈등"을 초래했다. 왕이 주교들을 선택하기는 했으나 그는 자격이 있는 후보자 중에서만 그렇게 할 수 있었고 그 후보자들은 모두 바티칸에 의해 훈련되고 선택된 자들이었다. 그리고 그들의 직위는 종신직이었으므로 종종 주교들은 자신들을 반대하던 귀족 반대자들보다 오래 자리를 지켰다. 그러나 그들은 결코 세속 통치자들만큼 강력하지 않았다. 또한 유감스럽게도 바로 이 시기에 로마 가톨릭교회는 종교개혁에 대응하면서 자신을 진보와 상업에 대해 훨씬 덜 우호적인 것으로 만들었던 실질적인 변화를 겪고 있었다.

반종교개혁 가톨릭 신앙

312년에 있었던 로마 황제 콘스탄티누스의 회심 이후 본질적으로 두 개의 가톨릭 교회가 나타났다. 콘스탄티누스 이전에 교회는 헌신되고 보수를 받지 않는 금욕적인 성직자들에 의해 이끌렸다. 그들은 때때로 의도적으로 순교의 위험을 무릅썼다. 이 그룹과 그 후예들은 **경건의 교회**(church of piety)를 구성했다. 그러나 콘스탄티누스가 교회에 특권과 보조금이라는 혜택을 퍼붓기 시작하자 상류층의 아들들이 "성직을 향해 쇄도하기 시작했다."[11] 교회의 직책이 고소득을 보장했고 상당한 정치적 영

---

10   Stark 2003a.
11   Rodríguez León, Gill 1998:22에서 인용.

향력까지 갖게 되었기 때문이다. 곧 교회의 직위들은 심지어 낮은 교구 목사직까지도 투자 대상처럼 구매되고 팔렸다. 고위직들은 종종 굉장한 가격표를 갖고 있었다. 이 새로운 교회의 계급 구조는 **권력의 교회**(church of power)를 형성했다. 이 책의 2장에서 지적했듯이, "투자자들"에 속한 성직자가 상업에 적대적일 가능성은 없었다. 그리고 자본주의의 형성과 발흥기에 권력의 교회는 전통적인 금욕적·종교적 편애를 경제적 현실에 수용하는 길을 이끌었다. 다시 말해, 만약 경건의 교회가 우세했더라면 기독교는 아마도 이슬람이 여전히 그렇게 하고 있듯이 계속해서 고리대금업을 비난하고 이익과 물질주의 일반에 반대했을 것이다.

급속하게 퍼져나가는 종교개혁에 의해 야기된 야만적 충격들은 교회를 혼란에 빠뜨렸다. 그 정도가 너무 심했기에 트리엔트 공의회(1562-1563)에서 경건의 교회가 다시 리더십을 얻을 수 있었다. 교회의 직위에 대한 판매와 구매는 끝났고 가치 있는 여러 개혁적 조치들이 제도화되었다. 그중에는 성직자들을 적절하게 훈련시키기 위해 신학교들의 방대한 네트워크를 형성하는 것이 포함되었다. 이단에 대한 새로운 경보는 이제 교회가 학문을 억압하도록 만들었고, 그로 인해 과학에 대한 종교적 반대와 관련해서 오해가 발생했다. 더 나아가 경건의 교회의 성직자들은 자신들의 청교도 프로테스탄트 동료들처럼 부에 관해 아주 모호한 태도를 보였고 상업에 관해 아주 많은 의심을 표명했다. 그리고 청교도 신학자들이 "야망"에 대해 경멸을 표현하고 "탐욕"을 비난했던 것처럼, 이제 교회를 통제하게 된 금욕적 분파들은 "진보"와 "근대성"을 깊이 경멸했다. 그들은 사람들이 농장과 마을에 남아 단순하고, 겸손하며, 경건한 삶을 살아가는 것이 훨씬 더 낫다고 여겼다.

이 모든 것의 역설은 물론 교회가 잃어버린 덕을 회복할 때 반종교개혁의 지도자들이 훨씬 이전 시대에 적합했던 신앙, 즉 명령 경제와 양립할 수 있으나 자본주의는 말할 것도 없고 민주주의와도 완전히 무관한 신앙을 회복했다는 점이다. 남부 유럽과 신세계 식민지들에서 우세했던 것이 바로 이런 교회였다. 그리고 몇몇 라틴 아메리카 교회 지도자들이 오도된 반자본주의와 "해방신학"에 관한 좌익적 판타지들에 대해 쏟아낸 최근의 표현들은 바로 이런 원천들로부터 왔다.[12]

나태한 국교회들

교회는 스페인과 프랑스에서 시행 중인 조약을 따라 신세계에서 교회에 관련된 사안의 상당 부분에 대한 통제권을 포기했다. 스페인 왕은 스페인 식민지들을 위해 단지 모든 주교를 임명했을 뿐 아니라 심지어 자신과 자신의 행정가들이 새로운 교구의 설립을 결정하고 그 교구들의 경계를 정하기까지 했다. 대신 왕은 로마 가톨릭교회 외의 다른 모든 신앙을 불법화했다. 또한 국가는 십일조(diezmo), 즉 모든 수입에 대한 10%의 종교세를 거두는 일을 떠맡았다. 한편으로 주교들은 국가가 성직자들보다 훨씬 더 효과적으로 세금을 거두는 능력을 갖고 있었기 때문에 이런 합의를 좋아했다. 다른 한편으로 국가의 십일조 징수는 주교들이 자신들의 온전한 몫을 얻기 위해 끊임없이 로비를 하도록 만들었다. 왜냐하면 틀림없이 "제국의 행정가들이 [징수한 금액의 일부를] 사취했기"[13] 때문이다.

그렇다고 할지라도 신세계에서 교회의 상황은 과도하게 안락했다.

---

12   Fletcher 1997: 38.
13   Chesnut 2003: 19.

십일조, 잦은 유증(bequest), 무상으로 불하한 막대한 땅 그리고 교회 소속 농지에서 나오는 수입 등으로 인해 라틴 아메리카의 교회는 아주 부유해졌다. 그리고 중세 유럽에서처럼 여기서도 교회는 장기적인 계획과 신중한 관리라는 측면에서 탁월했다. 그런 까닭에 교회는 "17세기 말에 식민지 사회에서 지배적인 경제적 세력이 되었다."[14] 18세기 말에 페루에는 "어떤 규모로든 전체적으로 혹은 부분적으로 성직자들에게 속하지 않은 부동산이 거의 없었다. 리마에서는 2,806채의 집들 중 1,135채가 수도원들, 수도원 밖에 있는 성직자들 혹은 종교 단체들의 기본 재산에 속해 있었다."[15] 이즈음에 교회는 멕시코시티에 있는 집들의 거의 2/3를 포함해 뉴스페인이라는 거대한 식민지에 속한 도시와 시골 모두에서 생산 가능한 모든 부동산의 절반을 소유하고 있었다.[16]

그러나 그런 막대한 물질적 부에도 불구하고 라틴 아메리카의 교회는 대중적 지지라는 측면에서는 가난했다. 아담 스미스가 분명하게 인식했듯이, 종교 기관들은 모든 독점 사업을 괴롭히는 단점들에 대해 면역이 되어 있지 않다. 오히려 국가에 의해 전적으로 지원을 받을 때, "자신들의 성직록에 의존하는 성직자들은" "스스로 나태에 빠지고" "민중이라는 큰 몸 안에서 신앙과 헌신의 열기를 유지하는 것"을 소홀히 한다.[17] 라틴 아메리카의 상황이 분명히 그러했다. 국가에 의해 자격을 얻은 독점적 교회로서 로마 가톨릭교회의 지배층은 사실상 활발한 참여를 창출하려는 최소한의 노력도 하지 않으면서 모든 사람이 교회의 구성원이라고 주장하

---

14   Ibid., 22.
15   Mecham [1934] 1966: 38.
16   Ibid., 39.
17   Smith [1776] 1981: II:789.

는 것에 만족했다.[18] 수 세기 동안의 환상과는 반대로, 라틴 아메리카는 결코 "가톨릭 대륙"이 되지 않았다. 사실 많은 곳에서 그것은 기독교화되지도 않았다. 토착 신앙은 지속되었고, 여행자들은 종종 여러 커다란 지역에 성직자들이 전혀 존재하지 않는 것처럼 보인다고 보고했다.[19]

그런 상황은 비록 최근에 라틴 아메리카에서 보다 활발한 가톨릭 신앙이 나타나고 있음에도 오늘날까지도 계속되고 있다. 예컨대 1995년에 과테말라에서는 가톨릭 사제 한 사람이 29,753명, 볼리비아에서는 20,552명 그리고 브라질에서는 17,835명의 교구민을 섬겼다고 전해진다(이것을 미국에서 한 사람의 사제가 담당하는 로마 가톨릭 신자의 수가 1,822명 그리고 캐나다에서는 1,956명인 것과 비교해보라). 물론 이런 숫자는 난센스다. 각 나라의 사제들의 숫자는 알려져 있고 정확하게 보고되고 있으나, 라틴 아메리카에 속한 모든 나라의 로마 가톨릭 신자들의 숫자는 터무니없이 과장되어 있기 때문이다. 지방의 공무원들이 로마 가톨릭 신자들의 수를 계산할 때 교회 출석이나 심지어 세례와 관련된 통계에조차 관심을 두지 않는 것이 관례였다. 그들은 단지 전체 인구 중 작은 부분만 빼내고 다른 모든 이들이 교회에 다닌다고 주장했을 뿐이다. 아주 최근까지도 「로마 가톨릭 연감」(Catholic Almanac) 같은 공적 출판물들은 대다수 라틴 국가들의 모든 거주자의 95% 이상이 가톨릭 신자라고 보고했다.

그러나 사제들의 부족은 상황이 그렇지 않다는 것을 강력하게 입증한다. 무엇보다도 로마 가톨릭교회가 보여준 헌신의 일반적 수준은 많은 이들이 서품받는 것을 추구하도록 촉구할 만큼 충분하지 않았다. 오늘날

18　Gill 1998: 86.
19　Robinson 1923.

에도 라틴 아메리카 사제들의 상당수는 외국인이다. 멕시코와 과테말라에서 섬기는 이들의 87%, 베네수엘라에서 섬기는 이들의 75%, 그리고 칠레에서 섬기는 이들의 55%가 외국인이다. 대조적으로 인도에서 섬기는 로마 가톨릭 사제 중 오직 12%만이 외국에서 태어났다.[20] 둘째, 이렇듯 소수의 사제들은 그들의 섬김에 대한 수요를 맞추기에 충분했던 것으로 보인다. 미사 참석 인원은 늘 아주 적었고, 많은 이들이 단지 "행운"을 확보하기 위해 유아들에게 세례를 받게 했다는 사실에도 불구하고 세례조차 일반적이지 않았다. 아주 뛰어난 학자인 데이비드 마틴(David Martin)이 지적했듯이, "민중의 문화는 로마 가톨릭의 가르침에 대해 아주 저항적이었다.…아마도 라틴 아메리카 사람 중 20% 미만만이 [로마 가톨릭]교회에 정기적으로 참석하고 있다."[21]

그러나 라틴 아메리카의 비종교성은 세속적 현대성으로부터 나오지 않았다. 라틴 아메리카에서 마술과 미신에 대한 믿음은 번성하고 있다. 아니다, 라틴 아메리카인들이 **교회에 다니지 않는** 상태로 남아 있는 것은 아담 스미스가 말했듯이 보조금을 받는 성직자들이 모든 잠재적 경쟁자를 억압하기 위해 국가에 의존하면서 자신들의 성직록에 안주하기 때문이다. 대부분의 라틴 국가들이 수십 년 전에 비가톨릭적 종교들에게 불리한 법들을 폐지한 이후에 발생한 것을 감안한다면, 이것보다 더 분명한 결론은 있을 수 없다. 지금은 활발한 프로테스탄트 집단들이 그 대륙을 휩쓸고 있다! 많은 라틴 국가들에서 일요일 아침에 교회에 참석하는 이들 대다수는 프로테스탄트 신자들이며, 이 동일한 국가 중 많은 곳

---

20 Gill 1998: 86.
21 Martin 1990: 57-58.

에서 외국인 선교사들은 로마 가톨릭 사제들을 수적으로 훨씬 넘어섰다. 그리고 종교 경제에 관한 개념에 기반한 최근의 이론들이 예측하듯이,[22] 경쟁은 라틴 가톨릭에 빠르게 활기를 불어넣고 있다. 프로테스탄트의 비율이 큰 곳에서는 로마 가톨릭교회의 신자들의 미사 출석률도 높았다.[23] 역사상 처음으로 여러 가톨릭 국가들에서 로마 가톨릭 신학교 등록자들의 수가 높아지고 있다.[24] 그리고 로마 가톨릭의 은사주의 운동이 아주 빠르게 성장하고 있다.[25] 이것은 종교가 다원주의적 종교 경제 안에서 번성한다는 것을 보여주는 보다 분명한 증거다.

자유시장의 종교

종교의 자유는 쉽게 성취되지 않는다. 비록 사람들이 박해를 피해 유럽에서 도망치기는 했으나 순례자들은 이 경험을 통해 관용에 관해서는 아무것도 배우지 못했다. 그들은 단지 권력의 사용에 대해서만 배웠을 뿐이다. 처음부터 매사추세츠만의 식민지는 독점적 국가 교회를 받아들였고 불순응의 기미를 보이는 모든 것을 박해했다. 예컨대 회중주의자들은 퀘이커교도들의 존재를 감지할 때마다 외국의 배들이 항구에 정박하고 있기만 해도 그들을 공적으로 채찍질을 한 후 추방했다. 1659년과 1661년 사이에는 과거에 채찍질을 당하고 매사추세츠주에서 쫓겨났던 네 명의 퀘이커교도들이 다시 돌아왔다는 이유로 교수형에 처해졌다. 다른 식민지들은 그렇게까지 편협하지는 않았으나, 그들 대부분 역시 국교회를

---

22   Stark와 Finke 2000.
23   Gill 2004.
24   Gill 1999.
25   Chesnut 2003: ch. 4.

세웠다. 뉴욕, 버지니아, 메릴랜드, 노스캐롤라이나와 사우스캐롤라이나, 조지아에는 성공회가, 그리고 뉴잉글랜드의 식민지들에는 회중교회가 세워졌다.

놀랍게도 처음부터 지역의 관찰자들은 보조금을 받는 교회가 없는 식민지들에서 종교활동이 더 강력하다는 것을 인식했다. 뉴저지의 식민지 총독이었던 루이스 모리스(Lewis Morris) 대령이 뉴욕에서 은퇴하면서 어느 친구에게 쓴 편지에서 말했듯이,

> 만약 [사람들에게서] 억지로 봉급을 빼앗아 교회의 사역자들에게 지급한다면, 그것은 그런 사역자들을 지탱하는 수단이 될 수 있을지 모르나 그들은 많은 회심자를 만들어내지 못할 것입니다.…반면에 [국교회가 없으면] 교회가 십중팔구 번성할 것입니다. 그리고 만약 교회에 유리한 [뉴욕 의회에 의해 통과된 법적 국교회에 관한] 법률이 없었더라면, 나는 교회가 훨씬 더 좋은 상황에 있었을 것이라고 믿습니다. 왜냐하면 그런 법령이 존재하지 않는 저지들(Jersies)과 펜실베이니아에는 뉴욕 지방보다 4배나 많은 교인이 있기 때문입니다. 그리고 그런 교회들은 각각의 주가 운영하는 공기업입니다. 그것들 대부분은 원칙적으로 [종교적인] 주가 운영하는 공기업이지만, 우리 교회 중 열에 아홉은 자기들이 속한 교회에 신용 거래를 크게 더하지 않을 것이고, 달리 기대할 수도 없을 것입니다.[26]

그러나 미국의 종교적 관용과 종교적 국교회에 대한 헌법적 금지는 이와 같은 통찰의 결과가 아니었고 자유로운 사상에 뿌리를 두고 있지도 않았

---

26 O'Callaghan 1855: 322-23에서.

다. 종교의 자유는 필요의 문제였다. 그것을 좋아하든 좋아하지 않든 다원주의가 존재했다. 너무 많은 식민지 주민들이 자신들의 신앙을 그 땅으로 가져왔기 때문에 혁명이 일어나기 직전인 1776년에 아메리카 식민지의 종교적 구성은 표 7-1에서 보는 바와 같다. 회중주의자들조차 전체 회중의 20%에 불과했다. 물론 국교회들(state churches, 당시 상황에서는 "주[州]교회"라고 부르는 게 적절할 수도 있다—역주)은 하룻밤 사이에 사라지지 않았다. 왜냐하면 종교를 국교화하는 것에 반대하는 연방 헌법의 금지 조항은 각 주들에 대해 구속력이 있는 것으로 해석되지 않았기 때문이다. 코네티컷주는 1818년에 회중교회에 대해 국교로서의 지위를 박탈했고, 이어서 1819년에는 뉴햄프셔주에서 같은 일이 일어났다. 그러나 매사추세츠주는 1833년까지 국교화된 회중교회를 지지하기 위해 교회세를 거두는 일을 중단하지 않았다.

표 7-1. 13개 식민지의 교단별 교회 수, 1776년도

교단	회중 수
회중교회	668
장로교(모든 분파)	588
침례교(모든 분파)	497
감독교회(성공회)	495
퀘이커	310
독일 개혁교회	159
루터교(모든 총회)	150
네덜란드 개혁교회	120
감리교	65
로마 가톨릭	56

모라비안	31
분리주의 및 독립교회	27
덩커파	24
메노나이트	16
위그노	7
샌디먼파	6
유대교	5
합	**3,228**

자료: 폴린, 1932; 핑크와 스타크, 1992, 2005

1776년 650명에 하나꼴로 교회가 있었음에도 미국에서 실제 교인 수는 현재의 기준으로 볼 때 낮았다. 거의 모든 이가 자신이 그리스도인이라고 고백했음에도, 그들 중 20% 미만의 사람들만 특정한 공동체에 속해 있었다. 청교도적인 보스턴에서조차 아마도 주일 아침에 교회에 있는 이들보다 토요일 밤에 술집에 있는 이들이 더 많았을 것이다. 물론 이런 풍조는 유럽으로부터 이월된 것이었다. 그곳에서 국교화된 교회들의 우세는 모리스 총독이 그럴 것이라고 생각했던 것처럼 항상 사람들의 교회에 대한 참여를 억압했다. 그러나 이런 모든 교회가 동일한 발판 위에서 지지자를 얻기 위해 실질적으로 경쟁해야 했을 때, 다원주의의 "기적"이 나타나기 시작했다. 거의 1세기 후인 1860년에 미국인 중 1/3 이상(37%)이 지역 교회에 속해 있었다. 50%가 넘어선 것은 20세기 초였다. 그리고 지난 30여 년 동안 60%가 조금 넘는 사람들이 지역 교회에 속했는데, 아마도 이것은 유지될 수 있는 최대한의 비율일 것이다(미국인의 90%가 자신들이 교단에 소속되었다고 주장하지만, 많은 이들은 사실상 지역 교회의 회원 자격을 갖고 있지 않다).[27] 교회의 회원 자격은 캐나다에서 아주 흡사한 경향을 보였다.

그러나 지역 교회의 회원 자격이 아마도 미국인 네 명 중 하나 이상을 포함하지 못했던 19세기 초에도 유럽의 여행자들은 미국인의 경건에 대해 놀라움을 표현하고 있었다. 1818년에 영국의 지식인 윌리엄 코벳(William Cobbett)은 보틀리 마을에 있는 고향 친구들에게 보낸 편지에서 미국에 교회들이 밀집해 있고 사람들에게 인기를 얻고 있는 것에 놀라움을 표현했다. "이곳에는 많은 교회들이 있다네.⋯그리고 이런 교회들이 가난하고 초라할 것이라고 생각하지 말게. 오히려 그 교회들 각각은 보틀리에 있는 교회들보다 크고 훌륭하게 지어져 있다네."[28] 1830-1831년에 있었던 자신의 미국 여행에 관해 쓰면서 알렉시 드 토크빌(Alexis de Tocqueville)은 다음과 같이 지적했다. "이 세상에 미국보다 기독교가 사람들의 영혼에 큰 영향을 끼치는 나라는 없다."[29] 그 세기 중반에 스위스의 신학자 필립 샤프(Philip Schaff)는 뉴욕시에서 루터 교회에 참석하는 이들의 수가 베를린에서보다 훨씬 많음을 관찰했다.[30] 그리고 이런 외국인 관찰자들은 그 이유가 다원주의 때문임을 알았다. 코벳이 설명했듯이, "교회를 실제 신앙에 대해 쓸모없게 만드는 것은 교회가 법률에 의해 국교화되고 있는 상황이다.⋯국교화는 사람들에게 그들이 존경할 수 없고 사실상 그들이 경멸해야 마땅한 교구 목사들을 강요한다.⋯우리의 교구 목사들이⋯신앙에 관해 [혹은 십일조가 없어서] 위험에 처해 있는 교회에 관해 말할 때⋯그들이 실제로 말하는 것은 자기들이 빵을 위해 일해야

---

27 Finke와 Stark 1992.
28 Cobbett [1818] 1961: 91.
29 Tocqueville [1835-39] 1956: 314.
30 Schaff [1855] 1961: 91.

제7장 신세계의 봉건주의와 자본주의   331

하는 위험에 처해 있다는 것이다."[31] 오스트리아의 언론인 프란체스 그룬트(Frances Grund)는 1837년에 국교화가 성직자들을 "나태하고 게으르게" 만드는 반면, 미국에는 경쟁으로 인해 "[성직자들] 가운데 게으른 자가 하나도 없고 그들 모두가 자신들의 회중의 영적 안녕을 위해 진력할 의무를 지니고 있다"고 썼다.[32]

그러나 모든 성직자가 동일하게 진력했던 것은 아니다. 그로 인해 오늘날 미국 종교의 윤곽은 1776년의 그것과는 아주 크게 다르다. 당시에 가장 컸던 다섯 개의 교단 중 다음 네 개는 작아졌고 계속해서 축소되고 있다. 회중교회(오늘날의 그리스도연합교회), 장로교, 성공회 그리고 퀘이커. 반면에 감리교는 처음에는 작게 시작했음에도 다음 세기인 1850년에는 미국 전체 교인 중 1/3의 등록수를 자랑하면서 미국에서 가장 큰 교단이 되었고, 21%의 등록률을 자랑하는 침례교가 그 뒤를 이었다. 그 후 다음 세기에 들어와 감리교는 세상과 타협하는 교단이 되었고 그것은 곧 교인 수의 심각한 감소로 이어졌다. 특히 지난 40여 년 동안 그러했다. 반면에 침례교는 계속해서 성장했다. 남침례회는 오늘날 미국의 프로테스탄트 교단 중 가장 크다. 침례교가 감리교를 능가한 한 가지 이유는 감리교 성직자 중 점점 더 많은 이들이 "현대" 신학을 수용했을 때 그런 견해를 공유하는 강력한 감독들에 의해 보호를 받았는데 그런 견해들은 신자들에게는 거의 인기가 없었기 때문이다. 대조적으로 침례교 성직자들은 회중의 명령에 머물렀다. 그리고 그 명령을 어기거나 회중에게 영감을 주지 못하는 이들은 해고되었다. 또한 표 7-2에서 볼 수 있듯이

---

31 Cobbet [1818] 1964: 229-32.

32 Powell 1967: 80에서.

몰몬교뿐 아니라 다른 복음주의 프로테스탄트 그룹들도 급속하게 성장하고 있다. 분명히 자유 시장 종교 경제는 견고하고 활기찬 조직들을 선호한다.

비록 경쟁적인 교회들과 부지런한 성직자가 자본주의의 기본적 원리들과 부합하기는 하나, 북아메리카의 종교와 상업 모두를 번성케 했던 것은 자유였다.

자유: 규칙의 패턴들

알렉시 드 토크빌은 19세기 초에 미국을 "세계에서 가장 자유롭고 가장 계몽된 국가 중 하나"라고 묘사했다.[33] 리오그란데강 남부의 국가들에 대해 그런 글을 쓴 이는 아무도 없다.

1770년 당시의 한 가지 비교가 그 이유 중 많은 것을 밝혀준다. 그 시대에 북아메리카의 식민지들은 이민자 소농들의 유입으로 인해 급속하게 채워졌고 왕성하게 활동하는 선출직 식민지 의회들과 협력하는 총독들에 의해 다스려졌다. 최종적인 정치적 권위는 선출된 영국 의회에 주어졌고, 왕의 권위는 크게 제한되었다. 대조적으로 스페인 식민지들은 상류층 이달고나 왕실 법령에 의해 부여된 막대한 재산을 소유한 야심가들에 의해 드물게 정착되었다. 이런 식민지들의 농장(estancias)은 주로 반강제적인 토착민들의 노동력에 의존했고, 고용된 유럽인들이 그 토착민들을 지도하고 감독하는 역할을 했다. 유럽인 소농들은 거의 없었다.

---

33 Tocquesville [1835-39] 1956: 319.

표 7-2. 성장하고 쇠락하는 미국의 교단들

교단	미합중국 인구 1,000당 미국인 신자 수		
	1960	2000	비율 변화
그리스도 연합교회	12.4	5.0	-71
성공회	18.1	8.2	-55
연합감리교	58.9	29.8	-49
미국장로교	23.0	12.7	-45
미국 복음주의 루터교	29.3	18.2	-39
유니테리언 유니버설리즘	1.0	0.8	-20
퀘이커(모든 모임)	0.7	0.6	-14
로마 가톨릭	233.0	221.7	-5
남침례회	53.8	56	+5
나사렛교회	1.7	2.2	+35
제7일 안식교	1.8	3.1	+72
복음교회	0.5	0.9	+80
말일성도(몰몬교)	8.2	18.2	+122
하나님의 성회	2.8	9.1	+225
하나님의 교회(클리브랜드, 테네시)	0.9	3.1	+244
그리스도 안에 있는 하나님의 교회	2.2	19.5	+786

출처: 미국 교회 연감, 1962와 미국 및 캐나다 교회 연감, 2001

스페인 식민지들은 스페인에서 파견된 고위 공무원들로 구성된 오디엔카(Audienca)라고 알려진 최고 행정 기관과 함께 총독에 의해 통치되었다. 더 나아가 스페인령 아메리카에는 그 어떤 입법 활동을 위한 조항도 없었다. 식민지에 부과된 모든 법률은 스페인에서 결정되었다.[34] 스페인에

---

34 Kamen 2002: 142.

는 민주적인 체제가 존재하지 않았다. 그 나라는 여전히 봉건적 왕국으로 남아 있었다. 사실 식민지의 행정직 모두가 스페인 왕에 의해 판매되었다! 비록 자격에 관해 얼마간의 관심이 주어지기는 했으나 보다 큰 무게는 가문과 지불 능력에 주어졌다. 식민지에서 판매된 공직의 수는 펠리페 2세의 통치기에 크게 늘었는데, 그것은 그가 거듭된 파산을 피해 보려고 헛된 애를 썼기 때문이다. 크게 명예로운 직위들은 지위를 추구하는 자들에게 팔렸다. 그러나 대부분의 직위는 영향력과 서비스를 판매할 많은 기회를 통해 더 많은 것을 되돌려 받으려는 투자 차원에서 매입되었다. 18세기까지 거의 모든 직위의 지명자들이 식민지에 대한 그 어떤 친밀성도 갖고 있지 않았고 공직에서 물러나면서 바로 스페인으로 돌아왔던 스페인 주민들이었음을 감안할 때, 그들의 결정은 종종 적절한 조언을 받지 않은 채 이루어졌다.[35]

마지막으로, 영국의 식민지 주민들 거의 모두는 그곳에 거주하기 위해 왔다. 반면에 스페인 식민지 주민 중 많은 이들은 단지 체류자들이었을 뿐이다. 영국의 식민지들은 생산에 기반해 설립된 반면, 스페인의 식민지들은 수탈에 기반해서 설립되었다.

식민지화

아마도 특히 16세기 초부터 19세기까지 있었던 스페인의 신세계 정착에서 가장 두드러지는 측면은 얼마나 적은 사람들이 신세계로 건너왔느냐일 것이다. 신세계로 이주하는 스페인 사람은 세비야에 있는 무역사무소에 등록해야 했다. 그리고 16세기 전반 내내 단지 5만 6천여 명만이 등

---

35 Burkholder와 Johnson 2001.

록했다. 한때 역사가들은 불법 이민자들을 헤아린다면 실제 이민자들은 이 숫자보다 몇 배나 많을 것이라고 추정했다. 하지만 지금은 등록하지 않은 이민자들의 숫자가 그리 많지 않았다는 것이 받아들여지고 있다.[36] 유사한 방식으로 1500년에서 1640년 사이에 30만 명 이상의 스페인 사람들이 신세계로 갔다는 추정[37]은 이제는 너무 높은 수치로 간주된다.[38] 그러나 이런 숫자조차 라틴 아메리카 대부분이 유럽인들에 의해 완전히 정착되지 않았음을 알려준다.

스페인 사람들이 큰 무리를 지어 서쪽으로 항해하지 않았던 여러 가지 이유가 있다. 첫째, 영국과 달리 스페인에는 "상점 주인들" 혹은 성공적인 소농이 되는 데 필요한 전망을 지닌 이들이 많지 않았다. 스페인 자체가 거대한 농지이자 농노보다 아주 조금 높은 계급의 농업 노동자들이 넘쳐 나는 땅이었다. 역시 봉건적인 지주들에 의해 지배를 받는 신세계에서 성공적인 상점 주인이나 소농이 되는 것에 대한 반짝거리는 전망이 존재하지 않았다. 비록 아주 가난한 이민자들에게는 그런 전망이 스페인에 있는 이들에게 신뢰할 만하다고 여겨지는 것보다는 훨씬 더 유망해 보였지만 말이다.

스페인 사람들이 신세계로 건너오지 않았던 두 번째 이유는 항해가 극도로 어려웠기 때문이다. 많은 이들이 온갖 질병으로 혹은 물의 고갈로 인해 배 위에서 죽었을 뿐 아니라 많은 배들이 좌초했다. 대서양은 넓었고 폭풍이 많았다. 그리고 스페인의 배들은 성능이 나빴고, 유지 보수는 엉망이었으며, 선원들은 숙련되지 않았다. 무적함대가 겪었던 두 차례

Kamen 2002: 142.
Engerman와 Sokoloff 1997: 264.
Jacobs, Kamen 2002: 130에서.

의 비극적인 운명을 떠올려보라. 지금까지 남아 있는 많은 편지와 일기들은 대서양을 건너는 일의 참상에 대해 상세히 전해준다. 게다가 이민의 매력은 신세계로 가는 소수의 사람 중 대부분이 그곳에 머물 계획 없이 그저 벼락부자가 되려는 목적으로 잠시 체류하고자 했을 뿐이라는 사실로 인해 더 작아졌다. 떼돈을 벌었던 많은 이들은 아마도 대부분이 스페인으로 되돌아갔다. 그들은 자신들이 스페인으로 돌아온 것에 대해 굉장한 안도감을 표현했다. 돈을 많이 벌지 못한 이들은 고향에 있는 친척들과 편지를 주고받을 때 종종 자신들이 신세계에 온 것을 후회한다고 표현했다.

마지막으로 스페인과 식민지 모두에서 당국자들은 이민자들의 수를 낮추기 위해 이민에 대해 이런저런 제약을 가했다. 이 시절에 스페인 식민지의 경제는 주로 광업과 금과 은을 수출하는 것을 통해 유지되고 있었기 때문에 추가적인 인구는 식민지의 삶을 보조하기 위한 비용만 더하는 값비싼 잉여로 간주되었다. 새로 오는 이들을 제한하기 위해 가능할 때마다 당국은 이미 식민지에 정착한 친척이 없는 사람들에게 입국 허가를 내주는 것을 거부했다. 모든 비가톨릭 신자들은 모든 비스페인계 사람들만큼이나 원천적으로 배제되었다. 처음에는 오직 미혼 남자들만 이민이 허락되었으나, 결국에는 결혼한 남자들도 그들의 가족을 신세계로 데려올 수 있었다. 미혼 여자들은 결코 이민이 허락되지 않았다(그로 인해 점점 더 많은 크리올[creole, 스페인 사람과 흑인의 혼혈]과 메스티소[mestizo, 스페인 사람과 인디언의 혼혈]가 생겨났다).

대조적으로 영국으로부터의 이민자들은 스페인에서 라틴 아메리카로 온 이들보다 훨씬 더 큰 무리를 지어 북아메리카의 영국 식민지들로 건너왔다. 추정컨대 1640년과 1760년 사이에 영국으로부터 60만 명 이상의 사람들이 신세계로 건너왔다.[39] 그리고 네덜란드, 프랑스, 독일, 그리고 유럽의 다른 지역으로부터도 다른 많은 이들이 왔다. 식민지 주민 중 많은 이들은 그들의 가족 전체와 혹은 결혼한 배우자와 함께 왔다. 그러나 미혼자들도 많았다. 남자들뿐 아니라 여자들도 많았다. 그들은 봉건적 부동산을 얻기 위해 혹은 금이나 은을 채굴하기 위해 오지 않았다. 그들 대부분은 식민지에서 일반적이었던 높은 임금 때문에 그리고 비옥한 농지를 얻거나 작업장이나 가게를 열 수 있는 특별한 기회 때문에 왔다. 그들은 고향으로 돌아가는 것에 관심이 없었다. 더 나아가 그들은 영국 배를 타고 왔고 스페인보다 한 세기 뒤에 이주했기 때문에 그들의 항해는 훨씬 짧았을 뿐 아니라 훨씬 더 안전하고 심신이 크게 쇠약해지지도 않았다. 비록 그들 대부분은 소농이 되었으나, 북부의 식민지로 간 이주자들의 무리는 대부분 단순히 생계형 농부가 되는 것에 그치지 않았다.[40] 그들의 가족 농장은 유럽 농부들의 작은 농지에 비하면 아주 컸다. 또 그들은 농사를 짓지 않는 식민지 주민들에게 식량을 제공할 뿐 아니라 영국으로 자신들의 곡물과 짐승의 가죽을 수출함으로써 상당한 그리고 정기적인 이익을 얻었다. 대조적으로 스페인 식민지들은 제조된 상품들뿐 아니라 막대한 양의 음식도 수입했고 주로 광산에서 나오는 값진 금속들로 그 값을 지불했는데 그런 광산 중 많은 것은 전적으로 스페인 왕의 소유였다. 북부 지역의 급속한 식민지화의 또 다른 원천은 대다수 유럽 국가는 물론 종교적 반대자들과 심지어 로마 가톨릭 신자들에게도 비교적 자유롭게 이민을 허용하는 영국의 정책의 결과였다. 1776년에 이미 13개의 식민지

---

39   Engerman과 Sokoloff 1997: 264.
40   Breen 1986.

에는 5개의 유대인 회당과 56개의 가톨릭 교구들이 있었다.

식민지의 통치와 지배

원칙적으로 스페인의 식민지들은 스페인 왕실의 간섭을 받는 권위주의 정권에 의해 통치되었다. 그러나 실제로는 스페인은 너무 멀리 있었다. 메시지의 교환을 위해서는 종종 1년이나 그 이상의 시간이 필요했다. 따라서 대개는 지역 엘리트들이 자기들이 원하는 대로 일을 처리했다. 예컨대 1542년에 인디언들을 노예제나 무자비한 착취로부터 보호하기 위해 스페인에서 제정된 "신법"(New Laws)은 식민지에서 무시되었다. 멕시코에서 총독은 반란을 피하기 위해 공식적으로 이 법을 유예했다. 그러나 식민지들이 그곳 주민들의 도움 없이 통치될 수 없었음에도 그것은 민주주의로 이어지지 않았고 단지 왕에 의해 임명된 자들에게 지역적 과두 정부를 덧붙여 주었을 뿐이다.

영국의 식민지들은 훨씬 더 많은 개인적 자유와 실질적인 민주주의를 제공했다. 아주 이른 시기부터 영국의 식민지들은 주민들을 대표하는 의회를 선출하여 "그들의 영국인 총독들과 [상의하고] 종종 그들을 불리한 상황에 처하게 했다."[41] 물론 오직 재산을 소유한 자들만 의회 선거에서 투표할 수 있었다. 하지만 식민지 주민 중 많은 이들이 그들 자신의 농장과 상점을 소유하고 있었기 때문에 참정권은 상대적으로 널리 주어졌다.

통치 그 자체와는 별도로 아마도 유럽 국가들이 그들의 식민지에서 시행한 통제의 주된 측면은 아담 스미스가 "중상주의"(mercantilism)라고

---

41 Webster 1981: 888.

불렀던 일련의 경제 정책들일 것이다. 그 시스템의 근본적 특징은 국가들이 자신들의 식민지로부터 이익을 얻고자 한다는 것이다. 이를 달성하기 위한 메커니즘은 식민지에 대해 오직 식민지 권력과만 거래하도록 요구하면서 무역의 균형을 식민지 권력에 유리하게 유지한 채 원자재와 제조된 상품을 교환하는 것이었다.

영국은 중상주의 정책을 따르면서 북아메리카로부터 농업 생산물, 모피와 가죽, 수백만 파운드의 말린 생선과 고래기름 그리고 원자재들을 수입하고, 그것들을 제조된 상품들과 교환하면서 자기들에게 유리한 무역의 균형을 얻어내기 위해 청구 가격과 지불 가격을 고정시켰다. 이것은 늘 불화의 원인이 되었고, 북아메리카인들이 상당한 양의 밀수와 불법 거래를 하도록, 또한 영국 자본주의를 모델로 삼아 수많은 소규모의 국지적 제조 회사들을 설립하도록 부추겼다. 시간이 흐르면서 북아메리카가 영국으로 원자재를 수출하는 양은 점점 축소되었는데, 이것은 그 지역의 경제적 발전 상황을 반영하는 것이었다. 예컨대 1770년에 아메리카 식민지들은 제분되지 않은 곡물이 아닌 많은 밀가루, 많은 양의 비누와 양초, (증류되지 않은 당밀이 아니라) 엄청난 양의 럼 그리고 심지어 3,149켤레의 신발을 영국으로 수출했다.[42] 북아메리카에 대한 경제적 자극의 또 다른 원천은 비록 영국이 그들의 우수한 해군을 사용해서 다른 깃발을 펄럭이는 배들(특히 네덜란드의)이 그들의 식민지로 화물을 실어나르는 것을 막기는 했으나 식민지의 배들은 자유롭게 운행하도록 허락했던 것이었다. 뉴잉글랜드에서 배들은 영국에서보다 훨씬 더 싸게 건조될 수 있었는데(조선에 필요한 여러 가지 핵심적인 재료와 해양 용품들은 신세계로부

---

42 *Historical Statistics of the United States*, vol. 2: table: Z 294.

터 오는 주요한 수입품들이었다), 이것은 아메리카의 상선들에 대해서뿐 아니라 식민지의 해양 산업에도 굉장한 자극을 제공했다. 1773년에 아메리카의 조선소들은 638척의 대양 항해용 배들을 건조했다.[43] 그런 대형 상선을 갖게 된 것이 밀수와 불법적 거래에 개입하는 일을 쉽게 만들었기 때문에 1770년에 아메리카 식민지의 유럽과 서인도 제도로의 수출은 영국으로의 수출만큼이나 많은 이익을 냈다.[44]

그렇다고 하더라도 무역에 관한 통계만 본다면, 영국은 식민지들에 대한 중상주의 정책을 통해 이익을 본 것처럼 보이지 않는다. 1772년에 아메리카 식민지로부터 영국으로의 수출은 130만 파운드 스털링이었던 반면, 영국으로부터의 수입은 모두 합쳐 3백만 파운드 스털링에 이르렀다.[45] 그러나 식민지들을 유지하기 위한 청구 금액은 식민지 권력이 수입을 위해 지출하는 값을 훨씬 초과한다. 또한 각국 정부들은 자신들의 식민지를 관리하고, 방어하며, 때로는 통제하는 데 드는 비용을 발생시킨다. 북아메리카의 경우에 영국은 자신의 식민지들을 방어해야 했다. 특히 세 차례에 걸친 프랑스와의 전쟁 기간에 그러했는데, 그것은 비용이 많이 들어간 전쟁이었다. 식민지들의 놀라운 부유함을 감안해서(식민지의 1인당 소득은 영국에서보다 훨씬 높았다) 영국 의회는 그들을 방어하기 위한 전쟁을 치르는 데 들어가는 막대한 비용을 상쇄하기 위해 그들에게 세금을 부과하기로 결정했다. 이것은 격렬한 저항에 부딪혔고 혁명을 촉발함으로써 영국에 엄청나게 많은 새로운 비용을 떠안겼다.

처음에 스페인은 신세계 식민지들로부터 막대한 이익을 얻는 것처

---

43 Ibid., Z 510-15.

44 Ibid., Z 294.

45 Ibid., Z 213-26.

럼 보였다. 보물선들은 동쪽으로 항해했고, 음식과 제조된 상품을 실은 배들은 서쪽으로 항해했다. 스페인의 무역은 영국과 네덜란드의 습격자들과 해적들로 인한 위험 때문에, 또한 밀수를 최소화하기 위해 1년에 두 차례 세비야와 카리브해의 항구 사이를 오가는 호송선을 통해 이루어졌다. 스페인의 수출품을 운반하는 출항 함대와 수입품—여기에는 신세계의 광산으로부터 나온 금과 은의 선적과 태평양의 보물선들로부터 파나마를 통해 옮겨진 화물들이 포함되었다—을 싣고 돌아오는 회항 여행을 통해서. 그러나 6장에서 지적했듯이, 아시아의 보물들과 식민지의 금과 은은 스페인 사람들이 분수에 넘치는 삶을 살게 하는 것 이상의 일을 하지 못했고 스페인과 그 식민지들 모두에서 경제 발전을 가로막는 역할을 했을 뿐이다. 사실 영국과 달리 스페인은 식민지들에 자신이 제조한 상품을 공급할 수 없었고, 오히려 유럽의 다른 나라들로부터 (종종 영국으로부터) 그런 상품들을 구매해서 식민지에 더 높은 가격으로 되팔아야 했다. 이것은 밀수가 아주 많은 이윤을 남기도록, 따라서 널리 추구되도록 만들었다. 그러나 그것은 스페인 식민지들에서 제조업이 일어나도록 자극하지는 않았다. 제조업은 스페인 왕의 반대에 직면했을 뿐 아니라 식민지들의 토대가 되는 농촌 봉건주의와도 양립할 수 없었다. 농지들이 대개 생계형이었으므로 스페인 식민지들은 스페인에 원료들을 수출할 수 없었다. 게다가 원료들은 산업화되지 않은 스페인 경제에는 별다른 소용도 없었다.

요약하자면, 영국의 식민지들은 상대적으로 민주적인 제도들에 기반한 아주 높은 정도의 국지적인 정치적 자율성을 누렸다. 스페인의 식민지들은 그것이 스페인 본토의 것이든 식민지 내부의 것이든 과두정치에 의해 통치되었다. 그 두 식민지 모두 착취를 당했고 그들의 경제는 중

상주의에 의해 얼마간 왜곡되고 통제되었다. 하지만 중상주의가 북부에서는 국내 경제의 발전을 자극했고, 남부에서는 봉건주의를 강화했다.

독립

여기는 미국 독립 혁명이나 라틴 아메리카를 해방시켰던 다양한 운동들을 요약하는 자리가 아니다. 오히려 초점은 지속적인 결과를 지녔던 북부와 남부 사이의 몇 가지 핵심적 차이들에 맞춰질 것이다.

　미국 독립 전쟁은 때때로 묘사되는 것만큼 불평등하지는 않았다. 식민지들은 상대적으로 조밀하게 정착되어 있었고 상당한 군사력을 제공할 수 있었다. 1776년에 13개의 식민지는 모두 합해 약 250만 명의 인구를 갖고 있었는데, 이것은 (아일랜드를 포함하지 않은) 영국에서 살아가는 830만 명의 인구와 비교되었다. 식민지들은 서로 인접해 있었고 문화, 교역, 견해, 환경 그리고 개별적 관계들로 밀접하게 연결되어 있었다. 식민지들 사이의 단결은 전쟁이라는 긴급한 사태로 인해, 그리고 이어서 영국을 지지하던 많은 식민지 주민들이 떠남으로 인해 증진되었다. 그러나 아메리카의 식민지들이 세계의 유력한 경제 세력, 즉 대군을 고용해서 바다 건너에 주둔시키고 몇몇 주요 도시들을 점령하고 보유할 수 있었던 국가의 반대를 받고 있었다는 것 역시 사실이었다. 그러나 그들의 공급선은 4,800km 이상 멀리 떨어져 있었다. 그리고 식민지들을 봉쇄하려는 영국의 노력은 식민지의 상선 함대들뿐 아니라 프랑스와 네덜란드의 개입으로 인해 좌절되었다. 영국은 시골에서 파악하기 어려운 적과 맞서 승리할 수 있는 군대와 대중적 지지가 부족했고 최종적으로는 전쟁을 지속하는 비용이 승인을 얻지 못했는데, 특히 선출된 의회에 대해서 그러했다. 전쟁이 끝난 후에 새로운 국가는 쉽게 연합했다. 그리고 영국의 정치 문화의 오랜 유산은 지속적인 민주적 제도들의 수립을 지지했다.

라틴 아메리카의 해방 운동은 식민지들을 강력한 유럽 국가에 맞서는 길고 어렵고 일치된 싸움에 개입시키지 못했다. 스페인은 1808년에 나폴레옹에게 정복되었을 때 누구라도 알아차릴 수 있는 약점을 드러냈다. 그리고 스페인의 신세계 식민지들의 해방은 본질적으로 외부로부터 반대를 받지 않았다. 오히려 반대는 "해방주의자들"의 "혁명적" 수사를 수용하기보다 식민지 주민으로 남는 쪽을 선호했던 이들의 지역적 관심사로부터 왔다. 1815년에 있었던 나폴레옹의 패배조차 스페인이 남부 대륙에 대한 소유권을 다시 주장하는 입장에 서게 하지 못했다. 1820년대 초에 신세계에 남아 있던 스페인의 유일한 영토는 쿠바와 푸에르토리코뿐이었다. 나머지는 모두 "해방되었다." 브라질은 1822년에 독립 왕국이 되었다.

독립은 교회에 이익과 손실을 모두 가져다주었다. 한편으로, 스페인(과 포르투갈) 왕에 대한 교회의 종속은 더는 유효하지 않았다. 그 후 바티칸은 주교들을 선택했고 교황의 견해는 더 이상 검열의 대상이 되지 않았다. 반면에 해방자들은 교회의 지지를 얻는 것이 유리하다고 판단했고 그것을 얻기 위해 여러 가지 특권들을 확대했다.[46] 그러나 그 세기 후반에 몇몇 나라들에서 (해방[liberación]이라는 이름으로) 교회의 토지들이 국가에 수용되었고, 비가톨릭 신앙에 대한 법적 금지가 얼마간 완화되었다. 그러나 교회는 세속의 일에서 주요한 요소로 남아 있었다.

일단 자유를 얻게 되자 라틴 아메리카 사람들 가운데 낙관주의가 만연해졌다. 가장 영향력 있는 시민들은 대륙의 수많은 천연자원을 개발하

---

46   Mecham [1934] 1966: 특히 96.

는 데 필요한 모든 것은 충분한 자본과 얼마간의 추가적인 숙련된 노동자들뿐이라고 믿었다. 왜냐하면 이제 그들은 스페인의 방해를 받지 않고 유럽의 시장에 접근할 수 있었기 때문이었다.[47] 물론 앞으로 보겠지만, 숙련된 노동자들은 여전히 부족한 상태였다. 그러나 보다 심각하게 부족한 것은 너무 많은 이들이 당연한 것으로 여겼던 그 무엇, 즉 자유였다.

새롭게 해방된 식민지들은 잘 정착된, 상대적으로 통합된, 서로 인접한 정착지들의 집단을 이루지 않았고 오히려 널리 흩어진 채 주요한 지리적 경계들로 인해 고립되어 있었다. 그리고 각 지역은 고립된 파벌들과 기회주의자들에 의해 지배되었다. 수많은 전쟁이 발발했다. 큰 정치 단위들은 여러 작은 단위들로 분해되었다. 1823년에 중앙 아메리카가 멕시코로부터 분리되었다. "그란 콜롬비아(Gran Colombia)—시몬 볼리바르(Simón Bolívar)에 의해 만들어진 베네주엘라, 콜롬비아 그리고 에콰도르의 연합 국가—는 그 해방자가 죽은 1830년에 결국 깨지고 말았다. 그리고 1830년대에 페루와 볼리비아 사이에 잠깐 존재했던 연합 국가는 칠레의 공격 이후 붕괴되었다."[48] 이 모든 소동으로부터 억압적이고 종종 탐욕스러운 체제들이 등장했다. 군사적 통치는 일당 공화국만큼이나 일반적이었다. 그리고 정부의 형태가 무엇이든, 해방자의 혁명적 수사에 대한 두려움은 근거가 없는 것으로 판명되면서 오래된 계급 제도가 비교적 온전하게 우세했다. 선거 제도를 유지하는 나라들에서조차 실제로 투표권을 가진 시민들은 아주 드물었다.[49]

---

47 Bulmer-Thomas 1995: 2.
48 Ibid., 20.
49 Mariscal과 Sokoloff 2000: 206.

노예제의 종식

그러나 스페인의 식민지 지배의 실패는 노예제를 종식시켰다. 연관된 몇 가지 요소들이 존재한다. 첫째, 브라질과 섬 식민지들을 예외로 하고, 라틴 아메리카 대부분은 농장 경제를 발전시키지 못했으며 아프리카 노예들에 대한 활용은 늘 소규모로 이루어졌다. 둘째, 노예 소유자들은 대개 해방 운동에 반대했고 그로 인해 이런 운동들은 해방을 선언함으로써 노예들을 자신들의 운동에 동참시킬 수 있었다. 그러나 혁명적인 지도자들이 노예제를 반대했던 것은 아마도 진심이었을 것이다. 아무튼 라틴 아메리카 대부분에서 노예 해방은 미국 남북전쟁이 일어나기 전에 이루어졌다. 아르헨티나는 1813년, 콜롬비아는 1814년, 칠레는 1823년, 멕시코는 1829년, 그리고 에콰도르, 페루, 베네수엘라는 1850년대에 각각 해방이 이루어졌다.

브라질, 쿠바, 푸에르토리코는 아직 노예제 사회로 남아 있었다. 그런데 남부 연맹의 패배가 그런 상황에 종지부를 찍었다. 남북전쟁 초기에 어떤 이들은 미국 남부와 쿠바, 푸에르토리코 그리고 어쩌면 브라질과의 연합을 예상했다. 전쟁 후 영국 해군이 아프리카로부터 새로운 노예들을 이런 아직 남아 있는 노예제 사회로 이송하려는 대부분의 시도를 방해했을 때, 그리고 유럽과 미국으로부터의 외교적 압력뿐 아니라 강력한 경제적 압력하에서, 노예들은 푸에르토리코에서는 1873년, 쿠바에서는 1886년, 브라질에서는 1888년에 각각 해방되었다.

노예제가 라틴 아메리카의 경제적 발전을 어느 정도나 방해했는지는 분명하지 않다. 해방은 상당한 정도의 발전을 가져오는 결과를 낳지 않았다. 그러나 노예제가 북아메리카 지역의 경제 발전에 큰 영향을 주었음은 분명하다. 1860년까지 미국 북동부는 세계의 주요한 산업 권력이 되었다. 그러나 남부는 도시와 산업 모두가 부족한 얼마간 봉건적인 농업 지역으로 머물러 있었다. 비록 여러 세대에 걸쳐 역사가들이 그 허구를 받아들이기는 했으나, 노예에 기반한 농장 경제는 이익이 나지 않았고 생산성의 부족으로 인해 붕괴 직전이었다는 것은 전혀 사실이 아니다.[50] 농장들은 아주 수익성이 좋았고 기본적인 자본주의적 원리에 따라 운영되었다. 그러나 그것들은 발전을 위해 투자하지 않았다. 오히려 그것들은 산업과 변화에 적대적인 "남부의 삶의 방식"을 옹호하는 일에서 호전적이었던 정치적 엘리트들을 지지했다.

자본주의

메이플라워호가 항해를 시작했던 1620년에 영국은 세계에서 가장 앞선 경제 세력이었고, 적대적이고 시기심으로 가득 찬 유럽인들에게 "상인들의 나라"라는 중상을 당하고 있었다. 영국의 발전하는 자본주의는 언뜻 보기에 끊임없는 급속한 산업적 성장과 혁신—그것은 곧 산업 혁명이라고 널리 불리게 될 것이다—을 유지하면서 이전 역사의 모든 경제를 능가하고 있었다. 이런 기본적인 자본주의적 경제 관행과 견해들은 식민지들이 세워지고 그곳에 황금의 도시를 찾아서뿐 아니라 사실상 비옥한 농토와 천연자원의 "고갈되지 않는" 공급을 통해 제공되는 무제한적인 기회에 이끌린 이민자들이 거주하게 됨에 따라 영국령 신세계로 옮겨왔다. 이 급속하게 발전하는 풍요로운 새로운 문명은 농부들뿐 아니라 수많은 상

50　Stark 2003a: ch. 4.

인들, 장인들, 숙련된 기술자들을 필요로 했다. 그리고 이 모든 직업 집단은 특별히 북부의 식민지들로 많은 수가 건너왔기에,[51] 영국령 아메리카는 벤저민 프랭클린이 잘 표현했던 (그리고 막스 베버가 과도하게 해석했던) 일과 절약을 지지하는 경구들을 자연스럽게 즐기는 자본주의 정신으로 가득 찬 야심만만한 소농들의 땅이 되었다. 표면적으로 공동체적 원리 위에 세워진 가장 이른 시기의 청교도 공동체들 안에서조차 땅 투기가 만연했고 대부분의 신도시들은 부동산 이익을 기대하며 세워지고 개발되었다.[52]

산업과 노동

1776년에 북아메리카에는 제조업이 거의 없었다. 구두, 마구, 솥, 못, 들통 그리고 간단한 손 도구들 같은 필요한 물품들을 만드는 작은 작업장들은 많이 있었으나, 그런 작업장들에서 나온 제품들은 오직 지역 시장에서만 판매되었다. 대규모 생산은 수출용 식품 및 음료에 대한 정제에 국한되는 경향을 보였다(예컨대 밀가루 제분과 럼주의 증류 같은). 좀 더 세련된 작업장들은 양초와 비누를 만들거나 수출용 모피와 가죽을 가다듬는 공장들이었다. 또한 소총(유럽에서 사용되는 장총과 대조되는)을 만드는 수많은 작은 가게들과, 앞에서 지적했듯이, 몇 개의 분주한 조선소들도 있었다. 그럼에도 식민지 아메리카에서 판매되는 대부분의 제조된 상품들은 영국으로부터 수입되었다. 1770년에 아메리카 사람들은 5,928개의 큰 낫과 5,630개의 도끼를 수입했다.[53]

한 세기 후인 1870년에 미합중국은 제조업 강국이 되어 있었다. 미

---

51 Anderson 1985.
52 Martin 1991.
53 *Historical Statistics of the United States*, vol. 2; table: Z 406-17.

국은 제조업 생산 측면에서 영국에 이어 두 번째였고 독일과 프랑스를 크게 따돌렸다. 대조적으로 스페인과 라틴 아메리카에는 본질적으로 제조업이 존재하지 않았다(표 7-3을 보라). 또 다른 30년이 지난 후에(1900년) 미국은 영국을 크게 넘어섰고 전 세계에서 제조된 상품의 1/3 이상을 만들어내고 있었는데, 이것은 영국보다 두 배나 많은 양이었다. 1929년에 미국은 세계의 모든 상품의 42.2%를 생산하는(독일은 11.6%, 영국은 9.4%였다) 제조업 강국으로서 세계를 지배했다. 스페인은 여전히 별도의 입장권을 얻지 못했다. 하지만 라틴 아메리카는 처음으로, 비록 대륙 전체의 제조업 수준이 캐나다의 80% 정도에 불과하기는 했으나, 순위에 진입할 만큼 충분히 생산적이었다.

미국이 특별하게 약진할 수 있었던 한 가지 이유는 풍부한 천연자원이었다. 특히 쉽게 채굴이 가능한 대규모의 철과 석탄층이 그러했다. 또한 쉽게 이용할 수 있는 곳에 아주 큰 규모의 수력이 존재했다. 또 다른 이점은 북동부의 섬유 공장들을 위해 대규모의 목화를 생산할 뿐 아니라 급속한 도시화를 지탱해주었던 매우 생산적인 농업이었다. 또한 상업화는 크고 급속하게 성장하는 내수 시장의 덕을 보았다. 하지만 미국의 급속한 산업화의 주된 이유는 아주 높은 인건비였다.

혹자는 국제 시장에서 필요한 경쟁을 감안할 때 높은 인건비가 회사들의 성장을 방해하리라고 생각할 수 있을 것이다. 그러나 실제로는 미국의 자본가들은 높은 인건비 압박 때문에 노동자들이 그들의 임금을 상쇄할 만큼 생산적이 되도록 기술에 투자했고, 그로 인해 모든 이들이 혜택을 받았다. 그것은 다음과 같은 식으로 이루어졌다.

표 7-3. 세계 제조업 생산량 비율

국가	1870년	세계 제조업 생산량 비율 1900년	1929년
영국	31.8	14.7	9.4
미국	23.3	35.3	42.2
독일	13.2	15.9	11.6
프랑스	10.3	6.4	6.6
러시아	3.7	5.0	4.3
벨기에	2.9	2.2	1.9
이탈리아	2.4	3.1	3.3
캐나다	1.0	2.0	2.4
스웨덴	0.4	1.1	1.0
인도	—	1.1	1.2
일본	—	0.6	2.5
핀란드	—	0.3	0.4
라틴 아메리카	—	—	2.0
중국	—	—	0.5
다른 모든 나라들	11.0	12.3	10.7

출처: 국제 연맹, 1945

미국의 임금이 높았던 것은 고용주들이 자격을 갖춘 노동자들의 적정한 수를 확보하기 위해 자영업에 주어진 예외적인 기회들과 경쟁해야 했기 때문이다. 미국 혁명 직후에 알렉산더 해밀턴(Alexander Hamilton)이 설명 했듯이, "장인의 덜 독립적인 조건을 농부의 더 독립적인 조건과 교환할 수 있는 설비는…제조업을 위한 일손의 부족과 노동의 총체적 결핍을 낳고 한동안 계속해서 그것을 야기한다."[54] 좋은 농지가 많았고 값이 쌌기 때문에 무일푼으로 미국에 도착한 사람들조차 몇 년 후에는 좋은 농장을 사서 씨를 뿌릴 만큼 충분한 돈을 모을 수 있었다. 1820년대에 연방 정부가 좋은 땅 1에이커를 1.25달러에 판매했던 것을 생각해보라. 당시 숙련된 노동자의 임금은 하루에 1.25달러에서 2달러 사이였다.[55] 상당한 이익을 내는 상품 작물을 기르는 데 충분할 만큼 큰 농장을 사기 위한 돈을 모으는 것은 오래 걸리지 않았고, 그런 이익은 종종 농장 소유자가 더 많은 땅을 얻을 수 있게 해주었다. 또한 미국의 교회에는 의무적인 십일조가 없었고 세금도 아주 낮았음을 기억하라.

영국 제조업자들의 상황은 크게 달랐다. 평균적인 노동자는 고용된 농업 노동자로서든 혹은 산업 노동자로서든 임금을 위해 일하는 것 외에는 다른 선택의 여지가 없었다. 농장은 매우 비쌌고 거의 판매되지 않았다. 상인이나 숙련된 노동자가 될 새로운 기회는 거의 없었다. 인구가 증가하고 있었기에 미국으로의 야심 찬 이민이 계속되고 있었으나, 영국에는 늘 활용 가능한 아주 많은 노동자가 존재했다. 덕분에 영국의 고용주들은 임금을 아주 낮게 책정하고서도 여전히 필요한 노동자들을 끌어들일 수 있었다. 그들의 고임금을 감안할 때, 미국의 제조업자들은 어떻게 영국과 가격 경쟁을 할 수 있었을까?

상대적으로 영국의 제조업자들은 새로운 기계화 과정에 투자하기를 꺼렸다. 왜냐하면 기계화가 비용을 높일 것이므로 만일 가격을 올리지 않는다면 이윤이 줄어들 것이라 여겼기 때문이다. 그러나 미국인들은 노

---

54 Habakkuk 1967: 11-12에서.
55 Habakkuk 1967: 12-13.

동자의 생산성에 대한 충분한 증대가 예상될 경우 유망한 새로운 기술을 적극 받아들였다. 만약 새로운 기술을 갖춘 노동자들이 덜 기계화된 영국과 유럽의 노동자들보다 훨씬 더 많은 것을 생산할 수 있다면, 그것은 생산된 제품의 품목당 미국 노동자들의 상대적 비용을 줄일 것이기 때문이었다. 이런 식으로 기술은 미국인 노동자들이 영국과 유럽의 노동자들보다 시간당 임금을 세 배나 더 받는 것을 무의미하게 만들었다. 미국인 노동자들은 영국과 유럽의 노동자들보다 시간당 다섯 배에서 여섯 배의 생산을 해냄으로써 그들 자신의 고임금과 그들의 고용주들이 새로운 기술에 자본을 투자한 것을 상쇄했기 때문이다. 19세기 내내 미국인들은 새로운 기법과 기술들을 발전시키고 채택하는 일에서 선도적 역할을 했다. 그리고 그렇게 하면서도 그들은 19세기 영국의 자본가들이 종종 부딪혔던 혁신에 대한 노동자들의 반동을 야기하지 않았다. 미국에서는 산업 개혁 반대자들(Luddites)이 기계를 내동댕이치는 일이 벌어지지 않았다. 어째서였을까? 노동력이 지속적으로 부족한 상황에서 미국의 제조업자들은 노동자들을 얻기 위해 계속해서 서로 경쟁했고 그들의 생산성을 통해 얻은 이익의 상당 부분을 임금을 올리고 노동자들에게 더 매력적인 조건을 제시하는 데 사용했기 때문이다. 대조적으로 "노동력 절약형 장치들이 도입되었을 때조차 많은 영국인 고용주들은 저임금이라는 개념에 지나치게 길들어 있었기 때문에 그 새로운 장치들이 보증하고 노동자들을 그런 장치들의 도입과 화해시킬 수 있을 고임금을 자신들의 노동자들에게 양보하려는 준비가 되어 있지 않았다."[56]

훨씬 더 큰 노동 생산성은 표 7-3에서 드러나는 미국 제조업의 믿기

---

56 Ibid., 199.

어려운 성장의 토대였고 또한 그런 성장이 영국을 크게 희생시키면서 이루어졌던 이유였다. 미국인들은 더 인간적인 고용주들이 아니었다. 단지 그들은 스스로 만족하는 생산적인 노동자들이야말로 그들이 가진 가장 큰 자산임을 인정했던 보다 세련된 자본주의자들이었을 뿐이다. 노동에 대한 이런 태도는 가장 숙련되고 동기가 부여된 영국과 유럽의 많은 노동자가 계속해서 미국으로 건너오게 하고, 또한 그로 인해 더 큰 산업적 성장을 지탱하는 데 충분할 정도로 노동력을 확대하는 일에서 중요한 역할을 했다. 유감스럽게도 미국 산업의 발흥에 관해 출판 형태로 (특히 교과서 형식으로) 나온 너무 많은 논의가 "악덕 자본가"와 "금권주의자"들이 노동자들을 "사악하게 착취"하고 특히 "세련되지 않은" 이민자들을 학대했다고 비난하고 있다. 하지만 그런 글들은 시대착오적이다. 그런 글들은 당시의 노동 관습을 오늘의 그것과 비교하면서 마치 1850년대 공장의 화장실이 수세식이었어야 했다는 식의 주장을 하는 셈이다. 적절한 비교는 미국의 노동 상황과 동시대의 다른 산업화 과정에 있던 나라들의 노동을 비교하는 것이다.

높은 임금을 받고 최신의 기술을 갖춘 것 외에도 미국의 노동자들은 다른 방식으로도 주목할 만했다. 그들은 (캐나다를 제외하고) 세계의 다른 어느 나라의 노동자들보다 훨씬 더 많은 교육을 받았다.

인적 자본에 대한 투자

1818년에 영국에 있는 고향 친지들에게 미국의 높은 수준의 종교적 활동에 관해 썼던 윌리엄 코벳은 또한 이렇게 썼다. "미국에는 정말로 무지한 사람은 거의 없습니다.…그들은 모두 젊었을 때부터 **읽을 줄 아는**

사람들이었습니다"(강조는 원래의 것임).[57] 가장 이른 시기의 정착 단계 때부터 미국의 식민지 주민들은 현대의 경제 전문가들이 하듯이 "인적 자본"에 큰 비중을 두고 투자했다. 그리고 여기서는 종교가 주요한 역할을 했다.

종교개혁기에 주요한 논쟁거리 중 하나는 성경을 읽는 것과 관련되어 있었다. 오랫동안 교회는 하나님의 말씀과 관련된 끊임 없는 언쟁과 불일치를 피하는 최고의 방법은 오직 잘 훈련된 신학자들만 성경을 읽게 하는 것이라고 여겼다. 이 목적을 위해 교회는 성경을 현대어로 번역하는 것에 철저하게 반대하면서 성경 읽기를 라틴어나 그리스어에 유창한 자들에게 국한시켰는데 사실 대다수의 성직자들조차 그러지 못했다. 더나아가 인쇄기가 등장하기 전에는 성경 사본들이 아주 희귀해서 대부분의 주교조차 사본들에 접근하지 못했다. 그 결과 성직자들은 단지 그들을 교화하고 그들에게 설교를 위한 적절한 인용문을 제공하기 위해 쓰인 2차 자료들을 통해서만 성경에 대해 배울 수 있었다. 대중이 성경에 관해 아는 것은 오직 그들의 성직자들이 말해준 것뿐이었다.

그러던 중에 인쇄기가 등장했다. 성경은 구텐베르크가 출간한 최초의 책이었다. 그것은 라틴어로 쓰였으나, 곧 성경은 모든 주요한 "통속적인"(vulgar) 언어들로 출간되었고 그것이 성경을 최초의 베스트셀러로 만들었다. 우려했던 것처럼, 종교개혁자들이 교회의 다양한 가르침과 활동들을 비성경적이라고 비난함에 따라 아주 큰 불일치와 갈등이 급속하게 일어났다. 서로 의견이 다른 다양한 프로테스탄트 운동들 사이에서 가장 널리 공유되었던 한 가지 가르침은 모든 사람이 스스로 성경을 읽어

---

57 Cobbett [1919] 1964: 195-96.

야 한다는 것이었다. 그로 인해 1620년에 순례자들이 신대륙에 도착했을 때, 그들이 했던 최초의 일 중 하나는 자녀 교육 문제에 관심을 둔 것이었다.

　1647년에 매사추세츠주 식민지는 모든 아이가 반드시 학교에 다녀야 한다고 주장하는 법을 제정했다.[58] 그 법은 50가구를 가진 모든 마을에서는 한 사람을 지명해 아이들에게 읽고 쓰기를 가르쳐야 하며, 그 교사의 임금은 부모들과 거주민 일반이 지불해야 한다고 규정했다. 더 나아가 1백 가구 이상을 가진 모든 마을에서는 학교가 세워져야 하며, "그 학교의 교사는 젊은이들이 대학에 적응하도록 지도할 수 있어야 한다." 이런 교육 서비스를 제공하지 못하는 모든 공동체는 "이 명령을 이행할 때까지" 벌금을 물어야 했다. 다른 주들도 곧 그 뒤를 따랐고 무료 공립학교는 미국 생활의 확고한 특성이 되었다. 나라가 서쪽으로 퍼져나갔을 때, 정착자들이 건축한 최초의 건물 중에는 (살롱, 감옥 그리고 몇 개의 교회들과 함께) 교실 하나짜리 교사(校舍)가 들어 있었다. 같은 일이 캐나다에서도 일어났고, 18세기 말에 북아메리카는 "세계에서 가장 잘 읽고 쓸 줄 아는 인구"를 갖게 되었다.[59]

　매사추세츠주의 학교법이 학교 교수들이 학생들을 대학 교육을 위해 준비시킬 만한 자격을 갖출 것을 요구했음에 주목하라. 이것은 얼핏 보이는 것처럼 터무니없는 요구가 아니었다. 그들이 이런 법을 통과시키기 10년 전에, 그리고 사람들이 플리머스 바위(1620년에 메이플라워호를 타고 와 플리머스에 상륙한 이들이 최초로 밟았다고 전해지는 바위—역주)에 발을

58　Stark 2003c.
59　Mariscal과 Sokoloff 2000: 161.

디딘 후 불과 6년이 지난 때에, 청교도들은 하버드 대학교를 설립했다. 이것은 종교 단체들이 3세기에 걸쳐 그들 자신의 대학과 대학교들을 설립하는 치열한 경쟁의 시작이었다. 표 7-4에서 볼 수 있듯이, 미국 독립 혁명 이전에 아메리카 식민지들에서는 이미 10개의 고등교육 기관이 운영되기 시작했다(이것을 영국의 2개와 비교해 보라). 이들 중 교단과 상관 없는 기관은 벤저민 프랭클린이 사업가들을 양성하기 위해 세운 펜실베이니아 대학교 하나뿐이었다. 혁명 이후 1800년 이전에 적어도 20개 이상의 대학들이 설립되었는데, 그중에는 1789년에 예수회 학자들에 의해 설립된 조지타운 대학교가 들어 있다. 다음 세기에는 미국 전역에서 문자 그대로 수백 개의 대학과 대학교들이 설립되었는데, 그중 대다수는 역시 교단들과 관련이 있었다(비록 많은 대학이 20세기에 들어와 교단과의 관계를 포기하기는 했지만 말이다).

표 7-4. 1776년 이전에 설립된 미국 대학들

대학	설립연도	교단
하버드	1636	회중교회
윌리엄 & 메리	1693	성공회
예일	1701	회중교회
모라비안	1742	모라비안
프린스턴	1746	장로교
펜실베이니아	1751	소속 없음
컬럼비아	1754	성공회
브라운	1764	침례교
럿거스	1766	네덜란드 개혁교회
다트머스	1769	회중교회

거의 150여 년이 지난 후에도 이런 커다란 교육적 차이는 계속되었다. 만약 우리가 2000년 현재 25살이 된 사람들만 살펴본다면, 평균적인 미국인은 12.3년 그리고 평균적인 캐나다인은 12.1년의 학교생활을 마친 상태다. 반면에 아르헨티나에서 평균적인 사람은 8.8년, 칠레와 페루에서는 7.6년, 브라질에서는 4.9년, 나카라과에서는 4.5년 그리고 과테말라에서는 3.5년의 학교생활을 마쳤을 뿐이다. 라틴 아메리카의 이런 비율은 스페인의 그것과 유사하다. 스페인에서 평균적인 사람이 학교를 다닌 기간은 7.3년이고, 포르투갈에서는 5.9년이다.[60]

한편 교육에 대한 종교의 영향은 리오그란데 남쪽에서는 아주 부정적이었다. 중세 유럽에서 그랬던 것처럼, 교회는 라틴 아메리카 전역에서 교육에 대한 우월적 권위를 주장했으나 상류층이 아닌 사람들에게 학교를 제공할 만한 자원을 갖고 있지 않았다. 정부는 교회에 교육을 맡기는 것에 만족했는데, 그것이 돈을 절약하게 해주었을 뿐 아니라, 리더들로서는 농부들에게 글을 깨우치게 해야 할 특별한 이유를 찾을 수 없었기 때문이다. 이런 입장과 일치하게, 20세기까지도 라틴 아메리카 대부분의 국가는 성경의 판매를 법적으로 금지했다.[61] 그 결과 남북전쟁이 발발하기 직전인 1860년에 아프리카계 미국인들의 문해율(21%)은 아르헨티나 국민들(24)과 맞먹을 정도로 높았고, 브라질(16), 칠레(18), 과테말라(11), 온두라스(15), 그리고 푸에르토리코(12) 국민보다 높았다. 스페인과 포르투갈 국민의 문해율은 아마도 그들의 낮은 학교 등록률을 감안한다면, 아프리카계 미국인들보다 높지 않았을 것이다. 대조적으로 1860년에 미국 백인의 89%와 캐나다인의 83%가 읽고 쓸 줄 알았으며,[62] 문맹자들

---

60 *Nations of the Globe*, Wadwroth/Thomson Learning, 2002를 통해 배포된 전자 데이터베이스.

61 Gill 1998. 1880년대 말까지도 이탈리아 경찰은 로마로 "프로테스탄트" 성경이 들어오는 것을 막기 위해 모든 관광객들의 수하물을 뒤졌다(Bainbridge 1882).

62 Mariscal과 Sokoloff 2000.

대부분은 1세대 이민자들이었다.

교육의 열세는 라틴 아메리카의 경제 발전을 저해하는 절대적 요소였다. 최근에 거듭되는 신중한 연구들은 경제 발전에서 가장 중요한 요소가 교육이라는 사실을 밝혀냈다.[63] 더 나아가 교육은 지역을 통제하는 한 가지 요소다. 몇몇 아주 가난한 나라들에서도 보여주었듯이 실질적인 교육의 이익은 외부의 도움을 받지 않고도 지역적 요소들에 의해 성취될 수 있다. 1세대 청교도 정착자들 안에는 상당수의 문맹자들이 있었음에 유념하라. 그러나 2세대 안에서는 그렇지 않았다. 교육은 관점과 헌신의 문제다.

슬픈 사실은 오늘날 라틴 아메리카의 많은 나라가 교육에 많은 지출을 하면서도 거의 아무것도 얻지 못하고 있다는 것이다. 1998년에 미주개발은행(Inter-American Development Bank)의 한 보고서가 지적하듯이 "충분한 공적 지출에도 불구하고…교육의 확산은 시간이 지나도 개선되지 않았다."[64] 돈은 "우선순위와 회계에 거의 관심을 기울이지 않고, 광범위하게 부패하며, 시스템의 정치적 조작에 집중하는"[65] 교육 담당 관료들에 의해 흡수되었다.

---

63   Delacroix 1977; Firebaugh와 Beck 1994; Hage, Garnier 그리고 Fuller 1988.

64   Ratliff 2003: 8에서.

65   Ratliff 2003: 9.

라틴 아메리카에서 프로테스탄티즘은 아주 급속하게 성장하고 있다. 신앙 부흥 운동자들은 일상적으로 거대한 축구 경기장을 사람들로 가득 채우고 있고, 여러 나라에서 교회에 나가는 이들 중 다수는 프로테스탄트 신자들이다. 그들 중 대다수는 다양한 오순절 그룹에 속해 있다.[66] 많은 사회과학자들이 남미와 북미를 가리지 않고 이것을 새롭고 보다 강력한 "민중의 아편"으로 매도했다. 로완 아일랜드(Rowan Ireland)는 이 새로 회심한 프로테스탄트들이 "세상의 불의를 주님의 돌보심에 맡기고 공적 이슈를 사적인 것으로 만들며 권위적인 정치적 프로젝트들에 암묵적 지지를 보내는 정치에 무관심한 보주주의자들"이라는 주장이 사실인지를 살폈다. 두 명의 회심자들을 인터뷰한 후에 그는 "그렇다"라고 답했다. 아일랜드는 그들의 종교의 도덕적 비전이 "홀로 정의를 이루시는 주님을 기대하면 사소한 잘못들을 바로잡는" 노력을 넘어서 확장되지 못한다고 설명했다.[67] 비슷한 방식으로, 파블로 데이로스(Pablo Deiros)는 라틴 아메리카의 프로테스탄트들은 그들의 "사회적 양심이 억눌려지고 그들의 기관들이 국가의 압제에 거룩한 특성을 부여하는 사회문화적 구조를 제공함으로써 이런 억압된 양심을 강화하는" "근본주의자들"이라고 비난했다.[68]

이 동일한 사회과학자 중 많은 이들은 라틴 아메리카의 프로테스탄티즘을 비웃을 뿐 아니라 급진적인 "해방신학"과 가난한 이들을 급진

---

[66] Chesnut 2003, 2004; Martin 1990, 2002; Stoll 1990.
[67] Ireland 1993: 45, 64.
[68] Deiros 1991: 175.

적인 정치적 행동을 취하기 위한 "기초 공동체"로 조직하려는 해방신학의 노력을 칭찬하는 맥락에서도 그렇게 한다. 1960년대 중반 제2바티칸 공의회 이후부터 가톨릭 저자와 활동가들, 특히 구스타보 구티에레즈(Gustavo Gutiérrez) 신부가 해방(liberación)을 좌파 지식인들 사이에서 아주 인기 있는 전문 용어로 만듦으로써 산디니스타스(Sandinistas, 1979년 7월 아나스타시오 소모사 정권을 무너뜨린 니카라과 게릴라 세력—역주)를 포함하는 일부 열렬한 마르크스주의자들조차 자기들이 이런 종교적 견해에 의해 영감을 얻었다고 주장하기에 이르렀다. 많은 회의가 열렸다. 마르크스주의자와 그리스도인들 사이의 대화도 여러 차례 있었다. 그러나 "대중"이 오순절주의를 받아들였다는 것 외에 다른 일은 거의 아무것도 일어나지 않았다. 비록 많은 학자들이 그것을 인정하기를 거부하고 있지만, 오늘날 해방신학은 순진한 성직자의 환상이라는 것이 널리 인정되고 있다.[69] 물론 한편으로는, 많은 목소리가 여전히 **모든** 종교—프로테스탄트는 물론이고 가톨릭까지—는 아편이라고 비난하고 있다. 그러나 다른 이들은 라틴 아메리카의 프로테스탄티즘은 아편이라기보다는 진보를 위한 각성제라고 주장한다. 이런 사회과학자들은 막스 베버의 프로테스탄트 윤리라는 테제를 인용하는 한편 라틴 아메리카의 프로테스탄티즘이 검약과 개인적 책임을 가르치는 경향이 있음을 지적하면서, 라틴 아메리카에서 프로테스탄티즘이 퍼져나가는 것이 자본주의의 발전을 자극하거나 최소한 민주주의를 추구하는 책임 있는 시민으로 행동하고자 하는 이들의 수를 늘릴 수 있다고 주장한다.[70] 둘 중 하나를 택해야 한다면, 어느 견해가 옳을까?

---

69   Smith 2002를 보라.
70   Brusco 1995; Gooren 2002; Putnam 1993.

소규모 라틴 아메리카 공동체들에서 수행된 수많은 사례 연구들은 프로테스탄티즘으로의 회심이 사실은 개인의 경제적 행위와 관련되어 있음을, 즉 회심자들이 검약을 재정적 책임과 결합시키고 어느 정도의 기업가 정신을 드러내는 경향이 있음을 밝혀냈다.[71] 그러나 이런 연구 중 일부는 이런 경제적 행위가 회심을 앞서는 경향이 있음을, 즉 프로테스탄티즘은 이미 이른바 프로테스탄트 윤리를 드러내는 이들에게 호소했다는 것을 암시한다. 유감스럽게도 이런 연구 중 아무것도 적절한 샘플에 근거하거나 적절한 통계 방법을 사용하지 않았다.

최근에 앤서니 길(Anthony Gill)은 멕시코, 아르헨티나, 브라질 그리고 칠레의 대규모 국가 표본을 기반으로 한 통계학적으로 정교한 연구서를 출간했다.[72] 그의 연구의 결과는 아주 흥미로웠다. 길은 고도로 헌신된 프로테스탄트와 가톨릭 신자들이 그들의 경제적 혹은 정치적 태도나 활동에 있어서 다르지 않음을 발견했다. 두 그룹 모두 덜 종교적인 사람들보다는 더 자유주의적인 경제적 견해, 더 보수주의적인 정치적 태도, 그리고 정부에 대한 더 큰 신뢰를 갖고 있다. 길은 프로테스탄트와 가톨릭이 별 차이가 없다고 하면서 "베버가 라틴 아메리카에서는 작동하지 않는 게 분명하다"라고 썼다. 그러나 라틴 아메리카에서는 마르크스 역시 작동하지 않는다. 종교는 정치적 무감각이나 소외를 일으키지 않는다.

마지막으로 라틴 아메리카는 성공을 위한 북아메리카의 비법을 추구할 수도 있다. 그동안 새로운 차원의 자유가 독립적인 정치적 정당들의 출현뿐 아니라 종교적 다원주의를 자극해왔다. 일당 독재는 독점적

---

71 이에 대한 포괄적 요약을 위해서는 Martin 1990; ch. 11; 또한 O'Connor 1979와 Turner 1979를 보라.
72 Gill 2004.

교회의 길을 가는 것처럼 보인다. 아마도 그 후에 라틴 아메리카인들은 마침내 효과적인 자본주의적 경제를 위해 필요한 기초를 발전시킬 것이다. 그러나 그것은 그들이 과거에 자주 그랬던 것처럼 민주적인 것처럼 보이는 새로운 칭호 아래서 예전의 명령 경제로 돌아가지 않을 때만 가능할 것이다.

결론

세계화와 현대성

기독교는 서구 문명을 창조했다. 예수의 추종자들이 모호한 유대교 종파로 남아 있었다면, 당신들 대부분은 읽는 법을 배우지 못했을 것이고, 당신들 중 나머지는 여전히 손으로 베낀 필사본을 읽고 있을 것이다. 이성과 진보와 도덕적 평등에 헌신하는 신학이 없었다면, 오늘날 모든 세상은 비유럽 사회들이 1800년에 처해 있던 세상, 즉 수많은 점성술사와 연금술사가 있으나 과학자는 없는 세상, 대학, 은행, 공장, 안경, 굴뚝과 피아노가 없는 독재자들의 세상, 그리고 대부분의 유아가 5살이 넘도록 살지 못하고 많은 여자가 분만 과정에서 죽는 세상, 즉 참으로 "암흑기"를 살아가는 세상이 되었을 것이다.

현대적인 세상은 오직 기독교 사회들에서만 나타났다. 그것은 이슬람 안에서는 나타나지 않았다. 아시아에서도 나타나지 않았다. "세속적인" 사회에서도 나타나지 않았다. 그런 곳에는 그 어떤 현대적인 세상도 존재하지 않았다. 그리고 크리스텐덤 밖에서 발생한 모든 현대화는 서구로부터 수입되었는데 종종 식민지 개척자들이나 선교사들을 통해서 수입되었다. 그렇다고 할지라도, 기존의 서구의 예를 감안할 때, 현대화의 많은 사도가 오늘날 유사한 진보가 기독교가 없이도, 그리고 심지어 자유나 자본주의가 없이도 성취될 수 있다고 추정한다. 즉 그들은 세계화는 최초로 그것을 낳았던 사회적 혹은 문화적 조건을 다시 만들어내지 않고서도 과학적·기술적·사업적 지식을 완전하게 퍼뜨릴 것이라고 추정한다. 이런 문제들에 대한 간략한 평가야말로『기독교와 이성의 승리』의 적절한 결론이 될 것이다.

　　소련과 중국의 명령 경제의 실패가 예시하듯이, 효과적인 현대적 경제가 자본주의를 택하지 않은 채 만들어질 수 있는지는 의심스러워 보인다. 소련은 로켓을 궤도에 올릴 수 있었으나 모스크바에 양파를 안정적으로 공급할 수는 없었다. 중국의 경우 집단 농업이 비생산적임을 입증하기 위해 수백만 명이 죽어야 했다. 오늘날 자본주의가 최근에 소련의 압제에서 벗어난 많은 나라에서 번성하고 있음을 보면서, 또한 중국이 오랫동안 대만보다 생산력에서 뒤졌던 것에 유념하면서 러시아와 중국 모두 자본주의적 경제를 건설하고자 애쓰고 있다. 그 두 국가가 효과적인 자본주의에 필수부가결한 요소인 자유를 제공할 수 있는지 여부는 여전히 지켜보아야 한다. 실제로 이슬람 국가들은 자유와 자본주의가 없기 때문에 그들이 일상생활에서 사용하는 대부분의 물품들을 제조하지 못하는 반(半)봉건적 상태에 머물러 있다. 그들의 생활 수준은 스페인이 신세계로부터 들어오는 금과 은에 의해 부양되고 있었을 때 다른 나라의 산업의 열매들을 즐겼던 것처럼 오일 머니로 대금을 지불하는 막대한 수입품들을 요구한다. 안전한 재산권과 실질적인 개인적 자유가 없다면, 현대적인 사회는 완전하게 나타날 수 없다.

　　그러나 만약 현대화가 여전히 자본주의와 자유를 요구한다면, 기독교는 어떠한가? 한편으로, 비록 기독교가 과학의 발흥에 필요하기는 했으나 이제는 과학이 아주 훌륭하게 제도화되었으므로 그것이 더는 기독교의 보증을 필요로 하지 않는다는 강력한 주장이 제기될 수 있다. 진보에 대한 믿음에 대해서도 같은 말을 할 수 있을 것이다. 우리가 자연의 비밀을 깊이 꿰뚫어 보고 진전된 기술을 얻을 수 있다는 확신은 이제 더는 그 기초를 믿음에 두어야 할 필요가 없을 수도 있다. 왜냐하면 지금 실제로 해야 할 필요가 있는 모든 것은 주변을 둘러보는 것뿐이기 때문이다.

다른 한편으로, 만약 오늘날 기독교가 현대화에 적절하지 않다면, 어째서 지금도 그것이 그렇게 급속도로 퍼져나가고 있는 것일까? 사실 기독교는 민주주의, 자본주의 혹은 현대성보다 훨씬 더 **빠른** 속도로 세계화되고 있다. 라틴 아메리카에서 진행되고 있는 종교 혁명은 단지 프로테스탄트화(Protestantization)가 아니라 기독교화(Christianization)다. 대부분의 새로운 라틴 프로테스탄트 신자들은 사실상 한 번도 가톨릭 신자였던 적이 없었다. 아프리카는 아주 빠르게 기독교로 돌아서고 있기에 오늘날 사하라 남부에는 수백만 명의 새로운 침례교도, 오순절파 신자들, 로마 가톨릭 신자들, 그리고 지역적 기원을 지닌 여러 프로테스탄트 교파의 구성원들은 말할 것도 없고, 영국이나 북아메리카에보다도 훨씬 더 많은 성공회 신자들이 존재한다. 오늘날 사하라 이남 아프리카인 중 약 절반이 그리스도인이다.[1] 그렇다고 할지라도, 남반구의 기독교회는 중국에서 진행되고 있는 일에 의해 곧 무색해질지도 모른다.

1949년에 공산주의자들이 권력을 잡았을 때, 중국에는 아마도 약 2백만 명 정도의 그리스도인들이 있었다. 그때는 마르크스주의자들뿐 아

---

1   Barrett, Kurian 그리고 Johnson 2001; Jenkins 2002.

니라 미국의 자유주의적인 기독교 지도자들까지도 그들을 "쌀"(rice) 그리스도인, 즉 거저 나눠주는 쌀을 얻기 위해 선교적 노력을 억지로 참고 받아들이는 이들 정도로 여겼다. 50년 후에 우리는 중국의 이런 "쌀" 그리스도인들이 아주 "가식적이어서" 수십 년에 걸친 가혹한 억압의 세월을 견뎌냈고, 그 기간에 그들의 수가 거듭해서 배가되었음을 알게 되었다—오늘날 중국에는 1억 명의 그리스도인들이 있을 수 있다![2] 더 나아가 기독교로의 회심은 농부나 가난한 자들 사이에서가 아니라 최고의 교육을 받은 가장 현대적인 중국인들 사이에서 집중적으로 나타나고 있다.

사람들이 기독교를 수용하는 여러 가지 이유가 있다. 그중에는 깊이 있게 정서적이고 실존적으로 만족스러운 믿음을 유지하는 기독교의 능력이 포함되어 있다. 그러나 또 다른 중요한 요소는 이성에 대한 기독교의 호소와 그것이 서구 문명의 발흥과 떼려야 뗄 수 없을 만큼 긴밀하게 연결되어 있다는 사실이다. 많은 비유럽인에게 그리스도인이 되는 것은 현대적이 되는 것과 본질적으로 다르지 않다. 따라서 기독교가 현대성의 세계화의 핵심적 요소로 남아 있는 것은 아주 타당하다. 최근에 중국의 유명한 학자 중 한 사람이 했던 다음과 같은 진술을 고려하라.

우리가 살펴보도록 요청받았던 것 중 하나는 전세계에서 서구가 거둔 성공—사실은 우월성—을 설명해 달라는 것이었다. 우리는 역사적·정치적·경제적·문화적 관점에서 우리가 할 수 있는 모든 것을 살펴보았다. 처음에 우리는 그것이 당신들이 우리보다 더 강력한 무기들을 갖고 있었기 때문이라고 생각했다. 다음으로 우리는 당신들의 경제체제에 초점을 맞췄다. 그러

---

2   Aikman 2003.

나 지난 20년 동안 우리는 당신들의 문화의 핵심에 당신들의 종교가 있음을 깨닫게 되었다. 그것이 서구가 그렇게 강력해진 이유다. 사회적·문화적 삶의 기독교적인 도덕적 토대야말로 자본주의의 출현과 그 후 민주적 정치로의 성공적인 전환을 가능케 한 것이었다. 우리는 그것에 대해 아무런 의심도 하지 않는다.[3]

나도 의심하지 않는다.

---

3   Aikman 2003:5에서.

감사의 글

상당한 범위를 포괄하는 역사적 연구에 관해 글을 쓰는 이는 누구나 그렇듯이 나도 역시 나에게 자신들의 연구 분야에 관해 가르쳐준 많은 전문가에게서 도움을 받았다. 더 큰 계획을 추구하기 위해 기꺼이 하나의 학문적 야영지에서 다른 야영지로 어슬렁거리며 걷는 이가 수행하는 귀중한 역할이 있다는 말이 있다. 이 책에서 내가 의도한 것이 그런 것이었다. 또한 나는 이 책을 일반 독자들을 위해 썼다. 그러나 학문성을 포기한 것은 아니고 전문 용어나 불필요하게 학술적인 표현들을 금했을 뿐이다.

다른 작가들 외에도 나는 나의 출판 대리인 길레스 앤더슨에게 빚을 졌다. 그는 내가 쓰려고 계획한 책에 관해 유익한 제안을 해주었고 특히 랜덤하우스를 나의 새로운 출판사로 선택해주었다. 이것은 내가 윌 머피와 함께 일할 수 있게 해주었는데 책의 구조에 대한 그의 취향과 감각은 이 책을 아주 다른 그리고 훨씬 더 좋은 책으로 변화시켰다. 원래 나는 이 책을 현재의 5장에 해당하는 것 다음에 아주 간략한 결론을 내리는 것으로 마무리했다. 그런데 윌이 이야기를 대서양 건너편으로 가져가면서 신세계의 발전을 다루는 것으로 끝내자고 제안했다. 아주 좋은 제안이었다! 또한 그는 내가 이 책을 이성적 신학에 관한 장으로 시작하도록 제안했다. 원래 그것은 폭군들이 어떻게 상업을 망치는가에 관한 긴 장 뒤에 놓여 있었다. 그는 아주 옳았다. 그렇게 해서 폭군들에 관한 장은 사라졌다(그중 일부는 다른 장들 가운데 파편적으로 남아 있다). 참된 프로와 함께 일하는 것은 얼마나 멋진 일인가!

또한 나는 다음과 같은 몇몇 친구들과 훌륭한 학자들의 공헌에 감사드린다. 다니엘 치롯, 앤서니 길, 로렌스 R. 이아나콘, 데이빗 리일 제프리 그리고 아서 우에게.

뉴멕시코 코레일스

2004년 8월

참고문헌

Aikman, David. 2003. *Jesus in Beijing: How Christianity Is Transforming China and Changing the Global Balance of Power.* Washington, DC: Regnery.

Amin, Samir. 1976. *Unequal Development An Essay on the Social Formation of Peripheral Capitalism.* New York: New York University Press.

Anderson, Virginia Dejohn. 1985. "Migrants and Motives: Religion and Settlement of New England." *New England Quarterly* 58:339-83.

Andreau, Jean. 1999. *Banking and Business in the Roman World.* Cambridge: Cambridge University Press.

Andrews, Frances. 1999. *The Early Humiliati.* Cambridge: Cambridge University Press.

Arberry, A. J. 1955. *The Koran Interpreted.* New York: Macmillan.

Arnott, Peter. 1970. *The Romans and Their World.* New York: St. Martin's Press.

Ayoub, Mahmoud M. 1996. "The Islamic Tradition." In Willard G. Oxtoby, ed., *World Religions,* 352-491. Oxford: Oxford University Press.

Baillie, John. 1951. *The Belief in Progress.* New York: Charles Scribner's Sons.

Bainbridge, William E. 1882. *Along the Lines at the Front: A General Survey of Baptist Home and Foreign Missions.* Philadelphia: American Baptists Publication Society.

Bairoch, Paul. 1993. *Economics and World History: Myths and Paradoxes.* Chicago: University of Chicago Press.

———. 1988. *Cities and Economic Development: From the Dawn of History to the Present.* Chicago: University of Chicago Press.

Baker, Herschel. 1952. *The Wars of Truth*. Cambridge, MA: Harvard University Press.

Balazs, Etienne. 1964. *Chinese Civilization and Bureaucracy*. New Haven: Yale University Press.

Baldwin, John W. 1959. *The Medieval Theories of the Just Price*. Philadelphia: The American Philosophical Society.

Barbour, Violet. [1950] 1966. *Capitalism in Amsterdam in the 17th Century*. Ann Arbor: University of Michigan Press.

_____. 1930. "Dutch and English Merchant Shipping in the Seventeenth Century." *The Economic History Review* 2:261-90.

Barclay, Brig. Cycil Nelson, and Vice Adm. Brian Betham Schofield. 1981. "Gunnery." *Encyclopaedia Britannica*, 488-98. Chicago: University of Chicago Press.

Barnes, Harry Elmer. 1948. *Historical Sociology: Its Origins and Development*. New York: Prentice Hall.

Barrett, David B., George T. Kurian, and Todd M. Johnson. 2001. *World Christian Encyclopedia*, 2nd ed. New York: Oxford University Press.

Bauckham, Richard. 1990. *Jude and the Relatives of Jesus in the Early Church*. Edinburgh: T. & T Clark.

Baumol, William J. 1990. "Entrepreneurship: Productive, Unproductive, and Destructive." *Journal of Political Economy* 98:893-921.

Bautier, Robert-Henri. 1971. *The Economic Development of Medieval Europe*. New York: Harcourt Brace Jovanovich.

Beard, Miriam. 1938. *A History of Business Man*. New York: Macmillan.

Becker, Carl. 1932. *The Heavenly City of the Eighteenth-Century Philosophers*. New Haven: Yale University Press.

Becker, George. 2000. "Educational 'Preference' of German Protestants and Catholics: The Politics Behind Educational Specialization." *Review of Religious Research* 41:311-27.

_____. 1997. "Replication and Reanalysis of Offenbacher's School Enrollment Study: Implications for the Weber and Merton Theses." *Journal for the Scientific Study of Religion* 36:483-96.

Beeching, Jack. 1982. *The Galleys at Lepanto*. New York: Charles Scribner's Sons.

Benedict, Ruth. 1946. *The Chrysanthemum and the Sword: Patterns of Japanese Culture*. Boston: Houghton Mifflin.

Benin, Stephen D. 1993. T*he Footprints of God: Divine Accommodation in Jewish and Christian Thought*. Albany: State University of New York Press.

Bensch, Stephen P. 1998. "Historiography: Medieval Eropean and Mediterranean Slavery." In Seymour Drescher and Stanley L. Engerman, eds., *A Historical Guide to World Slavery*, 229-31. New York: Oxford University Press.

Bloch, Marc. 1975. *Slavery and Serfdom in the Middle Ages*. Berkeley: University of California Press.

_____. [1940] 1961. *Feudal Society*. 2 vols. Chicago: University of Chicago Press.

Bolton, Brenda. 1983. *The Medieval Reformation*. London: Edward Arnold.

Bonnassie, Pierre. 1991. *From Slavery to Feudalism in South-Western Europe*. Cambridge: Cambridge University Press.

Bossenga, Gail. 1988. "Protecting Merchants: Guilds and Commercial Capitalism in Eighteenth-Century France." *French Historical Studies* 15:693-703.

Botterill, Steven, ed. 1996. *Dante: De vulgari eloquentia*. Cambridge: Cambridge University Press.

Braudel, Fernand. 1979. *Civilization and Capitalism, 15th-18th Century*. 3 vols. Vol. I, *The Wheels of Commerce*; vol. 2, *The Perspective of the World*; vol. 3, *The Structures of Everyday Life*. New York: Harper & Row.

_____. 1977. *Afterthoughts on Material Civilization and Capitalism*. Baltimore: Johns Hopkins University Press.

_____. 1976. *The Mediterranean and the Mediterranean World in the Age of Philip II*. 2 vols. New York: Harper & Row.

Breen, T. H. 1986. "An Empire of Goods: The Anglicization of Colonial America, 1690-1776." *Journal of British Studies* 25:467-99.

Brentano, Lujo. 1916. *Die Anfange des modernen Kapitalismus*. Munich: Verlag der K. B. Akademie der Wissenschaften.

Brett, Stephen F. 1994. *Slavery and the Catholic Tradition*, New York: Peter Lang.

Bridbury, A. R. 1982. *Medieval English Clothmaking: An Economic Survey*. London: Heinemann Educational Books.

_____. 1969. "The Dark Age." *The Economic History Review* 22:526-37.

Brooke, John Hedley. 1991. *Science and Religion: Some Historical Perspectives*. Cambridge: Cambridge University Press.

Brucker, Gene Adam. 1983. *Florence: The Golden Age, 1138-1737*. New York:

Abbeville Press.

Brusco, Elizabeth. 1995. *The Reformation of Machismo: Evangelical Conversion and Gender in Colombia*. Austin: University of Texas Press.

Bulmer-Thomas, Victor. 1995. *The Economic History of Latin America Since Independence*. 2nd ed. Cambridge: Cambridge University Press.

Burckhardt, Jacob. [1860] 1990. *The Civilization of the Renaissance in Italy*. New York: Penguin Books.

Burkholder, Mark A. and Lyman L. Johnson. 2001. *Colonial Latin America*. 4th ed. New York: Oxford University Press.

Calvin, Joh. [c. 1555] 1980. *John Calvin's Sermons on the Ten Commandments*. Grand Rapids, MI: Baker Bookhouse.

Carcopino, Jerome. 1940. *Daily Life in Ancient Rome*. New Haven: Yale University Press.

Cardoso, Fernando Henrique, and Enzo Faletto. 1978. *Dependency and Development in Latin America*. Berkeley: University of California Press.

Carus-Wilson, Eleanora. 1952. "Chapter VI: The Woolen Industry." In *The Cambridge Economic History of Europe*, vol. 2, *Trade and Industry in the Middle Ages*, 355-428. Cambridge: Cambridge University Press.

_____. 1950. "Trends in the Export of English Woolens in the Fourteenth Century." *The Economic History Review* 3:162-79.

_____. 1941. "An Industrial Revolution of the Thirteenth Century." *The Economic History Review* 11:39-10.

Carus-Wilson, Eleanor, and Olive Coleman. 1963. *England's Export Trade, 1275-1547*. Oxford: Clarendon Press.

Chadwick, Owen. 1972. *The Reformation*. Rev. ed. London: Penguin.

Chandler, Tertius, and Gerald Fox. 1974. *3000 Years of Urban Growth*. New York: Academic Press.

Charanis, Peter. 1953. "Economic Factors in the Decline of the Byzantine Empire." *The Journal of Economic History* 13:412-24.

Cheetham, Nicolas. 1983. *Keeper of the Keys: A History of the Popes from St. Peter to John Paul II*. New York: Charles Scribner's Sons.

Chesnut, R. Andrew. 2004. "Pragmatic Consumers and Practical Products: The Success of Pneumacentric Religion Among Women in Latin America's New Religious Economy." *Review of Religious Research* 45:20-31.

_____. 2003. *Competitive Spirits: Latin America's New Religious Economy*. Oxford: Oxford University Press.

Childe, V. Gordon. 1952. "Chaper 1: Trade and Industry in Barbarian Europe till Roman Times." In *The Cambridge Economic History of Europe*, vol. 2, *Trade and Industry in the Middle Ages*, 1-32. Cambridge: Cambridge University Press.

Chriot, Daniel. 1985. "The Rise of the West." *American Sociological Review* 50:181-95.

Chorley, Patrick. 1987. "The Cloth Exports of Flanders and Northern France During the Thirteenth Century: A Luxury Trade?" *The Economic History Review* 40:349-79.

Cipolla, Carlo M. 1994. *Before the Industrial Revolution: European Society and Economy, 1000-1700*. erd ed. New York: W. W. Norton.

_____. 1965. *Guns, Sails and Empires: Technological Innovation and the Early Phases of European Expansion, 1400-1700*. New York: Minerva Press.

Citarella, Armand O. 1968. "Patterns in Medieval Trade: The Commerce of Amalfi Before the Crusades." *The Journal of Economic History* 28:531-55.

Clagett, Marshall. 1961. *The Science of Mechanics in the Middle Ages*. Madison: University of Wisconsin Press.

Clough, Bradley s. 1997. "Buddhism." In Jacob Neusner, ed., *God*, 56-84. Cleveland: Pilgrim Press.

Cobbett, William. [1818] 1964. *A Year's Residence in the United States of America*. Carbondale, IL: Southern Illinois University Press.

Cohen, I. Bernard. 1985. *Revolution in Science*. Cambridge, MA: Belknap Press.

Colish, Marica L. 1997. *Medieval Foundations of the Western Intellectual Tradition, 400-1400*. New Haven: Yale University Press.

Collins, Randall. 1998. *The Sociology of Philosophies: A Global Theory of Intellectual Change*. Cambridge: Harvard University Press.

_____. 1997. "An Asian Route to Capitalism: Religious Economy and the Origins of Self-Transforming Growth in Japan." *American Sociological Review* 62:843-65.

_____. 1986. *Weberian Sociological Theory*. Cambridge: Cambridge University Press.

Conrad, Alfred H., and John R. Meyer, 1958. *The Economics of Slavery and Other Studies in Economic History*. Chicago: Aldine.

Crosby, Alfred W. 1997. *The Measure of Reality: Quantification and Western Society, 1250-1600*. Cambridge: Cambridge University Press.

Cummings, John Thomas, Hossein Askari, and Ahmad Mustafa, 1980. "Islam and Modern Economic Change." In John L. Esposito (1980), *Islam and Development: Religion and Sociopolitical Change*, 25-47. Syracuse: Syracuse University Press.

Daniel, Ralph Thomas. 1981. "Music, Western." *Encyclopaedia Britannica*, vol. 12, 704-15. Chicago: University of Chicago Press.

Danielson, Dennis Richard. 2000. *The Book of the Cosmos: Imagining the Universe from Heraclitus to Hawking*. Cambridge, MA: Perseus Publishing.

Dantzig, Tobias. 1954. *Number: The Language of Science*. New York: Macmillan.

Darwin, Francis, and A. C. Seward, eds. 1903. *More Letters of Charles Darwin*. 2 vols. New York: Appleton and Co.

Davis, David Brion. 1966. *The Problem of Slavery in Western Culture*. Ithaca: Cornell University Press.

Davis, R. H. C. 1970. *A History of Medieval Europe from Constantine to Saint Louis*. London: Longman.

Dawson, Christopher. 1957. *Religion and the Rise of Western Culture*. New York: Doubleday Image Books.

_____. 1929. *Progress and Religion*. New York: Sheed & Ward.

Dean, Herbert A. 1973. "Classical and Christian Political Thought." *Political Theory* 1:415-25.

Deiros, Pablo A. 1991: "Protestant Fundamentalism in Latin America." In Martin E. Marty and R. Scott Appleby, eds. *Fundamentalisms Observed*, 142-96. Chicago: University of Chicago Press.

De la Croix, Horst, and Richard G. Tansey. 1975. *Gardner's Art Through the Ages*. 6th ed. New York: Harcourt Brace Jovanovich.

Delacroix, Jacques. 1977. "The Export of Raw Materials and Economic Growth: A Cross-National Study." *American Sociological Review* 42:795-808.

Delacroix, Jacques, and Francois Nielsen. 2001. "The Beloved Myth: Protestantism and the Rise of Industrial Capitalism in Nineteenth-Century Europe." *Social Forces* 80:509-53.

De Vries, Jan. 1976. *The Economy of Europe in the Age of Crisis, 1600-1750*. Cambridge: Cambridge University Press.

Dempsey, Bernard W. 1943. *Interest and Usury*. Washington, DC: American Council on Public Affairs.

Denny, Frederick M. 1993. "Islam and the Muslim Community." In H. Byron Earhart, ed., *Religious Traditions of the World*, 605-718. San Francisco: HarperSanFrancisco.

de Roover, Raymond. 1966. *The Rise and Decline of the Medici Bank, 1397-1494*. New York: W. W. Norton.

_____. 1963. "Chapter II. The Organization of Trade." In M. M. Postan, E. E. Rich, and Edward Miller, eds., *The Cambridge Economic History of Europe*, vol. 3, *Economic Organization and Policies in the Middle Ages*, 42-118. Cambridge: Cambridge University Press.

_____. 1958. "The Concept of the Just Price: Theory and Economic Policy." *The Journal of Economic History* 18:418-34.

_____. [1942] 1953. "The Commercial Revolution of the Thirteenth Century." In Frederic C. Lane and Jelle C. Riemersma, eds., *Enterprise and Secular Change: Reading in Economic Hostory*, 80-85. Homewood, IL: Richard D. Irwin.

_____. 1948. *Money, Banking and Credit in Bruges*. Cambridge, MA: The Medieval Academy of America.

_____. 1946a. "The Medici Bank Organization and Management." *The Journal of Economic History* 6:24-52.

_____. 1946b. "The Medici Bank Financial and Commercial Operations." *The Journal of Economic History* 6:153-72.

Dickens, A. G. 1991. *The English Reformation*. University Park: Pennsylvania State University Press.

Dobbs, Darrell. 1985. "Aristotle's Anticommunism." *American Journal of Political Science* 29:29-46.

Dockès, Pierre. 1982. *Medieval Slavery and Liberation*. Chicago: University of Chicago Press.

Dorn, Harold. 1991. *The Geography of Science*. Baltimore: Johns Hopkins University Press.

Duby, Georges. 1974. *The Early Growth of the European Economy: Warriors and Peasants from the Seventh to the Twelfth Century*. Ithaca: Cornell Univerisity Press.

Dworkin, Ronald. 1977. *Taking Rights Seriously*. Cambridge: Harvard University Press.

Earle, Peter. 2001. "The Economy of London, 1660-1730." In Patrick O'Brian, Derek Keene, Marjolein't Hart, and Herman van der Wee, eds., *Urban Achievement in Early Modern Europe*, 81-86. Cambridge: Cambridge University Press.

East, W. Gordon. 1965. *The Geography Behind History*. New York: W. W. Norton.

Easterlin, Richard A. 1961. "Regional Income Trends, 1840-1850." In Seymour Harris, ed., *American Economic History*, 525-47. New York: McGraw-Hill.

Edler de Roover, Florence. 1945. "Early Examples of Marine Insurance." *The Journal of Economic History* 5:172-200.

Ehrenberg, Richard. [1928] 1985. *Capital and Finance in the Age of the Renaissance: A Study of the Fuggers and Their Connections*. Fairfield, NJ: Augustus M. Kelley.

Eisenstein, Elizabeth L. 1979. *The Printing Press as an Agent of Change*. Cambridge: Cambridge University Press.

Elliot, J. H. 1966. *Imperial Spain 1469-1716*. New York: Mentor Books.

Engerman, Stanley L., and Kenneth L. Sokoloff. 1997. "Factor Endowments, Institutions, and Differential Paths of Growth Among the New World Economies." In Stephen Haber, ed., *How Latin America Fell Behind*, 260-304. Stanford: Stanford University Press.

Epstein, Steven A. 1996. *Genoa and the Genoese, 958-1528*. Chapel Hill: University of North Carolina Press.

Ertman, Thomas. 1997. *Birth of the Leviathan: Building States and Regimes in Medieval and Early Modern Europe*. Cambridge: Cambridge University Press.

Esposito, John I., ed. 1980. *Islam and Development: Religion and Sociopolitical Change*. Syracuse: Syracuse University Press.

Fanfani, Amintore. [1934] 2003. *Catholicism, Protestantism, and Capitalism*. Norfolk, VA: HIS Press.

Farah, Caesar E. 1994. *Islam: Beliefs and Observances*. 5th ed. Hauppauge, NY: Barron's.

Fei, Hsiao-tung and Chih-i Chang. 1945. *Earthbound China*. Chicago: University of Chicago Press.

Finke, Roger, and Rodney Stark. 1992. *The Churching of America, 1776-1990*. New Brunswick: Rutgers University Press. 2005: 2nd ed., *The Churching of America, 1776-2000*.

Finlay, Robert. 1992. "Portuguese and Chinese Maritime Imperialism: Camoes's Lusiads and Luo Maodeng's Voyage of the San Bao Eunuch." *Comparative Studies in Society and History* 34:225-41.

Finley, M. I. 1981. *Economy and Society in Ancient Greece*. New York: Viking Press.

_____. 1980. *Ancient Slavery and Modern Ideology*. New York: Viking Press.

_____. 1973. *The Ancient Economy*. Berkeley: University of California Press.

_____. 1970. "Aristotle and Economic Analysis." *Past and Present*, issue 47, 3-25.

_____. 1965. "Technical Innovation and Economic Progress in the Ancient World." *The Economic History Review* 18:29-45.

_____. 1959. "Technology in the Ancient World." *The Economic History Review* 12:120-25.

Firebaugh, Glenn, and Frank D. Beck. 1994. "Does Economic Growth Benefit the Masses? Growth, Dependence, and Welfare in the Third World." *American Sociological Review* 59:631-53.

Fletcher, Richard. 1997. *The Barbarian Conversion: From Paganism to Christianity*. New York: Henry Holt.

Fogel, Robert William. 1989. *Without Consent or Contract: The Rise and Fall of American Slavery*. New York: W. W. Norton.

Fogel, Robert William, and Stanley L. Engerman. 1974. *Time on the Cross: The Economics of American Negro Slavery*. 2 vols. Boston: Little, Brown.

Forbes, Robert J. 1995. *Studies in Ancient Technology*. Leiden: Brill.

Frank, Andre Gunder. 1972. *Lumpenbourgeoisie, Lumpendevelopment: Dependence, Class, and Politics in Latin America*. New York: New York University Press.

_____. 1967. *Capitalism and Underdevelopment in Latin America: Historical Studies of Chile and Brazil*. New York: Monthly Review Press.

Frank, Tenney. 1940. *An Economic Survey of Ancient Rome*. Vol. 6. Baltimore: Johns Hopkins University Press.

Fryde, E. B. 1963. "Chapter VII: Public Credit, with Special Reference to North-Western Europe." In *The Cambridge Economic History of Europe*, vol. 3, *Economic Organization and Policies in the Middle Ages*, 430-553. Cambridge: Cambridge University Press.

Gardner, Helen, and Sumner Mck. Crosby 1959. *Helen Cardner's Art Through the Ages*. New York: Harcout, Brace, & World.

Gerschenkron, Alexander. 1970. *Europe in the Russian Mirror: Four Lectures in Economic History*. Cambridge: Cambridge University Press.

Gibbon, Edward. [177-88] 1994. *Decline of Fall of the Roman Empire*. New York: Modern Library.

Gies, Frances, and Joseph Gies. 1994. *Cathedral, Forge, and Waterwheel: Technology and Invention in the Middle Ages*. New York: HarperCollins.

Gies, Joseph, and Frances Gies. 1969. *Leonard of Pisa and the New Mathematics of the Middle Ages*. New York: Crowell.

Gilchrist, John. 1969. *The Church and Economic Activity in the Middle Ages*. New York: St. Martin's Press.

Gill, Anthony. 2005. "The Political Origins of Religious Liberty: A Theoretical Outline." *Interdisciplinary Journal of Research on Religion* 1.

_____. 2004. "Weber in Latin America: Is Protestant Growth Enabling the Consolidation of Democratic Captalism?" *Democratization*, vol. 2, no. 4, 1-25.

_____. 1999. "The Struggle to Be Soul Provider: Catholic Responses to Protestant Growth in Latin America." In *Latin American Religion in Motion*, Christian Smith and Joshua Prokopy, eds., 14-42. New Yokr: Routledge.

_____. 1998. *Rendering unto Caesar: The Catholic Church and the State in Latin America*. Chicago: University of Chicago Press.

Gimpel, Jean. 1976. *The Medieval Machine: The Industrial Revolution of the Middle Ages*. New York: Penguin Books.

_____. 1961. *The Cathedral Builders*. New York: Grove Press.

Gingerich, Owen. 1975. "'Crisis' Versus Aesthetic in the Copernican Revolution." *Vistas in Astronomy* 17:85-93.

Glotz, Gustave. [1925] 1965. *Ancient Greece at Work*. New York: Barnes & Noble.

Goldthwaite, Richard A. 1987. "The Medici Bank and the World of Florentine Capitalism." *Past and Present* 11:3-31.

Gooren, Henri. 2002. "Catholic and Non-Catholic Theologies of Liberation: Poverty, Self-Improvement, and Ethics Among Small-Scale Entrepreneurs in Guatemala City." *Journal for the Scientific Study of Religion* 41:29-45.

Gordon, Mary L. 1924. "The Nationality of Slaves Under the Early Roman Empire." *Journal of Roman Studies* 14:93-111.

Gordon, Murray. 1989. *Slavery in the Arab World*. New York: Amsterdam Books.

Goubert, Pierre. 1997. *The Ancien Régime: French Society, 1600-1750*. London: Phoenix Giant.

Grant, Edward. 1996. *The Foundations of Modern Science in the Middle Ages: Their Religious, Institutional, and Intellectual Contexts*. Cambridge: Cambridge

University Press.

      . 1994. *Planets, Stars, and Orbs: The Medieval Cosmos, 1200-1687*. Cambridge: Cambridge University Press.

Grant, Michael. 1978. *A History of Rome*. London: Faber & Faber.

Gray, H. L. 1924. "The Production and Exportation of English Woollens in the Fourteenth Century." *The English Historical Review* 39:13-35.

Greif, Avner. 1994. "On the Political Foundations of the Late Medieval Commercial Revolution: Genoa During the Twelfth and Thirteenth Centuries." *The Journal of Economic History* 54:271-87.

Grossman, Gregory. 1963. "Notes for a Theory of the Command Economy." *Soviet Studies* 15:101-23.

Grundmann, Herbert. [1961] 1995. *Religious Movements in the Middle Ages*. 2nd ed. Notre Dam, IN: University of Notre Dame Press.

Guilmartin, John F., Jr. 1974. *Gunpowder and Galleys: Changing Technology and Mediterranean Warfare at Sea in the Sixteenth Century*. Cambridge: Cambridge University Press.

Gurevich, Aaron. 1995. *The Origins of European Individualism*. Oxford: Balckwell.

Habakkuk, H. J. 1967. *American and British Technology in the Nineteenth Century*. Cambridge: Cambridge University Press.

Hage, Jeral, Maurice Garnier, and Bruce Fuller. 1988. "The Active State, Investment in Human Capital, and Economic Growth." *American Sociological Review* 53:824-37.

Hale, J. R. 1977. *Florence and the Medici*. London: Thames & Hudson.

Hall, John A. 1986. *Powers and Liberties: The Causes and Consequences of the Rise of the West*. Berkeley: University of California Press.

Hamilton, Richard F. 1996. *The Social Misconstruction of Reality*. New Haven: Yale University Press.

Hammond, Mason. 1946. "Economic Stagnation in the Early Roman Empire." *The Journal of Economic History* 6 (supplement):63-90.

Hanson, Victor Davis. 2001. *Carnage And Culture: Landmark Battles in the Rise of Western Power*. New York: Doubleday.

Hartwell, Robert. 1971. "Historical Analogism, Public Policy, and Social Science in Eleventh-and-Twelfth-Century China." *The American Historical Review* 76:690-727.

_____. 1966. "Markets, Technology, and the Structure of Enterprise in the Development of the Eleventh-Century Chinese Iron and Steel Industry." *The Journal of Economic History* 26:29-58.

Hayek, F. A. 1988. *The Fatal Conceit: The Errors of Socialism.* Chicago: University of Chicago Press.

Hayes, Carlton, J. H. 1917. *Polticial and Social History of Modern Europe.* 2 vols. New York: Macmillan.

Henry, Margaret Y. 1927. "Cicero's Treatment of the Free Will Problem." *Transactions and Proceedings of the American Philological Association* 58:32-42.

Herlihy, David. 1957. "Church Property on the European Continent, 701-1200." *Speculum* 18:89-113.

Herre, Franz. 1985. *The Age of the Fuggers.* Augsburg: Augsburg Historical Books.

Hibbert, Christopher. [1974] 2003. *The House of Medici: Its Rise and Fall.* New York: HarperCollins.

Hickey, Anne Ewing. 1987. *Women of the Roman Aristocracy as Christian Monastics.* Ann Arbor, MI: UMI Research Press.

Hilton, R. H. 1952. "Capitalism—What's in a Name?" *Past and Present,* issue 1, 32-43.

Hilton, Walter. 1985. *Toward a Perfect Love.* Translated by David L. Jeffrey. Portland, OR: Multnomah Press.

Hime, Henry W. L. 1915. *Origin of Artillery.* London: Longmans, Green.

Historical Statistics of the United States, Colonial Times to 1970. 2 vols. Washington, DC: U.S. Department of Commerce.

Hitchines, H. L., and William E. May. 19541. *From Lodestone to Gyro-Compass.* London: Hutchinson's Scientific and Technical Publications.

Hodges, Richard. 1998. "The Not-So-Dark Ages." *Archaeology* 51 (Sept./Oct.): 61-78.

Hodgson, Marshall G. S. 1974. *The Venture of Islam.* 3 vols. Chicago: University of Chicago Press.

Holmes, G. A. 1960. "Florentine Merchants in England, 1346-1436." *The Economic History Review,* new series, 13:193-208.

Howard, Rhoda E., and Jack Donnelly. 1986. "Human Dignity, Human Rights, and Political Regimes." *The American Political Science Review* 80:801-17.

Howarth, David. 1974. *Sovereign of the Seas: The Story of Britain and the Sea.* New

York: Atheneum.

Huff, Toby. 1993. *The Rise of Early Modern Science: Islam, China, and the West.* Cambridge: Cambridge University Press.

Huffman, Joseph P. 1998. *Family, Commerce, and Religion in London and Cologne: Anglo-German Emigrants, c. 1000-c. 1300.* Cambridge: Cambridge University Press.

Hunt, Edwin S. 1994. *The Medieval Super-Companies: A Study of the Peruzzi Company of Florence.* Cambridge: Cambridge University Press.

Hunt, Edwin., and James M. Murray. 1999. *A History of Business in Medieval Europe, 1200-1550.* Cambridge: Cambride University Press.

Hutchinson, Lincoln. 1902. "Oirental Trade and the Rise of the Lombard Communes." *The Quarterly Journal of Economics* 16:413-32.

Hyland, Ann. 1994. *The Medieval Warhorse: From Byzantium to the Crusades.* London: Grange Books.

Innes, Matthew. 2000. *State and Society in the Early Middle Ages: The Middle Rhine Valley, 400-1000.* Cambridge: Cambridge University Press.

Ireland, Rowan. 1993. "The *Crentes* of Campo Alegre and the Religious Construction of Brazilian Politics." In Virginia Carrard-Burnet and David Stoll, *Rethinking Protestantism in Latin America,* 45-65. Philadelphia: Temple University Press.

Israel, Jonathan L. 1998. *The Dutch Republic: Its Rise, Greatness, and Fall, 1477-1806.* Corrected paperback ed. Oxford: Clarendon Press.

Jaki, Stanley L. 2000. *The Savior of Science.* Grand Rapids, MI: W. B. Eerdmans.

_____. 1986. *Science and Creation.* Edinburgh: Scottish Academic Press.

Jeffrey, David Lyle. 1996. *People of the Book: Christian Identity and Literary Culture.* Grand Rapids, MI: W. B. Eerdmans.

_____. 1979. *By Things Seen: Reference and Recognition in Medieval Thought.* Ottawa: University of Ottawa Press.

Jenkins, Philip. 2002. *The Next Christendom: The Coming of Global Christianity.* Oxford: Oxford University Press.

Johnson, Paul. 2003. *Art: A New History.* New York: HarperCollins.

Jones, A. H. M. 1964. *The Later Roman Empire, 284-602.* 3 vols. Oxford: Oxford University Press.

_____. 1959. "Over-Taxation and the Decline of the Roman Empire." *Antiquity*

33:39-43.

_____. 1956. "Slavery in the Ancient World." *The Economic History Review* (2nd ser.). 9:185-99.

Jones, E. L. 1987. *The European Miracle: Environments, Economies, and Geopolitics in the History of Europe and Asia*. 2nd ed. Cambridge: Cambridge University Press.

Kaelber, Lutz. 1998. *Schools of Asceticism: Ideology and Organization in Medieval Religious Communities*. University Park: Pennsylvania State University Press.

Kaeuper, Richard W. 1979. "The *Societas Riccardorum* and Economic Change." In David Lyle Jeffrey, ed., *By Things Seen: Reference and Recognition in Medieval Thought*, 161-72. Ottawa: University of Ottawa Press.

_____. 1973. *Bankers to the Crown: The Riccardi of Lucca and Edward I*. Princeton: Princeton University Press.

Kamen, Henry. 2002. *Spain's Road to Empire: The Making of a World Power, 1492-1763*. London: Allen Kane.

_____. 1978. "The Decline of Spain: A Historical Myth." *Past and Present*, vol. 81:24-50.

Kehr, Marguerit Witmer. 1916. "The Doctrine of the Self in St. Augustine and in Descartes." *The Philosophical Review* 25:587-615.

Killerby, Catherine Kovesi. 2002. *Sumptuary Law in Itay, 1200-1500*. Oxford: Oxford University Press.

King, Peter. 1999. *Western Monasticism: A History of the Monastic Movement in the Latin Church*. Kalamazoo, MI: Cistercian Publications.

Kinser, Samuel. 1971. "Ideas of Temporal Change and Cultural Process in France, 1470-1535." In A. Molho and J. Tedeschi, eds., *Renaissance: Studies in Honor of Hans Baron*, 703-57. DeKalb, IL: Northern Illinois State University Press.

Klein, Julius. 1920. *The Mesta*. Cambridge: Cambridge University Press.

Kreutz, Barbara M. 1991. *Before the Normans: Southern Italy in the Ninth and Tenth Centuries*. Philadelphia: University of Pennsylvania Press.

Khun, Thomas 2. 1962. *The Structure of Scientifc Revolution*. Chicago: University of Chicago Press.

Kwass, Michael. 1998. "A Kingdom of Taxpayers: State Formation, Privilege, and Political Culture in Eighteenth Century France." *The Jounal of Modern History* 70:295-339.

Lamert, Malcolm. 1992. *Medieval Heresy*. Oxford: Basil Balckwell.

Landes, David S. 1998. *The Wealth and Poverty of Nations*. New York: W. W. Norton.

_____. 1994. "What Room for Accident in History? Explaining Big Changes by Small Events." *The Economic History Review* (new series) 47:637-56.

Lane, Frederic Chapin. [1934] 1992. *Venetian Ships and Shipbuilders of the Renaissance*. Baltimore: Johns Hopkins University Press.

_____. 1973. *Venice: A Maritime Republic*. Baltimore: Johns Hopkins University Press.

_____. 1963. "Venetian Merchant Galleys, 1300-1334, Private and Communal Operation." *Speculum* 38:179-204.

Lang, Graeme. 1997. "State Systems and the Origins of Modern Sciecne: A Comparison of Europe and China." *East-West Dialogue* 2:16-31.

Lapidus, Ira M. 1967. *Muslim Cities in the Later Middle Age*. Cambridge: Harvard University Press.

League of Nations. 1945. *Industrialization and Foreign Trade*. Geneva: League of Nations.

Leighton, Albert C. 1972. *Transport and Communications in Early Medieval Europe, A.D. 500-1100*. Newton Abbort (UK): David & Charles.

Lenski, Gerhard, Patrick Nolan, and Jean Lenski. 1995. *Human Societies: An Introduction to Macrosociology*. 7th ed. New York: McGraw-Hill.

Lewis, Bernard. 2002. *What Went Wrong?* Oxford: Oxford University Press.

_____. 1990. *Race and Slavery in the Middle East*. Oxford: Oxford University Press.

Limberger, Michael. 2001. "'No Town in the World Provides More Advantages': Economies of Agglomeration and the Golden Age of Antwerp." In *Urban Achievement in Early Modern Europe*, Patrick O'Brien, Derek Keene, Marjolein 't Hart, and Herman van der Wee, eds., 39-80. Cambridge: Cambridge University Press.

Linderg, David C. 1992. *The Beginnings of Western Science*. Chicago: University of Chicago Press.

_____. 1986. "Science and the Early Church." In David C. Lindberg and Ronald L. Numbers, eds., *God and Nature: Historical Essays on the Encounter Between Christianity and Science*, 19-48. Berkeley: University of California Press.

_____. 1978. *Science in the Middle Ages*. Chicago: University of Chicago Press.

Lindberg, David C., and Ronald L. Numbers, eds. 1986. *God and Nature: Historical Essays on the Encounter Between Christianity and Science*. Berkeley: University of California Press.

Lipson, E. 1937. *Economic History of England*. London: A. and C. Black.

Little, Lester K. 1978. *Religious Poverty and the Proft Economy in Medieval Europe*. Ithaca: Cornell University Press.

Lloyd, T. H. 1982. *Alien Merchants in England in the High Middle Ages*. New York: St. Martin's Press.

Lopez, Robert S. 1979. "The Practical Transmission of Medieval Culture." In David Lyle Jeffrey, ed., *By Things Seen: Reference and Recognition in Medieval Thought*, 125-42. Ottawa: University of Ottawa Press.

_____. 1976. *The Commercial Revolution of the Middle Ages, 950-1350*. Cambridge: Cambridge University Press.

_____. 1967. *The Birth of Europe*. New York: M. Evans and Company.

_____. 1964. "Market Expnasion: The Case of Genoa." *The Journal of Economic History* 24:445-64.

_____. 1956. "Back to Gold, 1252." *The Economic History Review* (new series) 9:219-40.

_____. 1952. "The Trade of Medieval Europe: The South." In *The Cambridge Economic History of Europe*, vol. 2, *Trade and Industry in the Middle Ages*, 257-354. Cambridge: Cambridge University Press.

_____. 1937. "Aux origines du capitalisme genois." *Annales* 9:429-54.

Love, John. 1986. "Max Weber and the Theory of Ancient Capitalism." *History and Theory* 25:152-72.

Lovejoy, Paul E. [1983] 2000. *Transformations in Slavery: A History of Slavery in Africa*. Cambridge: Cambridge University Press.

Luzzato, Gino. 1961. *An Economic History of Italy: From the Fall of the Roman Empire to the Beginning of the Sixteenth Century*. London: Routledge & Kegan Paul.

Macfarlane, Alan. 1978. *The Origins of English Individualism*. Oxford: Balckwell.

Macfarlane, Alan, and Gerry Martin. 2002. *Glass: A World History*. Chicago: University of Chicago Press.

Machiavelli, Niccolo. [1525] 1988. *Florentine Histories*. Princeton: Princeton University Press.

MacMullen, Ramsay. 1988. *Corruption and the Decline of Rome*. New Haven: Yale University Press.

Macmurray, John. 1938. *The Clue to History*. London: Student Christian Movement Press.

Malinowski, Bronislaw. [1922] 1961. *Argonauts of the Western Pacific*. New York: E. P. Dutton.

Manucy, Albert C. 1949. *Artillery Through the Ages*. Washington, DC: U.S. Government Printing Office.

Marcus, G. J. 1961. *A Naval History of England I: The Formative Centuries*. Boston: Little, Brown.

Mariscal, Elisa, and Kenneth L. Sokoloff. 2000. "Schooling, Suffrage, and the Pesistence of Inequality in the Americas, 1800-1945." In Stephen Haber, ed., *Political Institutions and Economic Growth in Latin America*, 159-217. Stanford, CA: Hoover Institution Press.

Martin, David. 2002. *Pentecostalism: The World Their Parish*. Oxford: Blackwell.

_____. 1990. *Tongues of Fire: The Explosion of Protestantism in Latine America*. Oxford: Blackwell.

Martin, John. 1997. "Inventing Sincerity, Refashining Prudence: The Discovery of the Individual in Renaissance Europe." *The American Historical Review* 102:1309-42.

Martin, John Frederick. 1991. *Profits in the Wilderness: Entrepreneurship and the Founding of New England Towns in the Seventeenth Century*. Chapel Hill: University of North Carolina Press.

Mason, Stephen F. 1962. *A History of the Sciences*. Rev. ed. New York: Macmillan.

Matthew, Donald. 1992. *The Norman Kingdom of Sicily*. Cambridge: Cambridge University Press.

Matthew, K. S. 1997. *Indo-Portuguese Trade and the Fuggers of Germany*. New Delhi: Manohar.

Matthews, George T., ed. 1959. *News and Rumor in Renaissance Europe* (The Fugger Newsletters). New York: Capricorn Books.

Mattingly, Garrett. 1962. *The Armada*. Boston: Houghton Miffin.

May, William E., and John L. Howard. 1981. "Compass." *Encyclopaedia Britannica*. 15th ed.

Mayr-Harting, Henry. 1993. "The West: The Age of Conversion (700-1050)." In John

McManners, ed., *The Oxford History of Christianity*, 101-29. Oxford: Oxford University Press.

Mazzaour, Maureen Fennell. 1972. "The Cotton Industry of Northern Italy in the Late Middle Ages: 1150-1450." *The Journal of Economic History* 32:262-86.

McAdam, Doug. 1988. *Freedom Summer*. New York: Oxford University Press.

McGrath, Alister E. 1999. *Science and Religion*. Oxford: Blackwell.

McNeill, William H. 1982. *The Pursuit of Power: Technology, Armed Force, and Society Since A.D. 1000*. Chicago: University of Chicago Press.

_____. 1974. *Venice: The Hinge of Europe, 1081-1797*. Chicago: University of Chicago Press.

_____. 1963. *The Rise of the West*. Chicago: University of Chicago Press.

Mecham, J. Lloyd. [1934] 1966. *Church and State in Latin America*. Chapel Hill: University of North Carolina Press.

Meltzer, Milton. 1993. *Slavery: A World History*. New York: Da Capo Press.

Meyer, Hans. 1944. *The Philosophy of St. Thomas Aquinas*. St. Louis: B. Herder.

Miller, Edward. 965. "The Fortunes of the English Texile Industry During the Thirteenth Century." *The Economic History Review* 18:64-82.

_____. 1963. "The Economic Policies of Governments: France and England," in *The Cambridge Economic History of Europe*, vol. 3, 290-339. Cambridge: Cambridge University Press.

Mills, Paul S., and John R. Presley. 1999. *Islamic Finance: Theory and Practice*. London: Macmillan.

Miskimin, Harry A. 1984. *Money and Power in Fifteenth Century France*. New Haven: Yale University Press.

Moeller, Bernd. 1972. *Imperial Cities and the Reformation: Three Essays*. Philadelphia: Fortress Press.

Mommsen, Theodor E. 1951. "St. Augustine and the Christian Idea of Progress: The Background of the City of God." *Journal of the History of Ideas* 12:346-74.

Monroe, Arthur Eli. 1975. *Early Economic Thought: Selections from Economic Literature Pirior to Adam Smith*. New York: Gordon Press.

Montgomery, Field-Marshal Viscount (Bernard). 1968. *A History of Warfare*. New York: World.

Moore, R. I. 1994. *The Origins of European Dissent*. Toronto: University of Toronto

Press.

Moorman, John. 1968. *The Franciscan Order from Its Origins to 1517*. Oxford: Clarendon Press.

Morris, Colin. [1972] 2000. *The Discovery of the Individual, 1050-1200*. Toronto: University of Toronto Press.

Mumford, Lewis. 1967. *The Myth of the Machine*. Vol. I. New York: Harcourt Brace Jovanovich.

_____. 1939. *Technics and Civilization*. New York: Harcourt Brace.

Murray, John J. 1970. *Antwerp in the Age of Plantin and Brueghel*. Norman: University of Oklahoma Press.

Myers, A. R. 1975. *Parliaments and Estates in Europe, to 1789*. London: Thames & Hudson.

Nasr, Seyyed Hossein. 1993. *An Introduction to Islamic Cosmological Doctrines*. Albany: State University of New York Press.

Needham. Joseph. 1980. "The Guns of Khaifengfu." *Times Literary Supplement*, Jan. 11.

_____. 1954-84. *Science and Civilization in China*. 6 vols. Cambridge: Cambridge University Press.

Nef, John U. 1952. "Chapter VII: Mining and Metallurgy in Medieval Civilization." In *The Cambridge Economic History of Europe*, vol. 2, *Trade and Industry in the Middle Ages*, 429-92. Cambridge: Cambridge University Press.

_____. 1943. "The Industrial Revolution Reconsidered." *The Journal of Economic History* 3:1-31.

_____. 1936. "A Comparison of Industrial Growth in France and England from 1540 to 1640: III" *The Journal of Political Economy* 44:643-66.

_____. 1934. "The Progress of Technology and the Growth of Large-Scale Industry in Great Britain, 1540-1640." *Economic History Review* 5.

Nelson, Benjamin. 1969. *The Idea of Usury: From Tribal Brotherhood to Universal Otherhood*. 2nd ed. Chicago: University of Chicago Press.

Neugebauer, O. 1975. *A History of Ancient Mathematical Astronomy*. 3 vols. New York: Springer-Verlag.

Neuhaus, Richard John. 1999. "The Idea of Moral Progress." *First Things* (Aug./Sept.) 95:21-27.

Nicholas, David. 1997. *The Growth of the Medieval City: From Late Antiquity to the Early Fourteenth Century*. London: Longman.

_____. 1991. "Of Poverty and Primacy: Demand, Liquidity, and the Flemish Economic Miracle, 1050-1200." *The American Historical Review* 96:17-41.

_____. 1988. *The van Arteveldes of Ghent: The Varieties of Vendetta and the Hero in History*. Ithaca: Cornell University Press.

_____. 1987. *The Metamorphosis of a Medieval City: Ghent in the Age of the Artevelds, 1302-1399*. Lincoln: University of Nebraska Press.

Nicol, Donald. M. 1988. *Byzantium and Venice: A Study in Diplomatic and Cultural Relations*. Cambridge: Cambridge University Press.

Niebuhr, Reinhold. 1949. *Faith and History*. New York: Charles Scribner's Sons.

Nisbet, Robert. 1980. *History of the Idea of Progress*. New York: Basic Books.

_____. 1973. "The Myth of the Renaissance." Comparative Studies in History of Society 15:473-92.

North, Douglass C. 1966. *The Economic Growth of the United States, 1790-1860*. New York: W. W. Norton.

North, Douglass C., and Robert Paul Thomas. 1973. *The Rise of the Western World: A New Economic History*. Cambridge: Cambridge University Press.

O'Brien, Patrick. 2001. "Reflection and Meditations on Antwerp, Amsterdam and London in Their Golden Ages." In *Urban Achievement in Early Modern Europe*, Patrick O'Brien, Derek Keene, Marjolein't Hart, and Herman van der Wee, eds., 3-35. Cambridge: Cambridge University Press.

O'Callaghan, E. B., ed. 1855. *Documents Relative to the Colonial History of New York*. Vol. 5. Albany, NY: Weed, Parsons.

O'Connor, Mary. 1979. "Two Kinds of Religious Movements Among the Maya Indians of Sonora, Mexico." *Journal for the Scientific Study of Religion* 18:260-68.

O'Donovan, Oliver, and Joan Lockwood O'Donovan, eds. 1999. *A Sourcebook in Christian Political Thought*. Grand Rapids, MI: W. B. Eerdmans.

Olsen, Glenn. 1969. "Italian Merchants and the Performance of Papal Banking Functions in the Early Thirteenth Century." In David Herlihy, Robert S. Lopez, and Vsevold Slessarev, eds., *Economy, Society, and Government in Medieval Italy: Essays in Memory of Robert L. Reynolds*. Kent: Kent State University Press.

Ostrogorsky, George. 1957. *The History of the Byzantine State*. New Brunswick: Rutgers University Press.

Ozement, Steven. 1980. *The Age of Reform, 1250-1550: An Intellectual and Religious History of Late Medieval and Reformation Europe*. New Haven: Yale University Press.

_____. 1975. *The Reformation in the Cities*. New Haven: Yale University Press.

Pagden, Anthony. 1990. *Spanish Imperialism and the Political Imagination*. New Haven: Yale University Press.

Palmer, Alan. 1992. *The Decline and Fall of the Ottoman Empire*. New York: Barnes & Noble.

Panzer, Joel S. 1996. *The Popes and Slavery*. New York: Alba House.

Parker, Geoffrey. 1970. "Spain, Her Enemies and the Revolt of the Netherlands, 1559-1648." *Past and Present* 49:72-95.

Parsons, Talcott. 1937. *The Structure of Social Action*. New York: McGraw-Hill.

Partington, J. R. [1960] 1999. *A History of Greek Fire and Gunpowder*. Baltimore: Johns Hopkins University Press.

Paullin, Charles O. 1932. *Atlas of Historical Geography of the United States*. Washington, D. D.: Carnegie Institution.

Pennock, J. Roland. 1944. "Reason, Value Theory, and the Theory of Democracy." *The American Political Science Review* 38:855-75.

Peragallo, Edward. 1938. *Origin and Evolution of Double Entry Bookkeeping*. New York: American Institute.

Pike, Ruth. 1962. "The Genoese in Seville and the Opening of the New World." *The Journal of Economic History* 22:348-78.

Pirenne, Henri. [1936] 1958. *A History of Europe from the End of the Roman World in the West to the Beginnings of the Western States*. New York: Dooubleday Anchor.

_____. [1922] 1955. *Mohammed and Charlemagne*. New York: Barns & Noble.

_____. 1925. *Medieval Cities*. Princeton: Princeton University Press.

_____. 1914. "The Stages in the Social History of Capitalism." *The American Historical Review* 19:494-515.

Poggi, Gianfranco. 1978. *The Development of the Modern State*. Stanford. CA: Stanford University Press.

Pollman, Judith. 1999. *Religious Choice in the Dutch Republic*. Manchester: Manchester

University Press.

Postan, Michael. 1952. "Chapter IV: The Trade of Medieval Europe: The North." In *The Cambridge Economic History of Europe*, vol. w, *Trade and Industry in the Middle Ages*, 119-256. Cambridge: Cambridge University Press.

Pounds, N. J. G. 1974. *An Economic History of Medieval Europe*. London: Longman.

Powell, Milton B., ed. 1967. *The Voluntary Church: Religious Life, 1740-1860, Seen Through The Eyes of European Visitors*. New York: Macmillan.

Raftus, J. A. 1958. "The Concept of Just Price: Theory and Economic Policy: Discussion." *The Journal of Economic History* 18:435-37.

Rahner, Karl. 1975. *Encylopedia of Theology*. New York: Seabury Press.

Rapp, Richard T. 1975. "The Unmaking of the Mediterranean Trade Hegemony: International Trade Rivalry and the Commercial Revolution." *The Journal of Economic History* 35:499-525.

Ratliff, William. 2003. *Doing It Wrong and Doing It Right: Education in Latin America and Asia*. Stanford, CA: Hoover Institution Press.

Read, Conyers. 1933. "Queen Elizabeth's Seizure of the Duke of Alva's Pay-Ships." *The Journal of Modern History* 5:443-64.

Read, Piers Paul. 1999. *The Templars*. New York: St. Martin's Press.

Reade, Winwood. 1925. *The Martyrdom of Man*. London: Watts.

Reynolds, Terry S. 1983. *Stronger Than a Hundred Men: A History of the Vertical Water Wheel*. Baltimore: Johns Hopkins University Press.

Robertson, H. M. 1933. *Aspects of the Rise of Economic Individualism: A Criticism of Max Weber and His School*. Cambridge: Cambridge University Press.

Robinson, Charles Henry. 1923. *History of Christian Missions*. New York: Charles Scribner's Sons.

Rodinson, Maxime. 1978. *Islam and Capitalism*. Austin: University of Texas Press.

Root, Hilton L. 1994. *The Fountain of Privilege: Political Foundation of Markets in Old Regime France and England*. Berkeley; University of California Press.

Rörig, Fritz. 1967. *The Medieval Town*. Berkeley: University of California Press.

Rosen, Edward. 1971. *Three Copernican Treatises*. 3rd ed. New York: Octagon Books.

Rosenberg, Nathan, and L. E. Brirdzell Jr. 1986. *How the West Grew Rich: The Economic Transformation of the Industrial World*. New York: Basic Books.

Rostovtzeff, M. 1957. *The Social and Economic History of the Roman Empire*. 2nd ed. 2 vols. Oxford: Clarendon Press.

_____. 1941. *The Social and Economic History of the Hellenistic World*. 3 vols. Oxford: Clarendon Press.

Runciman, Steven. 1958. *The Sicilian Vespers: A History of the Mediterranean World in the Later Thirteenth Century*. Cambridge: Cambridge University Press.

_____. 1933. *Byzantine Civilisation*. New York: Longmans, Green & Co.

Russell, Bertran. 1922. *The Problem of China*. London: George Allen & Unwin.

Russell, Josiah Cox. 1972. *Medieval Regions and Their Cities*. Newton Abbott (UK): David & Charles.

_____. 1958. *Late Ancient and Medieval Population*. Transactions of the American Philosophical Society 48:3:3-152.

Saeed, Abdullah. 1996. *Islamic Banking and Interest*. Leiden: E. J. Brill.

Salzman, L. F. 1923. *English Industries in the Middle Ages*. Oxford: Oxford University Press.

Samuelsson, Kurt. [1961] 1993. *Religion and Economic Action: The Protestant Ethic, the Rise of Capitalism, and the Abuses of Scholarship*. Toronto: University of Toronto Press.

Sapori, Armando. 1970. *The Italian Merchant in the Middle Ages*. New York: W. W. Norton.

_____. [1937] 1953. "The Culture of the Medieval Italian Merchant." In Frederic C. Lane and Jelle C. Reimersma, eds., *Enterprise and Secular Change: Readings in Economic History*, 53-65. Homewood, IL: Richard D. Irwin.

Sayer, Derek. 1991. *Capitalism and Modernity: An Exursus on Marx and Weber*. London: Routledge.

Schaff, Philip. [1855] 1961. *America: A Sketch of Its Political, Social, and Religious Character*. Cambridge, MA: Belknap Press.

Schlaifer, Robert. 1936. "Greek Theories of Slavery from Homer to Aristotle." *Harvard Studies in Classical Philology* 14:165-204.

Schluchter, Wolfgang. 1981. *The Rise of Western Rationalism*. Berkeley: University of California Press.

Shedd, Thomas Clar. 1981. "Railroads and Locomotives." *Encyclopaedia Britannica*. Chicago: University of Chicago Press.

Shepard, Max A. 1933. "William of Occam and the Higher Law, II." *The American Political Science Review* 27:24-38.

Sherkat, Darren E., and T. Jean Blocker. 1994. "The Political Development of Sixties Activists: Indentifying the Influence of Class, Gender, and Socialization on Protest Participation." *Social Forces* 72:821-42.

Smelser, Neil. 1994. *Sociology*. Cambridge, MA: Blackwell-UNESCO.

Smith, Adam. [1776] 1981. *An Inquiry into the Nature and Causes of the Wealth of Nations*. 2 vols. Indianapolis: Liberty Fund.

Smith, Christian. 2002. "*Las Casas* as Theological Counteroffensive: An Interpretation of Gustavo Gutiérrez's *Las Casas: In Search of the Poor for Jesus Christ*." *Jounal for the Scientific Study of Religion* 41:69-73.

Smith, Preserved. [1923] 1962. *Erasmus: A Study of His Life, Ideals and Place in History*. New York: Ungar.

Sokoloff, Kenneth L. 2002. "The Evolution of Suffrage Institutions in the New World: A Preliminary Look." In Stephen Haber, ed., *Crony Capitalism in Economic Growth in Latin America*, 75-107. Stanford, CA: Hoover Institution Press.

Sombart, Werner. [1909] 1962. *The Jews and Modern Capitalism*. New York: Collier Books.

_____. [1916] 1953. "Medieval and Modern Commercial Enterprise." In Frederic C. Lane and Jelle C. Riemersma, eds., *Enterprise and Secular Change: Readings in Economic History*, 25-40. Homewood, IL: Richard D. Irwin.

_____. 1915. *Quintessence of Captialism*. London. TF Unwin, Ltd.

_____. 1902. *Der moderne Kapitalismus*. Leipzig: Duncker & Humblot.

Southern, R. W. 1970a. *Medieval Humanism and Other Studies*. New York: Harper Torchbooks.

_____. 1970b. *Western Society and the Church in the Middle Ages*. London: Penguin Books.

_____. 1953. *The Making of the Middle Ages*. New Haven: Yale University Press.

Spufford, Peter. 2002. *Power and Profit: The Merchant in Medieval Europe*. New York: Thames & Hudson.

Stark, Rodney. 2003a. *For the Glory of God: How Monotheism Led to Reformations, Science, Witch-Hunts, and the End of Slavery*. Princeton: Princeton University Press.

_____. 2003b. "Upperclass Asceticism: Social Origins of Ascetic Movements and

Medieval Saints." *Review of Religious Research* 45:5-19.

_____. 2003c. *Sociology.* 9th ed. Belmont, CA: Wadsworth.

_____. 2001. *One True God: Historical Consequences of Monotheism.* Princeton: Princeton University Press.

_____. 1985. "From Church-Sect to Religious Economies." In Phillip E. Hammond, ed., *The Sacred in a Post-Secular Ages,* 139-49. Berkeley: University of California Press.

_____. 1983. "Religious Economies: A New Perspective." Paper delivered at a Conference on New Directions in Religious Research, University of Lethbridge.

_____, and Roger Finke. 2000. *Acts of Faith: Explaining the Human Side of Religion.* Berkeley and Los Angeles: University of California Press.

Stoll, David. 1990. *Is Latin America Turning Protestant?* Berkeley and Los Angeles: University of California Press.

Strait, Paul. 1974. *Cologne in the Twelfth Century.* Gainesville: Florida State University Press.

Strieder, Jacob. 1931. *Jacob Gugger the Rich: Merchant and Banker of Augsburg, 1459-1525.* New York: Adelphi.

Supple, Barry. 1959. *Commercial Crisis and Change in England, 1600-1642.* Cambridge: Cambridge University Press.

Swetz, Frank J. 1987. *Capitalsim and Arithmetic: The New Math of the 15th Century.* LaSalle, IL: Open Court.

Tawney, R. H. [1926] 1962. *Religion and the Rise of Capitalism: A Historical Study.* New York: Harcourt, Brace & World.

Taylor, George V. 1967. "Noncapitalist Wealth and the Origins of the French Revolution." *The American Historcial Review* 72:469-96.

_____. 1964. "Types of Capitalism in Eighteenth-Century France." *The English Historical Review* 79:478-97.

TeBrake, William H. 1993. *A Plague of Insurrection: Popular Politics and Peasant Revolt in Flanders, 1323-1328.* Philadelphia: University of Pennsylvania Press.

Thrupp, Sylvia A. 1965. "Chapter V. The Guilds." In M. M. Postan, E. E. Rich, and Edward Miller, eds. *The Cambridge Economic History of Europe,* vol. 3; *Economic Organization and Policies in the Middle Ages,* 230-80. Cambridge: Cambridge University Press.

Tobin, Stephe. 1996. *The Cistercians: Monks and Monasteries of Europe*. Woodstock, NY: Overlook Press.

Tocqueville, Alexis ed. [1835-39] 1956. *Democracy in America*. 2 vols. New York: Vintage Books.

Trevor-Roper, H. R. [1969] 2001. *The Crisis of the Seventeenth Century: Religion, The Reformation, and Social Change*. Indianapolis: Liberty Fund.

Trinkaus, Charles. 1976. "Humanism, Religion, Society: Concepts and Motivations of Some Recent Studies." *Renaissance Quarterly* 29:676-713.

_____. 1949. "The Problem of Free Will in the Renaissance and the Reformation." *Journal of the History of Ideas* 10:51-62.

Troeltsch, Ernst. 1991. *Religion in History*. Minneapolis: Fortress Press.

Turner, Bryan S. 1974. *Weber and Islam: A Critical Study*. London: Routledge & Kegan Pual.

Turner, Paul R. 1979. "Religious Conversion and Community Development." *Journal for the Scientific Study of Religion* 18:252-60.

Udovitch, Abraham L. 1970. *Partnership and Profit in Medieval Islam*. Princeton: Princeton University Press.

Ullman, Walter. 1966. *The Individual and Society in the Middle Ages*. Baltimore: Johns Hopkins University Press.

Usher, Abbott Payson. 1966. *A History of Mechanical Inventions*. Cambridge: Harvard University Press.

_____. [1934] 1953. "The Origins of Banking: The Primitive Bank of Deposit." In Frederic C. Lane and Jelle C. Riemersma, eds., *Enterprise and Secular Change: Readings in Economic History*, 262-91. Homewood, IL: Richard D. Irwin.

Van Houtte, J. A. 1966. "The Rise and Decline of the Market and Bruges." *The Economic History Review* 19:29-47.

van Roey, Jan L. R. 1981. "Antwerp." *Encyclopaedia Britannica*. Chicago: University of Chicago Press.

van Werveke, H. 1963. "Chapter I: The Rise of the Towns." In *The Cambridge Economic History of Europe*, vol. 2, *Economic Organization and Policies in the Middle Ages*, 3-41. Cambridge: Cambridge University Press.

Verhulst, Adriaan. 1991. "The Decline of Slavery and the Economic Expansion of the Early Middle Ages." *Past and Present*, issue 133, 195-203.

Vogt, Joseph. 1974. *Ancient Slavery and the Ideal of Man*. Oxford: Oxford University

Press.

Wagar, W. Warren. 1967. "Modern Views of the Origins of the Idea of Progress." *Journal of the History of Ideas* 28:55-70.

Walbank, Frank William. 1952. "Trade and Industry Under the Later Roman Empire in the West." In *The Cambridge Economic History of Europe*, vol. 2, *Trade and Industry in the Middle Ages*, 33-85. Cambridge: Cambridge University Press.

Waldron, Jeremy. 2002. *God, Locke, and Equality*. Cambridge: Cambridge University Press.

Waley, Daniel. 1988. *The Italian City-Republics*. 3rd ed. London: Longman.

Walker, P. C. Gordon. 1937. "Capitalism and the Reformation." *The Economic History Review* 8:1-19.

Waterbolk, H. T. 1968. "Food Production in Prehistoric Europe." *Science* 162: 1093-1102.

Watt, W. Montgomery. 1965. *Muhammad at Medina*. London: Oxford University Press.

_____. 1961. *Muhammad: Prophet and Stateman*. London: Oxford University Press.

Weber, Max [1924] 1976. *The Agrarian Sociology of Ancient Civilizations*. London: NLB.

_____. [1919-20] 1966. *General Economic History*. New York: Colier.

_____. [1916-17] 1958. *The Religion of India: The Sociology of Hinduism and Buddhism*. Glencoe, IL: Free Press.

_____. [1904-5] 1958. *The Protestant Ethic and the Spirit of Capitalism*. New York: Charles Scribner's Sons.

_____. [1917-19] 1952. *Ancient Judaism*. Glencoe, IL: Free Press.

_____. [1921] 1951. *The Religion of China: Confusianism and Taoism*. Glencoe, IL: Free Press.

Webster, Richard A. 1981. "Colonialism." *Encyclopedia Britannica*. Chicago: University of Chicago Press.

Wedgewood, C. V. 1961. *The Thirty Years War*. New York: Doubleday.

Wegg, Jervis. 1924. *The Decline of Antwerp Under Philip of Spain*. London: Methuen.

Wesson, Robert G. 1978. *State Systems: International Pluralism, Politics, and Culture*. New York: Free Press.

White, Lynn, Jr. 1967. "The Historical Roots of Our Ecologic Crisis." *Science* 155:1203-7.

_____. 1962. *Medieval Technology and Social Change*. Oxford: Oxford University Press.

_____. 1954. "The Spared Wolves." *Saturday Review of Literature* 37 (Nov. 13).

_____. 1940. "Technology and Invention in the Middle Ages." *Speculum* 15:141-56.

Whitehead, Alfred North. [1925] 1967. *Science and the Modern World*. New York: Free Press.

Wickham, Chris. 1989. *Early Medieval Italy: Central Power and Local Society, 400-1000*. Ann Arbor: University of Michigan Press.

_____. 1984. "The Other Transition: From the Ancient World to Feudalism." *Past and Present*, issue 103, 3-36.

Witt, Ronald G. 1971. "The Landlord and the Economic Revival of the Middle Ages in Northern Europe, 1000-1250." *The American Historical Review* 76:965-88.

Wittfogel, Karl A. [1957] 1981. *Oriental Despotism: A Comparative Study of Total Power*. New York: Vintage Books.

Yang, L. S. 1952. *Money and Credit in China*. Cambridge, MA: Harvard University Press.

Yearbook of American Churches, 1962. New York: National Council of Churches of Christ in the U.S.A.

Ziegler, Philip. 1971. *The Black Death*. New York: Harper Torchbooks.

기독교와 이성의 승리

기독교가 어떻게 자유와 자본주의
그리고 서구의 승리를 견인했을까?

Copyright © 새물결플러스 **2021**

1쇄 발행 2021년 11월 10일

지은이	로드니 스타크
옮긴이	김광남
펴낸이	김요한
펴낸곳	새물결플러스

편 집	왕희광 정인철 노재현 한바울 정혜인
	이형일 나유영 노동래 최호연
디자인	박인미 황진주 김은경
마케팅	박성민 이원혁
총 무	김명화 이성순
영 상	최정호 곽상원
아카데미	차상희

홈페이지	www.holywaveplus.com
이메일	hwpbooks@hwpbooks.com
출판등록	2008년 8월 21일 제2008-24호
주 소	(우) 04118 서울시 마포구 마포대로19길 33
전 화	02) 2652-3161
팩 스	02) 2652-3191

ISBN 979-11-6129-219-9 03230

책값은 뒤표지에 있습니다.